HELMUT BRÜCKNER / ULRICH RADTKE (HRSG.)

VON DER NORDSEE
BIS ZUM INDISCHEN OZEAN

ERDKUNDLICHES WISSEN

SCHRIFTENREIHE FÜR FORSCHUNG UND PRAXIS
BEGRÜNDET VON EMIL MEYNEN
HERAUSGEGEBEN VON GERD KOHLHEPP
IN VERBINDUNG MIT ADOLF LEIDLMAIR

HEFT 105

FRANZ STEINER VERLAG STUTTGART
1991

HELMUT BRÜCKNER / ULRICH RADTKE
(HRSG.)

VON DER NORDSEE BIS ZUM INDISCHEN OZEAN

FROM THE NORTH SEA TO THE INDIAN OCEAN

Ergebnisse der 8. Jahrestagung des Arbeitskreises „Geographie der Meere und Küsten", 13.-15. Juni 1990, Düsseldorf

Results of the 8th Annual Meeting of the Working group „Marine and Coastal Geography", June 13-15, 1990, Düsseldorf

FRANZ STEINER VERLAG STUTTGART
1991

CIP-Titelaufnahme der Deutschen Bibliothek
Von der Nordsee bis zum Indischen Ozean : 13. - 15. Juni 1990,
Düsseldorf = From the North Sea to the Indian Ocean /
Helmut Brückner ; Ulrich Radtke (Hrsg.). - Stuttgart : Steiner,
1991
   (Erdkundliches Wissen ; H. 105) (Ergebnisse der ... Jahrestagung des
   Arbeitskreises "Geographie der Meere und Küsten" ; 8)
   ISBN 3-515-05898-2
NE: Brückner, Helmut [Hrsg.] ; PT; 1. GT; Arbeitskreis Geographie der
   Meere und Küsten: Beiträge zur ...

Jede Verwertung des Werkes außerhalb der Grenzen des Urheberrechtsgesetzes ist unzulässig und strafbar. Dies gilt insbesondere für Übersetzung, Nachdruck, Mikroverfilmung oder vergleichbare Verfahren sowie für die Speicherung in Datenverarbeitungsanlagen.© 1991 by Franz Steiner Verlag Wiesbaden GmbH, Sitz Stuttgart.
Druck: Rheinhessische Druckwerkstätte, Alzey
Printed in Germany

INHALTSVERZEICHNIS

Vorwort 7

Grußwort 9

Hofstede, J.: Sea level rise in the Inner German Bight (Germany) since
  AD 600 and its implications upon tidal flats geomorphology 11

Schuba, V.: Neuere Ergebnisse zur Entwicklung der Inseldünen unter
  ökologischem Aspekt - dargestellt am Beispiel der Ostdünen der
  ostfriesischen Insel Spiekeroog 29

Sterr, H. & B. Gurwell: Coastal research and coastal problems along
  the Baltic coast of the former German Democratic Republic (GDR) 47

Birr, H.-D.: Einige Aspekte der physisch-geographischen Erforschung
  der Küste und Küstengewässer Mecklenburg-Vorpommerns 65

Scharmann, L.: East Germany's open door at sea - Consequences for
  marine policy and economy 71

Gutmann, M.: Die Seespiegelschwankungen des Kaspischen Meeres
  und ihre möglichen Ursachen 87

Wunderlich, J. & W. Andres: Late Pleistocene and Holocene evolution
  of the western Nile Delta and implications for its future development 105

Andres, W. & J. Wunderlich: Late Pleistocene and Holocene evolution
  of the eastern Nile Delta and comparisons with the western delta 121

Wenzens, G.: Die quartäre Küstenentwicklung im Mündungsbereich
  der Flüsse Aguas, Antas und Almanzora in Südostspanien 131

Kelletat, D.: Küstenmorphologische Wirkungen von Treibeis unter
  besonderer Berücksichtigung von Ost-Kanada 151

Kelletat, D.: Geomorphological aspects of eolianites in western Australia ... 181

ENGELBRECHT, C. & CH. PREU: Multispectral SPOT images and the applicability for surveys on coastal and marine environments of coral reef islands - Case study from the North-Male Atoll, Maldives (Indian Ocean) 199

PREU, CH. & C. ENGELBRECHT: Patterns and processes shaping the present morphodynamics of coral reef islands - Case study from the North-Male Atoll, Maldives (Indian Ocean) 209

UTHOFF, D.: Entwicklungsphasen und aktuelle Probleme der thailändischen Seefischerei 221

UTHOFF, D.: Tourismus und Küstenveränderung auf Phuket, Südthailand 237

STERR, H. & B. GURWELL: Bibliography for the East German Baltic Sea 251

Autorenverzeichnis 264

VORWORT

Vom 13. bis 15. Juni 1990 fand die 8. Jahrestagung des seit vielen Jahren von D. KELLETAT, Essen, geleiteten Arbeitskreises „Geographie der Meere und Küsten" in Düsseldorf statt. Dem guten Brauch folgend, haben wir als Veranstalter es übernommen, 15 der dort gehaltenen Vorträge zu veröffentlichen. Das Ergebnis liegt in Form dieses Sammelbandes vor.

Die sich in dem Arbeitskreis zusammenfindenden Wissenschaftler zeichnen sich – sowohl thematisch, als auch regional – durch ein breitgefächertes Forschungsspektrum aus. Jede Jahrestagung setzt eigene Akzente und reflektiert andere Teilbereiche dieses Spektrums. In Düsseldorf lag ein Schwerpunkt auf Untersuchungen, die mit den deutschen Küsten verbunden waren.

Besonders erfreulich ist, daß bereits einige Monate vor der offiziellen Wiedervereinigung Deutschlands eine Kooperation zwischen west- und ostdeutschen Küstenforschern begann. H. STERR und B. GURWELL fassen in ihrem Aufsatz die morphologischen und ökologischen Forschungen über die Ostseeküste der ehemaligen DDR zusammen. Wir haben uns entschlossen, auch die umfangreiche Bibliographie zu veröffentlichen (S. 251ff.), da sie u.E. einem breiten Nachholbedürfnis entgegenkommt. (Politisch bedingt kennen bis heute westdeutsche Küstenforscher viele Küsten in Übersee besser als die Küstenabschnitte der Ex-DDR.) H.-D. BIRR von der Universität Greifswald ergänzt das Bild durch seine wissenschaftshistorische Remineszenz zur Küstenforschung in Mecklenburg-Vorpommern. Die marktwirtschaftlichen Probleme der auf das Meer ausgerichteten Industriezweige Ostdeutschlands sind bereits wenige Monate nach der Wiedervereinigung spürbar geworden. L. SCHARMANN beschreibt die Situation vor der Wende und deutet mögliche Konsequenzen für die Zukunft an.

Mit der Nordseeküste beschäftigen sich zwei Beiträge. Gestützt auf eine sorgfältige Auswertung aller verfügbaren Informationsquellen zu den Meeresspiegelschwankungen in der inneren Deutschen Bucht schlägt J. HOFSTEDE eine modifizierte Kurve der Niveauveränderungen der Nordsee seit 600 n.Chr. vor. V. SCHUBA beschäftigt sich mit ökologischen Aspekten von Inseldünen, wobei ihm Spiekeroog als Beispiel dient.

Durch die Auswertung wenig zugänglicher russischer Literatur über das Kaspische Meer macht uns M. GUTMAN mit neuen Aspekten der Wasserstandsänderungen dieses größten Binnensees der Welt vertraut.

Wie fruchtbar sich Geomorphologie und Archäologie ergänzen können, zeigen W. ANDRES und J. WUNDERLICH in ihren gemeinsamen Arbeiten über das östliche und das westliche Nildelta. Aus den sedimentologisch-geochronologischen Befunden ist erstmals eine gesicherte Interpretation der Veränderungen dieses Deltas seit der letzten Eiszeit möglich. Auf der anderen Seite des Mittelmeeres untersucht G. WENZENS die quartäre Morphogenese der südostspanischen Küstenregion.

Im Zuge seiner weltweiten Forschungen zur Zonalität von Küsten stellt D. KELLETAT die in der deutschen Literatur wenig behandelten Formungsprozesse durch Treibeis vor – illustriert an den Küsten des St. Lorenz-Ästuars, Kanada. Auf der anderen Seite des Globus, an der australischen Westküste, untersucht er Äolianitgenerationen, die er aufgrund ihres unterschiedlichen Verkarstungsgrades zeitlich einordnen kann.

CH. PREU und C. ENGELBRECHT legen zwei Aufsätze über die Malediven-Atolle vor: In dem einen beschäftigen sie sich mit der Interpretation von SPOT-Satellitenbildern, in dem anderen mit den daraus ableitbaren Konsequenzen für die rezente Morphodynamik, die auf diesen Atollen zunehmend von anthropogenen Faktoren beeinflußt wird.

Die Gefahren einer durch Tourismus übernutzten Küste zeigt D. UTHOFF detailliert am Beispiel von Phuket, Südthailand, auf. Sein zweiter Beitrag ist der Entwicklung der Fischereiwirtschaft Thailands von der traditionellen Küstenfischerei bis zur heutigen Hochseefischerei und den damit verbundenen Problemen gewidmet.

Um die Ergebnisse des deutschen Arbeitskreises „Geographie der Meere und Küsten" auch der internationalen Fachwelt zugänglich zu machen, haben wir den Autoren die Möglichkeit eingeräumt, ihre Artikel in englischer Sprache abzufassen. Bei positiver Resonanz seitens der Leser wird von dieser Möglichkeit in Zukunft sicher öfters Gebrauch gemacht werden.

Schließlich möchten wir den Herausgebern für die Aufnahme dieses Sammelbandes in die Reihe „Erdkundliches Wissen" danken sowie den Mitarbeitern des Franz Steiner Verlages für die zügige Drucklegung. Der Landeshauptstadt Düsseldorf gilt unser Dank für eine finanzielle Unterstützung zur Veröffentlichung dieses Buches, dem Oberbürgermeister für sein Grußwort.

Düsseldorf, im März 1991

Helmut Brückner & Ulrich Radtke

GRUSSWORT

Ich freue mich, den Teilnehmern und Gästen der Tagung des Arbeitskreises „Geographie der Meere und Küsten", die in diesem Jahr in der Zeit vom 13. bis 15.06.1990 in Düsseldorf stattfindet, an dieser Stelle die herzlichsten Willkommensgrüße der Landeshauptstadt entbieten zu dürfen.

Da am Geographischen Institut der Heinrich-Heine-Universität Düsseldorf seit Jahren ein Schwerpunkt im Bereich der Küstenforschung besteht, dürften in unserer Stadt – trotz der Lage im Binnenland – gute Vorbedingungen für eine erfolgreiche Durchführung dieses Treffens der deutschen Küsten- und Meeresforscher gegeben sein. Um so mehr habe ich Grund, der Tagung einen guten und effektiven Verlauf zu wünschen. Möge der Meinungs- und Erfahrungsaustausch über die neuesten Ergebnisse der Küsten- und Meeresforschung viele wertvolle Impulse für eine weitere erfolgreiche Arbeit der Tagungsteilnehmer liefern.

Darüber hinaus darf ich hoffen, daß die teilnehmenden Wissenschaftler neben der Beschäftigung mit physisch-geographischen Themen und kulturgeographischen Problemen auch Gelegenheit haben werden, Düsseldorf als eine gastliche und weltoffene Stadt kennenzulernen und wünsche allen Gästen auch unter diesem Aspekt einen recht angenehmen und anregenden Aufenthalt.

Klaus Bungert
Oberbürgermeister
der Landeshauptstadt Düsseldorf

SEA LEVEL RISE IN THE INNER GERMAN BIGHT (GERMANY) SINCE AD 600 AND ITS IMPLICATIONS UPON TIDAL FLATS GEOMORPHOLOGY

Jacobus L.A. Hofstede, Kiel (Germany)

ABSTRACT

Using all currently available relevant climatological and sea level data, a probable mean high-water (MHW) curve for the Inner German Bight covering the period from about AD 600 onwards was established.

A MHW rise of about 0.23 ± 0.9 cm/yr between AD 600/700 and AD 1200/1300 culminated in the medieval Climatic Optimum peak level which lasted till 1400 at the latest. During this period MHW was about as high as today. Subsequently it fell about 15 to 20 cm. From 1520 till about 1590 the MHW level remained more or less stable. From 1590 on it fell again, this time culminating in the Little Ice Age lowstand which lasted from 1650 till 1700. During this period MHW was about 25 to 30 cm lower than today. Between 1700 and 1890 a small MHW rise of about 3 to 8 cm occurred. Since 1890 MHW is rising 0.22 cm/yr at the tide gauge of Cuxhaven.

The morphological development of the supratidal sands in the Inner German Bight seems to reflect these changes in sea level. Aeolian processes, vegetation, agriculture and/or settlement took place in a concentrated manner during regressive phases, whereas transgressive periods were characterized by flooding and, since the last century, by protective measures. Until 1850 the supratidal sands probably remained more or less in the same position; since 1850, however, they are drifting coastward with increasing velocity.

1. INTRODUCTION

The German North Sea coast is part of the Wadden Sea which ranges from Den Helder in the Netherlands to Esbjerg in Denmark. The German sector can be subdivided into three regions; the East Frisian Islands, the Inner German Bight (Fig. 1) and the North Frisian Islands. This tripartition can be seen as a result of variation in tidal range (STREIF 1978). Along the East and North Frisian Islands tidal range varies between 1.5 m and 2.9 m (SIEFERT & LASSEN 1985), which promotes the formation of barrier islands. In the Inner German Bight tidal range exceeds 3.0 m, which means that barrier islands cannot develop. In their position large mostly unvegetated supratidal sands exist. These sands can be characterized as barrier islands which persist in their „embryo"-stage of development (HOFSTEDE, in press).

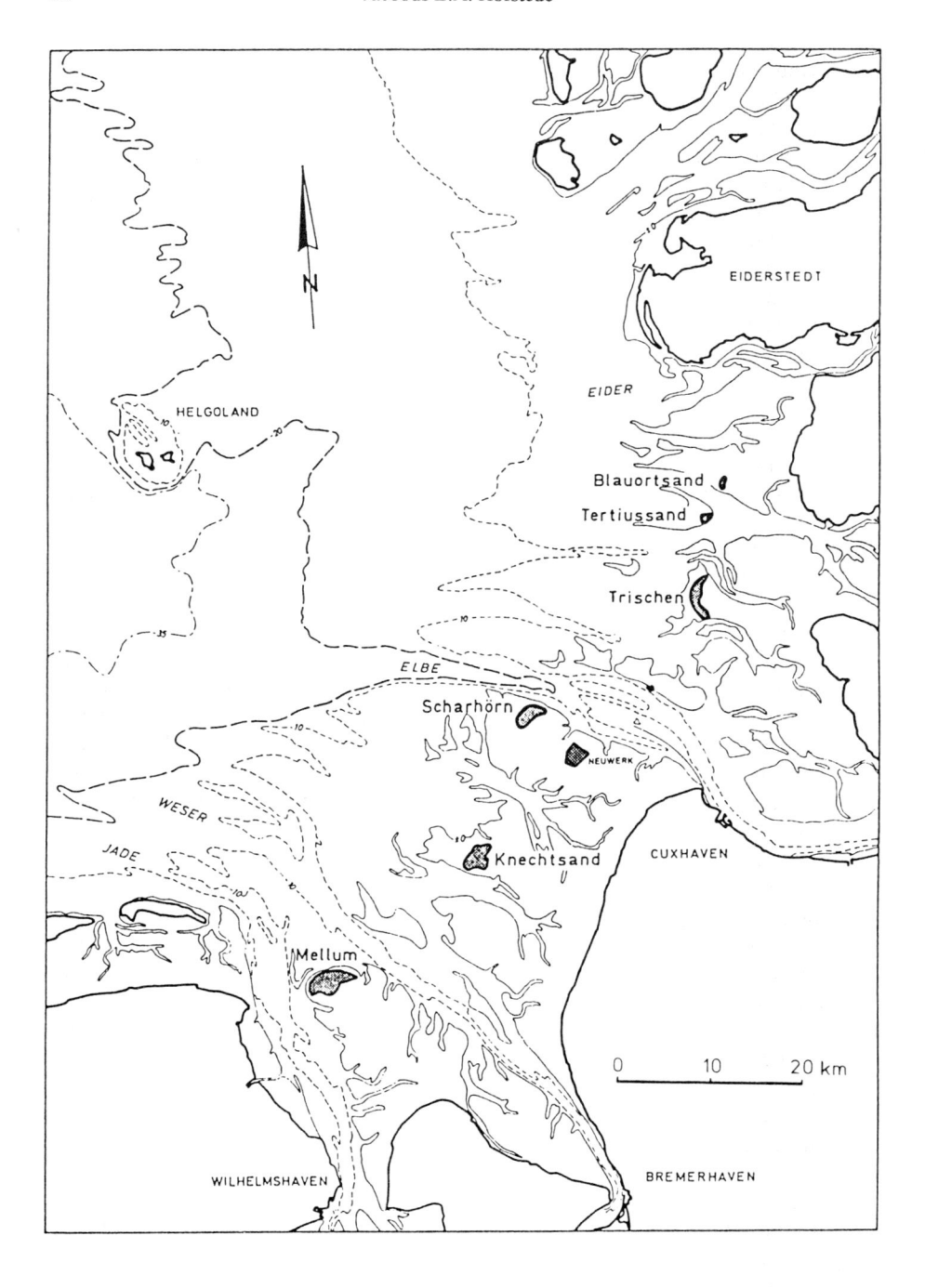

Fig. 1: The Inner German Bight with the supratidal sands.

During the past 10 years extensive investigations concerning the impact of increasing levels of carbon dioxide and other „greenhouse" gases in the atmosphere upon the world's climate and mean sea level, respectively, have been carried out. It is now generally accepted that one consequence of the human-induced climatological changes will be an acceleration in mean sea level rise. However, the magnitude and character of this speeding up are still subject to discussion (Fig. 2).

Compared to the barrier islands, the supratidal sands in the Inner German Bight are more sensitive to changes of the hydrological regime. However, both function as a major natural defense line for the tidal flats as well as the mainland against the incoming deep-water waves from the North Sea. Therefore, in the context of German coastal protection it is of high interest how these sands will react upon the expected acceleration in sea level rise.

The following developments seem to be possible. Firstly, sea level rise could reach such dimensions that the sands will submerge. This would mean that the tidal flats as well as the mainland coast in the Inner German Bight will be exposed to the large deep-water waves. As a result the tidal flats would probably become subjected to severe erosion and the mainland would have to be „fortified" at immense costs to prevent landlosses. Secondly, the sands could be able to balance sea level rise. However, for this scenario large quantities of sediment are necessary. As longshore drift will probably not intensify under the influence of an acceleration in sea level rise, other sources would have to be found. One such source area could be the broad subtidal shoreface and the intertidal foreshore. At Scharhörn (Fig. 1) for instance, these two zones reach about 8 km west of the Scharhörn sand. However, this would mean that the beach-profile becomes steeper. As a consequence larger waves could reach the sands and induce erosion. A coastward retreat of the entire tidal flats could also release large quantities of sediment. This is what most probably occurred during the strong early and middle Holocene sea level rise. This progressive „thinning" of the Wadden Sea area would have serious effects upon the present coastline.

One way to evaluate which of the above mentioned scenarios is most likely to happen is a reconstruction of the former interaction between hydrological and morphological changes. This reconstruction is the main topic of this article.

Although the sands probably already existed more or less in their modern position about 4500 years ago (HOFSTEDE, in press), the oldest reliable historic data on the sands reach back to about AD 1300 (LANG 1970; 1975). This means that a reliable reconstruction of the interaction between hydrological and morphological changes can only be made for the last 700 years. Additional data upon the drifting of the sands since about 1800 come from GÖHREN (1975) and EHLERS (1988).

The modern behaviour of the sands seems to be controlled mainly by the MHW level and storm surge intensity and frequency (HOFSTEDE, in press). Therefore, „hydrological" attention was focussed upon these two aspects.

In literature two MHW curves exist for the German Bight covering the past 2000 years (LINKE 1982; ROHDE 1985; Fig. 7). According to these curves sea level was rising constantly by about 0.25 cm/yr since 1500 (ROHDE 1985) or by about 0.16 cm/yr since about 700 (LINKE 1982). However, more recent sea level studies (GÖRNITZ & SOLOW 1989, HANISCH 1980, STREIF 1989) do not seem to support these curves.

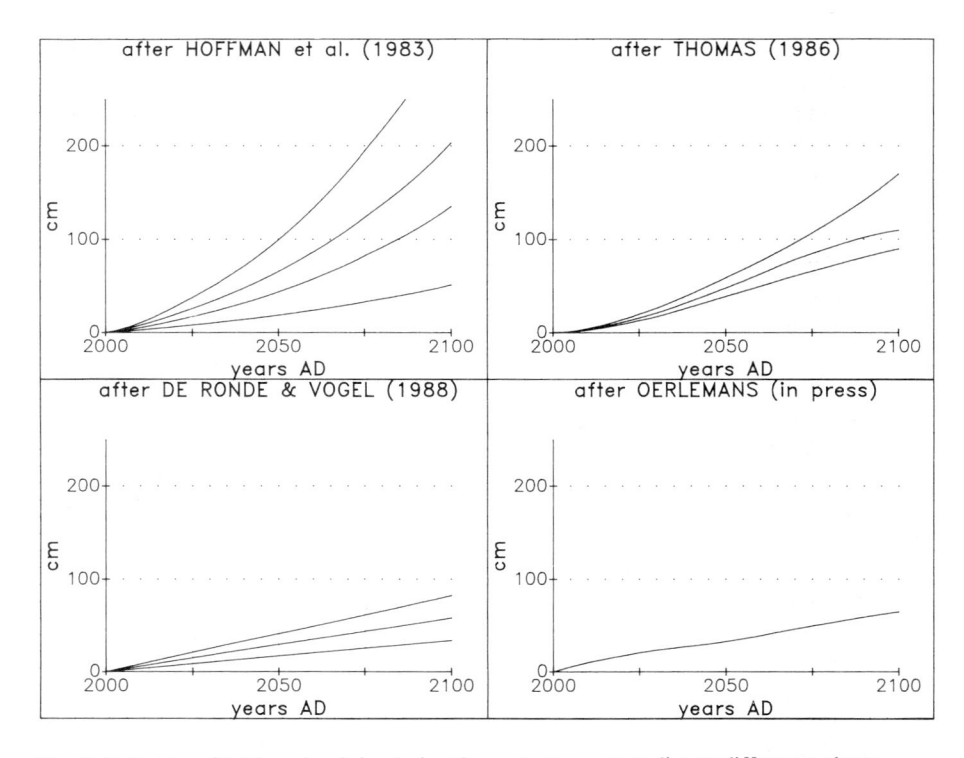

Fig. 2: Estimates of total sea level rise during the next century according to different authors.

The author thought it therefore necessary to re-evaluate the existing sea level data from the German North Sea coast and to reconstruct a new MHW curve (Fig. 3). This curve is based on all currently available sedimentological, morphological, botanical, archaeological and historical sea level data. It should be stressed that future investigations will allmost certainly make it necessary to improve the suggested curve.

Storm surge investigations in the German Bight have been carried out by LINKE (1982) for the last 6000 years, by ROHDE (1977) for the last 300 years, and by SIEFERT (1984) for the last 50 years. Additionally the results of LAMB's storm surge investigations for Northwest Europe since about 1000 were taken into consideration (LAMB 1982; 1984).

2. SEA LEVEL RISE IN THE INNER GERMAN BIGHT SINCE AD 600

2.1 The MHW curve from about AD 600 till 1890

Based upon dated *Scrobicularia plana* shells and salt-marsh samples from the East Frisian barrier islands Wangerooge and Juist STREIF (1989) concluded that the MHW level along the East Frisian Islands was between 0.0 and 0.4 m NN (Normal Null = German Ordinance Date) between 600 and 800.

Furthermore he was able to establish a MHW level of about 1.22 to 1.35 m NN for a certain time interval between 1125 and 1395 along the East Frisian Islands. This would mean that the modern MHW level in this area was already reached about 500 to 800 years ago. So for the first time since the last glacial period sea level fluctuated around the same level for a period of 500 to 800 years. Furthermore, as MHW is rising about 0.22 cm/yr since about 1890 at Cuxhaven a MHW fall of at least 22 cm must have occurred sometime between 1400 and 1890. As for the period 1400–1700 no dated sea level markers from the North Sea coast are available, we have to rely on (climatic) sea level indicators.

The longest temperature record for Northwest Europe has been established for England by LAMB (1977). It reaches back to about AD 900. Based upon this record and other climate indicators, BARTH & TITUS (1984) reconstructed a global temperature curve since about 900 (Fig. 3). This curve shows that the period between AD 900 and 1200 was characterized by increasing temperatures. According to GÖRNITZ et al. (1982) a mean global temperature rise of 1 °C will result in a sea level rise of about 16 cm, caused by thermal expansion of the upper layers of the oceans. Other authors, however, mention a rise of 4 to 10 cm per degree warming (WIGLEY & RAPER 1987; OERLEMANS, in press). So at least part of the MHW rise between 600 and 1100/1200 was caused by increasing temperatures. However, since MHW level must have risen 0.9 to 1.3 m between AD 600 and 1100/1200 this factor was insignificant. The greatest part of the MHW rise must therefore have been caused by glacio-isostatic rebound and/or halokinetic subsidence.

The time span from about AD 1000 to 1350 is generally called the medieval Climatic Optimum. According to BARTH & TITUS (1984), the 50-year global mean temperature for the time span 1200/1250 was a little higher than the 1900/1950-mean. Based upon dendroclimatological investigations in the Alps and Lapland (Scandinavia), SCHWEINGRUBER et al. (1988) showed that the period from about 1070 till 1220 was characterized by above average summer temperatures in the Alps (Fig. 3). The MHW highstand between 1125 and 1395 according to HANISCH (1980) and STREIF (1989) correlates well with the above mentioned climatological data.

The MHW peak level was accompanied by a peak in storm surge activity in the 14th century (LAMB 1984; Fig. 3). The combination of these two factors caused severe losses in land and human lives along the German North Sea coast during the Climatic Optimum, for instance during the so-called „Große Mandränke" (Second Marcellus Flood) of 16 January 1362.

The medieval Climatic Optimum was followed by a severe deterioration. Between AD 1250 and 1500 global temperature dropped by about 0.9 °C. Using the calculations of GÖRNITZ et al. (1982), this might have resulted in a thermally induced sea level lowering up to about 14 cm. The falling temperatures most probably induced expansion of glaciers which might have resulted in an extra fall in sea level. According to MÖRNER (1984) the medieval sea level maximum around 1250 was followed by the first Little Ice Age lowstand around 1525 in the area of Stockholm (Sweden). Accordingly, the MHW level in the Inner German Bight might have dropped by about 15 to 20 cm between 1400 and 1520.

16   Jacobus L.A. Hofstede

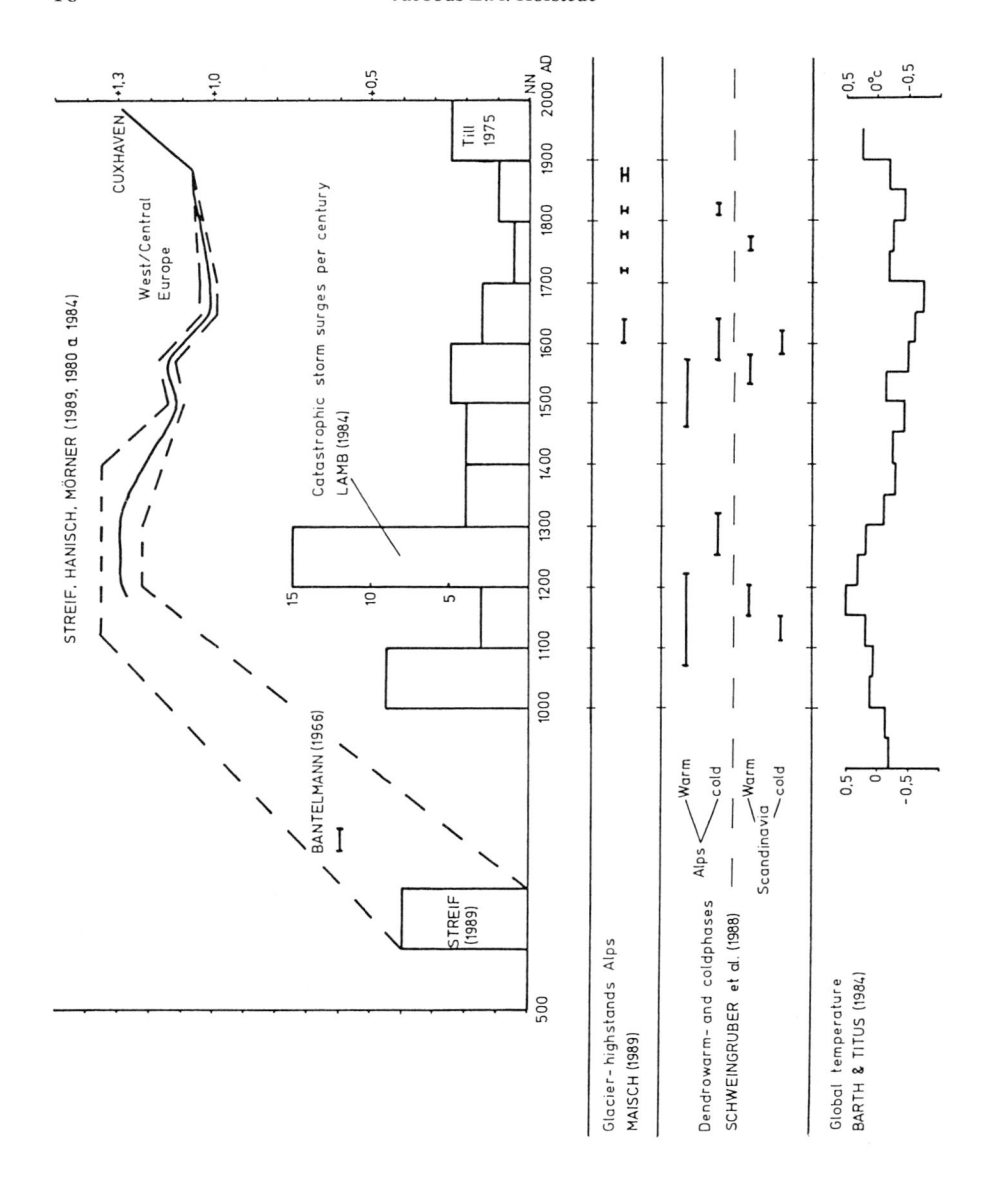

Fig. 3: Probable MHW curve for the Inner German Bight since about AD 600. The proposed curve is compared with the number of catastrophic storm surges per century in north-west Europe (LAMB 1984), with highstands of glaciers in the Alps (MAISCH 1989), with dendro-warm and dendro-cold phases (SCHWEINGRUBER et al. 1988) and with a global temperature curve (BARTH & TITUS 1984).

According to SCHWEINGRUBER et al. (1988) summer temperatures were above average in the Alps between 1460 and 1570, and in Lapland between 1530 and 1570. This rise in temperature can be recognized in the global temperature curve of BARTH & TITUS (1984) as well. These data suggest that the time interval from 1500 till about 1570 was characterized by a small climatic amelioration. This might have induced a small MHW rise between 1520 and 1590. It is noteworthy that the most catastrophic storm flood along the German North Sea coast between about 1500 and 1800 took place in 1570.

According to the temperature curve of BARTH & TITUS (1984) and the dendroclimatological data of SCHWEINGRUBER et al. (1988) the period between 1600 and 1700 was the coldest since 900 at the latest. The temperature difference between 1200/1250 and 1650/1700 was about 1.5 °C. Besides that, in the Alps the first great expansion of glaciers during the Little Ice Age occurred between 1600 and 1640 (MAISCH 1989). So it seems realistic to suggest that the MHW lowstand of the Little Ice Age was reached around 1650, at which time MHW might have been about 25 to 30 cm lower than the Climatic Optimum highstand. According to LAMB (1982) the difference between the medieval highstand and the Little Ice Age lowstand along the British North Sea coast might have amounted to 50 cm. MÖRNER (1984) determined a second Little Ice Age lowstand around 1640 at Stockholm.

During the Little Ice Age, storm flood activity reached a lowstand (LAMB 1984; Fig. 3).

From 1700 on, sea level has been recorded at the tide gauge of Amsterdam (Netherlands). So from this time on more or less accurate sea level data are available. GÖRNITZ & SOLOW (in press) have examined 21 long-term tide gauges on fluctuations in sea level rise. Based on ten west European tide gauges they were able to establish a normalized mean sea level curve for west-central Europe reaching back to 1700 (Fig. 4). The following ten tide gauges were used: Amsterdam (1700–1940), Brest (1807–1970), Den Helder (1832–1985), Aberdeen (1862–1965), Vlissingen (1862–1985), Hoek van Holland (1864–1985), Delfzijl (1865–1985), Harlingen (1865–1985), Ijmuiden (1872–1985) and West Terschelling (1887–1985). From this curve it can be seen that between 1700 and 1895 no significant mean sea level fluctuations occurred. However, a stable mean sea level does not necessarily mean that MHW remained constant. Independent changes in tidal range might induce a MHW change as well. Momentarily investigations on tidal range fluctuations along the Dutch North Sea coast since 1700 are being carried out. The first results seem to suggest that no significant changes took place between 1700 and 1850. So probably MHW did not change significantly between 1700 and 1895 as well.

For the west-central European curve no German tide gauges have been used. Therefore, the author established a normalized mean sea level curve for Cuxhaven (the only tide gauge along the German North Sea coast which has been recording sea level data long enough before 1895) since 1855 (Fig. 4). The conformity of both curves since 1855 seems to suggest that the west-central European curve is valid for the German North Sea coast as well.

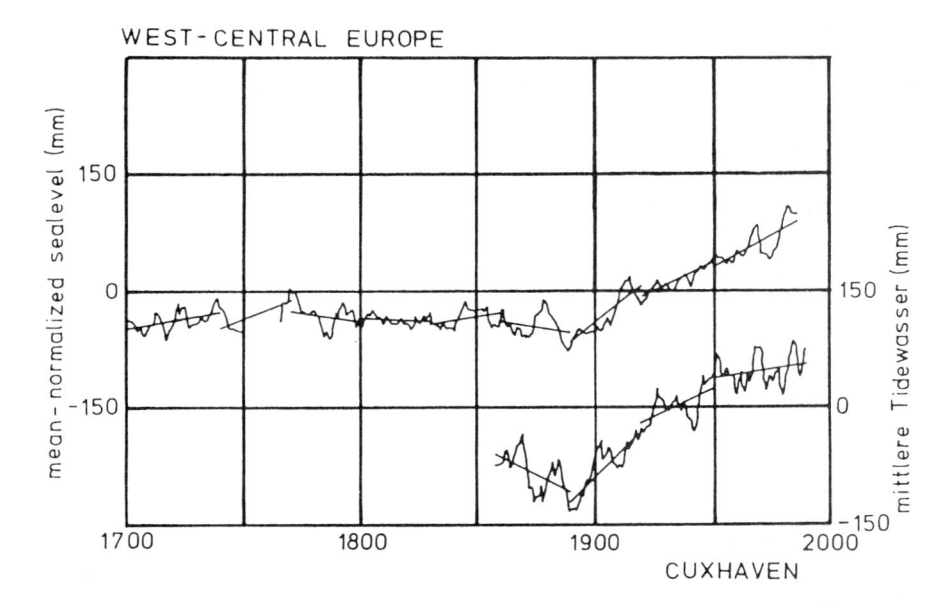

Fig. 4: Mean sea level curves for west-central Europe (GÖRNITZ & SOLOW, in press) and for Cuxhaven. The data are smoothed, using the 5-year running mean. The least squares linear trends for successive 30-year intervals are shown.

EKMAN (1988) has investigated the glacio-isostatic upheaval in the area of Stockholm since 1774. He calculated two linear regressions for two succeeding centuries:

$\Delta H_{(1774-1874)} = 4.93 \pm 0.23$ mm/yr
$\Delta H_{(1874-1984)} = 3.92 \pm 0.19$ mm/yr.

EKMAN (1988) explains the difference of 1.01 ± 0.3 mm/yr between both regressions by the post Little Ice Age sea level rise of about 1 mm/yr. This would mean that in the area of Stockholm no thermal-eustatic sea level rise occurred from 1774 till 1874.

According to FLOHN (1985) the period from 1700 till about 1850 was characterized by a very unstable climate. Alltogether, a small temperature rise seems to have happened. Between 1640 and 1850 glacier variations seem to have been within a limited range, while after 1850 a world-wide retreat began (OERLEMANS, in press). So once again, the climatological data correspond well with the reconstructed MHW curve.

As stated above, storm flood intensity remained low till about 1800 to 1850.

As already stated in the introduction, two MHW curves from the German Bight, covering the last 2000 years, have been published (LINKE 1982, ROHDE 1985; Fig. 7).

Both curves, however, do not seem to be up-to-date anymore. In ROHDE's (1985) curve the medieval MHW highstand (HANISCH 1980; STREIF 1989) is situated about 300 to 500 years too early, and in LINKE's (1982) curve it fails altogether. Furthermore, the regression of about 80 cm between 900 and 1500 in the MHW curve from ROHDE (1985) would ‚heave' large parts of the tidal flats above MHW level, which should have resulted in extensive aeolian activity upon the tidal flats. Up till now no aeolian sediments have been found here, which could be dated into this period. Besides, no documents dealing with aeolian activity on the tidal flats exist. Finally, according to new sea level data (GÖRNITZ & SOLOW, in press) as well as climatological data (FLOHN 1985; BARTH & TITUS 1984), a constant MHW rise since 1550 of about 20–30 cm per century seems to be very unlikely.

2.2 The MHW rise since 1890 and its causes

From Fig. 4 it is evident that mean sea level started to rise about 1890. This „knickpoint" can be found in the MHW curves as well. However, different tide gauges show different rates. In the Netherlands, MHW rise varies between 0.19 and 0.33 cm/yr (DE RONDE & VOGEL 1988), along the German North Sea coast between 0.19 and 0.32 cm/yr and in Cuxhaven finally it amounts to 0.22 cm/yr (Fig. 5a).

In the Netherlands mean sea level rose about 11 to 15 cm between 1890 and 1960. According to VAN MALDE (1984) no significant mean sea level rise occurred along the Dutch coast after 1960. As can be seen in Fig. 5 the same development took place in Cuxhaven. Between 1890 and 1960 mean sea level rose by about 17 cm and stabilized subsequently.

Fig. 5 shows also that about 5 cm of the MHW rise of 22 cm since 1890 has been caused by an increase in tidal range since about 1960. So 17 cm of sea level rise since 1890 remain to be explained.

Almost certainly thermal expansion of the upper layers of the ocean will have contributed to this rise. However, different authors mention different values for this component, ranging between 2 and 8 cm (GÖRNITZ et al. 1982, WIGLEY & RAPER 1987, OERLEMANS, in press).

Another factor that certainly contributed to the MHW rise since 1890 is the globally observed glacier retreat since about 1850 to 1890. Here the estimates range from 1.5 to 4 cm (MEIER 1984) or 3.5 cm according to OERLEMANS (in press).

Thermal expansion combined with glacier retreat might have contributed 10 to 15 cm to the MHW rise since 1890 according to THOMAS (1986) and 9.5 cm according to OERLEMANS (in press).

This means that at the tide gauge Cuxhaven 2 to 7.5 cm of the recorded MHW rise since 1890 must have been induced by other non-global mechanisms. As the Inner German Bight lies in the vicinity of Scandinavia it seems reasonable to suggest regional glacio-isostatic subsidence as one of the causing factors. However, based upon geodetic surveys carried out between Hamburg and Cuxhaven since 1855, LASSEN et al. (1984) were able to exclude this possibility: between 1855 and 1980 a significant (i.e. > 2 cm) tectonic or glacio-isostatic subsidence did not take place in the area of Cuxhaven.

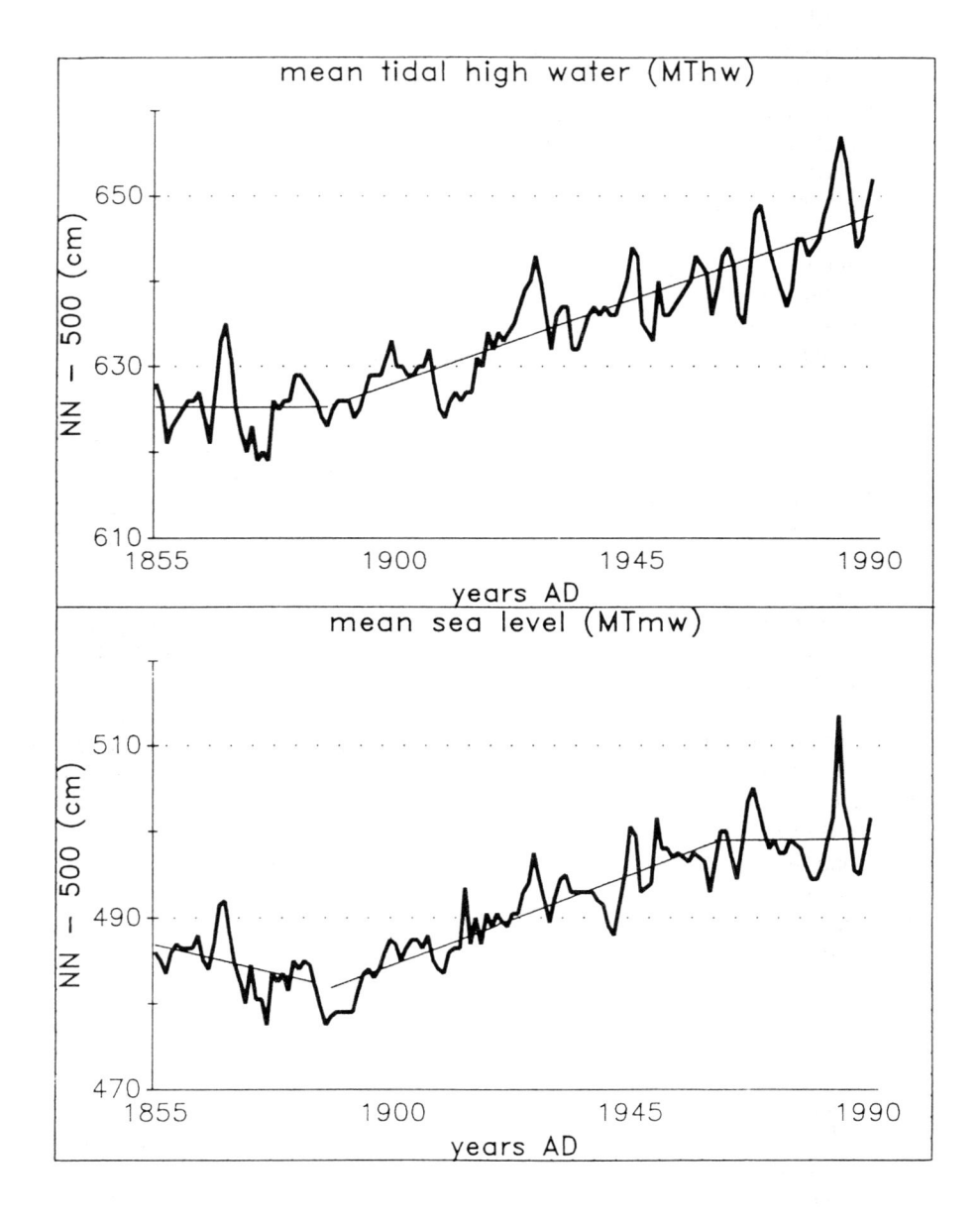

Fig. 5: Sea level rise at the tide gauge Cuxhaven since 1855. The data are smoothed, using the 3-year running mean.

Another regional mechanism that might have had some influence are geoidal changes. Along the Dutch shoreface for instance, the geoidal sea level shows an absolute height difference of about 100 to 150 cm (VAN WILLIGEN 1986). According to NEWMAN et al. (1980) the shifting of the geoid caused a sea level rise of about 100 cm between 4000 and 2000 BP in north-western Europe. This value is still subject to controverse discussion. According to MÖRNER (1976) local geoidal changes can induce short-term sea level fluctuations. However, he is unable to support this hypothesis by examples.

Subsequent to global and/or regional mechanisms, local processes can induce significant sea level changes as well. Along the Danish west coast, height differences between spring and autumn sea level amounting up to 20 cm have been recorded (CHRISTIANSEN et al. 1985). These differences are caused by seasonal meteorologic and oceanographic circumstances as for instance changes in wind set-up or air pressure.

More long-term fluctuations, as for instance spatial changes in cyclonic activity, can influence local sea level, too (LAMB 1980). Changes of the wind component of the climate can induce changes in wind set-up. At the tide gauge of Esbjerg (Denmark) the influence of wind set-up upon local sea level varied between 11 and 13 cm during the period 1900–1940 (DIETRICH 1954). According to ROHDE (1977), the impact of wind set-up in Cuxhaven has been fluctuating periodically since 1840. Maxima were reached around 1840 and 1920/25, minima around 1875/80 and 1950/55. So the influence of wind set-up upon local sea level in Cuxhaven has been decreasing from about 1840 to 1876 and from 1923 to 1953. The periods of 1876–1923 and 1953–1988 on the other hand are characterized by an increasing wind set-up. The effect of wind set-up upon the MHW curve at the tide gauge Cuxhaven is illustrated in Figure 6. Although this comparison suggests that there is a strong correlation, the results have to be used with care. A hypothetical extrapolation of these periodic fluctuations would predict the next wind set-up maximum in the Inner German Bight around 2000.

SIEFERT (1984) has investigated the storm surge development since 1940 along the German North Sea coast. According to this study, storm surge heights as well as frequency has been increasing since about 1960, which correlates well with the MHW curve. This increase is explained by changes in meteorological conditions as for instance wind directions.

2.3 Synthesis

After a critical evaluation of all presently available sea level and climatological data the MHW development in the Inner German Bight since about AD 600 might have occurred as follows (Fig. 3).

A MHW rise of about 0.23 cm/yr between AD 600/700 and 1100/1200 culminated in the Climatic Optimum peak level sometime between 1200 and 1400 which was comparable with today's MHW level. Between 1400 and 1520, a regression in the order of 15 to 20 cm took place. Until 1590, MHW remained more or less stable. Subsequently another regression until 1650 of about 5 to 15 cm resulted

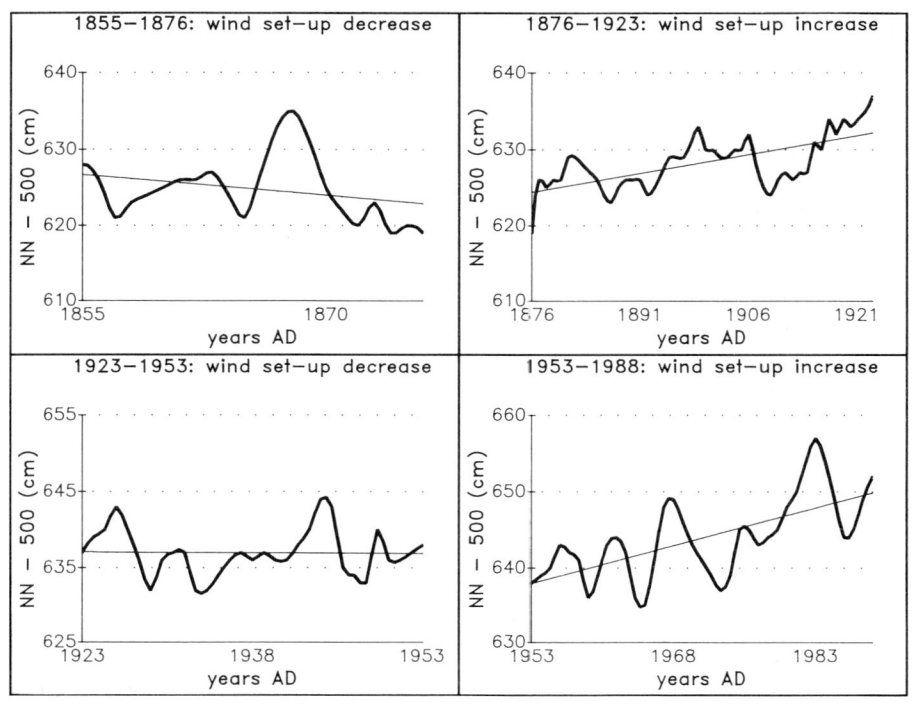

Fig. 6: MHW rise at the tide gauge Cuxhaven (3-year running mean), compared with cyclic fluctuations in wind set-up according to ROHDE (1977). The least squares linear trends for the different time intervals are shown.

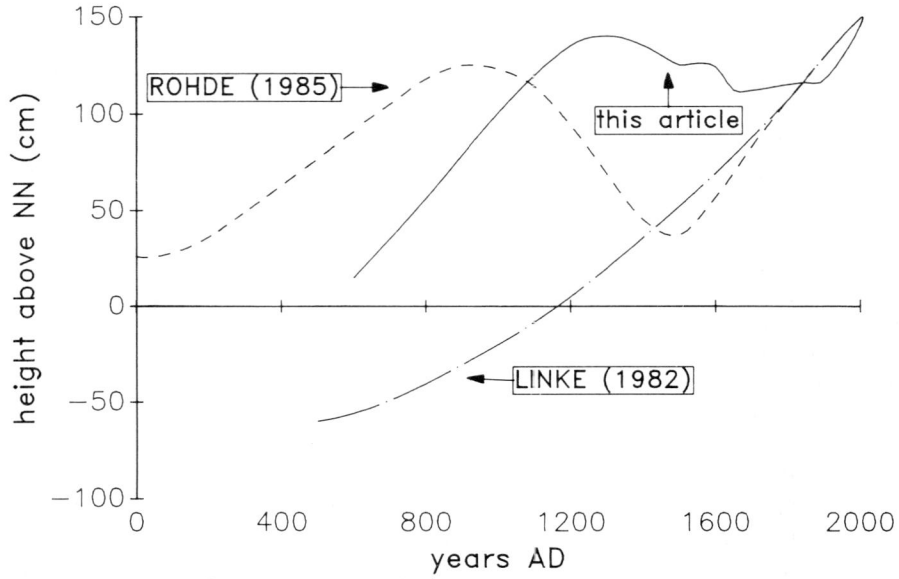

Fig. 7: Comparison of three MHW curves for the German Bight.

in the Little Ice Age lowstand. During this period MHW was about 25 to 30 cm lower than today. Between 1700 and 1890, probably a small MHW rise in the order of 3 to 8 cm occurred in the Inner German Bight. Since 1890, MHW is rising 0.22 cm/yr at the tide gauge Cuxhaven.

This means that the postglacial sea level rise in the German Bight can be divided into three phases. The first period was dominated by the melting of the large Laurentian and Scandinavian ice shields. It ended about 5000 BP. The second phase was characterized by glacio-isostatic rebound. In the Inner German Bight this period ended around AD 1200. The third phase still lasts on and is caused by thermal-eustatic sea level changes.

It is interesting to note that the sea level curve for the German Baltic coast shows a similar course for the last thousand years (KLUG 1980). Here a transgressive period culminated in a medieval highstand around 1400. Subsequently, a sea level lowering took place, which lasted till the 17th century. This regression was followed by a slight sea level rise, and since 1850 the modern transgression takes place.

3. HISTORICAL DEVELOPMENT OF THE SUPRATIDAL SANDS

Based upon historical documents, LANG (1970; 1975) carried out extensive investigations with respect to the morphological development of the supratidal sands in the Inner German Bight (Fig. 1). Later, more data became available, especially upon the drifting of the sands (EHLERS 1988, a.o.). The following description is based primarily on LANG's results.

Some of the sands were firstly mentioned during the medieval Climatic Optimum (Scharhörn: 1299, Mellum: 1410). This means that shortly after MHW had reached its medieval highstand at least some of the sands (re)emerged. Consequently, they must have been able to balance a MHW rise of about 0.23 ± 0.09 cm/yr for four to six centuries. Whether this process was accompanied by a shoreward drifting of the sands cannot be reconstructed.

The Blauort sand was first documented in 1551. At least until 1623 it only emerged during low-tide. In 1752, however, a dune has developed, which existed till 1784 at the latest. Accordingly, Blauort exists as a supratidal sand since the 18th century.

Trischen was first mentioned in 1610 and had a vegetation cover around 1721. This cover disappeared around 1735. During the first half of the 19th century three supratidal sands developed. Two of these sands were submerged before 1866. The remaining sand showed a vegetation cover and some primary dune forms by 1854. This sand was influenced superficially between 1868 and 1943. From 1872 till 1899 and, after a period of drownings, from 1907 till 1943 Trischen was inhabited and cultivated. Despite of massive coastal protection measures the sand had to be abandoned in 1943.

Scharhörn was first mentioned in 1299 as a dangerous obstacle for navigation. It is not documented since when exactly a supratidal sand exists in this position; but on a map from 1594 two oval forms can be recognized, suggesting that by this time the sand had emerged above MHW level. A document from 1585 underlines this statement. The sand submerged at least two times (1784 and 1886). Since about 1927 an artificial dune exists on the Scharhörn sand.

The Knechtsand sand was first mentioned in 1683 (Meithorn as probable predecessor in 1575). Like Mellum, it currently experiences erosion (EHLERS 1988).

Mellum was already mentioned in 1410 (GÖHREN 1975). Between 1870 and 1903 a vegetation cover developed, which was probably favoured by the convergence of an old marsh island and a sand bank (HOMEIER 1974).

Table 1 shows the drifting velocity of the supratidal sands during the last centuries. Only a few data exist covering the period before 1850. These few data suggest that the sands probably did not drift significantly before 1850. Since then, however, and especially during the last decades, the sands are drifting with increasing velocity in a coastward direction.

Tab. 1: Mean yearly drifting velocity of the supratidal sands in the Inner German Bight for different periods.

period	Blauort	Trischen	Scharhörn	Knechtsand	Mellum
1551–1846	0				
1560–1860			0		
1789–1859				14	
1876–1904	7				
1868–1968			14		
1885–1967		29			
1859–1969				30	
1939–1967	39				
currently	35	30	33	30	30

4. DISCUSSION AND CONCLUSION

A comparison of the proposed MHW curve for the Inner German Bight with the development of the supratidal sands since the medieval Climatic Optimum shows some striking similarities. Aeolian processes, vegetation cover, agriculture and/or habitation primarily took place during the Little Ice Age. This is reasonable since this period was characterized by a MHW lowstand as well as a low storm surge intensity.

Since the middle of the last century storm surge intensity is rising. Combined with a rising sea level since 1890 this induced flooding and, after a period of protective measures, abandonment. At the same time the sands start drifting in a coastward direction, which occurs in the form of (storm)erosion at their seaward sides and sedimentation at their landward sides. Parallel with an acceleration in storm surge intensity since about 1960 the drifting velocity of the sands is increasing.

Since 1868, the supratidal sand Scharhörn drifted almost 3 km to the east (HOFSTEDE, in press), while the low water line remained in the same position. Consequently, the intertidal zone was increased by about 3 km and the beach angle was lowered correspondingly. According to CHRISTIANSEN (1976), this can be seen as an adjustment to increasing storm surge intensity. However, it means that the drifting of the supratidal sand did not release a significant amount of sediment, needed to rise the height of the tidal flats.

SIEFERT & LASSEN (1987) investigated the development of the hights of the tidal flats between the Isle of Neuwerk and Cuxhaven (Fig. 1) since 1864. They showed that although MHW rose by about 22 cm and the mean storm surge by twice that amount, there was no rise of the mean height of the tidal flats. This means that only the sand Scharhörn was able to balance the MHW rise since 1890, thereby diminishing in area.

Likewise, a MHW rise of about 0.23 ± 0.09 cm/yr for four to six centuries seems to have been balanced by the supratidal sands before 1300. It is not certain, whether this rise was accompanied by a „thinning out" of the tidal flats or not. However, the MHW rise combined with an increase in storm surge intensity, resulted in huge land-losses during the 14th to 16th centuries. So it seems that the rising sea level could only be balanced until a certain internal threshold was exceeded. It should be stressed that this threshold had decreased by human interference, as for instance (insufficient) dike-building and salt-winning in the marshes (BANTELMANN 1966).

Until now the modern MHW rise is balanced by the supratidal sands. The tidal flats on the other hand, seem to have been unable to balance the rise. So it seems to be a matter of time before the natural internal threshold will surpass the critical maximum and massive coastal protection measures will become necessary.

One area, where the natural treshold has surpassed the critical maximum for some time is the Isle of Sylt. Here, the internal threshold had to be reinforced by massive coastal protection measures. In 1990 alone, some 20 million DM had to be invested to restore the damages from the stormy winter of 1989/90. This raises the question how much a country is prepared to invest in coastal protection.

REFERENCES

BANTELMANN, A., 1966. Die Landschaftsentwicklung im nordfriesischen Küstengebiet, eine Funktionschronik durch fünf Jahrtausende. Die Küste 14(2), 5–99.
BARTH, M.C. & J.G. TITUS, (eds.) 1984. Greenhouse effect and sea level rise. Van Nostrand Reinhold, New York.
CHRISTIANSEN, H., 1976. Umformung von Sandstränden durch Sturmfluten. Hamb. Küstenf. 35, 37–72.
CHRISTIANSEN, C., MOLLER, J.T. & J. NIELSEN, 1985. Fluctuation in sea-level and associated morphological response. Eiszeitalter u. Gegenwart 35, 89–108.
DE RONDE, J.G. & J.A. VOGEL, 1988. Zeepiegelrijzing, Hydro Meteo scenarios. RWS, Dienst Getijdewateren, Nota: GWAO-88.015.
DIETRICH, G., 1954. Ozeanographisch-meteorologische Einflüsse auf Wasserstandsänderungen des Meeres am Beispiel der Pegelbeobachtungen von Esbjerg. Die Küste 2(2), 130–156.
EHLERS, J., 1988. The morphodynamics of the Wadden Sea. A.A. Balkema Publ., Rotterdam.
EKMAN, M., 1988. The world's longest continued series of sea level observations. Pure Applied Geoph. 127.

FLOHN, H., 1985. Das Problem der Klimaänderungen in Vergangenheit und Zukunft. Erträge der Forschung 220.

GÖHREN, H., 1975. Zur Dynamik und Morphologie der hohen Sandbänke im Wattenmeer zwischen Jade und Eider. Die Küste 27, 28–49.

GÖRNITZ, V., S. LEBEDEFF & J. HANSEN, 1982. Global sea-level trend in the past century. Science 215, 1611–1614.

GÖRNITZ, V. & A. SOLOW, in press. Observations of long-term tide gauge records for indications of accelerated sea-level rise. DOE-Workshop on Climate Change, DOE/NBB-0086. US Dep. of Energy, Washington.

HANISCH, J., 1980. Neue Meeresspiegeldaten aus dem Raum Wangerooge. Eiszeitalter u. Gegenwart 30, 221–228.

HOFFMAN, J., KAYES, D. & J. TITUS, 1983. Projecting future sea level rise. Gov. Printing Office, Washington D.C.

HOFSTEDE, J.L.A., in press. Ergebnisse hydro- und morphodynamischer Untersuchungen in der Inneren Deutschen Bucht und der Unterelbe. Berl. Geogr. St. 50.

HOMEIER, H., 1974. Beiheft zu: Niedersächsische Küste, Historische Karte 1:50.000 Nr. 8: 20 pp. Norderney: Forschungsst. f. Insel- und Küstenschutz.

KLUG, H., 1980. Art und Ursachen des Meeresspiegelanstieges im Küstenraum der südwestlichen Ostsee während des jüngeren Holozäns. Berl. Geogr. St. 7, 27–37.

LAMB, H.H., 1980. Climatic fluctuations in historical times and their connexion with transgressions of the sea, stormfloods and other coastal changes. In: VERHULST, A. & M.K.E. GOTTSCHALK (eds). Transgressies en occupatiegeschiedenis in de kustgebieden van Nederland en Belgie. Belg. Centr. Land. Gesch. Publ. 66, 251–290.

LAMB, H.H., 1982. Climate, history and the modern world. Methuen, London.

LAMB, H.H., 1984. Climate and history in Northern Europe and elsewhere. In: MÖRNER, N.-A. & W. KARLEN, (eds) 1984. Climatic changes on a yearly to millennial basis. D. Reidel Publ. Comp., Dordrecht, Boston, Lancaster.

LANG, A.W., 1970. Untersuchungen zur morphologischen Entwicklung des südlichen Elbe-Ästuars von 1560 bis 1960. Hamb. Küstenf. 12.

LANG, A.W., 1975. Untersuchungen zur morphologischen Entwicklung des Dithmarscher Watts von der Mitte des 16. Jahrhunderts bis zur Gegenwart. Hamb. Küstenf. 31.

LASSEN, H., G. LINKE & G. BRAASCH, 1984. Säkularer Meeresspiegelanstieg und tektonische Senkungsvorgänge and der Nordseeküste. Zeitschr. Vermessungsw. und Raumordnung 46(2), 106–126.

LINKE, G., 1982. Der Ablauf der holozänen Transgression aufgrund von Ergebnissen aus dem Gebiet Neuwerk/Scharhörn. Probl. der Küstenf. im südlichen Nordseegebiet 14, 39–83.

MAISCH, M., 1989. Der Gletscherschwund in den Bündner-Alpen seit dem Hochstand von 1850. Geogr. Rundschau 41(9), 474–485.

MEIER, M.F., 1984. Contribution of small glaciers to global sea level. Science 226, 1418–1421.

MÖRNER, N.-A., 1976. Eustasy and geoid changes. J. Geol. 84, 123–151.

MÖRNER, N.-A., 1984. Climatic changes on a yearly to millennial basis, an introduction. In: N.-A. MÖRNER & W. KARLEN, (eds) 1984. Climatic changes on a yearly to milennial basis. D. Reidel Publ. Comp., Dordrecht, Boston, Lancaster.

OERLEMANS, J., in press. A projection of future sea level.

ROHDE, H., 1977. Sturmfluthöhen und säkularer Wasserstandsanstieg an der deutschen Nordseeküste. Die Küste 30, 1–143.

ROHDE, H., 1985. New aspects concerning the increase of sea level on the German North Sea coast. Proc. 19th. coastal Eng. Conf., 1985, 899–911.

SCHWEINGRUBER, F.H., BARTHOLIN, Th., SCHÄR, E. & K.R. BRIFFA, 1988. Radiodensitometric-dendroclimatological conifer chronologies from Lapland (Scandinavia) and the Alps (Switzerland). Boreas 18, 559–566.

SIEFERT, W., 1984. Long-term tidal changes along the south-eastern North Sea coast. Ann. Geophysicae 2(4), 417–420.

Siefert, W. & H. Lassen, 1985. Gesamtdarstellung der Wasserstandsverhältnisse im Küstenvorfeld der Deutschen Bucht nach neuen Pegelauswertungen. Die Küste 42, 1–77.

Siefert, W. & H. Lassen, 1987. Zum säkularen Verhalten der mittleren Watthöhen an ausgewählten Beispielen. Die Küste 45, 59–70.

Streif, H., 1989. Barrier islands, tidal flats, and coastal marshes resulting from a relative rise of sea level in East Frisia on the German North Sea coast. Proc. KNGMG Symp. „Coastal lowlands, Geol. and Geotechn.", 1987, 213–223.

Thomas, R.H., 1986. Future sea level rise and its early detection by satellite remote sensing. In: Titus, J.G. (ed) 1986. Effects of changes in stratospheric ozone and global climate 4: sea level rise, 19–36.

Van Malde, J., 1984. Voorlopige uitkomsten van voortgezet onderzoek naar de gemiddelde zeeniveaus in de Nederlandse kustwateren. RWS, DWW Nota WW-WH 84.08.

Van Willigen, G.W., 1982. De gravimetrische geoide van Nederland. NGT Geodesia 28, 248–254.

Wigley, T.M.L. & S.C.B. Raper, 1987. Thermal expansion of sea water associated with global warming. Nature 330, 127–131.

NEUERE ERGEBNISSE ZUR ENTWICKLUNG DER INSELDÜNEN UNTER ÖKOLOGISCHEM ASPEKT
– DARGESTELLT AM BEISPIEL DER OSTDÜNEN DER OSTFRIESISCHEN INSEL SPIEKEROOG –

Volkmar Schuba, Düsseldorf

ZUSAMMENFASSUNG:

Die bisherigen Arbeiten zur Erforschung der Entwicklung der Inseldünen weisen z.T. Defizite auf, welche nur durch die Methoden der Geoökologie ausgeglichen werden können. Zur Erfassung der grundlegenden Mechanismen der Dünenentwicklung wurde hier der ökologische Ansatz gewählt. Die ostfriesische Insel Spiekeroog weist in ihrem östlichen Bereich eine sehr gut ausgeprägte und in weitgehend natürlichem Zustand befindliche Dünensukzession auf, die sich für geoökologische Untersuchungen als besonders geeignet erweist. Mit Hilfe von Bodenuntersuchungen, Vegetationsuntersuchungen u.a. wird dargelegt, daß ein sehr differenziertes Betrachten insbesondere der Altdünenbereiche nötig ist. Hier zeigen sich erhebliche Unterschiede zwischen den nord- und den südexponierten Hängen. Darüber hinaus wird der Nachweis geführt, daß die Dünenentwicklung nicht hin zu stabilen Endstadien führt. Aus den Ergebnissen der Untersuchungen (u.a. Kalkgehalt, Bodenreaktion, Organische Substanz, T-, S-, V-Wert, C/N-Verhältnis) wurde ein *Progressiv-Regressives Modell der Geoökologie der Inseldünen* abgeleitet, welches die Entwicklung der Inseldünen unter ökologischem Aspekt widerspiegelt.

1. EINLEITUNG

Der Begriff „Geoökologie" hat sich heute wohl in den Reihen der Geographen weitgehend manifestiert, auch wenn hinsichtlich seiner inhaltlichen Füllung noch weite Diskrepanzen bestehen (vgl. hierzu auch KILCHENMANN/SCHWARZ 1988). Eine klare Begriffsabgrenzung und eine klare inhaltliche Abgrenzung, wie sie etwa LESER (1983) fordert, ist aus mehreren Gründen nicht aufrecht zu erhalten. Geoökologie kann heute nur noch eine Anwendung physisch-geographischer Methoden auf die Fragestellungen gegenwärtiger Ökosystemforschung sein. Dies soll die Geoökologie nicht abwerten, sondern die besondere Stellung und Verantwortung der Geographie im Gesamtrahmen der Ökologie betonen. Eine fundierte ökologische Forschung kann heute nicht mehr nur von Biologen oder Geographen allein geleistet werden. Sie muß von ihnen gemeinsam betrieben werden, indem beide ihre spezifischen Ansätze und Methoden zu einer fruchtbaren Synthese führen.

Der Einzelne kann kaum eine umfassende ökologische Untersuchung eines Landschaftsausschnittes vornehmen, zumindest dann nicht, wenn er versucht, alle Geo- und Bioelemente eines Ökosystems integrativ zu erfassen. Dies kann aber auch nicht das alleinige Ziel einer ökologischen Forschung sein. Sie sollte vielmehr unter spezifischen Fragestellungen eine Untersuchung von kleinsten ökologischen Einheiten (Ökotopen) vornehmen und versuchen, diese Untersuchungsergebnisse sinnvoll zu interpretieren, ohne sie überzuinterpretieren.

Die Verwirrung in der „Öko-Begriffswelt" wird drastisch sichtbar, wenn man einmal die Abhandlung von KILCHENMANN/SCHWARZ (1988) betrachtet, welche sich auf 24 Seiten nur mit der Begriffsvielfalt um die Silbe „öko" befaßt. Hier wird deutlich, daß ein großer Teil der modernen „Ökologie"-Diskussion eigentlich nur sehr wenig mit dem Grundgedanken der Ökologie als wissenschaftlichem Teilbereich gemeinsam hat.

Im Rahmen dieser Arbeit wurden Dünenbereiche der Insel Spiekeroog mit Hilfe aller für die Problemstellung relevanten Methoden untersucht. Endziel ist die Darstellung der Entwicklung der Dünen unter ökologischem Aspekt.

2. ABRISS DER ENTWICKLUNG DER DÜNENFORSCHUNG

Nachdem man bis um die Jahrhundertwende die Dünen nur als „Sandanhäufungen" betrachtete, erkannte man bis zur Mitte der 30er Jahre (DIEREN 1934) den großen Einfluß der Vegetation bei der Dünenentstehung und -entwicklung. Dazu parallel erfolgte die Ableitung sog. „natürlicher Sukzessionen". Schwierig bleibt bis zum heutigen Tag die Ergründung dieser Sukzessionen.

1952 veröffentlicht MANSHARD umfangreichere Bodenuntersuchungen aus verschiedenen Bereichen der Insel Spiekeroog. Diese Untersuchungen wurden im Rahmen der Vegetationskartierungen von WIEMANN/DOMKE (1967) fortgeführt. Als Ergebnis der Untersuchungen zu dieser Zeit bleibt festzuhalten, daß sich nur sehr wenige Anhaltspunkte für eine Differenzierung der Vegetation innerhalb der Dünen ergeben. MANSHARD wählt die Einteilung der Dünenareale nach der Bodenreaktion. Ebenfalls Anfang der 50er Jahre veröffentlicht LINKE (1951/52) eine recht gute Arbeit über die biologischen Grundlagen des Dünenschutzes. Er kommt zu dem Schluß, daß die natürliche Abschlußvegetation der Dünenentwicklung die baumlose Kleingras-Moos-Flechten-Steppe ist, welche auch natürlicherweise der Zerstörung ausgesetzt sein kann.

Demgegenüber schreibt ELLENBERG (1978), daß die Dünen im Alter eine Festlegung durch die Vegetation erfahren und daß sie sich „wahrscheinlich" bewalden können. Gegen diese heute weit verbreitete Ansicht spricht aber, daß auf keiner der ostfriesischen Inseln bis heute natürlicherweise Wald auftritt.

Bezüglich der Bodenfruchtbarkeit kann man auch eine Entwicklung in der Literatur nachvollziehen. Während MANSHARD (1950) noch davon ausgeht, daß die Bereiche der Primär- und Sekundärdünen noch steril sind und sich erst in den Tertiärdünen mit zunehmender Anreicherung an organischen Substanzen im Boden eine gewisse Bodenfruchtbarkeit entwickelt, vertritt ELLENBERG (1978) die Ansicht, daß bis hin zur Sekundärdüne eutrophe Verhältnisse vorliegen. Die frühen Entwicklungsstadien der Tertiärdünen (Graudünen) weisen dann ein Minimum der Bodenfruchtbarkeit auf (Auswaschung, mangelnde Austauschkapazität), und erst in den Bereichen der älteren Tertiärdünen tritt eine bessere Versorgung der Pflanzen mit zunehmendem Gehalt an organischer Substanz im Boden auf.

Die Entwicklung der Dünen vollzieht sich in einer gesetzmäßigen Abfolge, in deren Verlauf tiefgreifende Veränderungen in der Vegetation und in den Bodeneigenschaften zu beobachten sind. Diese Abfolge wurde schon häufig bis in die jüngste Zeit beschrieben (HEMPEL 1984, ERCHINGER 1985, IKEMEYER 1986, KÖNIG 1987). Doch zeigen Feldbeobachtungen, daß sich in den Altdünenbereichen erhebliche Abweichungen vom gängigen Modell der Dünenentwicklung ergeben. Alle bisherigen Modelle gehen davon aus, daß sich die Dünen in Richtung auf eine Festlegung entwickeln. Aber gerade alte Dünen weisen in der Feldbeobachtung Bereiche auf, welche eher einen degradierten, teilweise auch toten Charakter und eine außergewöhnliche Labilität aufweisen. Letztere kann zur vollständigen Zerstörung der Dünen führen. Dies steht in starkem Widerspruch zu der heute verbreiteten Ansicht von der Stabilität alter Dünen. Dieses Phänomen wird nur von wenigen Autoren beachtet. Der Nachweis, daß die Dünenentwicklung *nicht* zu stabilen Endstadien führt, soll hier geleistet werden. Trotz aller bisherigen Forschungen zur Dünenökologie ist es z.B. bis heute nicht möglich, einen wirksamen Schutz der Altdünenbereiche zu erzielen, so daß man sich z.T. mit rein mechanischen Maßnahmen bemüht, die für die Inseln lebenswichtigen Dünen zu erhalten.

Die Dünen übernehmen eine besonders wichtige Funktion für den Erhalt der Inseln. Wenn diese bei Sturm- oder Orkanfluten durchbrochen werden, kann das Meerwasser nicht nur direkt den Dünenkern erodieren, sondern auch weit ins Inselinnere eindringen und die Vegetation und damit den Halt der geschlossenen Dünen auf Jahre hinaus beeinträchtigen. Da die Dünen selbst nur sehr wenig Schutz gegen Sturmfluten bieten, aber für den Erhalt der Inseln unabdingbar sind, ist es nötig, die Dünen gegen die Brandung zu schützen. Aber dieser Schutz allein genügt nicht, denn wenn die Dünen im Zuge der Alterung ihrer schützenden Vegetationsbedeckung beraubt werden, kann der Abtrag der Dünen durch die zweite erodierende Kraft, den Wind, genauso schnell erfolgen. Dünenschutz ist daher neben der Strandsicherung eine vordringliche Aufgabe. Um diese zu erfüllen, ist es nötig, die ökologischen Bedingungen der Dünen zu begreifen, um ökologisch angepaßte Konzepte für den Dünenschutz zu entwickeln. Erste grundlegende Gedanken hierzu verfaßte schon LINKE (1951/52), welche bisher jedoch zu wenig Beachtung fanden.

3. ÖKOLOGISCHE GRUNDLAGEN UND PROBLEMSTELLUNG

3.1 Einige physikalische Grundlagen

Das Klima – und hier besonders der Wind – ist ein wichtiger Faktor für die Dünenentstehung, aber auch für ihre Zerstörung. Die durch den Wind erhöhte Transpiration und Evaporation führen, besonders in den Dünenbereichen mit geringer Vegetationsbedeckung, rasch zu Wassermangel bei den Pflanzen. Hier wirkt sich dann die hohe Einstrahlung, welche ja bekanntlich die Transpiration steigert, auf den S-Seiten der Dünen besonders stark aus. Es kann sich nur eine besonders wassergenügsame und dünne Vegetationsdecke erhalten, welche in extremen Trockenperioden stark erosionsgefährdet ist.

Neben den klimatischen Faktoren gehören die pedologischen zu den Größen, welche die Vegetation der Dünen nachhaltig beeinflussen. Einige Faktoren bleiben während der Dünenentwicklung konstant. Zu diesen gehört die Körnung. Sie zeigt, wie schon MANSHARD (1952, 10) beschreibt, eine sehr gleichmäßige Zusammensetzung in den Dünenbereichen Spiekeroogs. Im Zusammenhang damit sollte auch das Porenvolumen recht einheitlich sein. Hier zeigt sich aber eine starke Varianz in Abhängigkeit von der Vegetationsbedeckung (Durchwurzelung, organische Substanz). Körnung und Porenvolumen geben u.a. Auskunft über Wasserhaushalt, Durchlüftung und Nährstoffhaushalt des Bodens. Der Sand der Dünen zeigt demnach:
– eine schnelle Erwärmung
– eine sehr gute Durchlüftung
– ein geringes Nährstoffhaltevermögen aufgrund fehlender Tonbestandteile
– ein schlechtes Wasserspeichervermögen.

Die letzten beiden Merkmale wirken sich in besonderem Maße auf die Differenzierung von Nord- und Südseiten und auf den Ausalterungsprozeß der Dünen aus. In Zusammenhang mit der geringen Sorptionsfähigkeit muß auch die schnelle Abfuhr von Nährstoffen und Kalk gesehen werden. Somit ist ein ständiges Versauern in den Altdünenbereichen zu erwarten. Durch den sinkenden pH-Wert im Boden kommt es zu einer vermehrten Freisetzung von Al-Ionen, welche in höheren Konzentrationen toxisch auf Pflanzenwurzeln wirken. Nach RUNGE (1984) führen Al-Ionen zu stärkeren Schädigungen, wenn Ca-Ionen im Mangel vorliegen. Dies bedeutet, daß das Ca/Al-Verhältnis für die Wirkung auf die Pflanze ausschlaggebend ist und nicht die Al-Konzentration allein. Die Versauerung wird noch durch Anreicherung von bestimmten organischen Substanzen verstärkt. Bekanntlich führt eine saure Bodenreaktion i.a. zu einer Bildung ungünstiger Humusformen (Rohhumus, Moder) mit einem weiten C/N-Verhältnis und zusätzlich saurer Reaktion durch organische Säure.

3.2 Nord-Süd-Exposition und damit verbundene Unterschiede an Dünen gleichen Alters

Hier soll ein Phänomen angesprochen werden, welches bisher in der Dünenforschung ebenfalls kaum Beachtung gefunden hat (Ansätze z.B. bei HARNISCHMACHER 1954, IKEMEYER 1986).

Bekanntlich sind die Nordhänge alter Dünen meist geschlossen bewachsen. Auf Spiekeroog dominiert hier die Krähenbeere. Die Südhänge weisen dagegen eine andere Vegetation auf, es dominiert das Silbergras (FISCHER 1975, 113). Erklären kann man dieses Phänomen mit unterschiedlichen mikroklimatischen Bedingungen (N-Seiten: kühler, feuchter). Bei Messungen der Bodentemperatur ergaben sich auf Spiekeroog Differenzen von bis zu 17,2 °C (N-Seite 16,2 °C; S-Seite 33,4 °C; gemessen am 1.8.1988 in Altdünenbereichen bei einer Lufttemperatur von 22,6 °C). In den Bereichen der jungen Dünen („Strandhaferdünen") betrug die Temperaturdifferenz zur gleichen Zeit nur zwischen 0,2 und 1,8 °C! An den Tagen des Aufenthaltes auf Spiekeroog war es durchweg sehr windig, so daß zu vermuten ist, daß bei geringer Windbewegung oder Windstille größere Temperaturdifferenzen durchaus möglich sind.

Es entsteht der Eindruck, daß die Krähenbeere, welche in dichten Polstern die Nordhänge der Altdünen überzieht, die Düne wirklich festlegen würde. Dies ist aus zweierlei Gründen nicht der Fall:
(1) Darf man den Ausführungen LÖTSCHERTs (1968, 429) glauben, so benötigt die Krähenbeere geradezu offenen, einer leichten Bewegung unterworfenen Sand.
(2) Selbst wenn die Krähenbeerenheide der Düne Halt geben sollte, so vernichtet doch die Auswehung der S-exponierten Dünenhänge die Bestände quasi von unten.

Daher bleibt zusammenfassend festzuhalten, daß das Bild älterer Dünen gleichen Alters nachhaltig von Nord-Süd-Unterschieden geprägt wird. Dies ist aber nur so lange der Fall, bis die Auswehung und damit die Zerstörung der Düne von den kargen Südseiten her überwiegt, welche durch die natürliche Vegetationszerstörung an den Südseiten initiiert wird.

So bleibt heute nur noch der Schutz der Dünen durch rein physikalische Abdeckmaßnahmen übrig. Während man schon seit längerem die Pfade und Reitwege durch die Dünen im Herbst oder Spätsommer (Ende der Hauptsaison) mit Stroh abdeckt, geht man inzwischen – zumindest auf Spiekeroog – dazu über, die Altdünenbereiche mit einem großen Aufwand flächendeckend mit Stroh oder Heu (Anschiffen vom Festland) gegen Winderosion zu schützen. Hier ist es wirklich notwendig, Grundlagen zu schaffen, um auf ökologischer Basis einen neuen Weg zum Schutz dieser Dünenbereiche zu finden.

3.3 Wahl der Insel Spiekeroog als Untersuchungsgebiet

Bei der Auswahl des Untersuchungsgebietes galt es verschiedene Aspekte zu beachten. Es sollte sich um ein Gebiet handeln, welches in möglichst idealer Ausprägung die Dünengenerationen in ihrer typischen Abfolge aufweist. Auf den anderen ostfriesischen Inseln sind die Voraussetzungen für die Gewinnung grundsätzlicher Erkenntnisse für die natürliche Entwicklung der Inseldünen, wie sie in dieser Arbeit geleistet wird, nicht gegeben. Die Dünengenerationen sind nirgendwo so stark ausgeprägt wie auf Spiekeroog, und durch die Wegeführung ist eine anthropogene Beeinflussung der Dünenbereiche in stärkerem Maße wahrscheinlich. Besonders die für die Untersuchungen wichtigen Bereiche der Altdünen sind auf Spiekeroog gut ausgeprägt. Darüber hinaus unterscheiden sich die Beschreibungen der Dünensukzessionen in der Literatur nicht oder nur unwesentlich von denen der Insel Spiekeroog, so daß davon ausgegangen werden kann, daß die grundlegenden Mechanismen für die Entwicklung der Dünen die gleichen sind. Somit bietet sich Spiekeroog für die Erforschung der natürlichen Vorgänge der Dünenentwicklung an.

Besonders die Dünen östlich und nordöstlich des Ortes zeigen den Aufbau der Dünenlandschaft in idealtypischer Ausprägung. Zwiebelschalenartig sind die einzelnen Dünengenerationen im Ostteil der Insel ineinandergeschachtelt. Hinzu kommt, daß sich die morphologische Entwicklung Spiekeroogs seit etwa 1650 sehr gut anhand von Altkarten verfolgen läßt. Dadurch kann man die verschiedenen Dünenareale in einzelne Zeitabschnitte der Entstehung gliedern.

Neben der Erfüllung dieser Kriterien sollten auch die Dünenvegetation einen weitgehend natürlichen Charakter haben und die Dünen möglichst wenig anthropogen beeinflußt sein, sofern dies bei so stark frequentierten Urlaubs- und Ausflugszielen überhaupt möglich ist. Dies trifft für die Dünen im Ostteil der Insel Spiekeroog auch zu, denn nicht umsonst trägt die Insel den Beinamen „Grüne Insel". Schon früh begann man hier die Dünenareale zu schützen und mit angelegten Wegen den Besucherstrom aus den Kerndünenbereichen herauszuhalten, so daß die Dünenlandschaft Spiekeroogs noch eine relativ ursprüngliche Vegetationsdecke trägt (MEYER-DEEPEN/MEIJERING 1979, 32). Man kann daher annehmen, daß sich die ökologischen Verhältnisse in den Dünenarealen noch im Rahmen einer natürlichen, kaum oder nicht anthropogen beeinflußten Sukzession bewegen.

In den folgenden Betrachtungen sollen die gefährdeten Altdünenbereiche im Vordergrund stehen, da auf die Ausprägung dieser Bereiche ein besonderes Augenmerk geworfen werden muß. Auch in dieser Hinsicht weist Spiekeroog günstige Verhältnisse auf. Weite Areale der Dünen von vor 1650 sind noch erhalten, so daß es hier gut möglich ist, Altdünen genauer zu studieren. Zudem weisen diese Dünen bereits einen so starken Erosions- bzw. Gefährdungsgrad auf, daß es von Seiten der Inselverwaltung und der Nationalparkverwaltung Niedersächsisches Wattenmeer nötig erschien, diese Dünenareale (insbesondere im Friederikental, vgl. Abb. 10) durch Einzäunungen von jeglicher anthropogenen Belastung freizuhalten. Hier sind geoökologische Untersuchungen dringend notwendig, um Gegenmaßnahmen gegen eine vollständige Erosion dieser Dünenareale zu entwickeln.

Das Untersuchungsgebiet stellt eine typische Dünenlandschaft dar, in der sich hohe und niedrige Kuppen in einem vielfältigen Muster abwechseln. In diesem Relief zeichnen sich mehr oder weniger deutlich einige Hauptdünenzüge ab, welche zwiebelschalenartig das Friederikental umfassen. Die Hauptstreichrichtung der Dünenzüge ist von W nach E (also strandparallel) bzw. von NW nach SE.

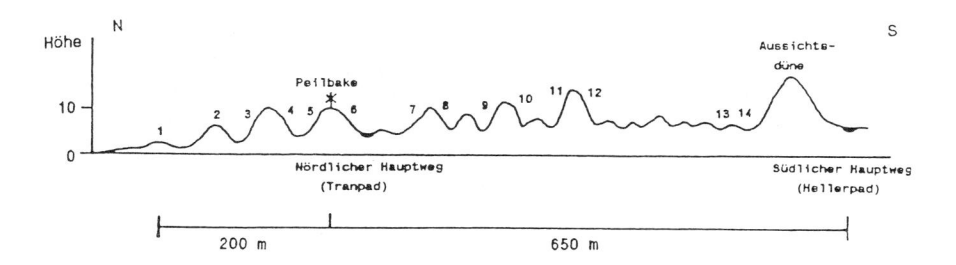

Abb. 1: Profilskizze durch Spiekeroog mit den Orten der Probenentnahme

Das Untersuchungsgebiet kann in der N-S-Erstreckung grob in zwei Teile gegliedert werden:
(A) Nördlich des Hauptweges: Ständige Zunahme der Phytomasse, Manifestation der Dünen, Zunahme an Artenreichtum.
(B) Südlich des Hauptweges: Stetige Abnahme der schützenden Pflanzenschicht und Zunahme der Gefährdung der Dünen nach Süden.

Das Untersuchungsgebiet wird im S schließlich vom südlichen Hauptweg, mit dessen Erreichen auch der Dünenkern endet, begrenzt.

Die Standorte der Probennahme (vgl. Abb. 1) wurden sorgfältig geprüft, um möglichst einen repräsentativen Querschnitt durch den Dünenkern zu erhalten. Nur so kann die Entwicklung der Dünen unter ökologischem Aspekt nachvollzogen werden.

4. ERGEBNISSE

An dieser Stelle sollen nur einige für die Dünenentwicklung charakteristische Ergebnisse vorgestellt werden (weitere in SCHUBA 1990).

4.1 Kalkgehalt

Bezüglich des Kalkgehaltes läßt sich eine rasche Abnahme von Standort 1 zu Standort 14 verzeichnen. Allein in den Bereichen der Strandhaferdünen schwindet der Kalk von 0,2 % auf 0,02 %.

4.2 pH-Wert

Die Bodenreaktion zeigt eine im Verlauf der Dünensukzession abnehmende Tendenz, bleibt dann aber ab Standort 7 etwa auf gleichem Niveau. Der steilste Abfall des pH-Wertes ergibt sich in beiden Profilen vom Standort 4 zum Standort 5. Dies ist sowohl im Zusammenhang mit der organischen Substanz als auch mit dem Kalkgehalt zu sehen. Der Neutralpunkt (pH-Wert ≈ 7) wird in beiden Profilen bei Standort 4 erreicht und sinkt zum Standort 5 auf etwa 4,5 ab. Betrachtet man die Trend-Linie der pH-Werte, so ergibt sich das Bild, welches schon immer für die Entwicklung der Bodenreaktion im Verlauf der Dünensukzession beschrieben wurde (Abb. 2).

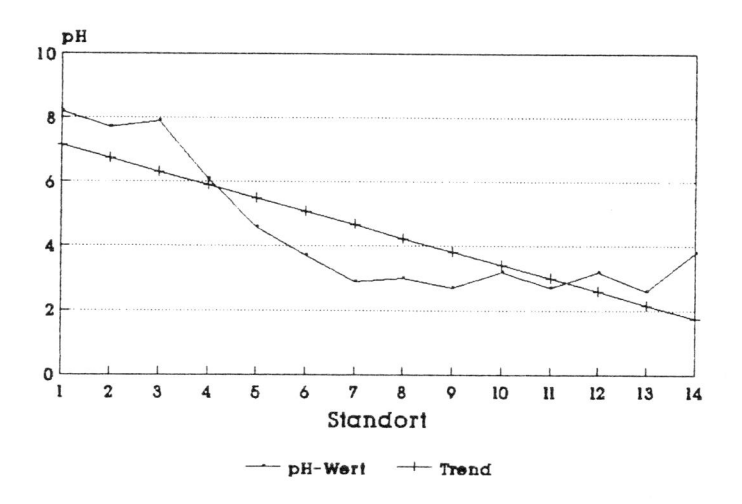

Abb. 2: pH-Werte (in KCl) in 0–2 cm Tiefe mit Trendlinie

Dies gilt aber – wie bereits erwähnt – nur bis Standort 7. Ab diesem Standort hat der pH-Wert offenbar sein Minimum um 3 im Oberboden erreicht. In 50 cm Bodentiefe pendelt sich der pH-Wert um 3,9 ein.

Doch ist dies auch nur scheinbar so. Betrachtet man nämlich den auf- und absteigenden Verlauf der Kurve, so fällt auf, daß die Südseiten der Dünen in den Altdünenbereichen stets einen höheren pH-Wert (zwischen 0,5 und 1,2 Einheiten) aufweisen als die Nordseiten der gleichen Dünen. In den ältesten Dünenbereichen liegt er dann bei 3,8–3,9 in allen Bodentiefen. Dies weist darauf hin, daß dieser Wert (3,9) offenbar den unteren Grenzwert in der ungestörten Dünenentwicklung darstellt. Die Unterschiede an den Nord- und Südhängen sind wohl in erster Linie auf die unterschiedlichen Gehalte an organischer Substanz zurückzuführen.

4.3 Organische Substanz

Der Glühverlust stellt für die hier untersuchten Sandböden einen recht guten und genauen Indikator für den Gehalt an organischer Substanz dar. Betrachtet man den Trend des Gehaltes an organischer Substanz im Boden, so ergibt sich – wie auch schon beim pH-Wert – das typische Bild wie es allgemein in der Inseldünensukzession beschrieben wird (Abb. 3).

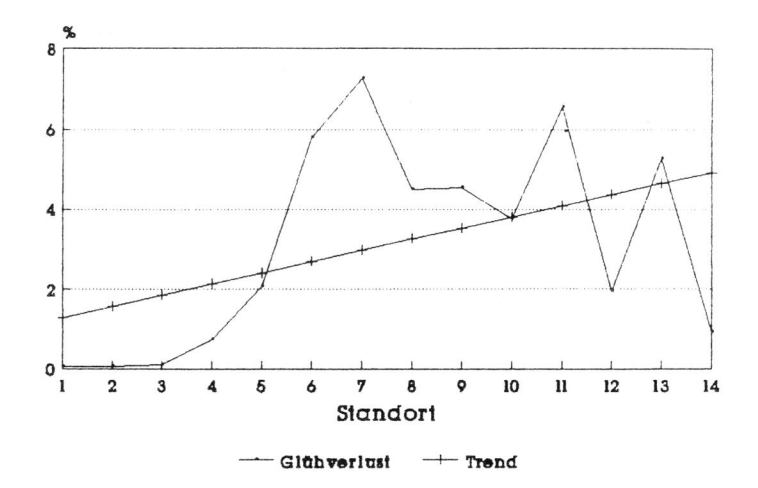

Abb. 3: Glühverlust mit Trendlinie

Betrachtet man den Verlauf der Kurve jedoch differenzierter, so fällt auf, daß sich die Entwicklung des Gehaltes an organischer Substanz im Boden in 3 Phasen einteilen läßt:
a) Der Gehalt an organischer Substanz im Boden nimmt zunächst langsam zu (bis zum Standort 5).
b) Der Gehalt an organischer Substanz erreicht ein hohes Niveau, auf welchem er sich kurz hält (an den Standorten 6 und 7).
c) Der Gehalt an organischer Substanz zeigt insgesamt eine rückläufige Tendenz, wobei eine starke Differenz zwischen Nord- und Südseiten an den Dünen gleichen Alters zu erkennen ist.

In den ältesten Dünenbereichen geht der Gehalt an organischer Substanz dann auf Werte um 0,9 % zurück. Die starken Differenzen auf den Nord- und Südseiten der Altdünen sind auf die unterschiedliche Vegetationsbedeckung zurückzuführen. Die wesentlich dichtere Vegetation der Nordseiten produziert selbstverständlich auch eine größere Menge an organischer Substanz. Auch dies unterstreicht noch einmal, daß ein zu oberflächliches Betrachten von Tendenzen über die tatsächlichen Sachverhalte leicht hinwegtäuschen kann. Die Dünen zeigen offensichtlich zunächst eine Aufbauphase (organische Substanz wird im Boden angereichert) und darauf folgend eine Degradationsphase (der Anteil an organischer Substanz im Boden ist rückläufig), was den bisherigen Modellen zur Dünenentwicklung widerspricht.

Betrachtet man die Entwicklung des Gehaltes an organischer Substanz mit zunehmender Tiefe, so bemerkt man eine sehr rasche Abnahme schon bis 5 cm Tiefe. Hier sind die Werte nur noch geringen Schwankungen unterworfen. In 50 cm Tiefe bleibt der Gehalt an organischer Substanz nahezu konstant auf ca. 0,2 %.

Dies belegt, daß sich die wesentlichen Vorgänge, welche für die Pflanze Bedeutung haben, in den obersten 5 cm abspielen (wenn man von wenigen tiefwurzelnden Pflanzen, wie dem Strandhafer, absieht).

4.4 Austauschkapazität (T-Wert)

Die Austauschkapazität zeigt, wenn man der Trendlinie folgt, den nach bisherigen Modellen zu erwartenden Verlauf eines beständigen Anstieges. Betrachtet man jedoch den genauen Verlauf der Wertekurve, so läßt sich eine eindeutige Parallelisierung mit dem Gehalt an organischer Substanz feststellen (Abb. 4).

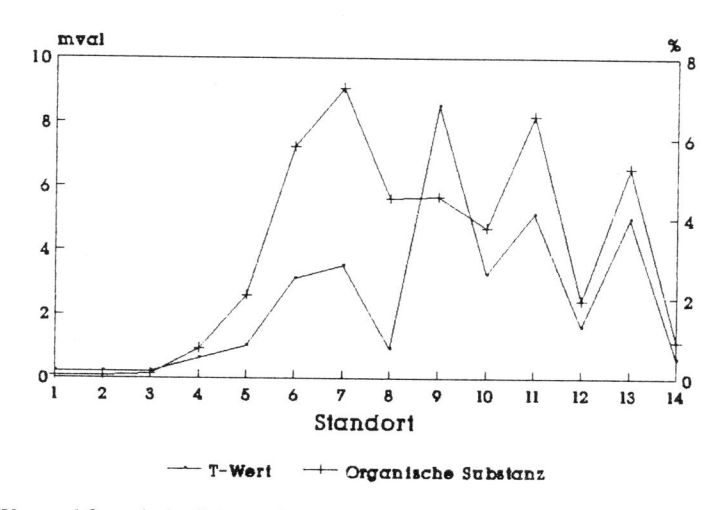

Abb. 4: T-Wert und Organische Substanz in 0–2 cm Tiefe

Bei der Austauschkapazität läßt sich also die gleiche Phasenhaftigkeit erkennen wie beim Gehalt an organischer Substanz. Wiederum widersprechen diese Ergebnisse bisher geläufigen Modellen. Auffällig groß sind auch hier die Unterschiede zwischen Nord- und Südseiten an Dünen gleichen Alters im Bereich der alten Dünenareale. Mit zunehmender Tiefe nimmt auch die Austauschkapazität rasch ab. In 50 cm Tiefe pendelt sie sich dann auf Werte zwischen 0,3 und 0,6 mval ein.

4.5 Summe der austauschbaren basisch wirkenden Kationen (S-Wert)

Die Trend-Linie des S-Wertes zeigt eine klare abnehmende Tendenz. Diese Tendenz ist ebenfalls in der direkten Kurve der Werte erkennbar (Abb. 5).
Unterschiede ergeben sich aber auch hier, wenn man die Nord- und Südseiten der Altdünen genauer betrachtet. Hier liegt der S-Wert an den südexponierten Dünenhängen stets niedriger als an den Nordhängen. Insgesamt spiegelt die Entwicklung des S-Wertes die beständige Nährstoffverarmung der Böden im Verlauf der Dünensukzession eindrucksvoll wider. Der dem Sand der Weißdünen ursprünglich mitgegebene Nährstoffvorrat verschwindet im Verlauf der Dünenentwicklung bis auf kleine Restmengen. Bedenkt man darüber hinaus, daß die Phytomasse in den Altdünen recht

gering ist, so wird deutlich, daß hier nicht nur ein Festlegen durch Pflanzen und organische Substanz eintritt, sondern daß es sich hier um eine massive Abfuhr aus dem Stoffkreislauf handelt. Nimmt man zu der obigen Abbildung noch die Werte in den Tiefen bis 50 cm hinzu (vgl. SCHUBA 1990), so erkennt man, daß – besonders in den älteren Dünenbereichen – der S-Wert in der Tiefe abnimmt.

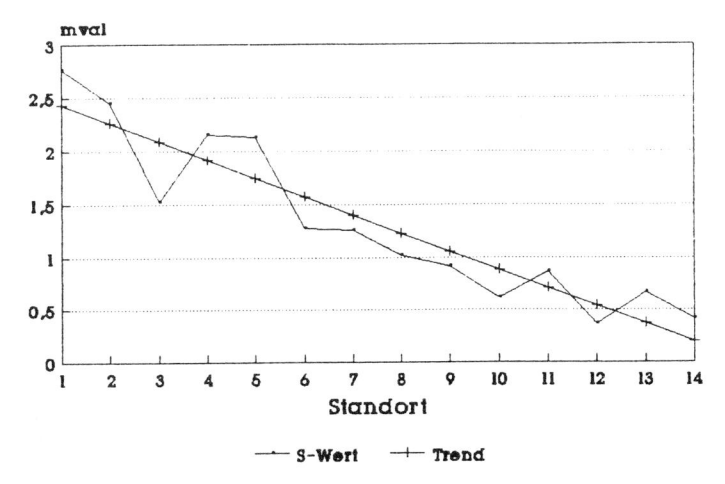

Abb. 5: S-Wert in 0–2 cm Tiefe mit Trendlinie

4.6 V-Wert (S/H*100)

Aus den obigen Beschreibungen ergibt sich die Tendenz des V-Wertes (Basensättigung am Austauscher) zwangsläufig als absteigende Linie (Abb. 6).

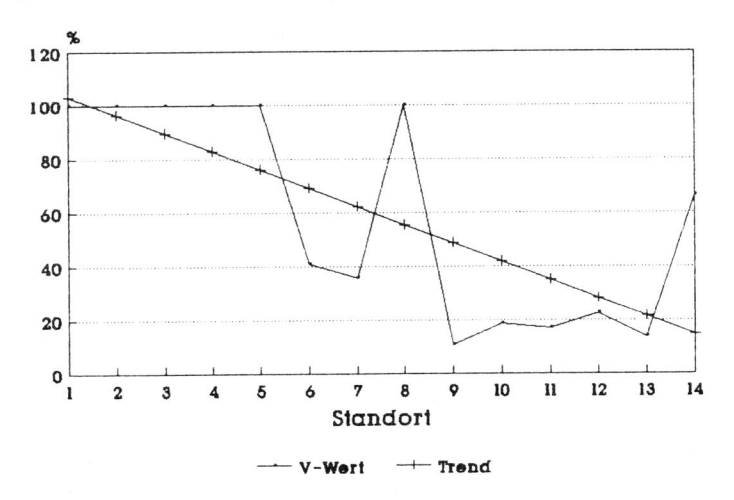

Abb. 6: V-Wert in 0–2 cm Tiefe mit Trendlinie

Diese Linie spiegelt die natürliche Versauerung der Dünen in ihrer Sukzession wider. Die Kurve zeigt die niedrigsten und damit auch die ungünstigsten Werte im Bereich der älteren Dünenareale. Auch machen sich wiederum die Nord/Südseiten-Differenzen bemerkbar.

4.7 C/N-Verhältnis

Das C/N-Verhältnis zeigt insgesamt trendmäßig eine ansteigende Tendenz, d.h., daß sich das C/N-Verhältnis im Verlauf der Dünensukzession verschlechtert.

Doch sind hier, wie bei den anderen betrachteten Faktoren auch, starke Unterschiede in einzelnen Bereichen zu beobachten. So weisen insbesondere die stark versauerten Nordhänge der Altdünen ein extrem ungünstiges C/N-Verhältnis auf. Demgegenüber sind die entsprechenden Südhänge günstiger gestellt.

4.8 Glühverlust und pH-Wert

In engem Zusammenhang mit der Abnahme des pH-Wertes steht die Zunahme der organischen Substanz. Wie die folgende Abbildung zeigt, sinkt der pH-Wert mit steigendem Anteil an organischer Substanz (Abb. 7).

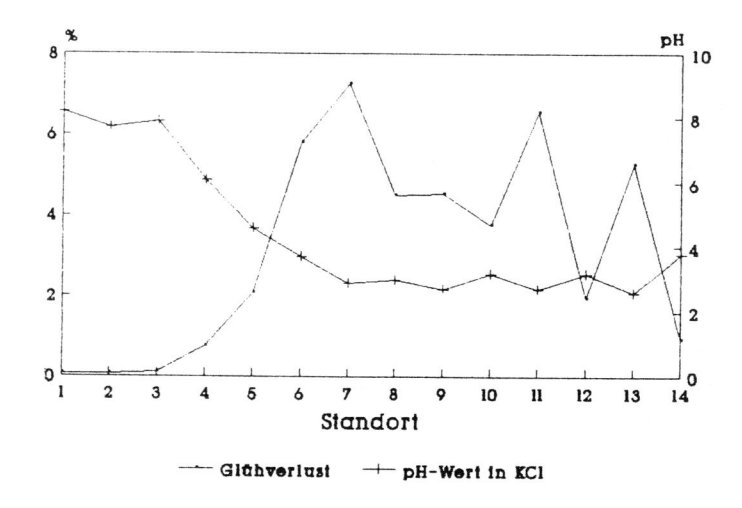

Abb. 7: Abhängigkeit des pH-Wertes von der organischen Substanz

Dies weist darauf hin, daß es eine enge Beziehung zwischen den beiden Faktoren geben muß (Korrelation: −0,87).

4.9 pH-Wert und Basensättigung

In Abbildung 8 sind die Kurven von pH-Wert und Ca-Ionengehalt und deren dazugehörige Trendlinien zusammengefaßt.

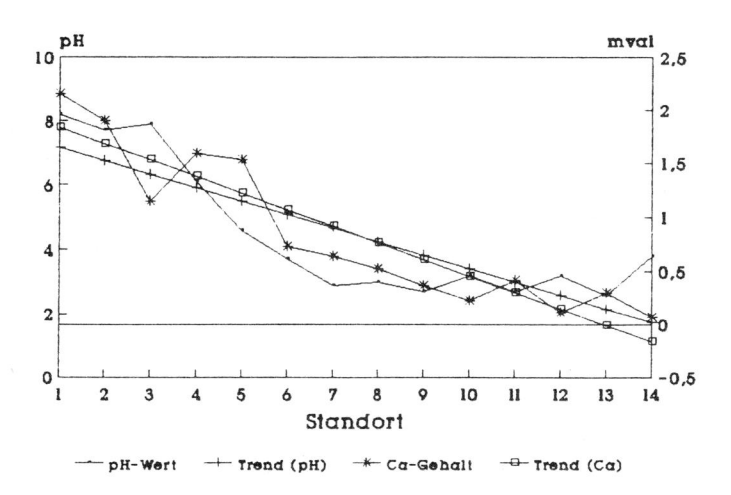

Abb. 8: pH-Wert und Ca-Gehalt in 0–2 cm Tiefe

Es zeigt sich deutlich die klare Abhängigkeit der Faktoren. Interessant ist, daß im Bereich der Nordhänge der Altdünen die niedrigen pH-Werte mit höheren Ca-Ionengehalten gekoppelt sind. Dies erklärt sich aus den absolut höheren Ca-Gehalten, bedingt durch die erhöhte zur Verfügung stehende Austauschkapazität. Es wird deutlich, daß monokausale Erklärungsversuche nicht erfolgreich sein können. Hier muß man wiederum die organische Substanz zum Vergleich und zur Erklärung der Sachverhalte heranziehen.

Dieser Prozeß wird dann in älteren Dünenbereichen von einer weiteren Tendenz überlagert. Wie bereits erwähnt, führt der Abbau organischer Substanzen unter den vorliegenden ungünstigen Bedingungen zu sauren Humusformen. Diese Humusformen (vorwiegend Fulvosäuren, SCHACHTSCHABEL 1982, 332) führen zu einer weiteren Erniedrigung des pH-Wertes. Deshalb zeigen die an organischer Substanz relativ reichen, kühlen und feuchten Nordhänge der Altdünen auch die niedrigsten pH-Werte (bis 2,9 in KCl). Auch freigesetzte Al-Ionen wirken sauer.

Daneben setzen Pflanzenwurzeln bei der Austauschabsorption H^+-Ionen frei und beeinflussen somit ebenfalls den pH-Wert. Dies ist in jungen Dünenbereichen nicht der Fall, da dort (zumindest bei genügender Durchfeuchtung) ausreichend Ionen zur Verfügung stehen. Erst wenn die Ionen schlechter verfügbar werden (eben bei niedrigeren pH-Werten) tritt dieser Mechanismus in Kraft.

SCHACHTSCHABEL (1982, 93) gibt für Podsole einen Anteil der organischen Substanz an der Gesamtaustauschkapazität mit 78 % und 1,8 mval/g an, wobei der Tonanteil jedoch bei 4,4 % liegt. Demgegenüber weisen die Dünensande wesentlich schlechtere Verhältnisse auf. Ton liegt überhaupt nicht vor. Somit beschränkt sich die Austauschkapazität nahezu ausschließlich auf die organische Substanz. Allerdings liegt die Austauschkapazität mit ca. 1 mval/g organischer Substanz weit unter dem von SCHACHTSCHABEL (1982) angegebenen Wert (1,8 mval/g organische Substanz). Auch dies ist ein weiterer Hinweis auf ungünstige Humusformen.

Die höheren Gehalte an Austauschern im Boden werden mit zunehmender Ausalterung der Dünen immer schlechter genutzt, da nur wenig Nährstoffionen zur Abdeckung zur Verfügung stehen. Die schlechte Ausnutzung der Austauschkapazität durch Nährstoffe zeigt sich auch deutlich in Abb. 9.

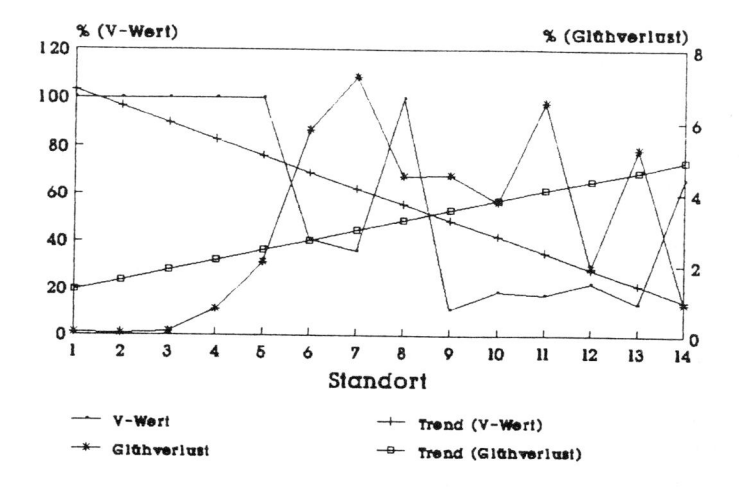

Abb. 9: V-Wert und Glühverlust in 0–2 cm Tiefe

Man sieht, daß V-Wert (Basensättigung am Austauscher) und Glühverlust sowohl in den Trendkurven, als auch in den Wertekurven antagonistisch verlaufen. Dies erklärt sich aus der geringen Zahl der zur Abdeckung der Austauschkapazität zur Verfügung stehenden Nährstoffionen.

4.10 Organische Substanz und C/N-Verhältnis

In diesem Zusammenhang möchte ich noch auf folgendes Phänomen hinweisen: Betrachtet man den Verlauf der Entwicklung des Gehaltes an organischer Substanz und des C/N-Verhältnisses einmal gemeinsam, so fällt eine große Übereinstimmung auf. Die Standorte mit dem höchsten Gehalt an organischer Substanz weisen auch das

ungünstigste C/N-Verhältnis auf. Dies ist nur durch die Betrachtung des Zusammenwirkens mehrerer Faktoren zu verstehen:
- Die Standorte mit hohen Gehalten an organischer Substanz sind zugleich die sauersten, woraus schlechte Zersetzungsbedingungen resultieren.
- Die anfallende Streu ist selbst schon schlecht zersetzbar (Krähenbeerenheide).
- Stickstoff wird bei der dichten Vegetationsbedeckung in starkem Maße von der lebenden organischen Substanz fixiert.
- Stickstoff findet sich bei Pflanzen vorwiegend in jüngeren Pflanzenteilen. Er wird bei Mangel aus den älteren Pflanzenteilen mobilisiert und den jüngeren zugeführt. Dies hat zur Folge, daß absterbende Pflanzenteile unter N-Mangel kaum noch N enthalten.

5. ABSCHLIESSENDE BETRACHTUNG

In dieser Arbeit wurde die Entwicklung der Inseldünen von Spiekeroog untersucht. Bei der Betrachtung der bisherigen Modelle zur Dünenentwicklung zeigen sich große Defizite, insbesondere bei den Ausführungen zu den mit den Alterungsmechanismen verbundenen Vorgängen. Um die grundlegenden Abläufe im Verlauf der Dünensukzession zu erfassen, wurde hier der ökologische Ansatz gewählt.

Als Hauptergebnisse der Untersuchungen lassen sich folgende Punkte nennen (vgl. dazu auch Abb. 10):
- Die Entwicklung der Inseldünen geht von labilen Vorstadien (Initialphase) über Aufbaustadien (Aggradationsphase) und stabile Zwischenstadien (Stabilitätsphase) wieder zu labilen Endstadien (Degradationsphase).
- Im Verlauf der Entwicklung finden tiefgreifende Änderungen der ökologischen Bedingungen statt, welche äußerst differenziert betrachtet werden müssen.
- Es überlagern sich verschiedene Vorgänge (Anreicherung und Verlust an organischer Substanz, Auswaschung von Nährstoffen, Abnahme des Kalkgehaltes, Zunahme an Al-Ionen, usw.), welche in einer Synthese erst das vollständige Bild der Dünenentwicklung ergeben. Es zeigt sich ein komplexes Wirkungsgefüge der Einzelfaktoren.
- Die Entwicklung der Dünen verläuft nicht in Richtung auf gleichartige Endstadien, sondern zeigt in den Altdünenbereichen starke kleinräumige Differenzierungen.
- Der Kalkgehalt nimmt in den Dünen rasch ab. Im Bereich der stärksten Vegetationsentwicklung ist kein Kalk mehr nachweisbar (Stabilitätsphase I, s.u.).
- Der pH-Wert zeigt eine rasche kontinuierliche Abnahme bis zum Stadium der maximalen Vegetationsentwicklung. Dann fällt er langsam bis auf Werte um 3,8. Hierbei zeigen sich starke Expositionsunterschiede bei den Altdünen: Nordseiten haben pH-Werte um 2,9, Südseiten um 3,8.
- Der Gehalt an organischer Substanz steigt zunächst an. In den Altdünenbereichen muß jedoch differenziert werden: An den Nordhängen findet man weiterhin hohe Gehalte an organischer Substanz, an den Südhängen gehen sie stark zurück.
- Die Kurve der Kationenaustauschkapazität (T-Wert) verläuft parallel zu der des Gehaltes an organischer Substanz.

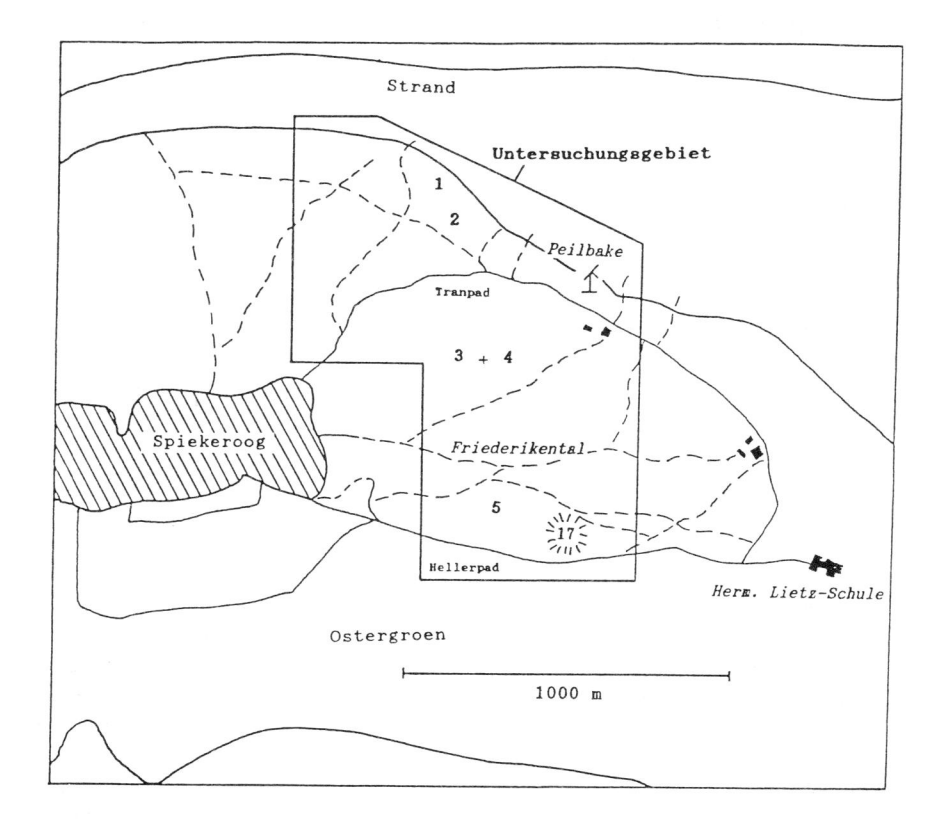

Abb. 10: Die Lage der ökologischen Einheiten im Untersuchungsgebiet
  1: Aggradationsphase   2: Stabilitätsphase I
  3: Stabilitätsphase II   4: Degradationsphase I
  5: Degradationsphase II

— Der S-Wert (Summe der austauschbaren basisch wirkenden Kationen) nimmt kontinuierlich ab. In den Altdünenbereichen ist er an den Nordhängen wegen des höheren Gehaltes an organischer Substanz größer als an den Südhängen.
— Der Grad der Basensättigung am Austauscher (V-Wert) nimmt im Verlauf der Dünenalterung ab, zeigt im Bereich der Altdünen aber wieder eine Differenzierung zwischen Nord- und Südhängen (Südseite: höhere Basensättigung).
— Bezüglich des C/N-Verhältnisses weisen die Nordhänge der Altdünenbereiche ungünstigere Verhältnisse auf als deren Südhänge.
Die Wirkungszusammenhänge der Einzelfaktoren lassen sich folgendermaßen zusammenfassen:
— Der pH-Wert zeigt eine zum Gehalt an organischer Substanz genau entgegengesetzte Entwicklung, d.h., mit zunehmender organischer Substanz nimmt der pH-Wert ab.

—   Der Verlust an Ca verläuft parallel zur Abnahme des pH-Wertes. Im Bereich der Altdünen sind die Kurven jedoch gegenläufig, da hier hohe Gehalte an Austauschern an den Nordhängen mit niedrigen pH-Werten zusammenfallen.
—   Die Kationenaustauschkapazität zeigt in ihrem Verlauf eine große Abhängigkeit von dem Gehalt an organischer Substanz.
—   Die Austauschkapazität der organischen Substanz liegt bei ca. 1 mval/g und damit deutlich unter den in der Literatur angegebenen Werten (ca. 1,8 mval/g für Podsole, vgl. SCHACHTSCHABEL 1982, 93).
—   Basensättigung und Gehalt an organischer Substanz verlaufen entgegengesetzt (wenig Nährstoffionen stehen dem Austauscher in Altdünenbereichen zur Verfügung).

Aus diesen Ergebnissen kann man ein ökologisch begründetes *Progressiv-Regressives Modell der Geoökologie der Inseldünen* ableiten. Die Entwicklung der Inseldünen vollzieht sich, ausgehend von labilen Vorstadien (Initialphase), in einer Aggradationsphase zunächst so, daß eine geschlossene Vegetationsdecke entsteht. Organische Substanz beginnt sich im Boden anzureichern. Es folgt eine Phase vorübergehender Stabilität (Stabilitätsphase I), welche, verbunden mit dem Maximum der Vegetationsentwicklung, günstige Eigenschaften aufweist. Dieser folgt eine zweite Phase der Stabilität (Stabilitätsphase II, Nordseiten der älteren Dünenbereiche), die sich von der ersten sowohl physiognomisch als auch in ihren ökologischen Eigenschaften deutlich unterscheidet (bodensauer, relativ hoher T-Wert, geringer S-Wert, geringe Basensättigung, ungünstiges C/N-Verhältnis). Hier gewinnen neben den Bodeneigenschaften expositionsbedingte Faktoren (z.B. Einstrahlung) an Bedeutung. Zeitgleich sind aber an den Südseiten der älteren Dünen Degradationserscheinungen (geringe Gehalte an organischer Substanz, niedriger T-Wert, hohe Erosionsgefährdung bei Austrocknung, geringe Nährstoffgehalte) zu beobachten und durch Analysen zu quantifizieren (Degradationsphase I). Stabilitätsphase II und Degradationsphase I münden gemeinsam in die Degradationsphase II (Restdünenlandschaft). Durch erosive Vorgänge (Winderosion von den Südseiten der Altdünen) erfolgt ein weitgehender Abtrag der Dünen. Die expositionsbedingten Vorteile der Nordseiten der Dünen entfallen, und die ungünstigen Standorteigenschaften der Degradationsphase I breiten sich flächenhaft aus. Die Nährstoffverluste können mangels Austauschern nicht mehr abgefangen werden. Diese Entwicklung läßt dann im weiteren Verlauf nur noch den endgültigen Abtrag (Degradationsphase III) zu oder, mit massivem anthropogenen Einfluß, eine künstliche Stabilität, die aber durch andere Kräfte gefährdet wäre (Stabilitätsphase III).

LITERATUR

BACKHAUS, H. (1943): Die ostfriesischen Inseln und ihre Entwicklung.– Schr. wirtschaftswiss. Ges. z. Studium Niedersachsens e.V., N.F., 12: 1–143, Oldenburg.

BERGER-LANGEFELDT, U., SUKOPP, H. (1965): Zur Synökologie der Sandtrockenrasen insbesondere der Silbergrasflur.– Verh. Bot. Ver. Prov. Brandenburg, 102: 41–98.

BESLER, H. (1983): The response diagram: distinction between aeolian mobility and stability of sands and aeolian residuals by grain size parameters.– Z. Geomorph., N.F., Suppl.-Bd. 45: 287–301.

BUCHWALD, K., RINCKE, G., RUDOLPH, K.-H. (1985): Umweltprobleme der Ostfriesischen Inseln. Gutachterliche Stellungnahme vom Juli 1985.– Hannover, Zwingenberg, Nordhorn.

DENFFER, D. v., EHRENDORFER, F., MÄGDEFRAU, K. und ZIEGLER, H. (1978): Lehrbuch der Botanik für Hochschulen.– Begründet von: STRASBURGER, E., NOLL, F., SCHENK, H. und SCHIMPER, A.F.W., 31, neubearb. Aufl.; Stuttgart, New York.

DIEREN, v., J.W. (1934): Organogene Dünenbildung, Den Haag.

ELLENBERG, H. (1978): Vegetation Mitteleuropas mit den Alpen in ökologischer Sicht.– 2. Aufl.; Stuttgart.

ERCHINGER, H.F. (1985): Ostfrieslands Naturlandschaften. Dünen, Watt und Salzwiesen. Schutz und Erhaltung von Küste und Inseln, Tier- und Pflanzenwelt.– Norden.

FISCHER, W. (1975): Aufbau, Standortverhältnisse und Pflanzengesellschaften der Ostfriesischen Inseln.– Naturwiss. Rundschau, 28(4): 109–115.

GIERLOFF-EMDEN, H.G. (1961): Luftbild und Küstengeographie am Beispiel der deutschen Nordseeküste.– Selbstverlag des Inst. f. Landeskunde in der Bundesanstalt f. Landeskunde und Raumforschung, H. 4; Bad Godesberg.

HARNISCHMACHER, H. (1954): Die Dünenlandschaft der ostfriesischen Inseln im Hinblick auf den Dünenschutz.– Wasser und Boden, 6: 263–264.

HEMPEL, L. (1984): „Südliche Nordsee" (Marschen, Watten, Platen, Inseln) – Ein physiogeographischer Exkursionsführer.– Münster.

IKEMEYER, M. (1986): Die Dünenvegetation der Insel Wangerooge.– Hamburger Vegetationsgeogr. Mitt., H. 1; Hamburg.

KILCHENMANN, A., SCHWARZ, H.G. (1988): Öko-Begriffe.– Karlsruher Geoökologische Manuskripte, 1: 24 S.

KÖNIG, G. (1987): Morphogenetische Stadien in Küstendünenkörpern der Ostfriesischen Insel Wangerooge. Nachweis mit Hilfe makroskopisch- und chemisch-analytischer Methoden.– Diss. Münster.

LESER, H. (1983): Geoökologie: Möglichkeiten und Grenzen landschaftsökologischer Arbeit heute.– Geogr. Rundschau, 35(5): 212–221.

LESER, H., KLINK, H.-J. (1988): Handbuch und Kartieranleitung Geoökologische Karte 1:25.000.– Forsch. dt. Landeskd., 228.

LINKE, O. (1951/52): Die biologischen Grundlagen des Dünenschutzes auf den ostfriesischen Inseln.– Die Wasserwirtschaft, 42: 350–353.

LÖTSCHERT, W. (1968): Krähenbeerenheiden und Dünenbildung durch die Krähenbeere (Empetrum nigrum L.).– Natur und Museum, 98.

MANSHARD, E. (1952): Bodenuntersuchungen auf der Nordseeinsel Spiekeroog.– Z. f. Pflanzenernährung, Düngung, Bodenkunde, 58: 1–38.

MEYER-DEEPEN, J., MEIJERING, M.P. (1979): Spiekeroog – Naturkunde einer ostfriesischen Insel.– Spiekeroog, Jever.

NATIONALPARKVERWALTUNG NIEDERSÄCHSISCHES WATTENMEER (Hrsg.)(1988): Nationalpark Niedersächsisches Wattenmeer.– 52 S.; Wilhelmshaven.

ROST, J. (1987): Stoffeintrag durch Niederschläge.– Niedersächsisches Umweltministerium (Hrsg.): Umweltvorsorge Nordsee: 13–17; Hannover.

RUNGE, M. (1984): Bedeutung und Wirkung von Aluminium als Standortfaktor.– Düsseldorfer Geobotanische Kolloquien, 1: 3–10; Düsseldorf.

SCHACHTSCHABEL, P., BLUME, H.-P., HARTGE, K.-H., SCHWERTMANN, U. (1984): Scheffer/Schachtschabel: Lehrbuch der Bodenkunde.– 11. neu bearb. Aufl.; Stuttgart.

SCHUBA, V. (1990): Die Entwicklung der Inseldünen unter ökologischem Aspekt – dargestellt am Beispiel der Ostdünen der ostfriesischen Insel Spiekeroog.– Dissertationsdruck, 142 S., Düsseldorf.

SINDOWSKI, K.-H. (1970): Geologische Karte von Niedersachsen 1:25.000. Erläuterungen zu Blatt Spiekeroog Nr. 2212.– Hannover.

THANNHEISER, D. (1987): Neuwerk, Wangerooge, Helgoland.– Exkursionsführer, Heft 7, Inst. f. Geogr. u. Wirtschaftsgeogr.; Univ. Hamburg.

WIEMANN, P., DOMKE, W. (1967): Pflanzengesellschaften der ostfriesischen Insel Spiekeroog. I. Dünen 1. Teil.– Mitt. a. d. Staatsinstitut f. Allg. Botanik, 12: 191–354, mit Karte; Hamburg.

COASTAL RESEARCH AND COASTAL PROBLEMS ALONG THE BALTIC COAST OF THE FORMER GERMAN DEMOCRATIC REPUBLIC (GDR)

Horst Sterr, Kiel & Birger Gurwell, Warnemünde

1. INTRODUCTION

Until recently the coastal areas of some Eastern European (socialist) countries have been less accessible to travellers and scientists than the coasts of the rest of Europe. In the southwestern Baltic region two independent German countries, FRG and GDR existed for more than forty years before these countries were unified in October 1990 and five new states were added to the Federal Republic. The area adjacent to the Baltic coast that lay on former GDR territory is now called Mecklenburg-Vorpommern (M-V).

The border between the former states East and West Germany cut across a coastline which is considered a physiographic continuum from the north end of the Danish peninsula (Jutland) to the Gulf of Bothnia. From its major topography, morphologic and geologic characteristics the 700 km long German coast between Flensburg Fjord and the estuary of the Oder River may be divided into three types or units: a northern unit from Flensburg to Kiel which is dissected by long, low-relief fjords (Fördenküste); a middle section from Kiel to Rostock forming broad bays (Großbuchtenküste); and an eastern section which is segmented into small coastal compartments and enclosed water bodies by a number of islands and peninsulas (Boddenküste).

The former East-West German border separated this coast about midway near Lübeck and – until lately – has prevented scientists in both countries from systematically studying the formation and changes of the littoral zone over its full length. On the other hand, it became obvious during recent years that coastal research teams on both sides of the border have pursued similar goals in their adjacent study areas. They not only addressed a number of basic issues concerning the natural coastal environment in comparable manner but also similarly dealt with some human-made problems that are of urgent public concern (152, 153, 228; the numbers refer to the attached bibliography on pp. 251). Due to the restrictions in the transfer of coastal publications into or out of East Germany up to now little information has become available to ‚Western' scientists about the coastal region east of Lübeck. Thus, with this contribution the authors wish to present a general overview on some physiographical aspects of this part of the Baltic coast and to provide some more information on the abundance of previous research, mainly by appending a detailed – but by no means exhaustive – regional coastal bibliography of the East German Baltic Sea (see pp. 251).

2. COASTAL CHARACTERISTICS

The coasts in the southwestern Baltic region owe their origin and present shape to the glacial processes of the Scandinavian ice sheet which covered the area prior to about 12,000 B.P. during Weichselian glaciation. In mid-Holocene time (8,000–6,000 B.P.) the Litorina transgression inundated a low-relief but hilly topography, mostly built-up of ground moraine deposits with intermittent shallow basins and channels, and thus created a very irregularly shaped coast-line, fringed with many small islands and peninsulas. Subsequent to the melting of the ice sheet, isostatic crustal rebound caused and still causes differential movements along the East German coast: while the eastern part (east of Ribnitz-Damgarten, Fig. 1) is slightly rising (0.1–0.4 mm/yr), the area southwest of this town is subsiding at a somewhat higher rate (0.2 to 0.5 mm/yr) (143, 179). The glacio-tectonic movement is small, however, when compared to the eustatic sea level rise which, in historic times, was found to be 15–20 cm/century with a recent accelerating trend.

The length of the present-day coastline in the former GDR amounts to 1,470 km. It may be divided into the ‚outer coast‘ which is facing the open Baltic Sea (340 km = 23 %) and the remaining 1130 km (77 %) of protected, ‚inner‘ coast, i.e. the landward-facing margins of the semi-enclosed inlets or estuaries, locally called ‚bodden‘. Fig. 1 depicts the major coastal configuration, showing the locations of the larger boddens, of cliffs and remaining lowland sections. The map reveals that cliffs occur mostly along the exposed coastal segments on the Baltic Sea while the estuaries are typically fringed by a low-lying littoral zone, interrupted only locally by short cliff sections. In total, the length of all cliffs amounts to some 135 km; nearly 80 km of these are presently under active abrasion while on the remaining cliffs erosion has ceased to be effective. The inactivity of cliffs results either from the growth of a spit from an adjacent promontory point which then protects the neighboring cliff or – occasionally – by net longshore accretion of sediment seaward of a cliff section. Such accretion occurs preferably around the distal end of nearshore sand bars, especially where incoming wave energies are generally low.

Comparative analysis of older and recent maps and airphotos reveals that the average rate of retreat amounts to 34 cm/yr for all cliffs in the former GDR (53, 179), but varies greatly from place to place and from one observation period to another, as documented by the data from Fischland (68; see Chapter 5). The long-term average land loss from the active cliffs totals nearly 30,000 m^2 each year. Beach erosion – both along the cliffed and lowland sections – exceeds that value by at least one order of magnitude but, to date, rates have not yet been calculated precisely.

At first sight, the erosion rates seem somewhat high, considering that all of this coast lies in a microtidal (tidal range < 20 cm) and fetch-limited environment. However, due to the division of the southwestern Baltic Sea into various larger and

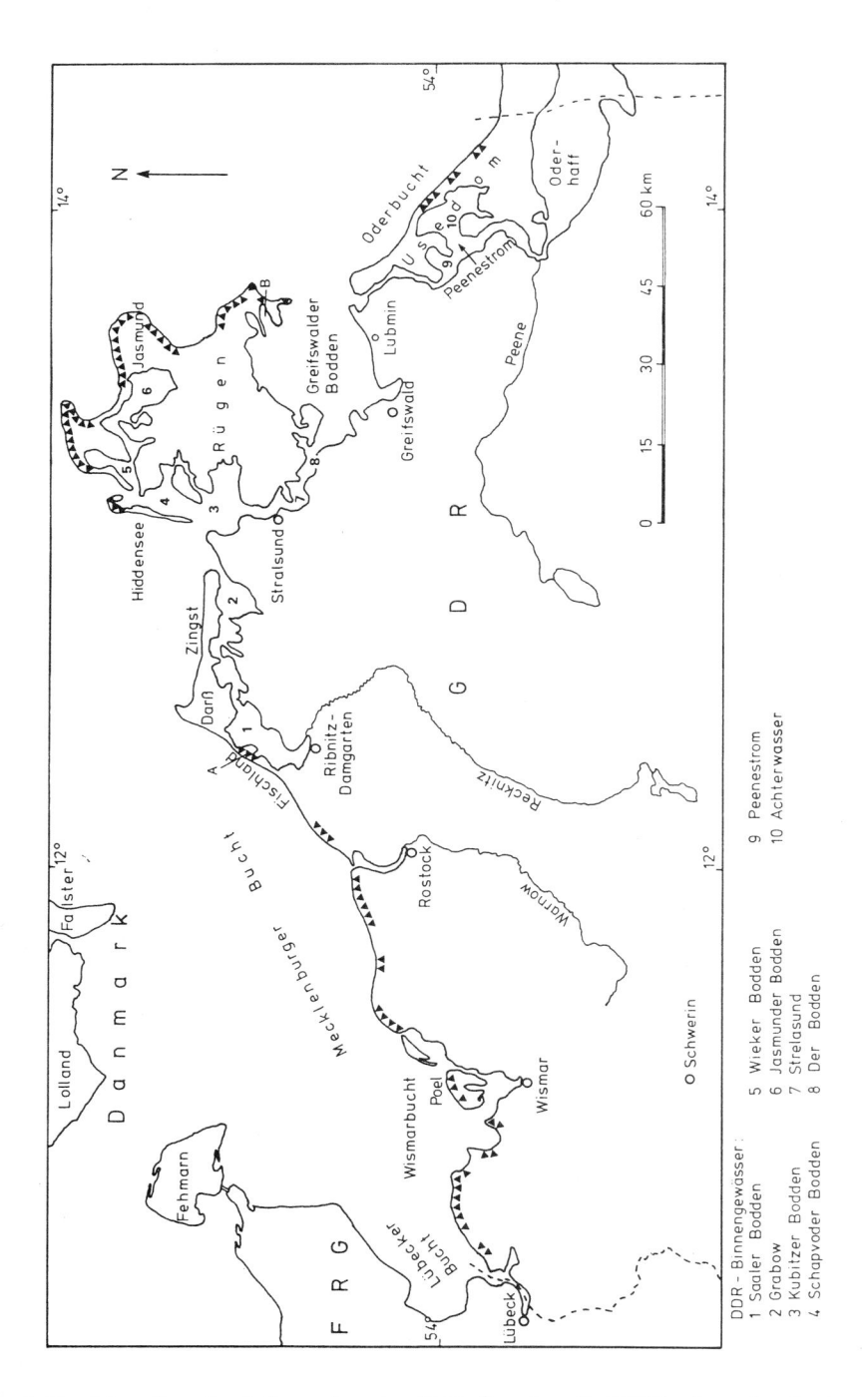

Fig. 1: Coastal configuration in the southwestern Baltic Sea, along the GDR territory, showing larger bays, islands, peninsulas and coastal bays (boddens) as well as major streams and towns. A, B : sites shown in Figs. 5 and 7.

smaller basins with fairly narrow passageways, marked changes in water-level may occur here as a result of wind-generated setup of the water table (77, 86). Setup of the water surface at the shoreline within basins like Oderbucht, Mecklenburger Bucht or in the boddens is particularly effective during easterly storms which – under ‚favourable' conditions – are capable of raising the MWL by as much as 3.5 m. Setdown – mainly caused by southwesterly winds – may lower it by 1.5–2 m (229). In addition to changes of the still water-level, wind-generated waves 2 to 3 m high have been observed during extreme storm events on the Baltic coast, with maximum wave heights exceeding 4 m on some exposed sections. Even in the enclosed boddens, local waves formed in the bays are sometimes found to be in excess of 1 meter in height (227, 229).

For the shaping of this coast, storm events are highly significant as the morphodynamic equilibrium of a coastal compartment usually adjusts to the new set of boundary conditions created by a single storm. In general, all storm flood stages exceeding 1 m above MWL leave a marked imprint in the littoral zone, as they result in considerable cliff and beach erosion, damage of the vegetation, formation of new beach ridges etc. When compared to the previous three centuries, the frequency of strong to very strong storm floods (water-level > 1.5–2 m above mean) and high-wave events seem to have markedly increased in the southwestern Baltic region during the course of the 20th century (87, 221, 233). In the past 60–70 years their statistical frequency comes to about one per decade vs. 74 storms in the previous 300 years (87). Consequently, the pattern of natural (morphologic and hydrodynamic) coastal adjustment has changed and risks for flooding and erosion are enhanced. This appears critical with respect to recent trends toward accelerated man-made development in the coastal zone.

Compared to the shores of the exposed coast which receive high wave energies both from the west (Mecklenburg Bay), north (Arkona Bay) or east side (Oder Bay), most of the bodden margins are fairly well sheltered and thus are subject to shortfetch, low-energy conditions. These coasts therefore show a predominance of vegetation accretion over wave-induced erosional processes. The littoral cross-shore profile in protected bay and inlet locations typically reflects the effectiveness of the growth of *Phragmites* and other salt-tolerating plants over sand transport and wave abrasion. The zone covered by vegetation spreads out on both sides of the mean waterline and may be several tens to several hundreds of meters wide. The width of the *Phragmites* belt depends not only on the protection against high onshore winds and waves but also varies with response to the amount of available nutrients (especially nitrogen) in the water and sediments (Fig. 2; 149, 237). The *Phragmites* zone is absent in more exposed places where surf energy overcomes the growth of vegetation or even prevents it by keeping the nearshore sediments mobile and the profile steep. According to LAMPE et al. (157) and NIEDERMEYER et al. (179) such conditions occur in most estuaries preferably on the northern and eastern sides which are exposed to the predominant winds from the southwestern and western directions. An exception is found in the Greifswalder Bodden that opens wide toward the northeast (Fig. 1), thus exposing its southern and southwestern coast to a higher-energy wind and wave climate. This appears to be one of the few areas along the inner bodden zone where cliff sections are still actively eroding and where sand or gravel beaches are formed in front of and adjacent to the cliffs.

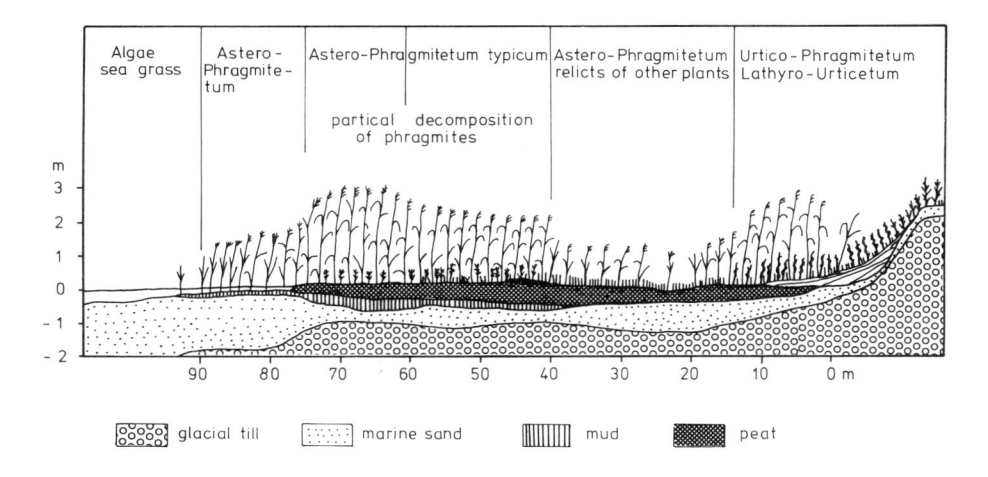

Fig. 2: Characteristic coastal profile along the low-energy shores of the bodden with typical zonal arrangement of vegetational overgrowth.

Generally, the current (re)formation of beaches seem to be limited mainly to coastal segments where shore-normal fetch lengths exceed 10 km or where swell waves from the open sea find access to a bodden coast. From a management point of view, sandy beaches in boddens are highly valuable for recreational use near the larger eastern towns Greifswald and Stralsund; the abundance of reed grass, on the other hand, offers some economic benefit – *Phragmites* is harvested for roof thatching – but primarily is of high ecological value, as it stores large amounts of nutrients discharged into the coastal waters from communal or agricultural drainages. With respect to a slowly rising sea level the importance of the *Phragmites* zone lies in the rapid formation of peat: the rate of accretion of the peat layer can easily keep up with the rising water table and may even lead to seaward migration of the ‚shoreline'. The problem of how to define a specific shoreline or its location along vegetated coastal segments has been adressed recently by LAMPE et al. (157).

3. RANGE AND MAIN ASPECTS OF COASTAL RESEARCH SINCE 1950

Due to the philosophy and circumstances provided by a socialistic government and research planning administration, coastal scientists – like most other scientists in the former GDR – have in past years been largely confined to the study of ‚national' problems. Political and financial reasons thus resulted in a widespread dedication to local issues along the outer (baltic) and inner (bodden) coasts of the former GDR (Fig. 1). On the other hand, these circumstances prompted a greater number of academic fields to collaborate in a coordinated and interdisciplinary approach on coastal issues that were of scientific interest or public concern. Foremost among the disciplines that made significant contributions to the ample list of papers published since 1950 are: geology, geography, hydrology & oceanography, biology & ecology, hydrochemistry, geophysics, engineering, economic and social studies. Naturally, the majority of topics touched upon by these and other neighbouring fields cannot be discussed at length. Therefore, in this chapter we intend to provide interested readers with a general overview of the vast number of studies conducted on the GDR coast up to now.

The full bibliography of publications relating to coastal issues comprises well over 1,500 titles. A selection of works that appeared of particular geographical interest to the authors is presented in the list of references below (see pp. 251). Most of the bibliographic compilation work on coastal-related topics has been done by WITT (252), BENCARD et al. (5), CORRENS (30, 31), GRIESSEIER(58), LAMPE (152, 153, 155), KLIEWE (118, 121), BIRR(10, and in this volume) WESTPHAL (250) and some others. The results of their work impressively testify to the prolific research that has been carried out on East German coasts since or prior to 1950. Much of it is in full progress today.

The list of thirteen major themes given below is thought to represent the topical framework of coastal research in the former GDR until 1990. It covers the wide range of published materials on coasts and groups them into the most significant research categories. The latter were selected by applying mainly three criteria:
a) continuing tradition of regional coastal research in the former GDR,
b) international attention given to specific regional topics in the past years or decades, and
c) present-day significance of studies with respect to current (regional or local) ecological problems.

The contents of the studies dealing with regional coastal problems over the past three to four decades may thus be summarized as follows:
- late Quaternary geology and glacial morphology in the Baltic coastal area; earlier work by OTTO (181), HURTIG(91–94), GEIB (36), KLIEWE (110–115), and KOLP (132, 135–137) was later elaborated by studies of KLIEWE (118, 119), JANKE (99–102), KLIEWE et al. (121, 125), KOLP(144, 145), NIEDERMEYER et al. (179) and others;
- Litorina-transgression, late Holocene sea-level changes; papers published by KOLP (140, 142, 143) and KLIEWE & JANKE (121, 122), BRAMER (13) and LUDWIG (161) concerning these questions are of particular significance;
- coastal forms and processes: case studies from cliffed and non-cliffed sections such as Hiddensee, Rügen, Fischland, Poel/Darß-Zingst and other coastal plains; a broad spectrum of studies were put in print on these issues, for instance those of SCHÜTZE (213, 214), DWARS (34), BRAUCKHOFF(14–16), GELLERT (38–40, 43–45), GOMOLKA (48–55), GURWELL (65, 67–69) SCHUMACHER (219) and many others;

- sea bottom topography and sediment cover in the southern Baltic and the coastal bays (boddens); significant work on this subject was done by KOLP (135), GROBA (59), GOMOLKA (57) GURWELL (62–64, 72), GUSEN (74), KNOLL (126, 127), LAMPE (154, 157), NIEDERMEYER (176–178);
- historic shoreline changes along selected sections were studied particularly by KOLP (134, 142), KLIEWE (109, 112) JANKE (100) and GOMOLKA (53, 54, 56);
- shore and nearshore morphodynamics, sediment transport and budget; case studies from several exposed sections by GELLERT (38, 39, 42–44), GURWELL (65–68, 72, 73), AJBULATOV (1), APEL (2), HARTKE (79), PFEIFER (186), LAMPE (157), SCHUMACHER (219), VOLLBRECHT (239) and WEHNER (242);
- coastal erosion and flooding along critical sections; methods of coastal protection and their local effects; at several locations such as Dranske and Sellin, Rügen, at Kühlungsborn and Fischland Peninsula results of protection measures were described by MIEHLKE (164, 165), GURWELL (67–71), JÄGER (93, 94), PACH (181, 182), WAGNER (240) and WEISS (243–245);
- hydrographic and hydrologic parameters within the boddens and along parts of the outer coast: currents, waves, water table setup, salinity, sea-ice etc.; extensive studies were carried out on all of the major boddens by BLÜTHGEN (11), BIRR (10), BROSIN (18, 19), CORRENS (21–29), HAACK (76), HUPFER (86, 88), SCHOKNECHT (211), STIGGE (229) and TREMP (232, 233);
- hydrochemical conditions and exchange mechanisms in the bottom layer (water and sediment) of enclosed basins; a great volume of data from many enclosed bays was presented by SCHLUNGBAUM (197–204) NAUSCH (170–173) and HÜBEL (85);
- biologic and microbiologic features of selected brackish water estuaries (e.g. Greifswalder Bodden), floristic characteristics of the low-energy zones of the bodden coasts (Verlandungszonen); noteworthy publications on these subjects are those of GEISEL (37), JESCHKE (102, 103), KELL (104), KRISCH (146–150), LINDNER (160), SCHNESE (208–210), SLOBBODA (223, 224) and VOIGTLAND (237, 238);
- faunistic populations along the outer and inner coastal areas with particular regard to rare birds; some recent studies by BRENNING (17), GEISEL (37), HARDER (78), PANKOW (183) SCHNESE (207) and others;
- complex eco-systematic analyses and modelling of several major boddens (water bodies as well as littoral zone) have only recently been undertaken mainly by biologists and geographers such as OERTZEN (32), GOMOLKA (57), KNOLL (129), LAMPE (157), NAUSCH (173) and VIETINGHOFF (234);
- use and management of coastal waters and the coastal zone of the former GDR are discussed from an economic or an ecologic point of view in some recent publications by BENTHIEN (6), JESCHKE (101–103), KLAFS (105), MIEHLKE (164), SCHOLZ (212), SLOBBODA (223), VOIGT (235) and WWD (253).

Under the socialistic regime coastal studies in GDR were planned primarily by the coastal branch of the Water Resource Division – a section of the national Ministry of the Environment. This office also carried out part of the work – especially on nearshore morphodynamics, erosion and protection techniques – with its own research staff (the second author belonged to this work group before it was recently transformed into a branch of the State Office of Environment in Mecklenburg-Vorpommern); in addition, some research institutes, e.g. the Universities at Greifswald and Rostock, the Central Geologic Survey of GDR, the Academy of Sciences and the Oceanographic Institute at Warnemünde, were contracted for further or specific coastal and marine studies, remote sensing, numerical modelling etc. (163, 33).

4. EROSION PROBLEMS AND PROTECTION STRATEGIES FOR THE FORMER GDR COAST

Along all of the East German coasts a fairly weak, unconsolidated lithology is exposed to a variety of shore-forming, i.e. morphologic and biologic, processes. In places where nearshore processes are wave-dominated, as is the case on most sections exposed to the open Baltic Sea, the observed shoreline migrations reveal a long-term general trend of retreat (14,92). Approximately 80 % of the 340 km of open coast – about 280 km – are found to be eroding (179). Variations in annual erosion rate from place to place and from one observation period to another are so great, however, that calculation of an average figure for the overall coastal retreat is not meaningful (243). Cliffs under abrasion make up about one third of the overall length of retreating shoreline (= 78 km), but the sediment contributed by them is significant for the material balance of other segments, indeed for the whole coast outside the boddens (67, 73). This is reflected by the location of the few coastal compartments that can be identified on the open Baltic showing a long-term stable or positive sediment balance: the most prominent ones, e.g. the growing spits of the Darß and Zingst Peninsulas and the northern and southern ends of Usedom Island, lie downdrift of some rapidly eroding cliffs and are apparently nourished by sediments abraded from the cliffs and from the adjacent submarine platform (66, 70, 245). The coastal segments undergoing the fastest retreat, i.e. >0.5 m/yr are located to the northwest and northeast of Rostock, at the Fischland, in the western part of Zingst, at two west-facing locations on Rügen and in the middle section of Usedom Island.

The coastlines of the boddens, on the other hand, show a completely different picture. Along these, segments suffering from retreat are scarce and usually only a few hundred meters long, even in the fairly open Greifswalder Bodden (55, 157). Most boddens shorelines are either stable or they advance gradually seaward as a result of continuing vegetation encroachment, especially in sheltered bays (Fig. 2) (149, 157). With the exception of a bodden segment near Greifswald, erosion control and protection strategies, therefore, focus primarily on the coastal areas exposed to greater fetch lengths and wave dynamics. For these, much information has been gathered in recent years, in particular on incoming wave force, availability and distribution of sediment and effects of waterlaid structures. These factors basically account for the vulnerability of a coastal compartment and its chances for efficient protection (245, 246, 248).

In Fig. 3 representative deep-water wave energy values are depicted which were calculated for 15 stations that cover the whole length of the former GDR Baltic shoreline. Calculation was based on longer-time wind records from four stations.

They represent the western section (Boltenhagen), the central section (Warnemünde), the northern section (Arkona) and the eastern section (Heringsdorf) of the ex-GDR coast. The analysis shows the highest wave energies per km of coast per year around the island flanks of Rügen, decreasing from there to the east and west. Onshore wave energies received at the 15 localities differ by as much as 300 % (minimum 3,300 MWh/km/yr on Poel Island, maximum 13,100 MWh/km/yr at Arkona). But even at one particular location the five-year averaged values for the incoming wave energy may deviate by as much as 33 % or more during a longer observation period (1950–1984), as data from Dranske, Rügen indicate (245). In this interval the highest average wave force was observed during the period 1980–1984, thus suggesting a recent increase of long-term erosional trends. Similar trends had been found along the Baltic coast west of Fehmarn Island (228). Since 1980 various field studies carried out along the Fischland Peninsula were dedicated to the increasing erosion risks and to the effects of protection structures recently implemented there.

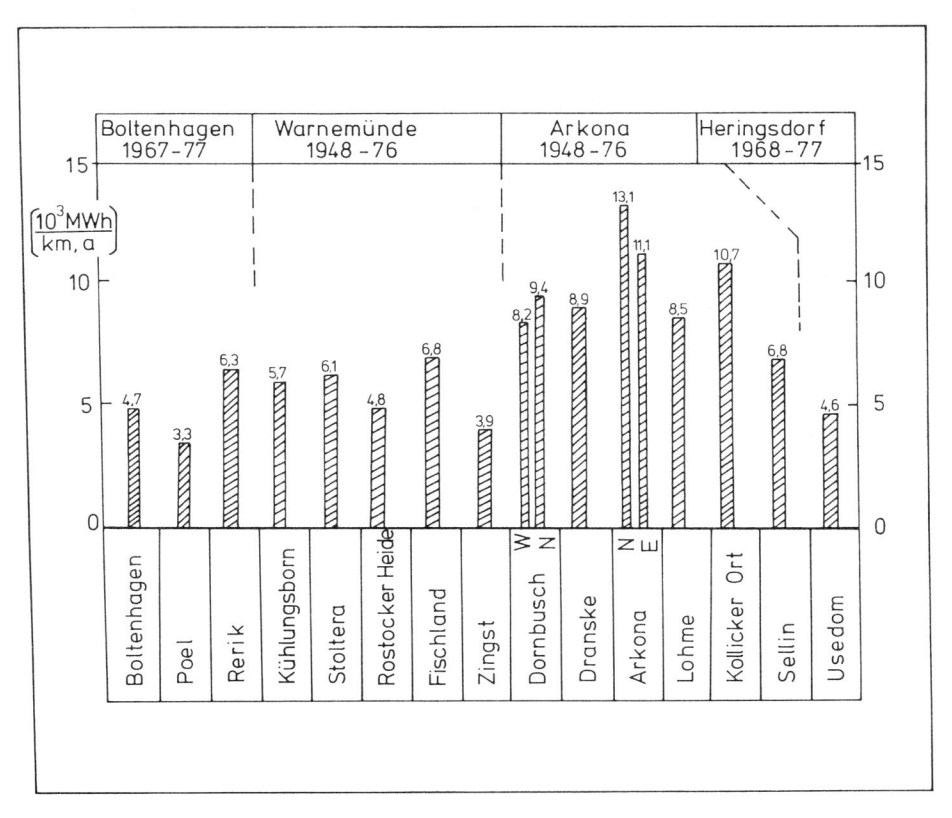

Fig. 3: Mean annual deep-water wave energies calculated per km of coast for 15 representative coastal stations in GDR.

5. SHORE EROSION AND PROTECTION OF THE FISCHLAND: A CASE STUDY

The coast of the Fischland Peninsula is comprised of a 3.1 km long cliff facing northwest (Fig. 5). Fed by sediments from cliff abrasion, narrow spits extend from either end of the cliff in northeasterly and southwesterly direction. The low-lying, partly dune-covered spits are occupied by the communities of Wustrow on the south side and Ahrenshoop on the north side of the cliff. From these towns seaside touristic and recreational development has spread out in recent years, rendering this coastal section more vulnerable to shore erosion trends and flood risks. As the peninsula is only a few hundred meters wide near both towns, an extreme storm flood could cause a breakthrough of the spit necks and create an inlet into the adjacent Saaler Bodden.

According to Fig. 4 (upper part) the long-term abrasion rate for Fischland cliff, averaged over a 100-year period, amounts to 0.46 m/yr – as compared to the average rate of 0.34 m/yr for the total length of eroding coastline. Locally, the mean value varies by 150 %, i.e. between 30 cm and nearly 80 cm, with an obvious maximum toward the northern end of the cliff. When looking at the range of temporal erosion variations, shown in the middle part of Fig. 4, some even more pronounced differences are apparent: during the last observation period 1982–1986 the average retreat rate was more than three times higher than in the first observation phase 1885–1903 (245, 70). For a four year period not shown in Fig. 4 (1978–1982) GURWELL even reported a maximum rate of 1.85 m/yr of cliff retreat which stands in sharp contrast to only 0.25 m/yr in the previous 11-year period (65). Surprisingly enough, the highest rates occur where the cliff consists of fairly compact glacial till and reaches its greatest heights. These observations suggest that the lithologically determined erosion resistance of the cliff is of minor importance; instead, variations in wave energy input and abrasion resistance on the nearshore platform seem to regulate the local erosion rates (70).

In order to sustain the continuous attack of a cliff over longer periods of time, the whole coastal profile has to undergo parallel retreat (66). This also implies lowering of the nearshore abrasion platform down to a critical depth, which at Fischland was taken to be at the –10 m isobath. From the local erosion variations along this section it was concluded that the observed cyclicity in cliff and shore migration is dependent on the amount of mobile sediments in the nearshore zone, i.e. presence and size of longshore bars etc. The volume of sediment available for transport, in turn, depends on how much material is eroded from the profile and what percentage of this material remains in the surf zone. As both abrasion rates and lithology of the coastal profile are well known, the total volumes of abraded/available sediment can be calculated (Fig. 4, lower part). The apparent cyclic pattern indicates that increased supply of larger volumes of abraded sediments slows erosion for one or several subsequent periods before the cycle is revived, usually by a major storm. In addition, the so-called *index of abrasion* and the *index of mobile sediment supply*, referring to the amount of material supplied per meter of coast, provide a valuable tool for comparing the sedimentary balance of eroding coastal sections.

Ongoing shore erosion and flood risks have made quick and adequate protection measures along Fischland Peninsula of great concern.

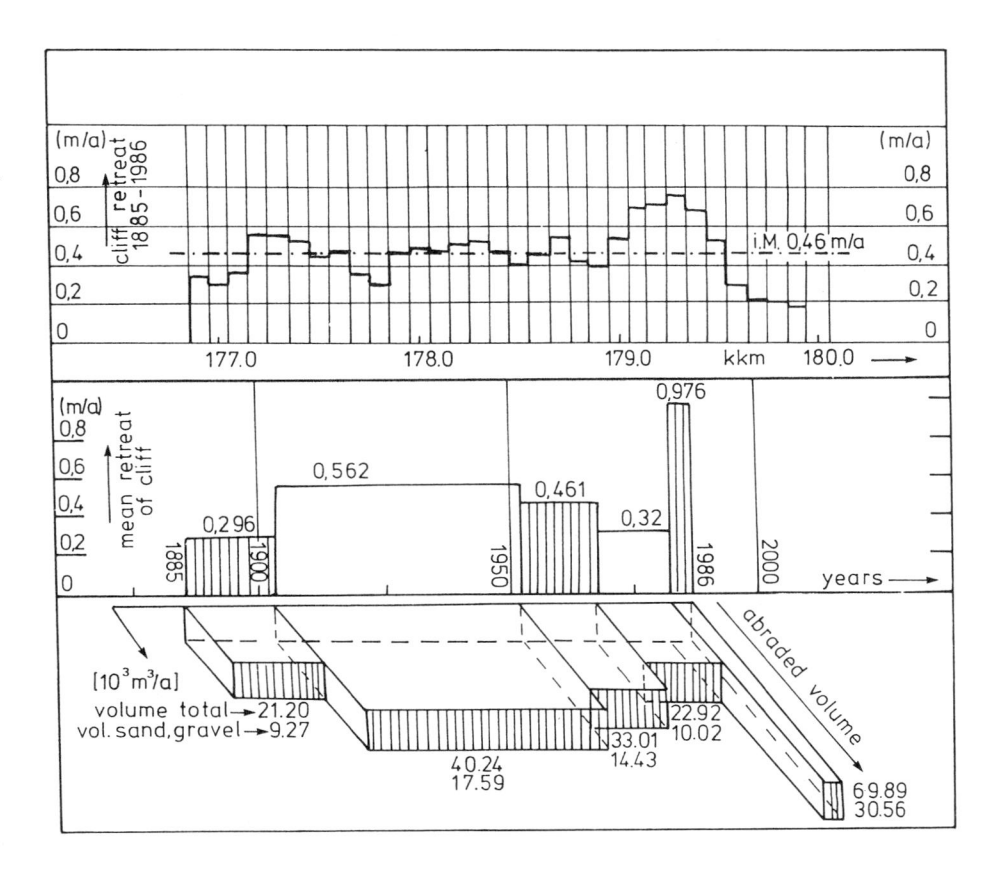

Fig. 4: Coastal erosion along the cliff of Fischland Peninsula: upper graph shows variation from long-term mean retreat over the total length of the cliff; center graph shows variation of overall mean retreat rate over time (1885–1986); lower graph depicts volumes of sediment abraded from cliff and supplied to nearshore transport over the 100-year period.

From the above studies engineers of the coastal administration in Warnemünde concluded that satisfactory results could be achieved by combining artificial sediment supply with a reduction of the incoming wave energies (195, 245). Consequently, breakwaters were installed in 1984/85 at both ends of the cliff where erosion at the neck of the spits had reached a critical level. In addition, the beach opposite the breakwaters and to the sides of them was nourished by about 150,000 m3 of sand in order to prevent leeside erosion beyond the end of the structures. Furthermore, a series of densely spaced groins was recently implanted in front of the cliff, i.e. between the two nourished beach sections. These were intended to catch the sediment passing from the newly accreting beaches in the north and south and to fill up the eroding cliff beach.

According to first observations on the protected shore segments the design of the breakwaters appears to have prompted the desired tombolo formation behind them (Fig. 5) (245). The nourished sand meanwhile has led to dune formation on the widened back beach but with erosion encroaching from the ends of the infill section; new sand might have to be supplied every five years or so. Finally, not much is yet to be said about the efficiency of the woodpile groins, but after a few moderate storms much sand appeared to have moved out of the groin field. In other studies, the effectiveness of groins in trapping sand is basically disputed (40, 69, 136).

Fig. 5: Side view on (northwesterly exposed) Fischland cliff during moderately strong westerly winds; erosion proceeds both at the cliff foot and top; at the end of the cliff a newly formed tombolo can be seen which formed after the installation of a breakwater in 1987.

6. GENERAL ATTITUDE TOWARD COASTAL PROTECTION

During the time preceding the unification of the two Germanies coastal management and coastal protection were no matters of public or political debate in GDR. Instead, a well-organized coastal administration „WWD-Küste", a branch of the National Water Resource Division (of the Ministry of the Environment), handled all coastal affairs independently but efficiently (33). Earlier than in many western countries, including the FRG, coastal protection policies had been adopted by the experts of WWD-Küste which called for a „natural" approach to counteract the marine attack on the shorelines. This implied a gradual shift from so-called ‚passive' protection measures which are to fend off wave attack from shore (with large massive structures like dikes, seawalls, revetments etc.) to ‚active' measures. The latter are conceived to diminish the incoming wave energies along a particular shore segment by either reducing wave and breaker height seaward of the beach (with solid or floating wave breaking devices) or by absorbing wave force on the beach with an excess amount of (artificially nourished) sediment. As a consequence few new solid structures were built after 1970, except for 12 wave breakers installed along the Rügen and Fischland coasts (246, 248). The main emphasis during the past two decades has been put on beach nourishment, as summarized in Fig. 6. This graph depicts the total volume of sand nourished at various localities along the Baltic coast between 1968 and 1987. Fig. 6 does not include nourishments coastal segments in boddens such as that in Greifswalder Bodden near Lubmin in 1988 or some earlier measures taken to create sandy beaches for recreation in the Oderhaff (179). In other places, where flood control was imminent, artificial dunes were built by the coastal engineers to protect the lowland behind them. Locally, like on Zingst Peninsula near Prerow, a new flood control dike was moved far back from the present beach and secured on its seaward side by a 100 m wide strip of planted forest and an artificial dune topping the beach. Including the dike, a protection design of this kind requires a 200 m wide zone free of development, except for some small recreation and sanitary facilities. All in all, the flexible coastal defense and management concept applied by the socialistic government of the former GDR appears to have yielded sound results in protecting eroding coastal sections up to now. It also has helped to avoid some of the mistakes that have been caused by an increasing development pressure on the West German coast in recent years, such as the Probstei dike project near Kiel (228).

7. PROBLEMS RELATED TO BODDEN ECOSYSTEMS

With information on the state of the environment in East Germany being more reliable now than in previous years, a vast range of ecological problems has become known just recently. Some of these relate specifically to the coastal zones, in particular to the ecological quality of the bodden waters and their shores (84, 85). Obviously, a number of physiographic parameters, such as basin morphology, sedimentology and hydrology, together yield a combination of unfavourable ecological boundary conditions that prevails in many of the semi-enclosed bays. A set of environmental parameters which could be considered typical for most boddens today, may be characterized as follows:
– elongate bay shape with a narrow mouth toward the open Baltic Sea;
– mostly shallow bottom topography within the inlets and/or occurrence of an additional morphological barrier near their mouths (Bodden-Randschwelle);
– generally low wave energies and current velocities due to predominant short-fetch conditions;
– inhibition of water circulation throughout the inlets and of regular water exchange between the Baltic and the bodden basins;
– a gradual decrease of salinity from the mouths (about 15 %) to the inner reaches of the boddens where nearly freshwater conditions are reached (3–5 %);

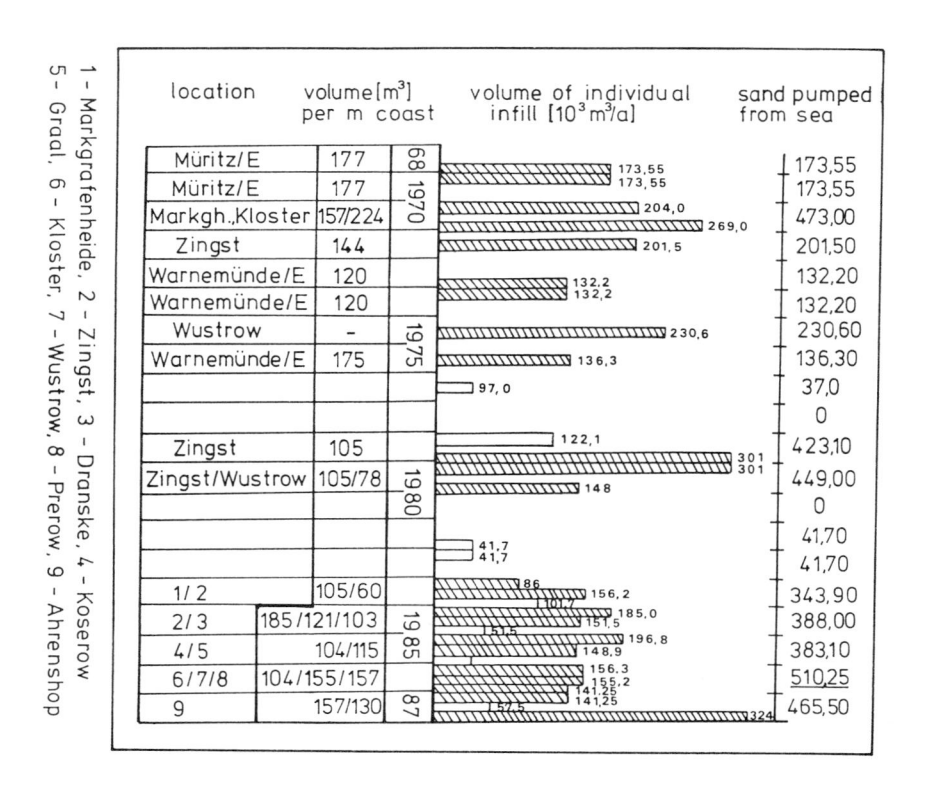

location	volume [m³] per m coast	year	volume of individual infill [10³ m³/a]	sand pumped from sea
Müritz/E	177	1968	173,55	173,55
Müritz/E	177	1970	173,55	173,55
Markgh.,Kloster	157/224		204,0 / 269,0	473,00
Zingst	144		201,5	201,50
Warnemünde/E	120		132,2	132,20
Warnemünde/E	120		132,2	132,20
Wustrow	–	1975	230,6	230,60
Warnemünde/E	175		136,3	136,30
			97,0	37,0
				0
Zingst	105		122,1	423,10
Zingst/Wustrow	105/78	1980	301 / 301 / 148	449,00
				0
			41,7	41,70
			41,7	41,70
1/2	105/60		86 / 101,7 / 156,2	343,90
2/3	185/121/103	1985	185,0 / 151,5	388,00
4/5	104/115		196,8 / 148,9	383,10
6/7/8	104/155/157		156,3 / 155,2 / 141,25	510,25
9	157/130	1987	141,25 / 152,5 / 324	465,50

1 - Markgrafenheide, 2 - Zingst, 3 - Dranske, 4 - Koserow
5 - Graal, 6 - Kloster, 7 - Wustrow, 8 - Prerow, 9 - Ahrenshoop

Fig. 6: Summary of artificial beach nourishment measures carried out along the former GDR coast between 1968 and 1987 (white columns are repeat nourishments at same locations). Altogether a total volume of 5,080,000 m³ was nourished during this time of which 4,736,150 m³ were supplied from offshore areas

- resulting from the previous factors is a higher susceptability to overfreezing of boddens in winter time (December to March);
- very high (micro)biological productivity in the bodden waters stimulated mainly by an artificial influx of nutrients (nutrient supply, especially nitrogen and phosphate, is derived from adjacent farming areas bordering the bodden shores, dirty streams flowing into the estuaries and untreated sewage water from coastbound towns (253));
- excessive bioproduction causing low-oxygen conditions at the bottom water/ sediment interface, in particular during the warm summer months, and leading to deposition of organic, sulfate-enriched substances in sheltered bodden parts.

As a result of the above conditions, massive growth of algae, including some poisonous kinds, fish killings and intolerable increase in the bacterial spectrum may diminish greatly the ecologic, economic and recreational value that bodden waters have had traditionally for a long time (84).

8. ENVIRONMENTAL APPRECIATION OF GREIFSWALDER BODDEN

Greifswalder Bodden is the largest of East Germany's coastal bays by size and volume: it measures 510 km² has a mean depth of 5.8 m and holds about 2.96×10^9 m³ of water – approximately the volume of all other East German boddens together (229). Not only is the size extraordinary, the shape and orientation of this bay also stands out as it opens fairly wide to the east. The open cross section at the bodden mouth, narrowed only by the southeastern Rügen Peninsula, allows frequent water table changes and the occurrence of sizeable wind-waves on the bodden surface.

A comparative analysis of gauge records between Greifswald-Wiek and other stations revealed that water-level setup during storms at Greifswald and along all of the southern and western bodden shore exceeds that of open-sea stations considerably; compared to Arkona (northernmost point of Rügen), Greifswald's flood levels run 20–25 cm higher. The mean yearly high (flood) gauge record at Greifswald amounts to 1.15 m above normal, a value that is due to a funnelling effect in the inner bodden and is not reached anywhere along the Schleswig-Holstein coast further to the west (228). On the other hand, circulation of water into and out of Greifswalder Bodden through its easterly mouth and its other outlets (Strelasund, Peenestrom; cf. Fig. 1) is inhibited here, like in the other bays, by marginal thresholds. These so-called ‚Bodden-Randschwellen' rise 3–6 m above the surrounding basin bottom and prevent free exchange between bodden and Baltic Sea waters, especially during periods of low water table.

The average wind-generated wave energy lies at about 550 MWh/km/yr, when calculated for the total shore length of Greifswalder Bodden. Although this exceeds the wave energy levels of the other bays (Achterwasser: 150 MWh/km/yr; Darß-Zingster-Bodden: 100 MWh/km/yr), it is one order of magnitude smaller than average values calculated for the open Baltic coast (cf. Fig. 3) (157). Maximum wave energy, however, may reach the magnitude observed on the open coast at some exposed coastal sections in the bodden, e.g. at Lubmin, at the east flank of Zudar Peninsula and some other places (154, 229).

Wave energy characteristics and bodden shape, in particular the ratio of surface area to water depth, determine circulation and water turbulence within the bodden and on its floor (158). These parameters are of importance to the bodden ecology with respect to
a) the biological productivity in the water, and
b) the oxygen supply at the water/sediment interface.

In comparison with other bays, the hydrodynamic conditions are more turbulent in Greifswalder Bodden, at least at depths down to –6 m (19, 154). Therefore, inspite of relatively high productivity rates, the oxygen supply on the sediment surface in these shallower parts – especially near the ‚Randschwellen' – is still sufficient to sustain oxidation of the organic matter sedimented to the basin bottom (4, 32, 37, 104, 158). This is not true, however, in the deeper central part of the bay (190; Fig. 7) below –6 m where bottom water turbulence and, hence, oxygen supply become low. Here, the rate of sedimentation of organic matter – mainly zooplankton (17) – exceeds that of oxidation of the deposited detritus, thus leading to a critical shortage in oxygen in the near-bottom layer. Since the early years of this century, a gradual increase in deposition of organically enriched mud in the deeper areas of Greifswalder Bodden has been observed, coupled with an ongoing lowering of the oxygen supply at the bottom. As hydrodynamic parameters have remained basically the same, this trend reflects the effects of an increased influx of nutrients from streams, drainage and sewage waters (253); it caused a marked deterioration of living conditions for fauna and flora in the center parts of the bay where most species of higher plants have disappeared since the early 1970's (37). A recent map from GEISEL/MESSNER shows that the distribution of submarine vegetation such as *Cladophora*, *Potamogeton*, *Zostera* and *Fucus* is limited to a water depth shallower than 4–5 m and thus basically to the nearshore zone (37, Fig. 1). The work of these authors also indicates that the benthic macrofauna with its typical species like ground fish, shrimps, ostracods etc. living mainly on sandy bottoms has lost much of its habitat as a result of widespread mud deposition and encroaching oxygen shortage in central Greifswalder Bodden.

Fig. 7: Typical inner bodden coast with vegetation overgrowth (cf. Fig. 2); cliff in the distance was fossilized by vegetation encroachment recently enhanced by high influx of nutrients into the bodden.

A particular feature of the bodden environment is the broad zone of vegetation accretion in the shallow nearshore zone (Figs. 2,7). In a number of studies it has been documented recently that this vegetation belt, dominated mainly by *Phragmites*, reflects some of the critical hydrodynamic and hydrochemical boundary conditions within the littoral ecosystem (102, 102, 146, 149, 150, 223, 224, 237, 238). *Phragmites* and some associated salt-tolerating reeds such as *Bolboschoenetum maritimi* prefer shore locations where waves will not break their stems and where peat or other organic matter has been deposited to supply the plants with nutrients. Their abundance is thus limited by a critical wave force and also water turbulence that results in sedimentation of bare sand on the rhizoms (149). Size (height) of the plants and the width of the *Phragmites* zone, on the other hand, are regulated by the availability of nitrogen (NO_3) for plant growth. Supply of nitrogen may take place either from the landward side or from the seaward side of the shore profile or, perhaps, from both sides, as depicted in Fig. 2. The cross section clearly shows that ample nutrient supply from two directions builds up two belts of tall reed which absorb the great part of the NO_3. Between these, lack of nutrients cause degradation of the plant growth. The low plants on the seaward edge of the profile are pioneer reeds (primarily *Bolboschoenetum maritimi*) that are better capable of withstanding the wave attack than *Phragmites*. If excessive amounts of nutrients are dissolved in the bodden water, however, as it occurs where untreteated sewage water is drained into the bodden (e.g. from the city of Greifswald) the stems of *Phragmites* become taller, softer and are more likely to be broken by waves. In recent years East German coastal managers have turned to regular cutting of the reed grass for a variety of reasons:
– through repeated growth of the stems larger amounts of NO_3 can be extracted out of the water;
– cutting prevents deposition of dead reed and thus of excess organic matter and nutrients at the sea bottom;
– controlling height and width of the reed belts allows rarer plants to establish themself in *Phragmites*-dominated locations;
– cut reed can be sold as valuable material for roof covers on country houses (thatching) and for paper production.

Due to the increasing level of nitrogen and phosphate in all coastal bays (238), regular reed cutting is common now along many shore sections in the western and northern parts of Greifswalder Bodden (103). Among the uses made of this bodden by humans, the following appear to be of significance to the state of its ecosystem now or in future time (see the following table).

kind of use	area of use	effects of use
tourism & recreation	water surface, shoreline	vegetation damage, pollution, other
cattle grazing	low coastal areas	different plant successions appear
aquaculture	central bodden	faster eutrofication, water pollution
water exchange with nuclear power plant	offshore Lubmin to central bodden	warming of water surface, bird resting in winter

In summing up the state of the environment in Greifswalder Bodden, ecological problems appear as yet to be less severe here than in the smaller, narrower boddens of East Germany – mainly as a result of the different hydrodynamic situation. Conditions are deteriorating rapidly, however, with water pollution and increasing eutrophication being the critical factor. If this trend continues it will soon hamper the traditional and current uses of this bay considerably, as may be seen from other areas (84, 85, 253).

9. CONCLUDING REMARKS

The political changes taking place between October 1989 and spring 1991 have created new opportunities for coastal scientists on both sides of the former East-West-German border to exchange scientific information, start academic and practical cooperation etc. The amount of work that has been invested into coastal research on the territory of the ex-GDR in recent years is impressive, but little of it is yet known outside of this former country. Therefore, the main intention of this paper was to describe to readers interested in the southwestern Baltic region the broad range of coastal studies published in the past 3–4 decades, and to provide references for further information (see attached bibliography, pp. 251). In addition, the subjects highlighted by the authors give insight into the two major problem areas of the ex-GDR coast: protection of the coast against erosion trends and flood hazards (Chapters 4–6); and secondly, recent ecological changes in coastal bays as a result of ongoing pollution of the bodden waters (Chapters 7–8). Our current evaluation of these problems is that the shore protection strategies applied so far will operate effectively; basically they ought to be continued. Preservation of valuable ecological resource, on the other hand, will require a series of additional measures and further elaboration of stringent policies and regulations (253). In order to achieve this, a coastal management plan must be outlined, on which both experts and politicians cooperate effectively. As most recent trends point towards a rapid acceleration of coastal development for tourism etc., not much time should be lost to adjust to the new situation.

EINIGE ASPEKTE DER PHYSISCH-GEOGRAPHISCHEN ERFORSCHUNG DER KÜSTE UND KÜSTENGEWÄSSER MECKLENBURG-VORPOMMERNS

Hans-Dietrich Birr, Greifswald

KURZFASSUNG

Die physisch-geographische Erforschung der Küste und Küstengewässer von Mecklenburg-Vorpommern begann 1885 im Greifswalder Bodden. Schwerpunkte des Geographischen Instituts der Universität Greifswald waren küstenmorphologische und hydrographische Untersuchungen. Nach dem 2. Weltkrieg setzte die systematische Küstenforschung ein, die zur Entwicklung einer eigenständigen Boddenhydrographie als Forschungsrichtung führte. Es folgt ein Überblick über Arbeiten der letzten 25 Jahre und über einige aktuelle Aspekte.

ABSTRACT

The physico-geographical exploration of coast and coastal waters from Mecklenburg-Vorpommern started in 1885 in the Greifswalder Bodden. Particular interests of the Geographical Institute of the University of Greifswald were coastal geomorphological and hydrographical investigations. After World War II, the systematic coastal research started, resulting in the development of a Boddenhydrography as an independent research direction. A general review of publications from the last 25 years and some central aspects are presented.

Die deutsche Ostseeküste, die sich von der Flensburger Förde bis zur Insel Usedom erstreckt, wird durch einige Buchten und Inseln in mehrere Abschnitte unterteilt. Diese Küstenkonfiguration weist auf eine weitgehende Abhängigkeit vom weichselglazialzeitlichen Großrelief hin, das in postglazialer Zeit überflutet wurde. Während die Küste von Schleswig-Holstein durch die Förden wesentlich geprägt ist, zeigt die vorpommersche Küste ein völlig anderes Bild. Haken und Nehrungen, die sich zwischen den Inselkernen von Darß-Zingst, Rügen und Usedom gebildet haben, schufen ein unregelmäßiges, buchtenreiches und in der Regel flaches Gewässersystem, das im Verhältnis zur freien Ostsee seit dem Atlantikum eine eigenständige Entwicklung nahm. Dieser Eigenständigkeit entspricht auch der Eigenname Bodden. Er ist die Übertragung der niederdeutschen Form des Wortes „boddeme" in der Bedeutung von Boden oder Grund. Aus hydrographischer Sicht erscheint diese Beziehung zum Meeresboden sehr sinnvoll. Die geringen Wassertiefen der Bodden erschweren nicht nur den Schiffsverkehr, sondern prägen das hydrographische Geschehen in entscheidendem Maße.

Der mittlere Teil der deutschen Ostseeküste, der etwa von der Howacht Bucht bis zur östlichen Mecklenburger Bucht reicht, wird dem Typ der Buchtenküste zugeordnet (GELLERT 1958).

Die Außenküste Mecklenburg-Vorpommerns besitzt eine Länge von 340 km. Dem steht eine Ausdehnung der Binnen- bzw. Boddenküste von 1.130 km gegenüber. Bereits diese Relation bedingt eine anspruchsvolle Aufgabenstellung für die Geographie. Betont wird das noch durch die Fläche der Boddengewässer von 1.580 km^2, auch wenn das „nur" knapp 6 % der Landesfläche Mecklenburg-Vorpommerns ausmacht.

Wissenschaftshistorisch ist von Relevanz, daß durch die Erstbesetzung des Lehrstuhls für Geographie an der Universität Greifswald mit CREDNER (1850–1908) im Jahre 1881 nicht nur eine klare Hinwendung zur eigenen Küste und auch den Boddengewässern erfolgte, sondern daß Greifswald landesweit eine führende Rolle in der Küstenforschung einnehmen konnte, die bis in unsere Zeit reicht. Die erste Dissertation darf als programmatisch angesehen werden, in der sich BORNHÖFT 1885 mit der Morphologie und Entwicklungsgeschichte des Greifswalder Boddens beschäftigte.

Selbstredend spielten bei der Außenküste der Küstenrückgang und die Sturmfluten eine weitere wichtige Rolle. So stellt die Arbeit von KRÜGER (1911) heute noch eine unentbehrliche Quelle über die Hochwässer dar.

Quasi als Meilensteine küstenmorphologischer Untersuchungen gelten die „Entwicklungsgeschichte von Darß und Zingst" durch OTTO (1913), die „Morphologie des Oderhaffgebietes" von WERNICKE (1930) und die „Entstehung der Haken und Nehrungen der Küste Rügens" von SCHÜTZE (1931). Die hydrographischen Untersuchungen von Greifswald aus beginnen 1912 im Greifswalder Bodden, die durch den ersten Weltkrieg unterbrochen werden. Über erste Ergebnisse haben PRAESENT (1914) und BAUMANN (1915) berichtet

Von einer wahren Renaissance der Greifswalder Küstenforschung kann unter G. BRAUN (1881–1940) gesprochen werden, der von 1918 bis 1933 als Ordinarius der Geographie in Greifswald wirkte. Das traf sowohl für die morphologischen als auch hydrographischen Aktivitäten zu. Doch ist BRAUN auch mit seinen Ostseepublikationen bekannt geworden. Als wertvoller methodischer Ansatz meeresgeographischer Arbeiten darf seine Warnung angesehen werden, sich nicht ausschließlich mit dem „Wasser des Meeres" zu beschäftigen, sondern auch mit dem „Gefäß, in dem die Wassermenge ruht" (BRAUN 1907). Bemerkenswerte hydrographische Untersuchungsergebnisse dieser Zeit legten LEPS (1934) und MÜLLER (1934) vor.

Trotz der geistigen und materiellen Trümmer, die der 2. Weltkrieg hinterließ, kann zu Beginn der 50er Jahre von einem generellen Auftakt der systematischen Küstenforschung Mecklenburg-Vorpommerns gesprochen werden. Unter dem prägenden Einfluß von HURTIG (1897–1977), der 1953 das Direktorat des Greifswalder Institutes übernahm, und REINHARD (1910–1985), der seit 1951 am Institut war, lebte nicht nur die wissenschaftliche Beschäftigung mit den „hauseigenen" Küsten und Bodden auf, sondern wurden Grundlagen gelegt, die bis heute positiv wirken. Hervorhebenswert sind vor allem die Begründung der Schriftenreihe „Neuere Arbeiten zur mecklenburgischen Küstenforschung" 1954, die HURTIG (1954) mit seiner „Boddenlandschaft" eröffnete. Leider fiel diese Reihe nach dem 5. Band (1960) ökonomischen Restriktionen zum Opfer.

Von REINHARD (1953; 1956) sind die Arbeiten über die Inseln Bock und Hiddensee zu nennen. Ein weiterer Höhepunkt küstenmorphologischer Forschungen dieser Zeit war die Darstellung der spät- und nacheiszeitlichen Formenentwicklung der Insel Usedom durch KLIEWE (1960). KLIEWE, der vor und nach seiner Berufungszeit in Jena (1960–1969) in Greifswald wirkte, legte auch in der Folgezeit Arbeiten vor, die wesentlich zur Klärung der Morphogenese der Bodden und der Dynamik ihrer Küsten beitrugen. Als jüngste Beispiele sind „Die Ostseeküste zwischen Boltenhagen und Ahlbeck" (1987) und die Karte „Die Ostseeküste, mittlerer und östlicher Teil" (1989) zu erwähnen.

In den o.g. Zeitraum fällt auch die Bearbeitung des Achterwassers durch HAACK (1960). Diese stand sowohl am Anfang einer neuen Ära in der hydrographischen Untersuchung der Boddengewässer als auch an einer Scheidelinie. Scheidelinie deshalb, weil einerseits die Mehrfachnutzung der Küstenlandschaft Forschungsaktivitäten bestimmter Spezialwissenschaften auslöste (Wasserwirtschaft, Hydrobiologie u.a.) und andererseits die Physische Geographie neue methodische Ansätze entwickelte, geoökologische Betrachtungsweisen Fuß faßten und schließlich Schritte zur Struktur- und Prozeßforschung gegangen wurden. Aus sachlichen Gründen kann hier nicht die gesamte Entwicklung charakterisiert werden. Es sei vielmehr eine Beschränkung auf die Fragen gestattet, die von Greifswald ausgingen.

1. Im Laufe der Jahre hat sich eine räumliche Differenzierung in der Küstenforschung ergeben. Während die „Wasserwirtschaftsdirektion Küste" (Sitz Stralsund) die gesamte Küstenforschung in gewisser Weise koordiniert und auch in starkem Maße sowohl an der Außenküste als auch an der Binnenküste realisiert (einschließlich der Gewässerüberwachung), konzentrieren sich die Küstenuniversitäten auf die inneren Seegewässer. So liegt der Schwerpunkt der Rostocker Biologen in der Darß-Zingster Boddenkette, Greifswald bearbeitet neben dem Greifswalder Bodden die angrenzenden Rügenschen und Usedomer Bodden.
2. Gemäß der morphogenetischen Einheit von Küsten und den eingeschlossenen Küstengewässern hat sich die Boddenforschung als eigenständige Forschungsrichtung etabliert. Sie integriert relevante Inhalte der Küstenforschung i.e.S. und der Ozeanographie bzw. Küstenhydrographie. Wir sprechen daher von Boddenhydrographie und sehen primär folgende Untersuchungsgegenstände:
   – Morphogenese der Bodden,
   – Geomorphologie der Boddenküsten,
   – Relief, Morphodynamik und Bedeckung des Boddengrundes,
   – Wasserstands- und Strömungsverhältnisse,
   – Wassermassen, Wasserkörper und Wasserhaushalt.

Organisatorisch wirkte sich das so aus, daß es 1981 zur Bildung einer eigenen Forschungsgruppe und studentischen Arbeitsgemeinschaft „Küste" kam. 1986 erfolgte die Indienststellung des Forschungskutters „Litoral".

3. Durch die Arbeiten von BROSIN (1965), CORRENS (1972; 1979), SCHLUNGBAUM (1978) und anderen kann von einer soliden Kenntnis der Grundzüge der Boddenhydrographie ausgegangen werden. Gewisser Nachholbedarf besteht jedoch im Salzhaff und im Jasmunder Bodden.
4. Ein Charakteristikum der Bodden sind ihre weitverbreiteten Schilfgürtel. Greifswalder Untersuchungen führten zu Kennzeichnung und Typisisierung dieser Boddenverlandungsufer. Erstmalig wurden ihre Stellung und Funktion im Naturhaushalt geklärt. Ihnen obliegt eine wichtige Pufferfunktion zwischen Wasserkörper und Ufer, wie Untersuchungen zum Nährstoffregime beweisen (VOIGTLAND 1984, SLOBODDA 1989). Besorgniserregend ist die rückläufige Entwicklung der Schilfareale (LIPPERT 1989). Hier zeigen sich wichtige Ansätze zur Klärung der anthropogenen Belastung der Bodden.
5. Neue Akzente konnten ebenso zur marinen Geomorphologie gesetzt werden. GOMOLKA (1987) – der jetzige Ministerpräsident Mecklenburg-Vorpommerns – hat die bisher umfangreichsten Untersuchungen über morphologische Veränderungen an den Küsten des Greifswalder Boddens und der Nordrügenschen Bodden vorgelegt. Er nimmt deren morphodynamische Klassifizierung vor und gibt durch den Abrasionsindex ein quantitatives Maß für den Materialeintrag. Derartige Ergebnisse lagen bisher nur für die Außenküste vor.
Mit den Schorrebereichen (bzw. dem Hydrolitoral) beschäftigte sich grundlegend erstmalig LAMPE (1988). Das mag durchaus überraschen. Doch von begrenzten Lokalitäten abgesehen, mußte bis dahin der submarine Bereich der Boddenküsten als unbekannt angesehen werden. Mit der Gliederung in Bilanzsysteme wird eine strukturell und dynamisch begründete Rayonierung vorgestellt. Neu ist ebenfalls die Ausdehnung geomorphologischer Untersuchungen auf den Offenwasserbereich der Bodden, primär in Gebieten, die Rückschlüsse auf die Gestaltung von Seewasserstraßen zulassen (GUTH 1989).
6. Wie wohl überall, stehen gegenwärtig Fragen der Gewässerbelastung im Mittelpunkt. Durch Industrie, Landwirtschaft und Haushalte gelangen Abwässer in die Bodden, die ein Überangebot an Nährstoffen und die Zufuhr von Schadstoffen bedingen. Viele Bodden sind dadurch zu hypertrophen Gewässern geworden. Da deren Wasserbeschaffenheit maßgeblich sowohl durch diese landseitigen Stoffeinträge als auch die Wasseraustauschprozesse mit der vorgelagerten Ostsee bestimmt wird, liegt hier ein notwendiges hydrographisches Betätigungsfeld. Gemäß dem Ästuarcharakter der Bodden stehen die halinen Verhältnisse, die Dynamik des Ostseewasser-Einstroms und Fragen der raum-zeitlichen Verteilung signifikanter Beschaffenheitsgrößen im Zentrum des Interesses. Mit diesen „umwelthydrographischen" Untersuchungen wurde im Strelasund und Peenestrom begonnen.
7. Nicht zuletzt soll erwähnt werden, daß seit 1959 in der „Acta Hydrophysica" (Berlin) in lückenloser Folge die Bibliographie „Schrifttum zur Erforschung der Küste der DDR" erschienen ist.

Zum Schluß bleibt die Hoffnung, daß es durch diesen kurzen und unvollständigen Überblick gelang, deutlich zu machen, daß – trotz aller Probleme der vergangenen 40 Jahre DDR – durch die wissenschaftliche Bearbeitung der Bodden, die als Charakteristikum der mecklenburg-vorpommerschen Küste einen eigenständigen Küstentyp bedingen, ein angemessener Beitrag zur allgemeinen Küstenforschung geleistet werden konnte.

LITERATUR:

BAUMANN, E. (1915): Morphometrie des Greifswalder Boddens. 15. Jahresber. Geogr. Ges. Greifswald, 1–44.

BIRR, H.-D., GOMOLKA, A., LAMPE, R. (1989): Zur Entwicklung der geographischen Boddenforschung in der DDR. Petermanns Geogr. Mitt. 133, 191–198.

BORNHÖFT, E. (1885): Der Greifswalder Bodden, seine Morphologie, geologische Zusammensetzung und Entwicklungsgeschichte. 2. Jahresber. Geogr. Ges. Greifwald, 3–72.

BRAUN, G. (1907): Die internationale Meeresforschung, ihr Wesen und ihre Ergebnisse. Geogr. Zeitschrift, 13, 295–316 u. 370–378.

BROSIN, H.-J. (1965): Hydrographie und Wasserhaushalt der Boddenkette südlich des Darß und Zingst. Veröff. Geophys. Inst. Univ. Leipzig, Ser. 2, Bd. XVIII,3.

CORRENS, M. (1972): Beiträge zur Hydrographie des Kleinen Haffs und des Peenestroms. Diss. A, Berlin.

CORRENS, M. (1979): Der Wasserhaushalt der Bodden- und Haffgewässer der DDR als Grundlage für die weitere Erforschung ihrer Nutzungsfähigkeit zu Trink- und Brauchwasserzwecken. Diss. B, Berlin.

GELLERT, J. F. (1958): Grundzüge der physischen Geographie von Deutschland, I. Bd., Berlin.

GOMOLKA, A. (1987): Untersuchungen über geomorphologische Veränderungen an Boddenküsten in den letzten drei Jahrhunderten unter besonderer Berücksichtigung des Greifswalder Boddens. Diss. B, Greifswald.

GUTH, A. (1989): Untersuchungen zur marinen Geomorphodynamik im Seegebiet Stahlbrode-Palmer Ort. Diss. A, Greifswald.

HAACK, E. (1960): Das Achterwasser. Eine geomorphologische und hydrographische Untersuchung, Berlin.

HURTIG, T. (1954): Die mecklenburgische Boddenlandschft und ihre entwicklungsgeschichtlichen Probleme. Ein Beitrag zur Küstengeschichte der Ostsee, Berlin.

KLIEWE, H. (1969): Die Insel Usedom in ihrer spät- und nacheiszeitlichen Formenentwicklung, Berlin.

KLIEWE, H. (1989): Ostseeküste, mittlerer und östlicher Teil. Landschaften der DDR, Gotha.

KRÜGER, G. (1911): Über Sturmfluten an den deutschen Küsten der westlichen Ostsee mit besonderer Berücksichtigung der Sturmflut vom 30./31. Dezember 1904. 12. Jahresber. Geogr. Ges. Greifwald, 195–294.

LAMPE, R. (1988): Morphodynamisch-lithologische Kennzeichnung und Kartierung ausgewählter Schorrebereiche der inneren Seegewässer der DDR. Diss. B, Greifswald.

LEPS, W. (1934): Salzgehalt und Strömungsverhältnisse in den Binnengewässern Rügens. Jb. Pommersche Geogr. Ges., 51/52, Greifswald, 153–199.

LIPPERT, K. (1989): Untersuchungen zur Veränderung und Bonitierung von Schilfröhrichtvorkommen an den Boddenküsten der DRR. Diss. A, Greifswald.

MÜLLER, W. (1934): Salzgehalts- und Strömungsverhältnisse des Greifswalder Boddens. Mitt. Naturwiss. Verein Neuvorpommern u. Rügen, Greifswald, 61, 3–119.

NIEDERMEYER, R.O., KLIEWE, H., JANKE, W. (1987): Die Ostseeküste zwischen Boltenhagen und Ahlbeck. Ein geologischer und geomorphologischer Überblick mit Exkursionshinweisen, Geogr. Bausteine, N.R., 30, Gotha.

Otto, T. (1913): Der Darß und Zingst. 13. Jb. Geogr. Ges. Greifswald 239–485.
Praesent, H. (1914): Vorläufiger Bericht über die hydrographischen Untersuchungen des geographischen Institutes der Universität im Greifswalder Bodden. 14. Jb. Geogr. Ges. Greifswald.
Reinhard, H. (1953): Der Bock. Entwicklung einer Sandbank zur neuen Ostseeinsel. Ergänzungsheft Nr. 251 zu Petermanns Geogr. Mitt., Gotha.
Reinhard, H. (1956): Küstenveränderungen und Küstenschutz der Insel Hiddensee, Berlin.
Schlungbaum, B. (1978): Komplexe ökologische Untersuchungen an den Darß-Zingster Boddengewässern unter besonderer Berücksichtigung des Nährstoffkreislaufs. Geogr. Ber., 23, 177–189.
Schütze, H. (1931): Die Haken und Nehrungen der Außenküste von Rügen. Jb. Pomersche Geogr. Ges., 49/50., Beiheft I, Greifswald.
Slobodda, S. (1989): Landschaftsökologische Kennzeichnung und Typisierung von Bodden- und Verlandungssaumufern an den inneren Seegewässern der DDR unter Einbeziehung vegetationsökologischer Untersuchungen.– Diss. B, Greifswald.
Voigtland, R. (1984): Biologische und hydrochemische Stoffhaushaltsuntersuchungen in Schilfverlandungszonen. Diss. A, Greifswald.
Wernicke, W. (1930): Die Küste der Insel Usedom und Wollin vom Peenemünder Haken bis zum Swinehöft. Jb. Pommersche Geogr. Ges., 47/48., Beiheft 1, Greifswald.

EAST GERMANY'S OPEN DOOR AT SEA
– CONSEQUENCES FOR MARINE POLICY AND ECONOMY –

Ludwig Scharmann, Hannover (Germany)

ABSTRACT

The shift towards unification of the two German states in October 1990 and the transfer to market orientated economic principles in the former GDR, led to fundamental changes especially in those parts of economy and policy, in which the role of state has been strongly orientated towards ideologically based central planning.

In the former German Democratic Republic (GDR), some branches of the marine economy have belonged to the fields of extremely intensive promotion by state. At first sight, this preference has led to the positive consequence, that their economic importance in toto may be significantly higher than that of the corresponding sectors of economy in the Federal Republic of Germany (as it existed until 1990). This does not seem a matter, of course, because in the GDR the conditions were very disadvantageous at the beginning: as a result of the German division after World War II most sites of the oceanic industry were located in the western part of Germany (similar to the situation of the heavy industries).

Therefore, even in 1958 the GDR had to handle nearly 50 % of the foreign trade traffics via harbours lying outside her own territory including the ports of Hamburg and Szczecin (Stettin). The reasons are evident: East Germany's most important industrial areas are part of the natural hinterland of the ports at the mouth of the rivers Elbe and Oder. Via rivers and canals they are far easier to reach than Rostock seaport, lacking any inland water connection up to now.

Anyway, the harbour extensions to an annual capacity of presently 25 million mt (metric tons), the upbuilding of a merchant fleet and the upspring of the former GDR to one of the major ship building countries (1988 ranking on position 6 in the world with 292,200 GRT, including the world's largest shipyard to specialize on building fishing vessels) are remarkable achievements. Regarding the political aim of all socialist countries, not to be dependent from the West, and due to the latent lack of foreign currencies in the GDR, these achievements perhaps may have been tenable. But on the other hand, these efforts unquestionably have been economized with immense domestic costs.

Thus, looking into the future, the nearly exclusive orientation of the former East Germany's shipbuilding industry towards the Soviet Union will cause a lot of financial problems. But even in the past, the profitableness of East German ship exports to the USSR and to other former COMECON member countries always has been regarded as extremely poor. Furthermore, the ferry-line between Mukran (on

Rügen Island) and Klaipeda/Lithuania, established in 1986 as a response of the communist regime in East Berlin to the political crisis of the socialist sister nation of Poland will turn out to be a miscalculation.

The abandonment of the maxim of economic autonomy of the former GDR is accompanied by a fundamental renewal of industry and commerce. This structural adaptation also refers to fisheries and to offshore production of oil and gas in the Baltic Sea fields, until now jointly operated by the USSR, Poland and East Germany. As all internationally non-competitive sectors, also these branches will be affected in future by unemployment and social severity which are hardly to compensate for the economically very backward areas in the north of the ex-GDR. Even the development of tourism industry at the Baltic Sea coasts between Boltenhagen in the west and Ahlbeck in the east – also a consequence of „East Germany's open door at Sea" – will change this situation only gradually.

ZUSAMMENFASSUNG

Die Folgen des im Herbst 1989 begonnenen Prozesses des gesellschaftlichen Wandels in der ehemaligen DDR sind in ihrer ganzen Dimension noch immer nicht absehbar. Zweifellos aber sind die größten Veränderungen in denjenigen Bereichen zu erwarten, in denen sich staatliches Handeln in der Vergangenheit eher an politisch-ideologischen als an wirtschaftlichen Motiven orientiert hat.

Zu den Bereichen besonders intensiver politischer Förderung in der DDR gehörten auch die Zweige der Meereswirtschaft, mit der – auf den ersten Blick positiven – Folge, daß ihre gesamtökonomische Bedeutung deutlich über der der Bundesrepublik Deutschland liegen dürfte. Dies ist insofern überraschend, als die Ausgangslage in der DDR als Resultat der deutschen Teilung – ähnlich wie in der Schwerindustrie – an sich sehr ungünstig war.

So wickelte die DDR noch 1958 fast die Hälfte ihres Außenhandels über die Häfen Hamburg und Stettin ab, und das aus gutem Grund: von den wichtigsten Industriegebieten der früheren DDR sind Mündungshäfen an Oder und Elbe günstiger zu erreichen als der noch immer ohne Binnenwasseranschluß ausgestattete Seehafen Rostock.

Der Hafenausbau auf eine Jahreskapazität von heute rund 25 Mio. t, der Aufbau einer Handelsflotte und der Aufstieg der DDR zu einem der größten Schiffsproduzenten (1988: Platz 6; bei Fischereifahrzeugen sogar an erster Stelle) sind zweifellos beachtliche Leistungen, die vor dem Hintergrund der Reduzierung politischer Abhängigkeiten und wegen des latenten Devisenmangels der DDR wohl vertretbar gewesen sind. Andererseits sind diese Leistungen aber mit beträchtlichen volkswirtschaftlichen Kosten erkauft worden.

So ist die nahezu ausschließliche Orientierung des ehemaligen DDR-Schiffbaus auf die UdSSR nicht nur mit Blick auf die Zukunft problematisch. Schon in der Vergangenheit wurden immer wieder erhebliche Zweifel an der Rentabilität der Schiffsexporte in die UdSSR laut. Auch die unter dem Eindruck der politischen Krise in Polen 1986 aufgenommene Fährverbindung zwischen Mukran (Rügen) und dem litauischen Klaipeda (Memel) dürfte sich in naher Zukunft als eine Fehlinvestition erweisen.

Der mit der Aufgabe der Maxime ökonomischer Autonomie der Ex-DDR einhergehende strukturelle Anpassungszwang wird sich auch auf die Fischwirtschaft und die gemeinsam mit Polen und der UdSSR betriebene Erdölgewinnung in der Ostsee erstrecken. Wie in allen international nicht konkurrenzfähigen Bereichen sind auch hier damit Arbeitsplatzverluste und soziale Härten verbunden, die im strukturschwachen Norden Ostdeutschlands kaum auszugleichen sind. Hieran dürfte auch der – ebenfalls durch die „Öffnung der DDR zur See" induzierte – Ausbau des Fremdenverkehrs an der Ostsee zwischen Boltenhagen im W und Ahlbeck im E nichts ändern.

1. THE NEW SITUATION IN EAST GERMANY

The peaceful revolution of autumn 1989 has already led to a political changing and to the introduction of marketing principles in East Germany. Regardless of the date of unification of both German States by means of national and international law, these fundamental consequences are already predictable and partly even now perceiveable.

The most profound changings presently are taking place in those sections where in past acting of state and government was strongly oriented to political and ideological motives. This especially applies to marine economy, mainly located at the Baltic Sea coastlands. Since long ocean industries have profited above-the-average by both sectoral and regional investments.

Despite all critisism of the results of East Germany's 40 year-old system of a socialistic planned economy, regional development in the northern parts of the GDR has been quite positive. In contrast to the north-south division within the Federal Republic of Germany (as it existed until 1990), the northern areas of the GDR have shown positive balances since years concerning the inland-migration, being an indicator that living and working conditions are regarded to be well above-the-average. In so far, the regional development of the traditionally low industrialized area of Mecklenburg-Vorpommern is remarkable.

However, these – by East German standards – high social and economic standards in Mecklenburg-Vorpommern are without doubt highly dependent on the development of the marine economy under market conditions. Although it is to consider that the inhomogeneous field of the „maritime oriented" economy branches – just as in the Federal Republic of Germany – are not exactly definable, activities like fisheries, fish processing, shipping, port economy, just as shipbuilding, marine technology and ocean offshore mining are directly dependent on the utilization of the sea. Taking into consideration also services, public management of marine resources, defence and environmental policy, the importance of ocean-related activities for the northern parts of East Germany is evident (WEBER 1959, 92).

2. THE SIGNIFICANCE OF THE MARINE ECONOMY IN THE FORMER GDR

Concerning the indicator ‚employment', the significance of the marine economy in the former GDR was unusually high. In comparison with the Federal Republic of Germany it is remarkable, that – measured in proportion to the population – all mentioned branches of ocean-related activities without exception showed a much higher importance for employment. Moreover, not only the fact itself but also the amount of surpassing the corresponding branches of the Federal Republic of Germany is worthy to note: it generally reached the factor 4 to 5 (see Fig. 1).

Marine Economy in West and East Germany: Employment 1987 (Absolute Figures)

Branch	West Germany	East Germany (GDR)
Deep Sea Fisheries	~1	~3.5
Coastal Fisheries	~2	~5
Fish Processing	~3	~10
Shipping *	~15	~9
Ports	~24	~11
Shipbuilding	~32	~36
Offshore Mining	~2	~2

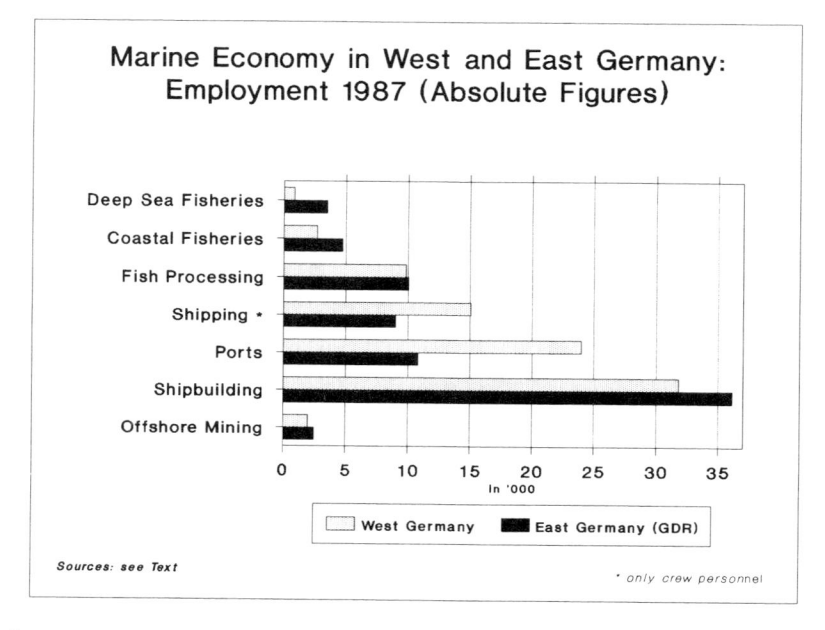

in '000

* only crew personnel

Sources: see Text

Fig. 1

In shipbuilding and fisheries, the total workforce is even about 10 to 12 times higher than in West Germany. This disproportion is of course not only explicable with the lower working productivity in the GDR.

2.1 Fisheries

According to latest available data (AUTORENKOLLEKTIV 1989, 483–484, KRUSE 1990, 98), there are about 16,000 people working in East German fisheries, representing significantly more employees than in the western part of Germany, which is in size about 3.5 times larger. 3,500 employees are engaged in deep-sea fishery (compared to only 921 in West Germany, data of 1988). Besides, it is to consider that sea catches of the GDR were considerably higher than those of the West German deep-sea fishery. Although the former GDR started relatively late in upbuilding her own fishing capacity, production increased continously up to the middle of the 1970's to more than 300,000 mt per year (see Fig. 2). At that time, due to sharp declines in the overall landings large deep-sea fisheries in the Federal Republic of Germany had gone into a phase of structural recession, the second decrease of catches after 1950. The reason for that was the loss of traditional fishing grounds in the Northern Atlantic, especially off the coasts of Iceland. However, also East German deep-sea fishing fleets were not exempted from the general process of loosing traditional fishing areas induced by the law of the sea (SCHARMANN 1989, 323).

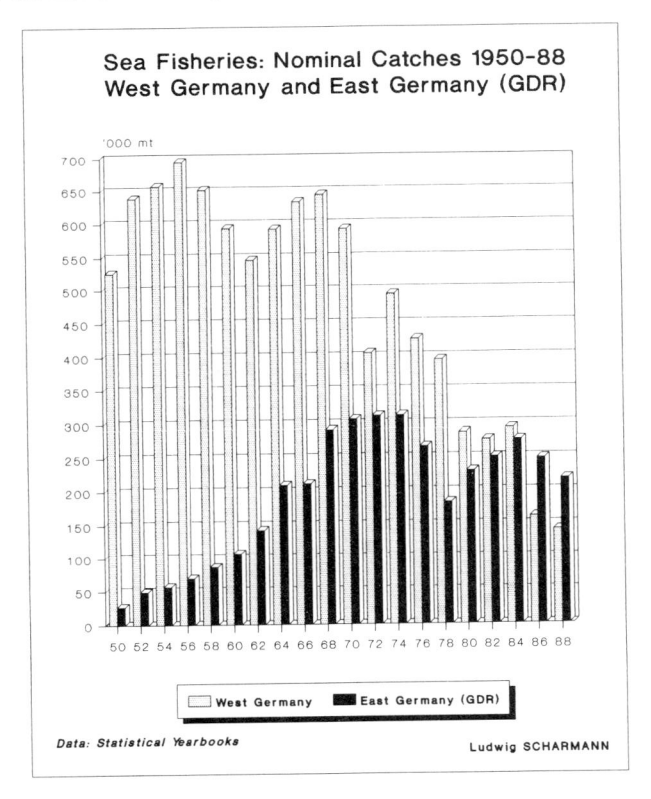

Fig. 2

Even the usage of new areas of the high seas in the Southern Atlantic and Eastern Pacific for the purpose of taking fishery resources has not been able to compensate the loss originating from the Northwestern and Northeastern Atlantic, respectively (see Fig. 3). The reduction of catching capacity never came down to the extent and rate of decline of the deep-sea fishery fleet of the Federal Republic of Germany (FRG). Contemporaneous in the 1980's, the GDR fleet has been modernized step by step by ship-rebuildings. In the past, East German ships have often fished jointly in co-operation with Polish and Soviet vessels, from time to time taking advantage of Soviet supply ships. The exchange of crews happened by aircraft. Regarding the experiences of the FRG's deep-sea fishery and in consideration of the increasing wages – now to be paid in Deutsche Mark – it is doubtful if such a co-operation and exchange of crews is still profitable. Besides, in the future it is supposed that efforts to economic co-operation will transfer from the Eastern Block COMECON members to countries from the European Community (EEC).

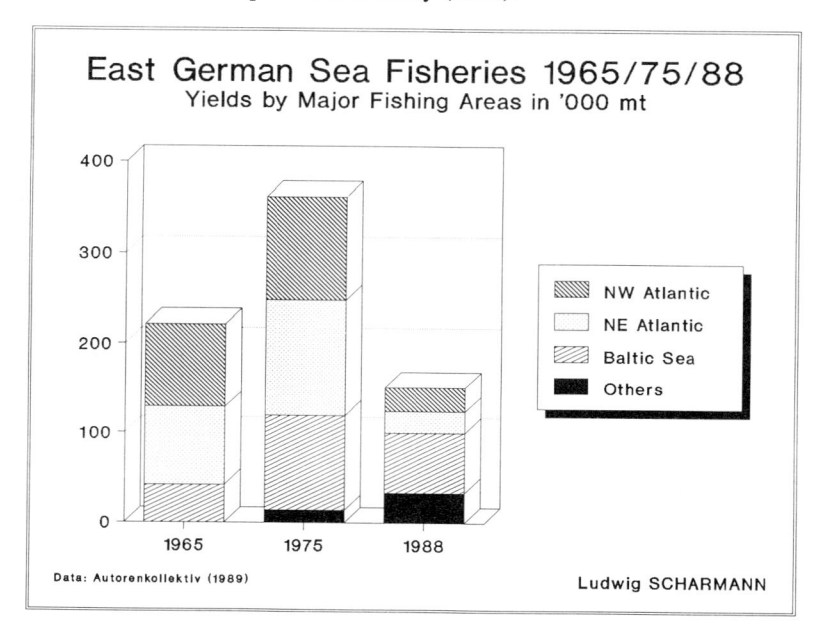

Fig. 3

In this context, the incorporation of East German fishermen into the fishery policy of the European Community has still to be clarified. The survival of the former GDR fleets, operating out of Rostock seaport in future mainly depends on the formulation of the national, respectively European, fishery policy. This will be rather problematic: as the Exclusive Economic Zone of the ex-GDR covers only an area of 8,330 km^2 the increase of the (unified) German „share" within the common fishery zone is marginal. On the other hand, the amount of increase in total catching capacity within the EEC resulting from the incorporation of the GDR fleet is remarkable.

In principle, this applies to the small deep-sea and coastal fisheries as well. Apart from the State owned fishing venture „VEB Fischfang Saßnitz" with about 1,650 employees, additionally more than 3,000 coastal fishermen belong as members to co-operative bodies (RICHTER 1989, 295). Due to the overfished cod and herring resources in the Baltic Sea, neither in the short nor in the medium term, a significant increase of their catches of 24,700 mt or 47,100 mt in 1988, respectively, is unlikely to be possible. In so far there will be no space for an exchange of fishing rights with the other Baltic Sea countries in order to improve new fishing grounds (SCHARMANN 1990, 110).

The only consequence would be a drastic cutdown of fishing capacity, especially in the state owned coastal fleet based at Saßnitz on Rügen island. This applies all the more, since – due to the age of the fleet – this enterprise has made substantial losses even in the past. Without the immense public subsidies for fuel and energy, deficits will increase even more in the future.

In contrast to that, perspectives for the co-operatively organised artisanal fishery seem to be much better. This applies especially to techniques based on passive fishing methods, such as fishing with bow-net, basket, and longline (KRUSE 1990, 99). However, a precondition is the introduction of an efficient resource management on the regional and local level in Mecklenburg-Vorpommern.

From the viewpoint of the consumer markets, East German fishing industry will find no real limitations, as after 40 years of poor supply, especially sales of fresh fish might show very favourable trends in future (see Fig. 4).

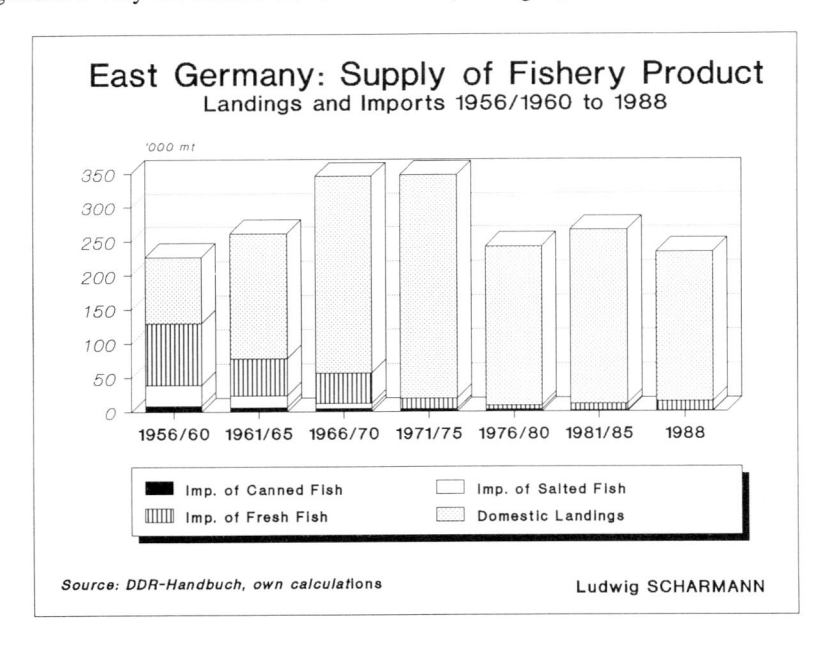

Fig. 4

However, at least as quality standards are concerned, East German fish processing industry could not be regarded as internationally competitive. The reconstruction of the locations and an upgrading of all the facilities in the fishing industry is absolutely necessary. This will be connected with a capital/labour substitution, although the introduction of deep-frozen fish markets, which were virtually non-existent in the GDR, will result in certain positive developments also for employment.

2.2 See Transport

The various sectors of marine shipping and transport since long have been heavily subsidized by the socialist government, as these activities were regarded as important both by economic and by political terms. Motivations like the presence of the ‚national' flag on oceans all over the world and the associated prestige have always played an important role in GDR's marine policy. Anyway, for a country like the GDR, lacking any basis for marine shipping and ports at the end of World War II, developments in sea traffic reached since then were remarkable.

In 1974 all firms engaged in port economy and shipping (exept the ferry traffic) have been incorporated into one single unit, the „VE Kombinat Seeverkehr und Hafenwirtschaft" (Combined Works for Shipping and Ports Economy) at Rostock. More than 27,000 people were employed in this state owned giant, by far more than the total West German shipping industry accounts for.

2.2.1 Shipping Industry

However, it has to be taken into consideration, that only half of the total labourforce was directly affiliated with ocean shipping itself, and only 9,000 of them do belong to crew personnel on board of the ships (AUTORENKOLLEKTIV 1989, 474). In comparision, on ships of the Federal German merchant fleet in 1989 about 15,000 employees were registered.

Analogous to the situation in deep-sea fishing after the end of the war, it is worth to mention the different conditions for the former two German States. Due to immense reparations to the USSR, up to the beginning of the 1960's, the former GDR was not able to build up a substantial domestic shipping fleet, and even the following years have only given very limited space for improving own shipping tonnage. However, since then the East German merchant fleet has increased continuously to more than 1.3 Mio GRT, being neither influenced by the boom in world shipping industry up to the middle of the 1970's nor by its baisse thereafter (see Fig. 5).

Although ships under West German flag accounted for about 4 millions GRT, in 1987 they have carried only 15 % of the seaborne commerce to and from domestic harbours. In contrast to that, the total volume of transport on GDR ships had reached 55 % of the country's in- and outgoing external trade. In other words: the share of foreign flags in their respective seaborne commerce was low in East Germany as compared to the Federal Republic of Germany (85 %).

In principle, a substantially high domestic share of seaborne transport under the own flag is considered positive, as the export of services and/or the saved import of foreign services leads to earnings of foreign currency. However, this is economically vulnerable, if the respective domestic costs in own currency do not exceed the earnings derived from other countries.

Given the lack of foreign exchange and due to the general political maxim of getting any possible money in „hard" currencies, in shipping – like in other sectors of the GDR economy – domestic costs might have been far too high in the past.

Merchant Fleets of West Germany and East Germany 1960-1989 (Gross Tonnage)

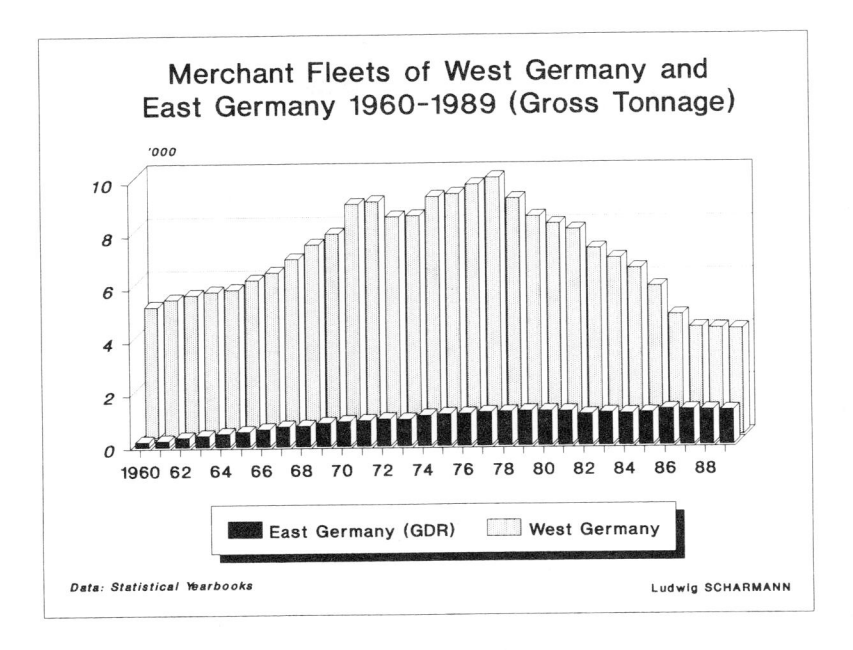

Data: Statistical Yearbooks
Ludwig SCHARMANN

Fig. 5

Generally, most of the COMECON shipping companies including the Rostock shipping liner „Deutrans/Deutsche Seereederei" (DSR) are since long regarded as dumping tariff companies on the international traffic markets. Nevertheless, mainly in the 1970's the DSR had not only invested into a quantitive but also into a qualitative improvement of its fleet, including the aquisitation of special ships from shipyards in Western Europe.

Since the beginning of the 1980's, investments for fleet modernisation have been quite non-existent. Consequently, East Germany has been strongly active in bulk good traffic, but on the other hand the country was unable to take advantage of the more lucrative freight rates in specialized market segments. In comparision with western shipping companies, also the containerisation seems to have been far too low (BIEBIG & LÜSCH 1990, 161).

Under the condition of a market economy these structural deficits in East German shipping will lead to a significant decrease in tonnage and labour. It is expected, that by the end of 1991, the number of freighters will be reduced from 163 to at least 93.

2.2.2 Ports and Port Economies

Until April 1991 the administration of the three active shipping ports of Rostock, Wismar and Stralsund were incorporated into the State owned Combinate Works. By far the most important port was Rostock with about then 5,850 employees on land.

The reconstruction and post-war development of both Rostock city and Rostock harbour without doubt can be seen as two of the few positive examples for regional development in Mecklenburg, where the level of industrialization and urbanization traditionally has been very low. The development of the seaport of Rostock from a small inland harbour before World War II to one of the leading universal ports in Central Europe is imposing. In terms of loaded and unloaded cargo tonnage, in Germany only Hamburg with about 54 million tonnes in 1988 has exceeded the seaport of Rostock (20,4 million tonnes), whereas such important harbours like Lübeck, Bremerhaven or even Bremen with 15 million tonnes all handled substantially smaller amounts of cargo until 1990.

In comparison with the other seaports at the Baltic Sea, also the port of Wismar with about 4 million tonnes in 1988 was by far not small. However, more important than the amount of loaded and unloaded cargo was the concentration on potash exportations from Wismar, where specific transport and storage facilities had been built up. The smallest of the three seaports of East Germany was the harbour of Stralsund, where about 1 million mt of goods are handled annually. In a unified Germany, Stralsund will probably be of increasing importance for inland and transshipping operations, but certainly lose its functions in external trade.

The most critical impediment for the development of all three seaports in East Germany is their missing connection to the inland waterways. Due to the fact that East Germany is not fenced-in anymore, this impediment will bring large parts of the former hinterland under the influence of the ports at the North Sea, which offer by far better inland waterway connections. Under these conditions plans for building a canal connecting the seaport of Rostock in the north with the rivers of Elbe and Havel in the south are without any chance of realisation. Therefore, the railway will retain its major role in harbour traffics, although fundamental improvements in logistics are a conditio sine qua non.

2.2.3 Ferry Traffics

The importance of an efficient transport system to and from the ports applies even more to the ferry harbours of East Germany, as their future as junctions for seaborne traffic across the Baltic Sea seems to be bright. Excellent chances will have the railway-ferry connection between Saßnitz (on Rügen island) and Trelleborg (Sweden), which is under operation since the end of the last century. However, the through-traffic in the small town of Saßnitz is a major problem for any increasing tourism and freight movements. Even more problematic is the capacity of the only fixed link between Rügen island (including Saßnitz) and the mainland, the combined railway and street bridge of „Rügendamm", constructed in 1936. With more than 100 trains and about 21.000 cars per day the capacity of the Rügendamm is totally inadequate, especially in summer.

In contrast to that, the ferry harbour of Warnemünde is well connected both by train and by motorways. The ferry link to Gedser, jointly operated by the Danish and the East German railway companies, is in a position of getting larger market shares in future. However, the organization of the ferry service needs great attention in the interest of speed and efficiency.

Compared with the West German ferry connections from Travemünde and Puttgarden to Scandinavia, East German ferry services have lost their pre-war dominant position (see Fig. 6). In a unified Germany, however, the traditional locational advantages of both Warnemünde and Saßnitz will offer new potential chances for expansion.

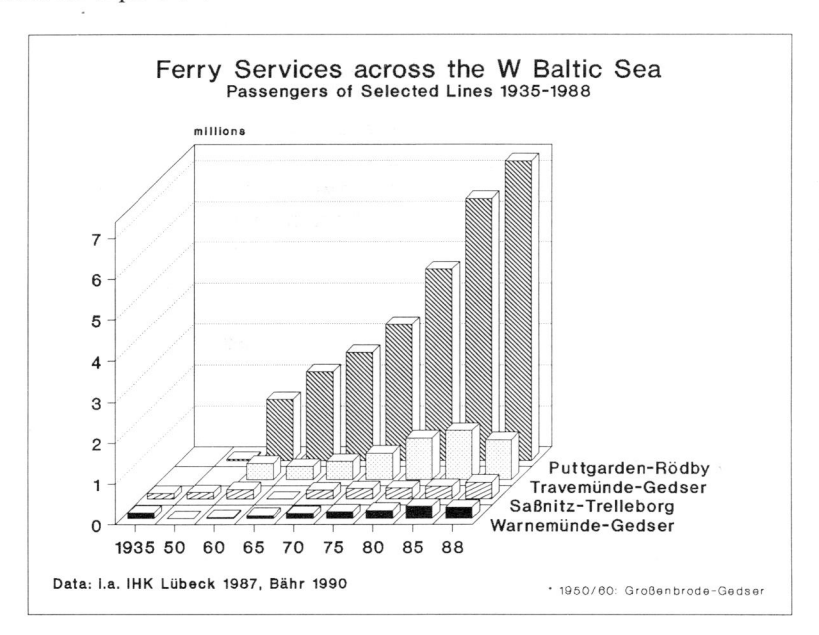

Ferry Services across the W Baltic Sea
Passengers of Selected Lines 1935-1988

Puttgarden-Rödby
Travemünde-Gedser
Saßnitz-Trelleborg
Warnemünde-Gedser

Data: i.a. IHK Lübeck 1987, Bähr 1990   * 1950/60: Großenbrode-Gedser

Fig. 6

This applies also to the latest project in ocean shipping, the opening of a ferry-line between the new port of Mukran (near Saßnitz on Rügen island) and Klaipeda in Lithuania in 1986. The decision to establish a direct link between the former GDR and the USSR was made in 1982, strongly influenced by the political and economic crisis in Poland. But also the hope of saving foreign currency for railway transportations across Poland might have played an important role for both partner countries, East Germany and the USSR.

As far as technical aspects are concerned, it should be mentioned that both partners operated especially designed ships built by „Mathias-Thesen-Weft" shipyard at Wismar. The two decks of these ferry vessels can be loaded and unloaded simultanously, so that stay in harbour usually is less than 4 hours (see Fig. 7). As the ships need only 20 hours for the 507 km of distance, a round trip including time for loading and discharging cargo by using shoreside two deck bridge ramps is possible within 48 hours (IHK Lübeck 1987, 248).

Fig. 7: Ferry Vessel „Mukran" at Mukran Ferry Terminal

At Mukran station, the East German railway company („Deutsche Reichsbahn") is responsible for replacing broad gauge wheel sets (1.52 m) by standard gauge wheel sets. Also large amounts of cargo have to be off-loaded due to the incompatibility of rail transport systems. For these services more than 72 km of rail lines covering an area of 4 km^2 have been built. For construction work of the port basin and the breakwater protection, gearing at the littoral zone has been immensurable.

There are some doubts, whether these investments of aproximately 1 billion marks will ever be amortized. Not only the structure of the external trade with the USSR is not balanced in terms of volume and weight, also the total amount of cargo is far under the calculated figures. The East German partner, the „Deutsche Seereederei" (DSR), consequently has cancelled the order for a third ferry ship, after the cargo of 1.41 million mt handled in 1988 has been even below the transported capacity of the existing two DSR ships (DDR-Seeverkehrsstatistik 1989). Additionally, however, there are still three sister ships of the Lithuanaian Shipping Company in operation which are also not economically utilized.

Anyway, the well developed port facilities at Mukran may in future be used also by shipping companies from Scandinavia and the old West Germany in order to establish new links between the European continent and the Nordic countries (BRYDDA & CROTOGNIO 1990, 227). In so far, it is hoped that investments in infrastructure at Mukran perhaps will be not completely wasted.

2.3 Shipbuilding and Repair Industry

Apart from the economic difficulties of the Mukran ferry services, the technical standard of the ships built at Wismar characterizes the efficiency of East German shipbuilding industries (see Fig. 8). With the exception of a shipyard at Wolgast („VEB Peenewerft") producing military ships, all shipbuilding units in East Germany including most of their suppliers have been part of the state owned „Kombinat Schiffbau" (Combinate Works for Shipbuilding) located at Rostock. Bearing that in mind, it is not surprising, that this company (new name: „Deutsche Maschinen- und Schiffbau AG") with its 55,000 workers employs more people than all shipbuilding companies of the old West Germany together (WILDE 1990, 174).

Fig. 8: Ferry Vessel in Dock at „Warnowwerft" Shipyard at Rostock

Not only the sectoral differentiation of the various parts of this enterprise is remarkable, but also the regional structure of the producing units. For example, the „Elbewerft" shipyard at Boitzenburg, located directly at the border to Schleswig-

Holstein, was responsible for the production of inland cruise ships for the USSR. On the other hand, the „Volkswerft" shipyard of Stralsund was highly specialized on the construction of fishing vessels, being perhaps the world's largest shipyard of its kind.

The most important enterprises of East Germany's shipbuilding and repair industry, however, are located adjacent to the seaport of Rostock (see Fig. 9). Although the shipbuilding industry in general also suffers the same problems of East Germany's economy developed under socialist conditions, the potential chances for the future can be seen as comparatively positive. This includes also the introduction of a necessary policy of sectoral diversification towards marine technology and offshore oil and gas equipment and services.

2.4 Marine Resources and Marine Technology

The industrial marine technology, which represents one of the few expanding branches in the coastal region of the old Federal Republic of Germany, was hardly developed in East Germany or in other former COMECON countries. This is demonstrated by the fact that the exploration and exploitation venture „Petrobaltic", jointly managed by the USSR, Poland and East Germany, had to buy most of the necessary technical installations, as e.g. the production and processing platform for oil and gas, from Dutch „Velrome Dock and Shipbuilding" of Rotterdam.

Fig. 9: „Warnowwerft" Shipyard at Rostock-Warnemünde

The hope that larger offshore oil and gas fields might be developed in the Baltic Sea could not be realized up to the present. This is probably the reason why the three affiliated countries decided to liquidate the „Petrobaltic" by the end of 1991. At present however, the production for oil conveying in the Pommeranian Bay near Swinouscie (Swinemünde) is still continued.

Considerably more economic importance has to be ascribed to the extraction of minerals within the coastal and offshore areas. About 3 to 3.5 million square meters of shingle are produced annually by the state owned enterprise „Bagger-, Bugsier- und Bergungsreederei" (Dredging and Towage Operation and Salvage Company), even operating within the Danish continental shelf area. The extracted mineral resources are added as building material and also utilized for reclaiming operations for the cultivation of fallows and for widening strands.

2.5 Coastal Tourism

Coastal protection also serves the tourism at the Baltic Sea, which is positively influenced by a polymorphic coast and favourable natural sites, including wide beaches. Until the opening of the „iron curtain", the region between Boltenhagen in the west and Ahlbeck in the east has been frequented by more than 3.5 million tourists per year, with only an unsignificant quota of foreigners.

Tourism in the Baltic Sea region has a long-standing tradition. Heiligendamm, for instance, has been the very first seaside resort in Germany, even before the well known seaside resorts at the North Sea have been established. However, the tourist standard was not maintained under the economic conditions of a socialistic system. Camping tourism and unionist or firm dependent holiday homes became predominant, whereas hotels and boarding houses of western standard hardly exist at present.

Hence the question arises, whether, due to the building activities which are necessary in order to create additional housing and lodging capacity, tourism will become the principal landscape shaping element in the area of the Baltic Sea littoral of Mecklenburg-Vorpommern. The supplementary demand from Berlin and the old Federal German region as well as from Western and Nothern Europe should at all events offer new possibilities for employment. This is of great importance with regard to the forseeable reduction of jobs in the other ranges of the marine economy.

REFERENCES

AUTORENKOLLEKTIV (1989): Die Seewirtschaft der DDR. In: Seewirtschaft, 21: 471–484.

BÄHR, J. (1990): Entwicklung des Fährverkehrs in den schleswig-holsteinischen Ostseehäfen. In: Geographische Rundschau, 42: 292–296.

BIEBIG, P. & J. LÜSCH (1990): 30 Jahre Überseehafen Rostock – Probleme und Perspektiven. In: Seewirtschaft, 22: 160–163.

BRYDDA, H. & A. CROTOGNIO (1990): Der Fährhafen Mukran auf Rügen (DDR). In: Hansa-Schiffahrt-Schiffbau-Hafen, 127: 224–227.

BUNDESMINISTERIUM FÜR INNERDEUTSCHE BEZIEHUNGEN (ed.) (1987): Materialien zum Bericht zur Lage der Nation im geteilten Deutschland 1987. Bonn.
BUNDESMINISTERIUM FÜR INNERDEUTSCHE BEZIEHUNGEN (ed.) (1985): DDR-Handbuch. 3rd edn. Verlag Wissenschaft und Politik, Köln.
DDR-SEEVERKEHRSSTATISTIK 1989 (1990). In: Seewirtschaft 22, 110 pp.
HAGEL, J. (1957): Auswirkungen der Teilung Deutschlands auf die deutschen Seehäfen. Marburger Geographische Schriften, 9, Marburg.
INDUSTRIE- UND HANDELSKAMMER ZU LÜBECK (ed.) (1987): Verkehrsmarkt Ostsee. Lübeck.
KRUSE, W. (1990): Entwicklung des Fischfangs in der Fischereizone der DDR und Anteil passiver Fangmethoden. In: Seewirtschaft, 22: 98–100.
RICHTER, U. (1989): Energiesparende und bestandsschonende Fangverfahren für die See- und Küstenfischerei der DDR. In: Seewirtschaft, 21: 295–299.
SCHARMANN, L. (1989): Meerespolitik für die Ostsee. Nationale und multilaterale Ansätze. In: Essener Geographische Arbeiten, 17: 309–329.
SCHARMANN, L. (1990): Meerespolitik für die Ostsee. In: INFA (Informationen über die Fischwirtschaft des Auslandes), 40 (3): 109–114, Hamburg.
SCHARMANN, L. & W. TIETZE (1990): Further Remarks on the Central European Transportation Networks. In: Geo Journal 22.2: 195–203.
STATISTISCHES JAHRBUCH DER BUNDESREPUBLIK DEUTSCHLAND, div. Vol. Statistisches Bundesamt (ed.), Metzler-Poeschel, Stuttgart.
STATISTISCHES JAHRBUCH DER DEUTSCHEN DEMOKRATISCHEN REPUBLIK, div. Vol. Staatliche Zentralverwaltung für Statistik (ed.), Dietz-Verlag, Berlin.
WEBER, E. (1959): Der Schiffs- und Warenverkehr der vier Seehäfen Wismar, Rostock-Warnemünde, Stralsund und Saßnitz der Deutschen Demokratischen Republik in neuerer Zeit. In: Wissenschaftliche Zeitschrift der Ernst Moritz Arndt-Universität Greifswald, 8/1–2: 91–117.
WILDE, C. (1990): Reform der Seewirtschaft und des Schiffbaus in der DDR. In: Hansa-Schiffahrt-Schiffbau-Hafen, 127: 171–175.

DIE SEESPIEGELSCHWANKUNGEN DES KASPISCHEN MEERES UND IHRE MÖGLICHEN URSACHEN

M. Gutman, Berlin

1. EINLEITUNG

1.1 Problemstellung und Zielsetzung

Bei abflußlosen Seen lassen sich drei Typen der Seespiegelschwankungen unterscheiden: die kurzzeitigen, die saisonal oder jahreszeitlich bedingten und die vieljährigen.

In dieser Arbeit werden die Ursachen der vieljährigen Seespiegelschwankungen des Kaspischen Meeres untersucht. Die vieljährigen Spiegelschwankungen unterliegen keiner erkennbaren Gesetzmäßigkeit. Sie können durch folgende 3 Faktorenkomplexe verursacht werden:

a) klimatische Veränderungen (thermisch, hydrisch) über der Seeoberfläche und damit ein veränderter Evaporations- und Niederschlagshaushalt;
b) Änderungen im Abflußverhalten der Flüsse (diese Änderungen können durch Schwankungen abflußrelevanter Klimafaktoren im Einzugsgebiet oder aber durch anthropogene Eingriffe in den Wasserhaushalt verursacht werden);
c) Tektonik.

Untersucht wird, welche Rolle die einzelnen Wasserhaushaltselemente bei den Ursachen der vieljährigen Schwankungen des Seespiegels spielen. Zu klären ist, welche Bedeutung den rezenten Klimafluktuationen im Einzugsgebiet des Kaspischen Meeres sowie den anthropogenen Eingriffen zugewiesen werden kann. Der Schwerpunkt der Untersuchung liegt auf den Ursachen der Seespiegelschwankungen im 20. Jh.

Ausgangspunkt der Betrachtung ist die Beschreibung der Seespiegelkurve. Seit 1830 wird der Seespiegel in Pegeln regelmäßig gemessen. Abb. 1 charakterisiert die vieljährigen Spiegelschwankungen des Kaspischen Meeres während des Zeitraumes 1830–1987.

Generell kann eine regressive Entwicklung festgestellt werden. In sich ist der Seespiegelgang in mehrere charakteristische Phasen gegliedert, die auch transgressive Tendenzen aufweisen können. Die Seespiegelhöhe der Jahre vor 1930 wird dabei aber nicht erreicht. Insgesamt ist der Seespiegel seit 1830 bis 1987 um 2,29 m gefallen (KOSAREV & MAKAROVA 1988).

Phase I (1830–1929) ist durch ein relativ stabiles Niveau bei durchschnittlich –25,83 m BS (= below sea level = unter dem Bezugsnull) und eine mittlere Schwankungsamplitude von 1 m charakterisiert. Während *Phase II* (1930–1941) fand der steilste Seespiegelabfall während des gesamten instrumentellen Beobachtungszeitraumes um 1,77 m – von –26,07 m BS (1929) auf –27,84 m BS (1941) – statt. 1938/39 erfolgte der maximale Seespiegelabfall um 30 cm. *Phase III* (1942–1969) ist durch eine kontinuierliche, aber verlangsamte Seespiegelerniedrigung in den 40–50er Jahren charakterisiert. 1956 lag der Seespiegel auf einem 2,5 m niedrigerem Niveau als 1929. *Phase IV* (1970–1977) zeichnet sich durch eine „erneute rapide Seespiegelabsenkung bis –29,00 m BS im Jahre 1977 aus. Das ist das niedrigste Niveau nicht nur während des gesamten Zeitraumes der instrumentellen Beobachtung, sondern auch für die letzten 400–500 Jahre" (KOSAREV u.a. 1988, 21; Übersetzungen aus dem Russischen jeweils von der Autorin).

Ab 1978 bis zur Gegenwart läßt sich eine transgressive Phase (Phase V) beobachten. Dabei setzte ein schneller Niveauanstieg ein, der die 1 m Amplitude bereits überschritten hat (1987 bei –27,88 m BS). Die mittlere Geschwindigkeit des Niveauanstiegs beträgt 12 cm/a. Diese jüngste transgressive Tendenz wird aber in den neuesten deutschsprachigen Publikationen nicht berücksichtigt. Hier ist von einer immer noch anhaltenden „Austrocknung der Landmassen" die Rede (WILHELM 1987, 141).

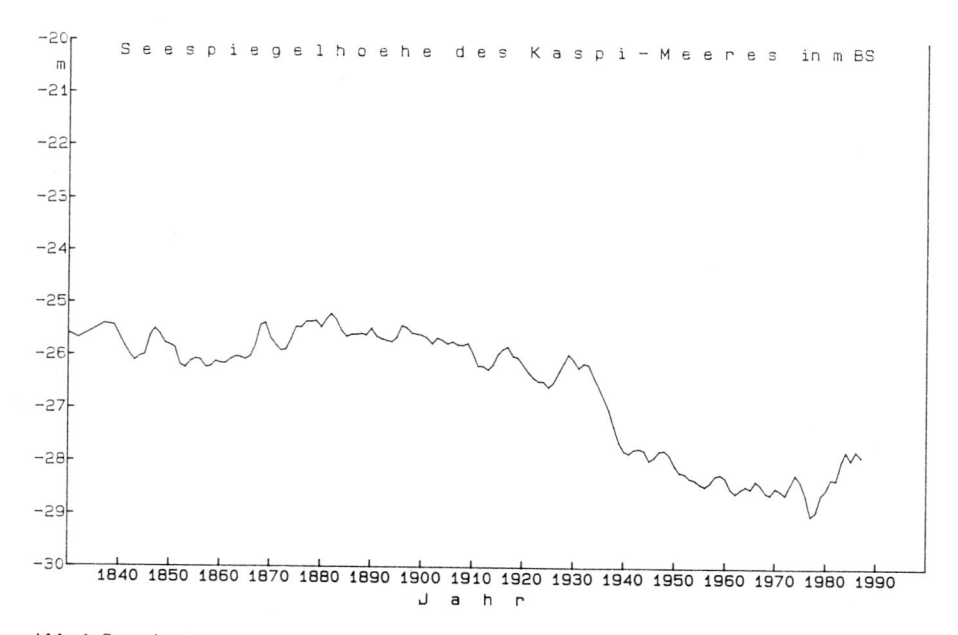

Abb. 1: Seespiegel des Kaspischen Meeres (1830–1987)
Datengrundlage: KRICKIJ/KORENISTOV/RATKOVIC (1975), u.a.

1.2 Vorstellung der Methoden

Ausgangspunkt der Untersuchung ist der Wasserhaushalt des Kaspischen Meeres. Die einzelnen Wasserhaushaltselemente werden einem Mittelwertvergleich und dem Trendtest nach Cox und STUART unterzogen.

Da von der Hypothese ausgegangen wird, daß die Oberflächenzuflüsse (primär die WOLGA) den Wasserhaushalt entscheidend beeinflussen, bietet sich zur Beantwortung der Frage nach den natürlichen Ursachen der Seespiegelschwankungen eine Betrachtung der Schwankungen abflußrelevanter Klimaparameter im Einzugsgebiet des Kaspischen Meeres an.

Für die Auswertung der seespiegelrelevanten Klimaparameter wurden folgende zehn Klimastationen aus dem Einzugsgebiet des Kaspischen Meeres ausgwählt: Velikie Luki, Vologda, Kirov, Kazan, Moskva, Saratov, Astrachan, Gur'ev, FT. Sevcenko, Krasnovodsk. Dabei befinden sich die ersten sieben Klimastationen im Einzugsgebiet der Wolga (Astrachan unmittelbar am Kaspischen Meer gelegen), die drei zuletzt genannten sind Küstenstationen und repräsentieren die klimatischen Gegebenheiten in unmittelbarer Umgebung des Sees. Erfaßt wurden die Zeiträume 1921–1950 sowie 1958–1987 (WORLD WEATHER RECORDS und MONTHLY CLIMATIC DATA FOR THE WORLD). Statistisch ausgewertet wurden als mittlere Monatswerte die Klimaparameter Lufttemperatur (t) in °C und Monatsmenge des Niederschlages (N) in mm.

2. NATURRÄUMLICHE GEGEBENHEITEN DES UNTERSUCHUNGSRAUMES

2.1 Lage und morphometrische Charakteristik des Kaspischen Meeres

Das Kaspische Meer ist der größte See der Erde. Es handelt sich um ein intrakontinentales abflußloses Becken, das nahezu vollständig im ariden Raum innerhalb des größten Binnenentwässerungsgebietes der UdSSR liegt. Seine Gesamtwasserfläche von 378.000 km² (1986 bei –27,82 m BS) macht 18 % der Wasserfläche aller Seen aus. Mit einer Seespiegelhöhe von –27,88 m BS (1987) stellt es eine Kryptodepression dar.

Die Tiefenverhältnisse des im Mittel 200 m tiefen Sees sind heterogen. Der Nordteil stellt eine seichte Überflutung der Kaspischen Niederung dar. Im Mittelbecken werden Tiefen von 192 m erreicht. Der Südteil ist ein Einbruchbecken, welches im Südkaspischen Trog Tiefen von bis zum 1025 m erreicht.

Eine Eigentümlichkeit des Kaspischen Meeres ist, daß der Endsee in Wirklichkeit einen Abfluß besitzt. Er gibt ständig Wasser in die an der Ostküste nördlich von Krasnovodsk gelegene größte Bucht ab, den Kara-Bogaz-Gol. Der Flachsee mit einer mittleren Wassertiefe von 3–4 m ist (unter natürlichen Bedingungen) nur mit dem Meer verbunden. Bis 1930, als der Seespiegel des Meeres sich durch eine relative Stabilität auszeichnete, schwankte die Fläche des Golfes zwischen 18.000–19.000 km². Nach DZENS-LITOVSKIJ (1961, 37) erreichte die Fläche Anfang der 60er Jahre eine Größe von 10.000 km², die Maximaltiefen verringerten sich von 13 m auf bis zu 3 m.

Der seit den 30er Jahren des 20. Jahrhunderts bis 1977 dauernde Seespiegelabfall hatte Auswirkungen auf die Morphometrie des Kaspischen Meeres. Die gravierendsten Veränderungen fanden im nordkaspischen Flachseebereich statt: betrug die mittlere Tiefe hier vor 1929 6,1 m, so verringerte sie sich bis 1960 auf 5,4 m (BOBROV 1961, 49). Die Regression betrug im flachen Nordteil durchschnittlich 25–30 km.

2.2 Klima des Einzugsgebietes

Aufgrund der im Einzugsgebiet von Norden nach Süden abnehmenden jährlichen Niederschlagsmenge bei gleichzeitig steigender Strahlungsbilanz liegt das Kaspische Meer innerhalb eines weitgehend ariden Raumes. Unterhalb von Wolgograd, d.h. innerhalb des semiariden bzw. ariden Gebietes ist die Wolga ein Fremdlingsfluß (vgl. auch Tab. 4).

3. WASSERHAUSHALT DES KASPISCHEN MEERES

3.1 Elemente der Wasserbilanz

Innerhalb der Wasserhaushaltsuntersuchung ist zunächst zu klären, welche Wasserhaushaltselemente die Hauptrolle im Einnahme- bzw. Ausgabeteil spielen. Anschließend wird untersucht, ob Konvergenzen zwischen den Schwankungen einzelner Wasserhaushaltselemente und den Seespiegelschwankungen bestehen.

Jährliche Mittelwerte der einzelnen Wasserhaushaltselemente liegen für den Zeitraum 1847–1965 bzw. 1969 vor. Die Ursachen der Spiegelschwankungen der 70er Jahre und die seit dem Ende der 70er Jahre zu beobachtende transgressive Tendenz können daher nicht aus dem Wasserhaushalt abgeleitet werden. Auf ihre möglichen Ursachen kann damit nur indirekt, durch Auswertung der Temperatur- und Niederschlagswerte der vier Küstenstationen sowie der übrigen Klimastationen geschlossen werden.

Tab. 1 informiert über die vieljährigen prozentualen Mittelwerte der einzelnen Wasserhaushaltselemente (1847–1965). Dabei deutet die unausgewogene Bilanz mit einem Defizit von 25 mm/a auf ein regressives Verhalten des Seespiegels hin. Die Dominanz der Evaporation gegenüber dem Niederschlag auf die Wasserfläche ist ein Ausdruck der Lage des Kaspischen Meeres im überwiegend ariden Raum. Deutlich wird, daß die Oberflächenzuflüsse mit 80 % die wichtigste Einnahmegröße darstellen.

Im folgenden wird das Wasserhaushaltselement „Oberflächenzufluß" in seine einzelnen Zuflußanteile quantitiv differenziert (Tab. 2). Alle Angaben beziehen sich auf Abflußmessungen an den Pegeln in der jeweiligen Mündungsnähe. Die zur Verfügung stehenden Daten einzelner Zuflüsse wurden in drei Phasen (I, II, III) eingeteilt, wobei sich ihre Einteilung nach den typischen Phasen der Seespiegelentwicklung richtete.

Die Aufstellung verdeutlicht, daß die Anteile der einzelnen Abflüsse am summarischen Oberflächenzufluß heterogen sind. Die Wolga ist mit nahezu 82 % der wichtigste Oberflächenzufluß. Die übrigen Oberflächenzuflüsse spielen dagegen eine weniger bedeutende Rolle und werden im weiteren nicht berücksichtigt. Damit liegt die Vermutung nahe, daß die Seespiegelschwankungen von dem Wolgazufluß entscheidend gesteuert werden. Anhand von Abb. 2 wird deutlich, daß die Seespiegelentwicklung und die Abflußschwankungen der Wolga in einer direkten Beziehung zueinander stehen. Die Konvergenz zwischen Wolgazufluß und Seespiegelhöhe ist besonders in den 30er Jahren des 20. Jh. augenfällig.

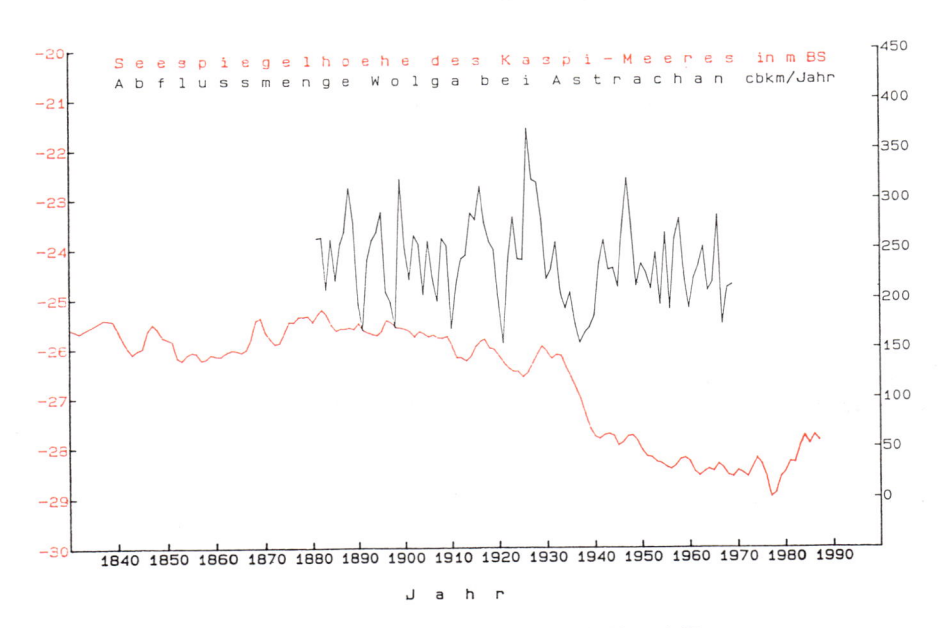

Abb. 2: Wolgazufluß und Seespiegel des Kaspischen Meeres (1881–1969)
Datengrundlage: KRICKIJ/KORENISTOV/RATKOVIC (1975), u.a.

3.1.1 Oberflächenzuflüsse

Aus Tab. 3 geht hervor, daß die Gesamtsumme der Oberflächenzuflüsse während Phase I 304,5 km^3/a betrug und in der darauffolgenden Phase um 17 % abnahm. Dabei erreichte der Wolgazufluß in Phase I 249 km^3/a. In Phase II schließlich, die durch einen rapiden Seespiegelabfall um 1,83 m gekennzeichnet war, verringerte sich der Wolgazufluß auf 199,5 km^3/a oder 80 % der vieljährigen Norm. Die negativen Abweichungen innerhalb einzelner Jahre von Phase II waren noch größer. Zwischen 1936 und 1939 sank der Wolgazufluß auf 166,5 km^3/a oder 67 % des Normwertes ab. Im Jahre 1937 erreichte der Wolgazufluß dabei seinen Minimalwert von 155 km^3/a, was 62 % der vieljährigen Norm entspricht.

In Phase III schließlich ist eine Erhöhung des Wolgazuflusses auf 234 km³/a oder 94 % der vieljährigen Norm festzustellen. Die Seespiegelabsenkung der 70er Jahre ist nach KOSAREV & MAKAROVA (1988,23) vor allem auf eine Verringerung des Wolgazuflusses bis auf 160 km³ im Jahre 1975 zurückzuführen. Seit 1978 hat sich der summarische Oberflächenzufluß erhöht, was den Seespiegelanstieg seit 1978 bewirkte (Phase V).

3.1.2 Niederschläge auf die Seeoberfläche und Evaporation

Die Niederschlags- und Evaporationsschwankungen stehen in keinem erkennbaren Zusammenhang zu den Seespiegelschwankungen.

Die vieljährige Niederschlagsvariabilität ist äußerst gering. Der Mittelwert beträgt 194 mm/a. Er verringert sich auf 189 mm/a oder 97 % während der Phase rapider Seespiegelabsenkung (Phase II). Generell ist also eine leicht abnehmende Tendenz der vieljährigen Niederschläge vorhanden, der aber eine untergeordnete Rolle bei den Ursachen der Seespiegelschwankungen zukommt (Tab. 4).

Die Evaporationsschwankungen sind im Vergleich zu anderen Wasserhaushaltselementen am geringsten. Gegenüber der Standardperiode (Phase I) erhöhte sich die Evaporationsmenge um 2 % (Phase III), was zusammen mit der Niederschlagsverringerung auf eine Erwärmung des sowjetischen Trockenraumes hindeuten könnte. Dies muß anhand der Jahresmittelwerte der Temperaturdaten der Küstenstationen überprüft werden.

Dazu wurde der Zeitraum 1958–1987 in zwei Perioden unterteilt (1958–1977 und 1978–1987). Für drei Küstenstationen ist eine Abnahme der Jahresmittelwerte der Temperatur feststellbar. Für die Station Astrachan beträgt die Abnahme der Jahresmittelwerte 0,1 °C; für Gur'ev 0,2 °C und für Krasnovodsk 0,4 °C. Dagegen hat sich die Jahresmitteltemperatur für die Station FT. Sevcenko um 0,8 °C erhöht. Da die Aufnahmefähigkeit für Wasserdampf exponentiell mit der Lufttemperatur steigt, ist bei einem Rückgang der mittleren Jahrestemperaturen auch eine Verringerung der Evaporationsmenge denkbar (vorausgesetzt, daß die übrigen meteorologischen Einflußfaktoren konstant bleiben). Diese negative Verschiebung im Evaporationshaushalt dürfte aber aufgrund der geringen Abnahme der Lufttemperatur unbedeutend sein.

3.1.3 Abfluß in den Kara-Bogaz-Gol

Der Abfluß in den Kara-Bogaz-Gol richtet sich unter natürlichen Bedingungen nach dem Seespiegelniveau des Kaspischen Meeres. Bis zum Beginn der 30er Jahre betrug der Abfluß teilweise über 20 km³/a. Signifkant ist die mit der Seespiegelabsenkung der 30er Jahre verbundene Abflußverminderung auf durchschnittlich 12,4 km³/a (Tab. 5). Bis 1979 ist eine Parallelität zwischen dem Seespiegelniveau des Kaspischen Meeres – unter natürlichen Verhältnissen – und dem Abfluß in den Kara-Bogaz-Gol vorhanden.

Ab 1980 wird die Parallelität durch einen anthropogenen Eingriff unterbrochen. Vor dem Hintergrund des bis 1977 auf –29,00 m BS gefallenen Seespiegels wurde der Kara-Bogaz-Gol vom Kaspischen Meer im Frühjahr 1980 abgetrennt: „Ein Damm schützt das Kaspische Meer. Das Absinken des Wasserspiegels soll aufgehalten werden." (FAZ (= Frankfurter Allgemeine Zeitung) vom 18.6.1980) Doch bereits 1983 sprach die FAZ (23.3.1983) von einer „Ökologischen Fehlplanung am Kaspischen Meer": „Inzwischen ist die Wasserfläche im Golf auf 6.000 Quadratkilometer zurückgegangen... Die Trockenlegung hat ... nachteilige Folgen für die Landwirtschaft. So befürchten Ökologen, daß nach einem weiteren Austrocknen des Golfbeckens das zurückbleibende Salz Hunderte von Kilometern in das Landesinnere geweht würde und fruchtbare Böden zerstören könnte".

Die Absperrung des Golfes im Jahre 1980 kann nicht als ein auslösender Faktor des Seespiegelanstiegs betrachtet werden, da dieser bereits 1978, d.h. zwei Jahre vor der Errichtung des Dammes einsetzte. Durch die Absperrung des Golfes und darauf anschließend kontrollierter Wasserzufuhr konnte aber der, durch andere Ursachen bedingte, Seespiegelanstieg unterstützt werden.

3.2. Wasserbilanz

Im folgenden wird die Wasserbilanz für den Zeitraum 1847–1965 anhand von Abb. 3 diskutiert.

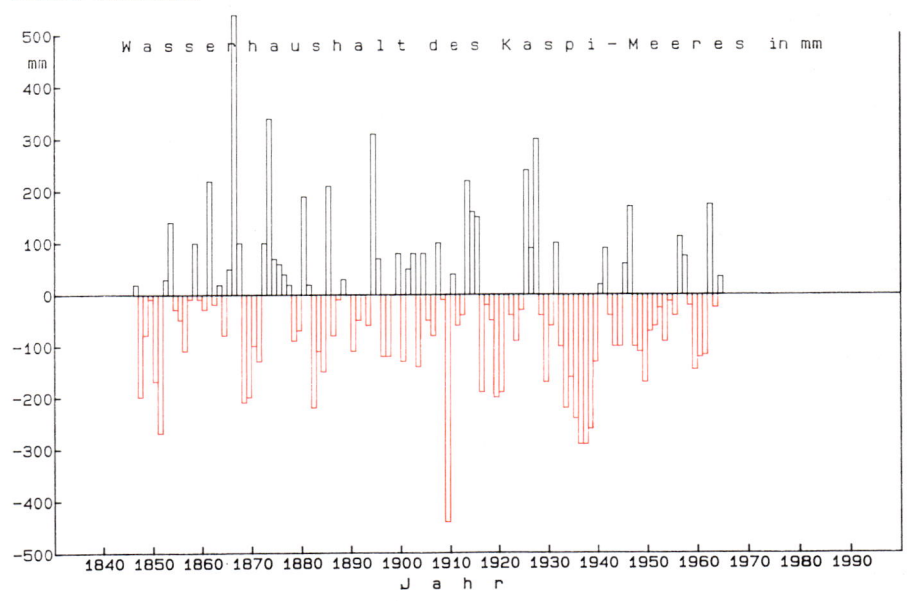

Abb. 3: Wasserbilanz des Kaspischen Meeres (1847–1965)
Datengrundlage: REMIZOVA (1969)

Ein Vergleich von Abb. 3 (Wasserhaushalt des Kaspischen Meeres) mit Abb. 1 (Seespiegelhöhe) ergibt folgendes: Bis 1929 zeichnet sich kein Trend in der Wasserbilanz ab. Jahre mit positiver und solche mit negativer Bilanz wechseln einander ab, so daß der Seespiegel auf einem relativ stabilen Niveau von −25,83 m BS verweilt. Der erste Einbruch, der eine fortgesetzte Reihe von Jahren mit negativen Bilanzen einleitet, ist 1930 zu verzeichnen. Ab diesem Jahr ist ein negativer Trend der Bilanzen verbunden mit einem signifikant negativen Trend der Seespiegelentwicklung festzustellen. Innerhalb des Zeitraumes 1930–1941 stehen dabei 10 Jahre mit negativen Bilanzen lediglich zwei Jahren mit positiven Bilanzen gegenüber. Das Wasserbilanzdefizit für diesen Zeitraum wird von Kosarev & Makarova (1988, 22 f.) auf ca. 62 km^3/a geschätzt. Das entspricht einer mittleren Wasserschicht von 15,8 cm/a (bei einer mittleren Seefläche von 392.000 km^2). Ab 1942 verlangsamt sich der Trend der negativen Bilanzen.

Abb. 3 zeigt, daß nur eine Reihe von aufeinanderfolgenden Jahren mit negativen bzw. positiven Bilanzen einen Trend in der Seespiegelentwicklung bewirken. Die festgestellte konvergente Entwicklung zwischen der Wasserbilanz und den Seespiegelschwankungen läßt darauf schließen, daß der Seespiegel primär über seinen Wasserhaushalt gesteuert wird.

4. ANTHROPOGENE EINGRIFFE IN DEN WASSERHAUSHALT

Dem antrhopogenen Ursachenkomplex wurde in der Öffentlichkeit in den 70er Jahren eine große Aufmerksamkeit gewidmet. Von einigen Autoren wurde der anthropogene Ursachenkomplex als die Primärursache der Seespiegelregression bis 1977 bewertet. „Seit 1940 ... ist der Wasserhaushalt des Kaspischen Meeres durch den Einfluß des Menschen so umgewandelt, daß heute die natürlichen Faktoren immer mehr hinter den menschlichen zurücktreten" (Ehlers 1971, 248).

Im folgenden werden die anthropogenen Eingriffe in den Wasserhaushalt im einzelnen quantitativ untersucht und ihre Bilanzwirksamkeit ermittelt. Da die Wolga über 80 % des Oberflächenzuflusses stellt, haben die anthropogenen Eingriffe in den Wasserhaushalt der Wolga auch den größten Einfluß auf die Menge des summarischen Oberflächenzuflusses.

4.1 Errichtung des Wolga-Kama-Stauseesystems

Von dem gesamten hydrotechnischen Maßnahmenkatalog zur Umgestaltung der Wolga ist die Anlage großer Staubecken für die Abflußreduzierung bedeutsam. Die Umgestaltung der Wolga begann in der zweiten Hälfte der 30er Jahre, wobei das Auffüllen des Wolga-Kama-Stauseesystems 22 Jahre gedauert hat (Pachamov 1976, 69). Die flächenmäßig bedeutendsten Staubecken sind die bei Kujbisev und Volgograd. Insgesamt sind mit der Verwirklichung des „Wolgaplanes" an der Wolga sieben und an der Kama drei Staustufen entstanden.

Das Gesamtvolumen der Staubecken entspricht mit 161 km³ 65 % des vieljährigen Mittels des Wolgaabflusses bei Astrachan. Dabei war der jährliche Abflußverlust mit 114 km³ in der Periode 1955–1960 als Folge der Auffüllung des Kama-Stausees und der Stauseen von Gorkij, Kujbysev und Volgograd mit 19 km³/a am höchsten (ZIMM & MARKUSE 1979, 33).

Ein Vergleich der Literaturangaben über die jährliche mittlere Abflußhöhe der Wolga bei Astrachan zeigt, daß der Abflußmittelwert während der Periode 1955–1960 235 km³/a betrug und damit 94 % der vieljährigen Norm erreichte (KRICKIJ et al. 1975, 139). Während des Zeitraumes 1881–1929 wird dabei der Wert von 249 km³/a als durchschnittliche Zuflußnorm angenommen. Die oben genannte Abweichung kann durchaus mit natürlichen Niederschlagsschwankungen im Einzugsgebiet erklärt werden. Innerhalb dieser Periode deuten aber einige Jahre auf die Möglichkeit einer anthropogen bedingten Abflußminderung hin. So betrug der Wolgazufluß in das Kaspische Meer 1956 196 km³/a oder 78 % der vieljährigen Norm (249 km³/a), was als Folge der Auffüllung des Kujbysev-Stausees interpretiert werden kann.

Vergleicht man damit den jährlichen mittleren Seespiegel während dieses Zeitraumes bis 1965, so wird deutlich, daß dieser keine bedeutende Absenkung aufweist. Daraus kann gefolgert werden, daß keine unmittelbare Beziehung zwischen der Wasserentnahme für die Auffüllung der Wolga-Kama-Stauseen und dem mittleren jährlichen Seespiegelniveau besteht.

4.2 Anthropogene Wasserentnahme

Am stärksten beeinflußt die Wasserentnahme für Irrigationsmaßnahmen den Oberflächenzufluß, die mehr als 60 % der gesamten Wasserentnahme ausmacht. Der überwiegende Teil der in anderen Wirtschaftszweigen genutzten Wassermenge wird dem Wasserkreislauf als Abwasser wieder zugeführt. Der größte Teil des für die Bewässerung verwendeten Wassers wird dagegen durch Evapotranspirationsverluste, als Folge einer vermehrten Pflanzenmasse, dem unmittelbaren Abfluß entzogen (ZABEL 1977, 7). Insgesamt betrug die Wasserentnahme aus den Flüssen im Einzugsgebiet des Kaspischen Meeres für Bewässerungszwecke bis 1940 ca. 8 km³/a. Während der 70er Jahre erhöhte sich diese Menge auf 16–17 km³/a (KRICKIJ et al. 1975, 54). In den 80er Jahren hat der Umfang der Wasserentnahme aus dem Einzugsgebiet des Kaspischen Meeres, vor allem durch die Erschließung von Irrigationsflächen im Einzugsgebiet der Unteren Wolga 30–40 km³/a erreicht (entspricht einer 9,3 cm Wasserschicht bei 376.900 km² Seefläche; KOSAREV & MAKAROVA 1988, 22).

Tab. 6 zeigt die wachsende Bedeutung der anthropogenen Aktivität im Einzugsgebiet des Kaspischen Meeres und die damit verbundene Verminderung des summarischen Oberflächenzuflusses. Ersichtlich ist, daß der anthropogene Faktor innerhalb einzelner Seespiegelschwankungsphasen einen unterschiedlich starken Einfluß hat: Die Seespiegelregression der 30er Jahre kann nicht mit anthropogenen Eingriffen in den Wasserhaushalt in Verbindung gebracht werden, da die Wasserentnahme während der 30er Jahre mit weniger als sieben km³/a unbedeutend war. Diese Menge entspricht einer Spiegelabsenkung um weniger als 1,5 cm/a; dagegen erreichte die tatsächliche Seespiegelregression mittlere Werte von 16 cm/a. Die Regression der 30er Jahre ist also nur mit klimatischen Fluktuationen im Einzugsgebiet der Wolga und eventuell in der gesamten Nordhemisphäre erklärbar. Der Seespiegelanstieg der 80er Jahre kann dagegen in keiner Weise mit anthropogenen Eingriffen in den Wasserhaushalt erklärt werden. Diese Aussage erhält durch Berücksichtigung der Tatsache ihre Prägnanz, daß die Wasserentnahme aus der Wolga am Ende der 70er und während der 80er Jahre zugenommen hat. Bei einer primären Abhängigkeit von anthropogenen Faktoren müßte der Seespiegel sinken. Im Gegensatz dazu zeigt er aber eine transgressive Tendenz, was seine unmittelbare Abhängigkeit von den Schwankungen abflußrelevanter Klimaparameter im Einzugsgebiet des Meeres bekräftigt und den anthropogenen Eingriffen in den Wasserhaushalt eine sekundäre Bedeutung zuweist.

5. UNTERSUCHUNG DER KLIMAFAKTOREN IM EINZUGSGEBIET DER WOLGA

Die Datenreihen der Klimastationen Kazan und Moskva bzgl. Temperatur und Niederschlag wurden in die Zeiträume 1921–1950 und 1958–1987 eingeteilt. Damit sollen mögliche Klimaschwankungen während der 30er Jahre, die zum rapiden Seespiegelabfall geführt haben könnten, erfaßt werden. Die Datenreihen der übrigen Klimastationen wurden in die Zeiträume 1958–1977 und 1978–1987 eingeteilt.

5.1 Schwankungen der Lufttemperatur

Eine merkliche Verschiebung der Temperaturen während der Periode 1921–1950 im Vergleich zu der Periode 1958–1987 ist anhand der Mittelwerte nicht feststellbar (Tab. 7). Unterzieht man den gleichen Zeitraum dem Trendtest, so ist für Kazan ein signifikant absteigender Trend der Jahresmitteltemperaturen (2,6 %-Niveau) und für Moskva eine aufsteigende Tendenz (18 %-Niveau) feststellbar. Anhand der Ergebnisse deutet sich an, daß wesentlich mehr Klimastationen erfaßt werden müßten, um eindeutige Aussagen machen zu können.

In der Literatur verweisen die Autoren auf den Zusammenhang zwischen Klima- und Zirkulationsschwankungen im Einzugsgebiet der Wolga und dem Seespiegelniveau des Kaspischen Meeres. VARUSCHENKO et al. (1978, 123) vertreten den Standpunkt, daß die Regression der 30er Jahre durch eine nordhemisphärische Temperaturerhöhung verursacht wurde: „Berechnungen nach den ‚Karten der Temperaturabweichungen von vieljährigen Mittelwerten der Nordhalbkugel' ... zeigen, daß von 1861 bis 1960 die Lufttemperaturen im Einzugsgebiet des Kaspischen Meeres sich im Mittel um 1,0–1,5 °C erhöht haben".

Die Temperaturerhöhung könnte eine höhere Evapotranspiration und damit einen verminderten Wolgaabfluß bewirkt haben. Diese Abweichung der Temperatur vom vieljährigen Mittel ist im Zusammenhang mit der vier bis fünf Jahrzehnte (vom Ende des 19. Jh. bis ca. 1940) andauernden globalen „Klimamilderung" zu sehen (FLOHN 1973, 59). Der Höhepunkt dieser Entwicklung lag zwischen 1930 und 1940. Seit 1940 ist dieser Trend wieder rückläufig (SCHÖNWIESE 1979, 59 ff.).

Seit den Arbeiten von WAGNER (1940), BUTZER (1957) u.a. ist zu vermuten, daß die Milderung während der ersten Hälfte des 20 Jh. mit einer verstärkten Zonalzirkulation bei gleichzeitig etwas weiter nordwärts reichendem Roßbreitenhoch verbunden war. Die Periode 1900–1939 war eine Zeit maximaler Stärke der Zonalzirkulation (LAMB 1964, 5). Dabei hat die Verstärkung der Zonalzirkulation den Wärmetransport von niederen in die höheren Breiten erhöht und damit einen Temperaturanstieg bewirkt. Die Periode 1900–1939 war eine Zeit maximaler Stärke der Zonalzirkulation, sie kann nicht als ‚normal' bezeichnet werden. Nach WAGNER (1940, 18 f.) ist der Luftdruck in den höheren Breiten gefallen, vor allem im Bereich der Island- und Alëutentiefs. Insgesamt resultiert daraus eine allgemeine Verstärkung der meridionalen Druckkontraste.

Auf den Raum des Kaspischen Meeres bezogen, könnte gefolgert werden, daß die Verdunstung am Meere während der Phase verstärkter Zonalzirkulation zugenommen hat. „Hier ist die Luft im Durchschnitt ... in absteigender Bewegung und hier muß – im Gegensatz zur Westwindzone – eine Verstärkung der allgemeinen Zirkulation auch eine Verstärkung der absteigenden Bewegung, also größere Trockenheit bewirken" (WAGNER 1940, 81).

Für den Zeitraum 1958–1987 ist für die Stationen des Wolga-Einzugsgebietes anhand von Tab. 8 festzuhalten, daß die Verschiebungen der Temperaturniveaus äußerst gering sind. Der Trendtest deutet ebenfalls auf keine eindeutig gerichteten Niveauverschiebungen hin (Tab. 9). Mit Schwankungen der Teperaturniveaus im Einzugsgebiet der Wolga läßt sich der Seespiegel der 70er Jahre und der Seespiegelanstieg der 80er Jahre folglich nicht erklären.

5.2 Schwankungen der Niederschläge

Während der Periode der Zunahme der Stärke aller Hauptströme der Zonalzirkulation nahm auch der Feuchtetransport von den Ozeanen über die westlichen Teile der Kontinente innerhalb der ektropischen Westwinddrift zu (LAMB 1964, 70). Würde das auch für das Einzugsgebiet der Wolga gelten, so müßte sich die Abflußspende der Wolga erhöhen. BYDYKO & VINNIKOV (1976, 16) weisen darauf hin, daß sich während der ersten Hälfte des 20. Jh. die Niederschlagsmenge in zentralen Teilen des europäischen Teiles der UdSSR verringerte. „Die Seespiegelregression der 30er Jahre war mit einer großräumigen Klimaanomalie auf der gesamten Nordhemisphäre verbunden. Dabei konnte ... eine Verringerung der Niederschlagsmenge im europäischen Teil der UdSSR ... beobachtet werden. Gerade wegen einer Verringerung der Niederschlagsmenge geschah die Seespiegelregression des Kaspischen Meeres" (KOSAREV & MAKAROVA 1988, 22).

Die statistischen Untersuchungen an den Klimastationen Kazan und Moskva ergeben folgendes: Während der Periode 1921–1950 betrug der mittlere Jahresniederschlag 190 mm, er erhöhte sich in der Zeit 1958–1987 auf 262 mm. Für die Station Moskva erhöhte sich der Jahresmittelwert von 262 auf 284 mm (Tab. 10). Auch der Trendtest weist für die Station Kazan mit einer Irrtumswahrscheinlichkeit von weniger als 0,001 % einen aufsteigenden Trend auf. Für die Station Moskva kann ein aufsteigender Trend mit einer Irrtumswahrscheinlichkeit von 2,6 % konstatiert werden.

Möglicherweise waren während des Zeitraumes 1921–1950 mit einem Maximum während der 20er und 30er Jahre antizyklonale Wetterlagen vorherrschend, so daß die Niederschlagsmenge unter dem vieljährigen Mittelwert lag und somit die Abflußspende der Wolga ebenfalls unter den vieljährigen Mittelwert auf 199,5 km³/a (80 % des Normwertes) während der Periode 1930–1941 absank.

Der Mittelwertvergleich der Niederschläge der Klimastationen im Einzugsgebiet der Wolga während des Zeitraumes 1958–1987 ergibt für alle Stationen eine Erhöhung der Niederschlagsmenge (Tab. 11). Unterzieht man die Jahresniederschläge dem Trendtest, so liegt für alle Stationen – außer für Vologda und Saratov – ein aufsteigender Trend vor (Tab. 12).

In der Literatur wird ebenfalls auf eine Zunahme der Niederschläge auf der Nordhemisphäre verwiesen, die auf die Wirkung der gestiegenen Kohlendioxydkonzentration in der Troposphäre zurückgeführt wird: "... with a doubling of CO_2 levels, global mean precipitation rates increase in all GCM models (General circulation models) by 3 to 11 %" (BRADLEY et al. 1987, 171).

1982 lag der Kohlendioxydgehalt der Atmosphäre etwa 26 % über dem Normwert (FLOHN 1985, 68). Das kann bei positiven Verschiebungen des Temperaturniveaus – die allerdings nicht ermittelt werden konnten – zu einer höheren absoluten Luftfeuchtigkeit und damit zur höheren Niederschlagsergiebigkeit führen. Es erscheint denkbar, daß die festgestellte Erhöhung der Niederschlagsmittelwerte während des Zeitraumes 1958–1987 im Einzugsgebiet der Wolga eine höhere Abflußspende bewirkt hat, was die Transgression des Seespiegels ab 1978 verursachte.

Ein weiterer Grund für die gegenwärtig zu beobachtende Erhöhung der Niederschläge ist folgender: Aufgrund großer Mengen an Aerosolen, die in allen Industriegebieten der Erde emittiert werden, könnte sich die Anzahl der Kondensationskerne aus Ammoniumsulfat auf der Nordhemisphäre erhöht haben. Dies könnte zur erhöhten Niederschlagsergiebigkeit während der letzten 30 Jahre – bei konstant gebliebener Luftfeuchtigkeit – beigetragen haben.

6. ZUSAMMENFASSUNG

Eine Quantifizierung der einzelnen Wasserhaushaltselemente für den Zeitraum 1847–1965 ergibt, daß innerhalb des Einnahmeteiles die Oberflächenzuflüsse mit 80,02 % die wichtigste Größe sind. Dabei stellt der Wolgazufluß mit über 80 % den bedeutendsten Anteil am summarischen Oberflächenzufluß.

Primäre Ursache der Seespiegelschwankungen sind nicht Niederschlags- und Evaporationsschwankungen über der Wasserfläche, sondern Schwankungen des Oberflächenzuflusses und damit eine Veränderung der Wasserbilanz. Die Zuflußschwankungen der Wolga spielen hierbei die hervorragendste Rolle, die Fluktuationen der übrigen Zuflüsse sind nicht feststellbar bzw. zu vernachlässigen.

Die anthropogenen Eingriffe in den Wasserhaushalt des Kaspischen Meeres zeigen erst ab der zweiten Hälfte des 20. Jh. eine Bilanzwirksamkeit und nehmen an

Intensität fortschreitend zu. Damit wird der Seespiegel des Kaspischen Meeres erst ab 1950 durch anthropogene Eingriffe beeinflußt.

Die Seespiegelregression der 30er Jahre um 1,77 m (15 cm/a) kann in keiner Weise mit anthropogenen Eingriffen in den Wasserhaushalt erklärt werden. Möglicherweise ist sie als Reaktion auf die nordhemisphärische Erwärmung, die bis zur Mitte des 20. Jh. anhielt, zu begreifen. In diesem Zusammenhang wird ein verstärktes Auftreten von antizyklonalen Wetterlagen im Einzugsgebiet der Wolga diskutiert, so daß der Wolgaabfluß während der Periode 1930–1941 auf 80 % der vieljährigen Norm absank. Anhand der Temperaturdaten für die Klimastationen Kazan und Moskwa konnte aber keine eindeutige Verschiebung des Temperaturniveaus während der Periode 1921–1950 im Vergleich zu der Periode 1958–1987 ermittelt werden.

Der Mittelwertvergleich des Zeitraumes 1958–1977 mit dem Zeitraum 1978–1987 ergibt für alle Stationen eine Niederschlagszunahme, die auch durch den Trendtest der Jahresniederschläge unterstützt wird. Mit dieser Entwicklung könnte der Seespiegelanstieg seit 1978 zusammenhängen.

Für den gesamten Beobachtungszeitraum ist zu konstatieren, daß den Klimafluktuationen gegenüber der anthropogenen Beeinflußung des Wasserhaushaltes eine Präferenz zugewiesen werden muß. Das Kaspische Meer ist ein komplexes System, dessen Seespiegelniveau sensibel auf Verschiebungen von Klimafaktoren in seinem Einzugsgebiet reagiert.

Tab. 1: Wasserhaushalt des Kaspischen Meeres (1847–1965)

WASSERHAUSHALTSELEMENTE	mm	%
EINNAHMETEIL		
- Oberflächenzuflüsse	800	80,2
- Niederschlag	192	19,3
- Unterirdischer Zufluß	5	0,5
AUSGABETEIL		
- Evaporation	968	95
- Abfluß in den Kara-Bogaz-Gol	54	5

Datengrundlage: REMIZOVA 1969, 130 - 133.

Tab. 2: Mittlere Anteile einzelner Oberflächenzuflüsse am Gesamtzufluß einzelner Phasen

FLUSS	1881-1929 (Phase I)		1930-1941 (Phase II)		1942-1969 (Phase III)	
	cbkm	%	cbkm	%	cbkm	%
WOLGA	249,0	81,7	199,5	79,0	233,6	81,5
KURA	18,0	5,9	18,0	7.1	17,5	6,1
URAL	9,8	3,2	6,7	2,6	9,2	3,2
TEREK	8,4	2,8	8,7	3,4	6,6	2,3
SULAK	5,5	1,8	5,6	2,2	5,7	2,0
SAMUR	2,4	0,8	2,1	0,8	2,3	0,8
SONSTIGE*)	11,5	3,8	11,7	4,6	11,4	4,0
GESAMT	304,6	100,0	252,3	100	286,3	100

Datengrundlage: KRICKIJ/KORENISTOV/RATKOVIČ 1975, 139 - 142.
*) Unter "SONSTIGE" fallen die kleinen Gebirgsflüsse des Kaukasus sowie die Flüsse des südkaspischen Tieflandes.

Tab. 3: Oberflächenzuflüsse in das Kaspische Meer (in % am vieljährigen Mittel)

ZEIT	WOLGA		KURA		URAL		GESAMT*	
	cbkm	%	cbkm	%	cbkm	%	cbkm	%
1881 - 1929 (Phase I)	249	100	18,0	100	9,8	100	304,5	100
1930 - 1941 (Phase II)	199,5	80	18,0	100	6,7	68	252,5	83
1942 - 1969 (Phase III)	233,6	94	17,5	97	9,2	94	286,3	94

Datengrundlage: KRICKIJ/KORENISTOV/RATKOVIČ 1975, 139 - 142.
* In die Gesamtsumme des Oberflächenzuflusses wurden auch die Flüsse des südkaspischen Tieflandes und die kleinen Flüsse des Kaukasus einbezogen.

Tab. 4: Niederschlag und Evaporation/Kaspisches Meer

ZEIT	NIEDERSCHLAG		EVAPORATION	
	in mm	%	in mm	%
1847 - 1929 (Phase I)	194	100	963	100
1930 - 1941 (Phase II)	189	97,4	974	101
1942 - 1965 (Phase III)	188	97	981	102

Datengrundlage: REMIZOVA 1969, 130 - 133.

Tab. 5: Abfluß in den Kara-Bogaz-Gol

Jahre	Abfluß in cbkm
1890 - 1929 (Phase I)	19,3
1930 - 1941 (Phase II)	12,4
1942 - 1969 (Phase III)	10,5
1970 - 1977 (Phase IV)	7,7
1978 - 1988 (Phase V)	2,7

Datengrundlage: KRICKIJ/KORENISTOV/RATKOVIĆ 1975, 142.

Tab. 6: Anthropogen bedingte Reduzierung des summarischen Oberflächenzuflusses in das Kaspische Meer

Jahr	Abflußred. summar. Oberflächenzufluß cbkm/Jahr	Wasserschicht Kaspisches Meer cm	% vom Mittel (1881 - 1929) (304,6 cbkm)
1930	unter 7	ca. 1,5	ca. 2,0
1940	7	1,8	2,3
1950	11	2,9	3,6
1960	23	6,2	10,8
1970	33	8,9	7,5
1980	38	10,5	12,4
1990	55		18,0
2000	66		21,6
2050	100		32,8

Quelle: VARUŠČENKO/VARUŠČENKO/KLIGE 1987, 125; Spalte 3, 4 und 1930 ergänzt durch eigene Berechnungen.

Tab. 7: Vieljährige Mittel der Temperatur für Kazan, Moskva / Trendtest nach Cox und Stuart

Station	1921/1950 in °C	1958/1987 in °C	Trend	angenäherte Irrtumswahrsch. in %
KAZAN	4,0	3,7	absteig. Trend	2,6
MOSKVA	4,2	4,6	aufsteig. Trend	18

Datengrundlage: WORLD WEATHER RECORDS (1921 - 1959); MONTHLY CLIMATIC DATA FOR THE WORLD (1958 - 1987).

Tab. 8: Vieljährige Mittelwerte der Temperatur im Einzugsgebiet der Wolga

Station	1958 - 1977	1978 - 1987	Differenz
VELIKIE LUKI	4,7	4,6	- 0,1
VOLOGDA	2,6	2,2	- 0,4
KIROV	2,1	2,3	- 0,2
KAZAN	3,5	3,8	- 0,3
MOSKVA	4,6	4,7	- 0,1
SARATOV	4,8	4,7	0,1

Datengrundlage: MONTHLY CLIMATIC DATA FOR THE WORLD (1958 - 1987).

Tab. 9: Jahresmittel der Temperatur der Klimastationen im Einzugsgebiet der Wolga (1958–1987) / Trendtest nach Cox und Stuart

Station	Trend	angenähert. Irrtumswahrsch. in %
VELIKIE LUKI	kein Trend	-
VOLOGDA	absteigender Trend	20,6
KIROV	aufsteigender Trend	52,8
KAZAN	aufsteigender Trend	20,6
MOSKVA	absteigender Trend	52,8
SARATOV	absteigender Trend	52,8

Datengrundlage: MONTHLY CLIMATIC DATA FOR THE WORLD (1958 - 1987).

Tab. 10: Vieljährige Mittel des Niederschlages für Kazan und Moskva (in mm)

Station	1921 - 1950	1958 - 1987	Trend	angenäherte Irrtumswahrsch. in %
KAZAN	190	262	aufsteigend	0,001
MOSKVA	262	284	aufsteigend	2,6

Datengrundlage: WORLD WEATHER RECORDS (1921 - 1959) MONTHLY CLIMATIC DATA FOR THE WORLD (1958 - 1987)

Tab. 11: Vieljährige Mittel des Jahresniederschlages / Klimastationen im Einzugsgebiet der Wolga

Station	1958 - 1977	1978 - 1987	Differenz
VELIKI LUKI	562	688	126
VOLOGDA	546	577	31
KIROV	563	730	167
KAZAN	554	581	27
MOSKVA	628	666	38
SARATOV	406	445	39

Datengrundlage: MONTHLY CLIMATIC DATA FOR THE WORLD (1958 - 1987).

Tab. 12: Trendtest nach Cox und Stuart / Jahresmittel der Niederschläge an Klimastationen im Einzugsgebiet der Wolga (1958–1987)

Station	Trend	angenäherte Irrtumswahrsch. in %
VELIKIE LUKI	aufsteigend	5,8
VOLOGDA	aufsteigend	52,8
KIROV	aufsteigend	2,0
KAZAN	aufsteigend	20,6
MOSKVA	aufsteigend	20,6
SARATOV	aufsteigend	52,8

Datengrundlage: MONTHLY CLIMATIC DATA FOR THE WORLD (1958 - 1987).

LITERATUR

Bobrov, S.N. (1961): The transformation of the Caspian See. – Soviet Geography. Review and Translation, Sept. 1961: 47–59, New York.
Bradley, R.S. et al. (1987): Precipitation Fluctuations over Northern Hemisphere Land Areas since the Mid-19th Century. – Sience, 237: 171 –175, Washington D.C.
Butzer, K.W. (1957): The recent climatic fluctuations in lower latitudes and the general circulation of the pleistocene. – Geografiska Annaler, 39: 105–113, Stockholm.
Dzens-Litovskij (1962): Kaspijskoe more i zaliv Kara-Bogaz-Gol (Das Kaspische Meer und der Kara-Bogaz-Gol).- Izvest. Vsesojuznogo geogr. obscestvo, 94 (1): 34–44, Moskva, Leningrad.
Ehlers, E. (1971): Die historischen Spiegelschwankungen des Kaspischen Meeres und Probleme ihrer Deutung. – Erdkunde, 25 (4): 241–248, Bonn.
Flohn, H. (1985): Das Problem der Klimaänderungen in Vergangenheit und Zukunft. – Erträge der Forschung, Bd. 220, Darmstadt.
Frankfurter Allgemeine Zeitung (1980, 18.6.): Ein Damm schützt das Kaspische Meer. Das Absinken des Wasserspiegels soll aufgehalten werden.
Frankfurter Allgemeine Zeitung (1983, 23.3.): Ökologische Fehlplanung am Kaspischen Meer.
Kosarev, A.N. & Mokarova, R.E. (1988): Ob izmenenijach urovnja Kaspijskogo morja i vozmoznosti ich prognozirovanija (Veränderungen des Seespiegels des Kaspischen Meeres und Möglichkeiten ihrer Vorhersage).- Vestn. Mosk. Univ., ser. 5 geogr., Nr. 1: 21–26, Moskva.
Krickij, S.N., Korenistov, D.V. & Ratkovic, D.J. (1975): Kolebanija urovnja Kaspijskogo morja (Die Seespiegelschwankungen des Kaspischen Meeres).- Moskva.
Lamb, H.H. (1964): Neue Forschungen über die Entwicklung der Klimaänderungen. – Meteor. Rdsch., 17: 65–74, Berlin.
Leont'ev, O.K. (1969): Geologiceskaja struktura dna (Geologische Struktur des Beckenbodens).- In: Dobrovol'skij, A.D., Kosarev, A.N. & Leont'ev, O.K. (Hrsg.): Kaspijskoe more: 63–87, Moskva.
Pachomov, M.S. (1976): Vlijanie vodochronilisc na stok reki Volgi (Der Einfluß der Stauseen auf den Wolgaabfluß).- Izv. AN SSSR, ser. geogr., 6: 67–77, Moskva.
Remizova, S.S. (1969): Vodnyi balans (Wasserbilanz).- In: Dobrovol'skij, A.D., Kosarev. A.N. & Leont'ev, O.K. (Hrsg.): Kaspijskoe more: 107–138, Moskva.
Richter, V.G. (1961): Vertical Movements of the Earth Crust and the Fluctuations in the Level of the Caspian Sea. – Soviet Geography, Review & Translation, 9: 59–64, New York.
Schneider, G. (1975): Erdbeben. Entstehung – Ausbreitung – Wirkung. – Stuttgart.
Schönwiese, G.D. (1979): Klimaschwankungen. – Berlin, Heidelberg.
Solov'ev, V.F. (1962): Tektoniceskaja schema podvodnogo sklona Kaspijskogo morja (Tektonisches Schema des subaquatischen Abhanges des Kaspischen Meeres).- In: Klenova, M.V. u.a. (Hrsg.): Geologiceskoe stroenie podvodnogo sklona Kaspijskogo morja: 519–527. Moskva.
Varuscenko, S.I., Varuscenko, A.N. & Klige, R.K. (1987): Izmenenie rezima Kaspijskogo morja i besstocnych vodoemov paleovremeni (Regimeveränderungen des Kaspischen Meeres und anderer abflußloser Becken in geologischer Vergangenheit).– Moskva.
Wagner, A. (1940): Klimaänderungen und Klimaschwankungen.– Bd. 92, Braunschweig.
Wilhelm, F. (1987): Hydrogeographie.– Das Geographische Seminar, Braunschweig.
Zabel, G. (1977): Die Erschließung landwirtschaftlicher Nutzflächen durch Bewässerungsmaßnahmen in der Sowjetunion.– Arbeiten und Berichte der Universität Hohenheim, Fachgebiet Pflanzenbau in den Tropen und Subtropen, Nr. 20, Stuttgart-Hohenheim.
Zimm, A. & Markuse, G. (1979): Geographische Komplexität in der regionalen Geographie, dargestellt an Problemen der Optimierung der Territorialstruktur im Volga-Kaspi-Raum.– Petermanns Geographische Mitteilungen, 1: 25–37, Gotha.

LATE PLEISTOCENE AND HOLOCENE EVOLUTION OF THE WESTERN NILE DELTA AND IMPLICATIONS FOR ITS FUTURE DEVELOPMENT*

Jürgen Wunderlich & Wolfgang Andres, Marburg (Germany)

1. INTRODUCTION

Recent discussion of the expected accelerated eustatic sea-level rise which is mainly attributed to the global warming of the atmosphere (greenhouse effect) draws attention to low-lying deltas including the Nile delta.

According to different scenarios (e.g. MILLIMAN et al. 1989) it is to be supposed that large areas of cultivated and settled land in the northern Nile delta will be affected by a relative rise of sea level. In the ‚really worst case' the rise will amount to more than 3 m by the year 2100 (MILLIMAN et al. 1989). Relative sea-level rise is caused not only by eustatic rise of sea level but also by land subsidence, i.e. isostatic and tectonic movements as well as compaction. The effects of sea-level change will be accentuated by coastal erosion. Along the coast of the Nile delta erosion has increased since the construction of the Aswan High Dam, which markedly reduced sediment supply from the River Nile to the Mediterranean. Since 1964, shoreline retreat in some areas amounts to some tens of metres per year (FRIHY 1988; SMITH & ABDEL-KADER 1988; BLODGET et al. 1989).

These immediate problems illustrate that the evolution of the Nile delta is mainly controlled by the interaction of relative sea-level changes and variations in discharge and sediment load of the River Nile.

Past changes of the environmental conditions in the northern Nile delta are reflected in archaeological remains. Many ‚tells' or ‚koms', the ruins of ancient settlements, are located in regions which are not cultivated and inhabited at present. These ancient settlements mainly existed during the Greek and Roman period. For a long time it was supposed that during earlier phases the northern reach of the delta was a waste uninhabitable area covered by marshes and swamps. However, the results of recent archaeological investigations indicate that settlements existed in the northern Nile delta at least since the Predynastic period.

Numerous archaeological sites with remains of Predynastic and Early Dynastic times are located in the eastern delta (cf. VAN DEN BRINK 1986, 1988, 1989; KROEPER & WILDUNG 1989) but there is also evidence for early settlements in its western part (VON DER WAY 1984, 1989; WENKE 1986; BUTZER 1975). One of the latter was the

---

* The research in the western Nile delta was gratefully sponsored by the Volkswagen-Stiftung (Germany).

famous city which was called ‚Pe/Dep' in the tradition of the Old Kingdom. Since Hellenistic times it was named ‚Buto'. Archaeologists of the German Archaeological Institute, Cairo, have located this ancient settlement about 30 km south of Lake Burullus at Tell el-Fara^{c}in (cf. Fig. 1).

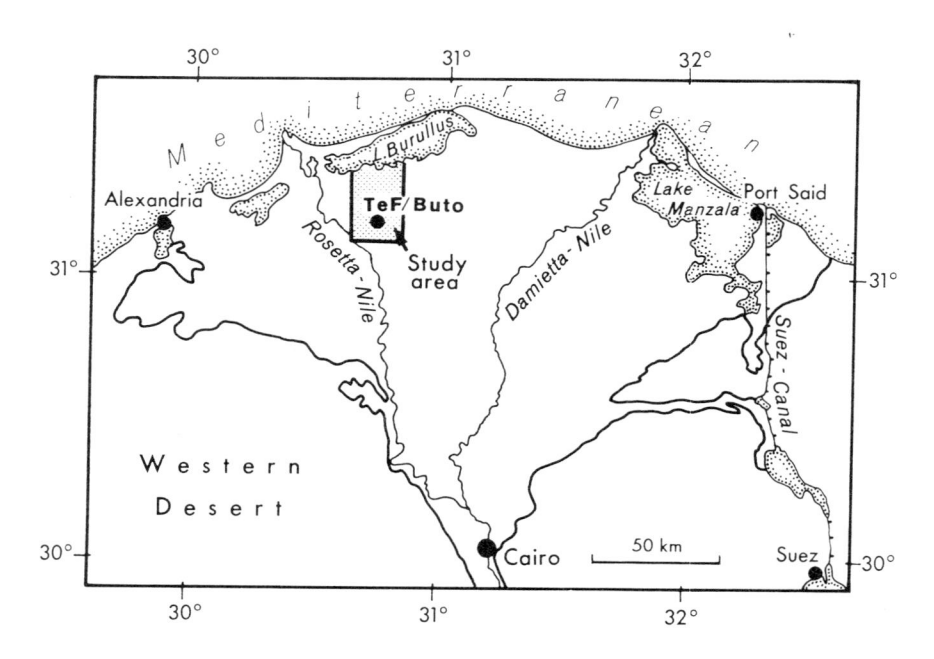

Fig. 1: Map showing the study area in the western Nile delta (TeF = Tell el-Fara^{c}in).

At this place the findings of the archaeological excavation, which started 1983, indicate that the site was nearly continuously occupied by man from about 3500 BC until the Roman period (VON DER WAY 1984–1989). However, there was little information on the environmental conditions facing early man in this region. The Quaternary evolution of the delta in general was considered by BUTZER (1975) and SAID (1981). More detailed paleogeographical investigations mainly focused on the eastern delta (STANLEY & LIYANAGE 1986; COUTELLIER & STANLEY 1987; FRIHY & STANLEY 1987; STANLEY 1988; SNEH et al. 1986; VAN WESEMAEL & DIRKSZ 1986; SEWUSTER & VAN WESEMAEL 1987; DE WIT & VAN STRALEN 1988; DE WIT, in press). In order to add to the very fragmentary knowledge about the late Pleistocene and Holocene evolution of the Nile delta south of Lake Burullus, paleogeographical research was carried out in this region (cf. Fig. 1). Our intention was to provide information on changes of the deltaic fluvial system and fluctuations of the sea level and the coastline. Beyond that, further early settlements were to be identified in the vicinity of Tell el-Fara^{c}in.

Detailed paleogeographical investigations on the Holocene evolution of our study area should also supply data which will allow for a more reliable estimation of the future development in this part of the northern delta.

2. GEOLOGIC AND GEOMORPHOLOGIC SETTING

During Pleistocene times a huge sediment body was deposited in the area of the modern Nile delta. These deposits which mainly consist of sands and gravels (BUTZER 1975; SAID 1981) were deeply eroded when sea level dropped during the Pleistocene glaciations. They only outcrop along the margins of the delta and in its eastern part they form the so-called ‚geziras‘, sandy mounds overtopping the modern floodplain.

The present morphology of the Nile delta is characterized by the smooth arched coastline, the promontories of the Damietta and Rosetta branches, the marsh and lagoon belt close to the coast and the now nearly entirely cultivated delta plain further south. These different geomorphological features developed during Holocene times. Mostly fine grained deposits were accumulated above the Pleistocene sediments, reaching several metres in thickness. The average rate of sedimentation can be estimated at approximately 1.1 mm/yr (BALL 1939). Thus, not only archaeological remains but also evidence of Holocene evolution of the delta are hidden beneath the surface.

3. METHODOLOGY

Considering these geological and geomorphological characteristics of the Nile delta, drillings represented the most effective research method. Two different types of drilling equipment were used: a motor driven gouge auger (Pürckhauer-type) with a gouge of 1 m in length and about 3 cm in diameter, and a hand operated auger of the Edelman-type, 7 and 10 cm in diameter. More than 150 drillings were sunk in the study area to an average depth of 9 m and a maximum depth of 16 m. In this way relevant material for subsequent analyses, including radiocarbon datings*, could be collected. The results of the drillings were complemented by geoelectric soundings. They allowed delineation of the spatial distribution of distinctive sediment layers.

Where possible, fieldwork was supplemented by the interpretation of topographic maps, aerial photographs, and digitally processed Landsat MSS and TM data. By this means possible courses of abandonded Nile branches or canals, and morphological features as subdeltas, former lakes, and small non-vegetated mounds (tells, koms) could be detected within the cultivated and irrigated floodplain (cf. WUNDERLICH 1989: 43).

---

* The ^{14}C-dates were determined at the Institut für Umweltphysik, Universität Heidelberg (Germany).

4. RESULTS OF FIELDWORK

Although subsurface conditions inside the working area are highly complex, the results of the fieldwork permitted a general outline of the upper sedimentary sequence to be drawn (Fig. 2). In general, two units can be distinguished. They are separated by a hiatus which was recorded at depths of about –4 m* around Tell el-Faraᶜin descending to depths of about –7 m in the northern working area.

The sediments of the lower *Delta1*-unit consist of stiff mottled clay, silty or loamy facies, fine micaceous sand, or even medium to coarse sand. They are of light brown to light greenish grey colour. The different sediments represent distinctive environmental conditions. As the deposits are, horizontally and vertically, arrayed in a highly complex pattern, large scale mapping of various sedimentary units was impossible.

The top of the *Delta1*-unit is characterized by a calcic horizon. The nodular or poorly consolidated accumulations of calcium carbonate apparently represent a calcic soil horizon, which generally develops under semi-arid conditions. Two samples of the calcic precipitation were radiocarbon dated. They yielded radiocarbon ages of 13,600±600 BP (HD12511–11987) and 14,315±285 BP (HD12510–11973). Both ages are corrected to 85 % of the recent ^{14}C-activity. The radiocarbon dates indicate that the formation of the paleosol took place during the latest Pleistocene. Thus, at that time extensive areas within the working area must have been vegetated and free from annual inundation and accumulation.

Within the upper unit (*Delta2*) different characteristic layers can be distinguished. In general, the upper few metres of the sediment column are made of fine grained floodplain deposits. This well known „Nile mud" mainly consists of clay, silt, and silty clay. The sediments are locally interrupted by loamy or sandy intercalations, reflecting the migration of Nile distributaries or changes in their discharge and sedimentation pattern. Nodules of Fe, Mn and $CaCO_3$ as well as molluscs were recorded. The content of organic matter averages around 8 % of weight. Close to the surface dark brown colours prevail. They change to dark grey or bluish grey colours below actual mean sea level indicating permanent reducing conditions (cf. ANDRES & WUNDERLICH, this volume). At some places, especially close to Tell el-Faraᶜin, the upper sequence was eroded down to the *Delta1*-deposits. These channels are filled with soft silty material with a high moisture content. Plant debris and molluscs are abundant. At the base of the channel fill pottery sherds and other human remains of unknown age were found. Two samples of the silty material containing plant debris were radiocarbon dated. From the dates (1980±100 (HD11563–11388), 1595±115 (HD11564–11389)) it can be inferred that the channels silted up during the last two millennia (cf. WUNDERLICH 1989: 86, Abb. 26).

A very characteristic feature of the *Delta2*-unit is a sand body which lies directly over the calcic horizon of the *Delta1*-sequence. The distribution of this layer is depicted in Fig. 3. It consists of yellow or greenish grey medium sand. The thickness of this layer averages about 2 m, but at the base of the cultural layers of Tell el-Faraᶜin the sands increase in thickness to more than 6 m (Fig. 2). Analyses of the sands give

---

* Levels mentioned in this paper are related to actual mean sea level unless otherwise provided.

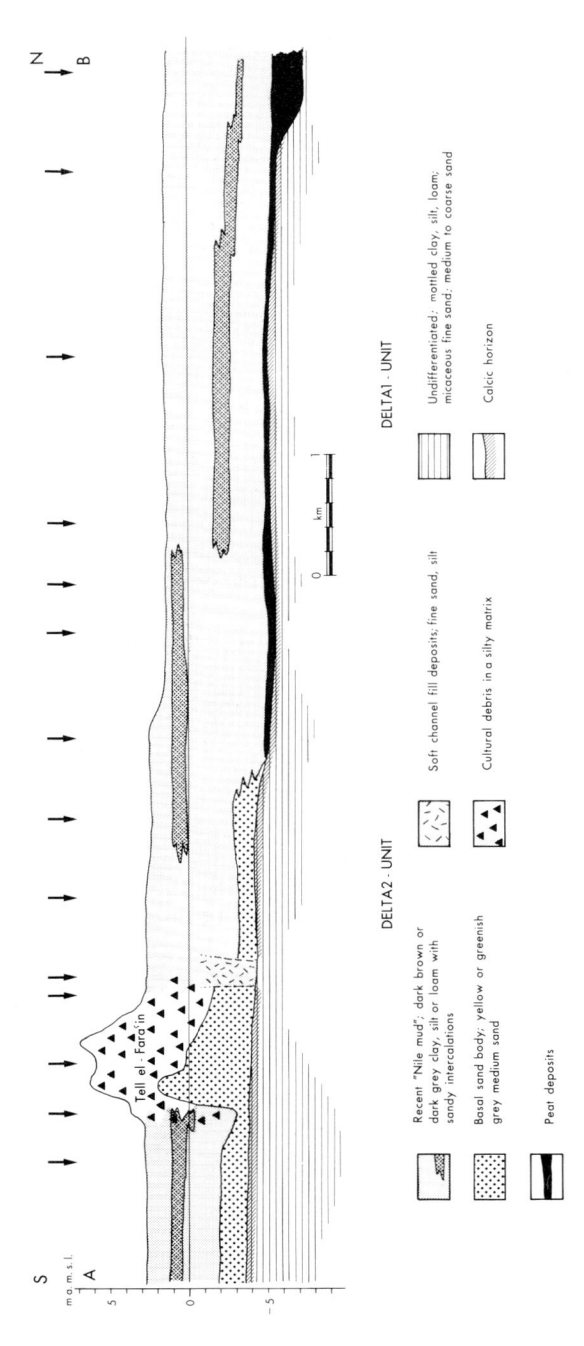

Fig. 2: Schematic S-N cross-section of the study area in the western Nile delta compiled from several borings. The location of the cross-section is shown in Fig. 3.

evidence that they were accumulated in a fluvial system. Subsequently they were reworked and redeposited by aeolian processes (cf. WUNDERLICH 1989: 57 ff.). The time of this final accumulation can only be estimated. A maximum age is given by the radiocarbon dates of the samples taken from the calcic horizon just below the sand body (see above). A minimum age is marked by the onset of human settlement at Tell el-Faraᶜin about 3500 BC. Thus, the sands were accumulated during late Pleistocene and/or early to mid-Holocene times. Consequently, the tentative presumption that the sand body at Tell el-Faraᶜin represents an elevation of older Pleistocene deposits had to be revised. It differs markedly from the geziras of the eastern Nile delta (cf. ANDRES & WUNDERLICH, this volume).

Several cuts of the archaeologists of the German Archaeological Institute, Cairo, at Tell el-Faraᶜin gave an insight into the upper part of the sand deposit. Sedimentary structures are absent, but at the sand surface a soil had developed before the site was occupied by man. Formation of this paleosol presumes adequate climatic conditions with sufficient rainfall and it indicates that the sandy mound was covered by more or less dense vegetation.

To the north and to the east of Tell el-Faraᶜin the sand layer is missing. Instead of this, peat deposits or clays and silts rich in organic matter were recorded at the base of the *Delta2*-unit (Fig. 2). The content of organic matter varies from 15 to 75 % of weight. The thickness of these very dark, mostly black, deposits increases in a northward direction from about 10 cm to nearly 2 m. In the northernmost part of the working area the characteristic horizon is capped by a thin layer rich in molluscs and microfossils prefering brackish conditions. They were apparently deposited in the marsh and lagoon environment close to the coast.

Based on several ^{14}C-ages (Fig. 3), the migration of the area with favourable conditions for peat accumulation could be derived. In the northern part of the study area maximum radiocarbon ages of about 6800 BP were recorded at the base of the peat layer. In contrast, samples from the top yielded ^{14}C-ages of c. 4500 BP. Further south the thin accumulation of organic-rich material was dated to about 5900 BP (cf. Fig. 3). From these dates it can be inferred that the southern boundary of the area with peat-forming conditions shifted in a southward direction. It reached its maximum southern position – a line running nearly from west to east about 3 km north of Tell el-Faraᶜin (Fig. 3) – at approximately 5800 BP. This agrees with a calibrated age of c. 4700 cal BC (after PEARSON et al. 1986). Subsequently, clastic deposition increased and the paleoenvironment with peat accumulation gradually shifted to the north, where the vast swamps disappeared after about 4500 BP (i.e. approximately 3200 cal BC after PEARSON et al. 1986). Up to this time peat-forming conditions also existed to the east of Tell el-Faraᶜin (Fig. 3).

Another characteristic layer within the *Delta2*-unit was detected 4 km southwest of Tell el-Faraᶜin, close to the villages of el-Qerdahi East and West (Fig. 3). This layer mainly consists of cultural debris. It throws light not only on the environmental but also on the cultural history of the study area (cf. WUNDERLICH et al. 1989). The thickness of the horizon runs up to 1.5 m. Its base was located at depths of – 0.8 to – 1.9 m, but occasionally cultural debris was recorded down to –2.4 m. The sharply confined cultural layer is covered by dark brown or grey clays and silts (Nile mud)

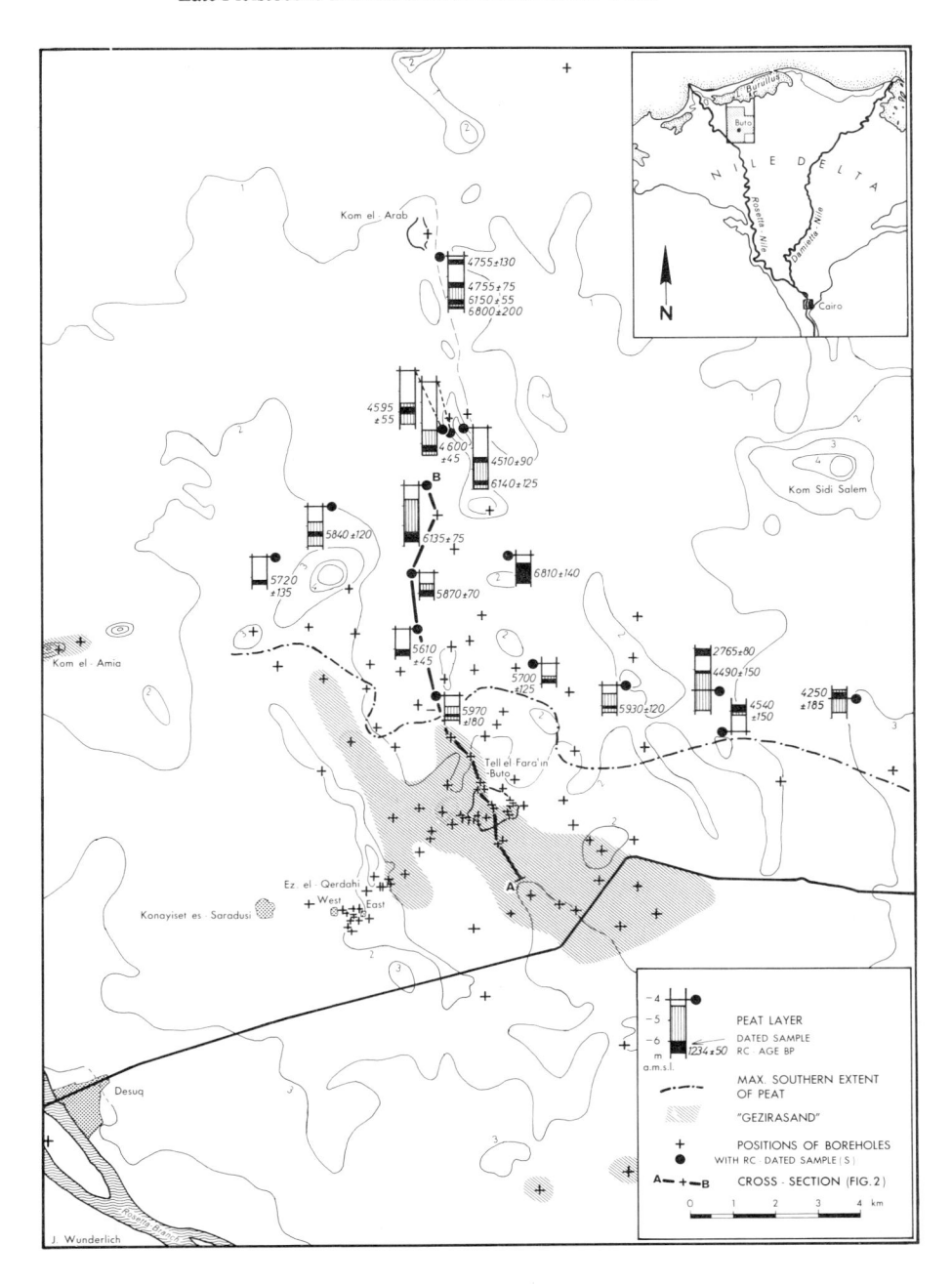

Fig. 3: Map of the study area depicting the locations of the bore-holes and of the cross-section in Fig. 2. Shown are the distribution of peat deposits and for distinct locations, the thickness of the peat layer as well as the age and stratigraphic position of radiocarbon dated samples.

and at its base fine grained sediments, mostly of light brown colour, were found. At some places the latter are interspersed with calcic accumulations at depths of about −2.5m.

The cultural remains were analysed by the archaeologists of the German Archaeological Institute, Cairo. It was found that the typology of pottery and lithic material exclusively corresponds to the remains of the prehistoric Buto-Maadi culture (cf. WUNDERLICH et al. 1989), i.e. the first stage of settlement which was identified at Tell el-Faraᶜin. Thus, the Predynastic site at el-Qerdahi was inhabited from 3500 to 3000 BC approximately. It is remarkable that during this period settlement was apparently not restricted to elevated sand-geziras.

5. MODEL OF THE LATE PLEISTOCENE AND HOLOCENE EVOLUTION OF THE WESTERN NILE DELTA

Based on the results of the fieldwork, analyses of collected samples, and evaluation of other sources, a model of late Pleistocene and Holocene evolution of the study area was developed (Fig. 4). Due to available radiocarbon dates and archaeological evidence, this model is most detailed for the period from about 7000 to 4000 BP. The younger phase was rather neglected. The sedimentary record of that time is difficult to interpret, as it is highly influenced by human activities.

Concerning the late Pleistocene and early Holocene evolution of the western Nile delta the investigations supplied only few evidence. Radiocarbon ages were solely derived from the calcic accumulation at the top of the *Delta1*-unit. They indicate that the *Delta1*-sediments were deposited before c. 14,000 BP. At this time sea level rose after its enormous drop to about −100 m during the last glacial maximum but it was still at a level of c. −70 m (PIRAZZOLI 1987: Fig. 5.5). Thus, it is unlikely that the *Delta1*-sediments were deposited right before the accumulation of the dated $CaCO_3$.

Considering their composition, the *Delta1*-deposits seem to be identical with the „fine Nilotic sands" described by BUTZER (1975: 1044; 1980). He correlates them with the Masmas or Gebel es-Silsila formations of Upper Egypt, which were deposited after about 25,000 BP (BUTZER 1980: 266). Thus, it can be inferred that the upper *Delta1*-unit was deposited during the interstadial preceding the maximum of the Würm glaciation. This corresponds to the results of several authors indicating that sea level was close to its present level between about 35,000 and 25,000 BP (KENNETT 1982: 269; PIRAZZOLI 1987: 165f). On the other hand, it is suggested by others that sea level was much below the present one since the last interglacial (PIRAZZOLI 1987: 166). For example, according to the sea-level curve of SHACKLETON (1987: 187) it did not exceed a level of about −25 m during the last 80,000 years. Thus, an accumulation up to the level of the *Delta1*-surface seems rather unlikely, even if the coast-line was positioned some ten kilometres further north. If the *Delta1*-sequence was deposited during the Riss/Würm interglacial it corresponds to the Korosko formation (BUTZER 1980) or the Dandara formation (SAID 1981) of Upper Egypt. According to SAID (1981) these sediments were accumulated during the early stage of the Neo-Nile starting its flow some 100,000 years before present.

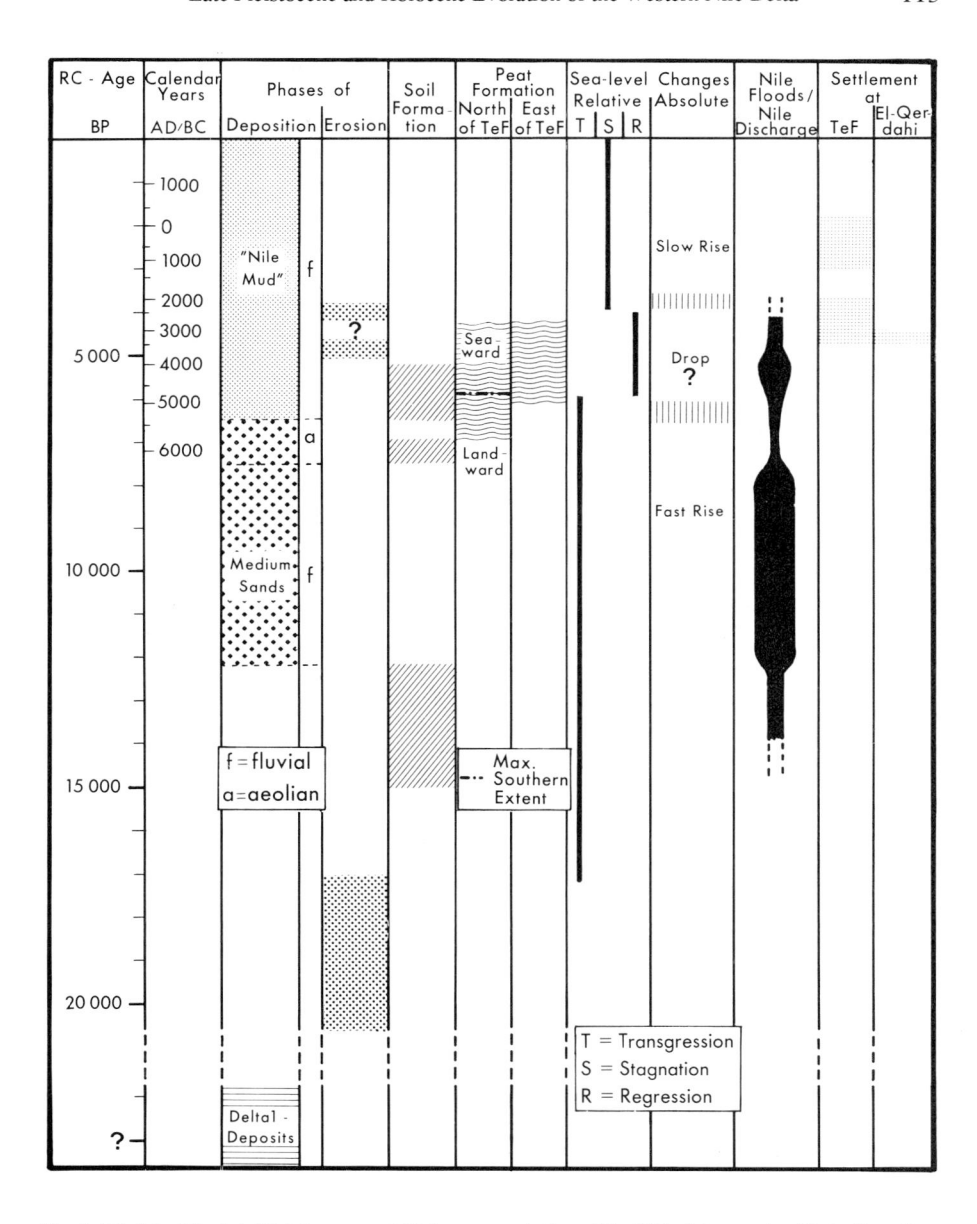

Fig. 4: Model of the late Pleistocene and Holocene evolution of the Nile delta south of Lake Burullus (explanation in the text).

The above considerations show that the correlation of the *Delta1*-deposits with any known formation of Upper Egypt, i.e. the estimation of the time of accumulation, is rather difficult. Heavy mineral analyses of samples taken from the *Delta1*-sediments were carried out in order to supply further evidence. Similar to all above-mentioned late Pleistocene formations, the heavy mineral associations are characterized by high amounts of epidotes, amphiboles, and pyroxenes. The latter were mainly derived from the Ethiopian highlands and are rare or even lacking in the older Pleistocene deposits of the Nile.

Table 1: *I*Pyr and *I*Amph index values of the *Delta1*-deposits and of samples collected in the Nile valley and the Nile delta

Sediment	*I*Amph[1]	*I*Pyr[2]	Source
Delta1-deposits	42.0	84.7	WUNDERLICH (1989)
Recent fluvial deposits (Burullus)	42	78	STANLEY (1989)
Recent coastal deposits (North-central Delta)	46	84	STANLEY (1989)
Upper Holocene Sand (Northeastern Delta)			STANLEY et al. (1988)
Core S-6	43.8	57.1	
Core S-7	32.8	62.9	
Core S-8	47.3	42.6	
Late Pleistocene formations (Nile Valley)			
Gebel es-Silsila formation	9	70	BUTZER & HANSEN (1968)[3]
Sahaba silts	43.2	71.4	HASSAN (1976)
Masmas formation	12	68	BUTZER & HANSEN (1968)[3]
Dibeira Jer	53.3	63.6	HASSAN (1976)
Korosko formation	17	63	BUTZER & HANSEN (1968)[3]
Dandara formation	54.3	61.8	HASSAN (1976)
Main Nile, North of Atbara (Recent)	52	83	SHUKRI (1951)

1   *I*Amph = amphiboles/(amphiboles + pyroxenes) x 100
2   *I*Pyr = pyroxenes/(pyroxenes + epidotes) x 100
3   according to BUTZER & HANSEN (1968: 470) the frequency of amphiboles serving as data base for the *I*Amph-values is not representative

The indices *I*Pyr and *I*Amph (Table 1) which were defined by HASSAN (1976) were calculated for the *Delta1*-deposits. They show the best correlation to the index values of recent fluvial and coastal deposits around Lake Burullus (STANLEY 1989) and to the load of the Main Nile north of the Atbara (SHUKRI 1951). In contrast, the *I*Pyr- and *I*Amph-values of the late Pleistocene formations of Upper Egypt are different, though variations of this range are common, even in corresponding sediment layers and over short distances. This is illustrated by the varying *I*Pyr- and *I*Amph-ratios found by STANLEY et al. (1988,:Table 1), e.g. for ‚Upper Holocene sand' taken at different locations close to Lake Manzala (cf. Table 1), and by the range of *I*Pyr-values of recent fluvial deposits sampled between the western and eastern border of the delta. Hence it follows that even heavy mineral analysis does not allow for a reliable estimation of the age of the *Delta1*-unit.

During the maximum of the Würm glaciation erosion prevailed over the entire Nile delta. However, the incision obviously was concentrated in channels outside the working area. When sea level rose again after c. 18,000 BP, accumulation focused on these channels. This was the time of soil formation with precipitation of calcium carbonate on the higher elevated areas, which were free from annual inundations. The climate was semi-arid with annual rainfall of 400–500 mm. This amount was inferred by ROGNON (1982: 80) from a paleosol which was found at Gebel Maghara in the northern Sinai. The paleosol was dated older than 14,500 BP (BAR-YOSEF & PHILIPPS 1977: Table 4). This corresponds to the ages of the calcic horizon close to Tell el-Fara^{c}in (see above).

Due to the rapid rise of sea level the low-lying areas within the study area were gradually incorporated into the deltaic fluvial system. Medium sands were deposited by a vigorous Nile. During a recessional phase these sands were reworked and redeposited by wind – the characteristic sand body, constituting the base of the ruins at Tell el-Fara^{c}in, was accumulated. During the postglacial climatic optimum the sand surface was fixed by vegetation and a soil developed. Contemporaneously, rising sea level caused the southward advance of the marsh and lagoon belt close to the coast. Due to the decrease of sea-level rise and increasing clastic deposition the transgression stopped at about 5800 BP. The subsequent regression was probably accentuated by a slight decline in sea level. This absolute lowering of the base-level would explain the eroded channels which were localized close to Tell el-Fara^{c}in. When peat formation was restricted to the northern part of the study area at about 4500 BP, settlements at Tell el-Fara^{c}in, at el-Qerdahi, and probably at different other localities were founded. The gradual accumulation of floodplain deposits and possibly increasing Nile floods caused the settlement at el-Qerdahi to be abandoned prior to the Early Dynastic period, while the sand elevation at Tell el-Fara^{c}in represented an appropriate place for continuous settlement.

6. ESTIMATION OF DELTA SUBSIDENCE

The results of these investigations allowed us to infer relative changes of sea level affecting the study area during Holocene times. It was mentioned above that these changes were the effects of several factors such as delta subsidence, eustatic sea-level rise, sediment transport by distributaries, and compaction. Estimation of these factors is important if the present and future problems confronting the coastal region of the Nile delta are to be properly addressed. At present the rate of sedimentation and of compaction can be neglected. Eustatic sea-level rise mainly depends on future climatic change. During the recent past its rate was up to about 1.5 mm/yr., but this rate will increase (MILLIMAN et al. 1989). The eustatic rise of sea level will be superimposed by delta subsidence. As the rate of subsidence apparently varies from place to place (STANLEY 1988), it was estimated for the study area considering our results.

For this reason the base of the settlement at el-Qerdahi (–2.5 m, maximum age 3500 BC), the basal peat layers in the northern study area (–6 m, radiocarbon age about 6800 BP), and the peat deposits close to the southern boundary of the peat forming environment (–5 m, radiocarbon age about 5800 BP) were related to different eustatic sea-level curves (Fig. 5).

Assuming the sea-level curve of FAIRBRIDGE (1961) (Fig. 5a), the Predynastic settlement at el-Qerdahi should have been positioned above a level of +2 m when it existed at about 4500 BP. Lowering of the base of the cultural layer to its present level requires a subsidence rate of at least 1 mm/yr. This would imply that in the northern working area accumulation of peat started more than 6 m above the sea level of that time. This seems rather unlikely. Furthermore, the second sea-level maximum at about 4800 BP should have left traces of a marine transgression in the reach of the southernmost peat deposits. Otherwise, the sedimentation rate had to be more than 4 mm/yr during the millennium after the peat formation. As on one hand marine deposits were not detected in this area, and on the other hand no indications for a sedimentation rate of more than approximately 1 mm/yr were found, the sea-level curve of FAIRBRIDGE is no longer sustainable.

The previous considerations show that a continuous subsidence rate of 1 mm/yr does not fit to the other curves depicted in Figs. 5b and 5c, either.

However, assuming a rate of subsidence that was close to zero, our results correspond very well to the sea-level curve of CURRAY (1965) (Fig. 5b). This is in contrast to the suggestion that the Nile delta is affected by vertical isostatic movements caused by the load of Tertiary and Quaternary deposits reaching up to 3000 m in thickness.

A good correlation of our results can be stated with the eustatic sea-level curve of KELLETAT (1975) (Fig. 5c) if a rate of subsidence of about 0.5 mm/yr is supposed. This curve is characterized by an increase to a maximum close to the present sea level until about 5500 BP, a subsequent decrease, and since c. 3500 BP a renewed increase up to the present level. According to the results of our investigations the curve should be modified as depicted in Fig. 5c. The regressive phase prior to 3500 BP would explain the relatively young erosional structures which were detected, not only close to Tell el-Fara‘in as mentioned above but also in the eastern delta (cf. ANDRES & WUNDERLICH, this volume).

The above considerations can only be regarded as approximations. Nevertheless, assuming a continuous and linear subsidence, it can be inferred that in the study area the rate of subsidence is much lower than in the scenarios mentioned above, in which it is estimated to 1–7 mm/yr (MILLIMAN et al. 1989: Note 46). These values are based on rather dubious tide-gauge records, which were evaluated by EMERY et al. (1988), and on the results of STANLEY (1988). The latter are valid for the area of Lake Manzala exclusively and may reflect local tectonic activities. Consequently, if a moderate

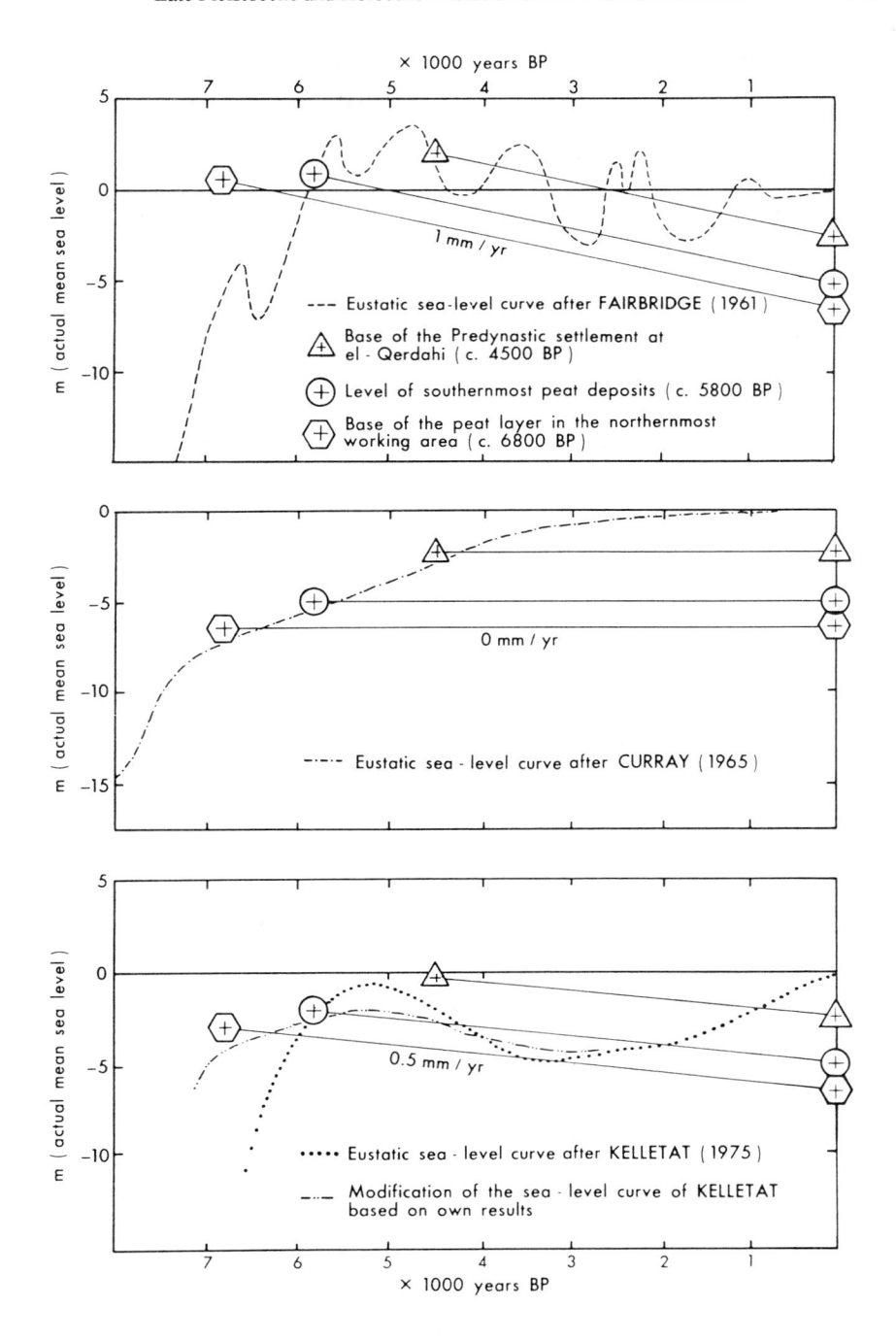

Fig. 5: Estimation of the subsidence rate in the area south of Lake Burullus based on different sea-level curves and own results(discussion in the text).

increase of eustatic sea-level rise is assumed, the threat to the central part of the Nile delta by a relative rise of sea-level may be regarded as less critical than the scenarios of MILLIMAN et al. (1989) or STANLEY (1988) convey. Nevertheless, an accelerated eustatic sea-level rise as well as the effects of coastal erosion, due to damming of the River Nile, will raise many problems for the coastal region of the Nile delta.

REFERENCES

ANDRES, W. & WUNDERLICH, J. (1986): Untersuchungen zur Paläogeographie des westlichen Nildeltas im Holozän.– Marburger Geographische Schriften, 100: 117–131.

ANWAR, Y.M., GINDY, A.R., EL ASKARY, M.A. & EL FISHAWI, N.M. (1979): Beach accretion and erosion, Burullus-Gamasa coast, Egypt.– Marine Geology, 30: M1–M7.

BALL, J. (1939): Contributions to the Geography of Egypt.– Cairo.

BAR-YOSEF, O. & PHILLIPS, J.L. (1977): Prehistoric investigations in Gebel Maghara, Northern Sinai.– Monogr. of Inst. Arch., Hebrew Univ., Jerusalem 7.

BLODGET, H.W., TAYLOR, P.T. & ROARK, J.H. (1989): Satellite mapping of Nile Delta coastal changes.– Agenda for the 90's. Technical papers 1989 ASPRS/ACSM annual convention, Baltimore, Vol. 3: 320–327.

BRINK, E.C.M. VAN DEN (1986): A Geo-Archaeological Survey in the North-Eastern Nile Delta, Egypt; the First Two Seasons, a Preliminary Report.– Mitteilungen des Deutschen Archäologischen Instituts, Abt. Kairo, 43: 7–31.

BRINK, E.C.M. VAN DEN (ed) (1988): The Archaeology of the Nile Delta, Egypt: Problems and Priorities.– Amsterdam.

BRINK, E.C.M. VAN DEN (1989): A Transitional Late Predynastic – Early Dynastic Settlement Site in the Northeastern Nile Delta, Egypt.– Mitteilungen des Deutschen Archäologischen Instituts, Abteilung Kairo, 45: 55–108.

BUTZER, K.W. (1975): Delta. – In: HELCK, W. & OTTO, E. (eds): Lexikon der Ägyptologie. I.– pp. 1043–1052, Wiesbaden.

BUTZER, K.W. (1980): Pleistocene History of the Nile Valley in Egypt and Lower Nubia.– In: WILLIAMS, M.A.J. & FAURE, H. (eds): The Sahara and the Nile.– pp. 253–280, Rotterdam.

BUTZER, K.W. & HANSEN, C.L. (1968): Desert and River in Nubia.– Madison.

COUTELLIER, V. & STANLEY, D.J. (1987): Late Quaternary stratigraphy and Paleogeography of the eastern Nile Delta, Egypt.– Marine Geology, 77: 257–275.

CURRAY, J.R. (1965): Late Quaternary history, continental shelves of the United States.– In: Wright, H.E. & Frey, D.G. (eds): The Quaternary of the United States.– Princeton Univ., pp. 723–735.

EMERY, K.O., AUBREY, D.G. & GOLDSMITH, V. (1988): Coastal neotectonics of the Mediterranean from tide-gauge records.– Marine Geology, 81: 41–52.

FAIRBRIDGE, R.W. (1961): Eustatic changes in sea-level.– Physics and Chemistry of the Earth, 4: 99–185.

FRIHY, O.E. (1988): The Nile Delta shoreline changes: aerial photographic study of a 28-year period.– J. of Coastal Research, 4/4: 597–606.

FRIHY, O.E. & STANLEY, D.J. (1987): Quartz grain surface texture and depositional interpretations, Nile Delta region, Egypt.– Marine Geology, 77: 247–255.

HASSAN, F.A. (1976): Heavy Minerals and the Evolution of the River Nile.– Quaternary Research, 6: 425–444.

KELLETAT, D. (1975): Eine eustatische Kurve für das jüngere Holozän, konstruiert nach Zeugnissen früherer Meeresspiegelstände im östlichen Mittelmeergebiet.– Neues Jb. Geol. Paläontol. Mh., 6: 360–374.

KENNETT, J. (1982): Marine Geology.– New York.

KHOLIEF, M.M. (1972): A Study of Grain Morphology and Heavy Mineral Composition in the Sedimentary Sequence of the U.A.R.– In: STANLEY, D.J. (ed): The Mediterranean Sea – A Natural Sedimentation Laboratory.– pp. 345–354, Strondsburg/Penns.

KHOLIEF, M.M., HILMY, E. & SHAHAT, A. (1969): Geological and Mineralogical Studies of some Sand Deposits in the Nile Delta, U.A.R.– J. Sedimentary Petrology, 34/4: 1520–1529.

KLEMAS, V. & ABDEL-KADER, A.M.F. (1982): Remote Sensing of Coastal Processes with Emphasis on the Nile Delta.– Proc. Int. Symp. Remote Sensing of Environment, 1st Them. Conf., Jan.1982. I: 389–415, Cairo.

KROEPER, K. & WILDUNG, D. (1989): Minshat Abu Omar. Vor- und Frühgeschichte im Nildelta.– Archäologie in Deutschland, 4: 10–17.

MILLIMAN, J.D., BROADUS, J.M. & GABLE, F. (1989): Environmental and economic implications of rising sea level and subsiding deltas: the Nile and Bengal examples.– Ambio, 18/6: 340–345.

PEARSON, G.W., PILCHER, J.R., BAILLIE, M.G.L., CORBETT, D.M. & QUA, F. (1986): High-Precision ^{14}C Measurement of Irish Oaks to Show the Natural ^{14}C Variations from AD 1840 to 5210 BC.– Radiocarbon, 28/2B: 911–934.

PHILIP, G. & YOURSI, F. (1964): Mineral Composition of Some Nile Delta Sediments Near Cairo.– Bull. Fac. Sci. Cairo Univ., 39: 231–252.

PIRAZZOLI, R.A. (1987): Sea-level changes in the Mediterranean.– In: TOOLEY, M.J. & SHENNAN, I. (eds): Sea-level changes.– pp. 152–181, Oxford, New York.

ROGNON, P. (1982): Modifications des climats et des environments en Afrique du Nord et au Moyen Orient depuis 20.000 B.P.– In: BINTLIFF, J.L. & ZEIST, W. VAN (eds): Paleoclimates, Paleoenvironments and Human Communities in the Eastern Mediterranean Region in Late Prehistory.– B.A.R. Intern. Series, 133: 67–97, Oxford.

SAID, R. (1981): The Geological Evolution of the River Nile.– New York, Heidelberg, Berlin.

SEWUSTER, R.J.E. & WESEMAEL, B. VAN (1987): Tracing ancient river courses in the eastern Nile Delta.– Rep. of the Lab. of Phys. Geogr. and Soil Science, Univ. Amsterdam, 30: 31 pp.

SHACKLETON, N.J. (1987): Oxygen isotopes, ice volume and sea level.– Quat. Sci. Rev., 6 (314): 183–190.

SHUKRI, N.M. (1950): The mineralogy of some Nile sediments.– Quarterly Journal of the Geol. Soc., 105: 511–534, London.

SMITH, S.E. & ABDEL-KADER, A. (1988): Coastal erosion along the Egyptian delta.– J. of Coastal Research, 4/2: 245–255.

SNEH, A., WEISSBROD, T., EHRLICH, A., HOROWITZ, A., MOSHKOVITZ, S. & ROSENFELD, A. (1986): Holocene Evolution of the Northeastern Corner of the Nile Delta.– Quaternary Research, 26: 194–206.

STANLEY, D.J. (1988): Subsidence in the Northeastern Nile Delta: Rapid Rates, Possible Causes, and Consequences.– Science, 240: 497–500.

STANLEY, D.J. (1989): Sediment transport on the coast and shelf between the Nile delta and Israel margin as determined by heavy minerals.– J. of Coastal Research, 5/4: 813–828.

STANLEY, D.J. & LIYANAGE, A.N. (1986): Clay-mineral variations in the northeastern Nile Delta, as influenced by depositional processes. – Marine Geology, 73/3–4: 263–283.

STANLEY, D.J., SHENG, H. & PAN, Y. (1988): Heavy minerals and provenance of Late Quaternary sands, eastern Nile delta.– J. of African Earth Sciences, 7: 735–741.

WAY, T. VON DER (1984): Untersuchungen des Deutschen Archäologischen Instituts Kairo im nördlichen Delta zwischen Disûq und Tida.– Mitteilungen des Deutschen Archäologischen Instituts, Abt. Kairo, 40: 297–328.

WAY, T. VON DER (1985): Bericht über den Fortgang der Untersuchungen im Raum Tell el-Faraᶜin-Buto.– Mitteilungen des Deutschen Archäologischen Instituts, Abt. Kairo, 41: 269–291.

WAY, T. VON DER (1986): Tell el-Faraᶜin-Buto. 1. Bericht.– Mitteilungen des Deutschen Archäologischen Instituts, Abt. Kairo, 42: 191–212.

WAY, T. VON DER (1987): Tell el-Faraᶜin-Buto. 2. Bericht.– Mitteilungen des Deutschen Archäologischen Instituts, Abt. Kairo, 43: 241–257.

WAY, T. VON DER (1988): Tell el-Fara°in-Buto. 3. Bericht.– Mitteilungen des Deutschen Archäologischen Instituts, Abt. Kairo, 44: 283–306.

WAY, T. VON DER (1989): Tell el-Fara°in-Buto. 4. Bericht.– Mitteilungen des Deutschen Archäologischen Instituts, Abt. Kairo, 45: 275–307.

WAY, T. VON DER: Buto I.– Archäologische Veröffentlichungen, Deutsches Archäologisches Institut, Abteilung Kairo (in print).

WENKE, R.J. (1986): Old Kingdom Community Organization in the Western Egyptian Delta.– Norwegian Archaeological Revue, 19/1: 15–33.

WESEMAEL, B. VAN & DIRKSZ, P. (1986): Amsterdam University Survey Expedition; the relation between the natural landscape and the spatial distribution of archaeological remains.– In: BRINK, E.C.M. VAN DEN: A Geo-Archaeological Survey in the North-Eastern Nile Delta, Egypt, the First Two Seasons, a Preliminary Report.– Mitteilungen des Deutschen Archäologischen Instituts, Abt. Kairo, 43: 7–31.

WIT, H.E. DE: The evolution of the eastern Nile delta as a factor for the development of human culture.– In: KRZYZANIAK, L., KOBUSIEWICZ, M. & ALEXANDER, J. (eds): Environmental Change and Human Culture in the Nile Basin and Northern Africa Until 2nd Millennium BC.– Poznan (in print).

WIT, H.E. DE & STRALEN, L. VAN (1988): Geo-Archaeology and Ancient Distributaries in the Eastern Nile Delta.– Rep. of the Lab. of Phys. Geogr. and Soil Science, Univ. Amsterdam, 34: 56pp.

WUNDERLICH, J. (1988): Investigations on the Development of the Western Nile Delta in Holocene Times.– In: BRINK, E.C.M. VAN DEN (ed): The Archaeology of the Nile Delta, Egypt: Problems and Priorities.– pp. 251–257, Amsterdam.

WUNDERLICH, J. (1989): Untersuchungen zur Entwicklung des westlichen Nildeltas im Holozän.– Marburger Geographische Schriften, 114: 164 pp.

WUNDERLICH, J.: The Natural Conditions for Pre- and Early Dynastic Settlement in the Western Nile Delta around Tell el-Fara°in-Buto.– In: KRZYZANIAK, L., KOBUSIEWICZ, M. & ALEXANDER, J. (eds): Environmental Change and Human Culture in the Nile Basin and Northern Africa Until 2nd Millennium BC.– Poznan (in print).

WUNDERLICH, J., SCHMIDT, K. & WAY, T. VON DER (1989): Neue Fundstellen der Buto-Maadi-Kultur bei Ezbet el-Qerdahi.– Mitteilungen des Deutschen Archäologischen Instituts, Abt. Kairo, 45: 309–318.

LATE PLEISTOCENE AND HOLOCENE EVOLUTION OF THE EASTERN NILE DELTA AND COMPARISONS WITH THE WESTERN DELTA*

Wolfgang Andres & Jürgen Wunderlich, Marburg (Germany)

1. INTRODUCTION

This study was initiated on the site of the archaeological excavation of the Staatliche Sammlung Ägyptischer Kunst, Munich, at Minshat Abu Omar in the eastern Nile delta (Fig. 1).

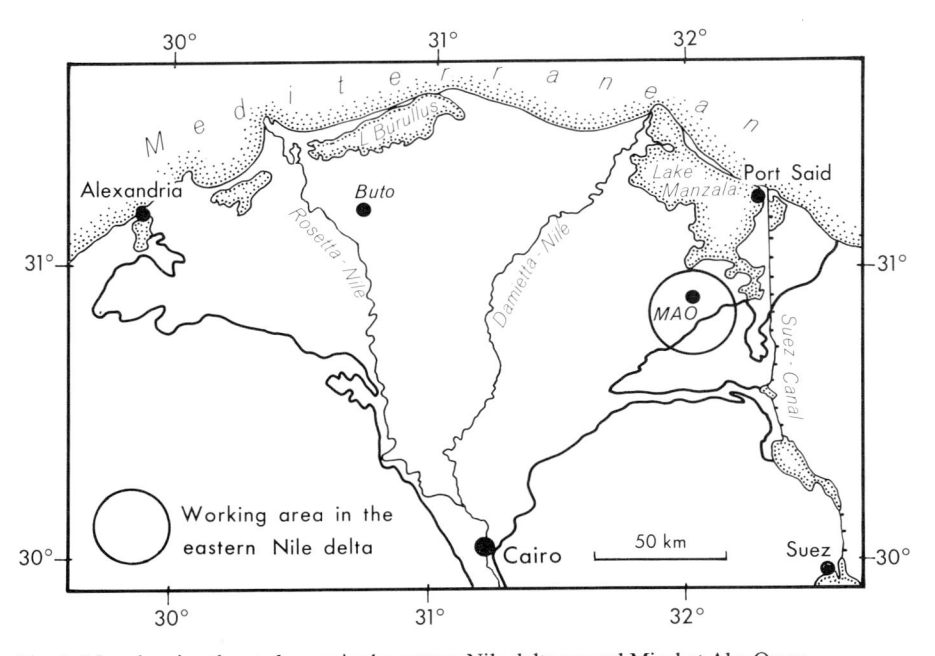

Fig. 1: Map showing the study area in the eastern Nile delta around Minshat Abu Omar.

* The research in the Nile delta was gratefully sponsored by the DFG (Deutsche Forschungsgemeinschaft).

Up to now the excavation has yielded more than 3000 burial places (KROEPER & WILDUNG 1989). Most of those are dated from the Greek-Roman period. Several hundred burial plots from Predynastic and Early Dynastic times (before 2900 BC), however, indicate an important earlier colonization in the area. The settlements belonging to this period have been buried by several metres of Holocene Nile sediments during the following millennia.

Localizing cultural layers and the natural environment of early settlements was one object of this study. Moreover, it focuses on the reconstruction of the Holocene delta development based on the characteristics of the subsurface sediment-structure. The results are compared with those already found for the western Nile delta (ANDRES & WUNDERLICH 1986; WUNDERLICH 1989; WUNDERLICH & ANDRES, this volume).

In the eastern Nile delta sand mounds and sand sheets – known as ‚geziras' – are much more prominent than in the western delta. They show that Pleistocene fluvial sands were partly eroded and subsequently covered by Holocene delta sediments. A continuous distribution of the sands in the ground is assumed by ATTIA (1954). Analyses of the granulometry and mineral composition of the sands were made by SHUKRI (1950), KHOLIEF et al. (1969) and also by HASSAN (1976). Although the sediments so far could not be clearly correlated to Nile sediments from Middle and Upper Egypt they are commonly assumed to be early and middle Pleistocene deposits (SAID 1981).

Recently VAN WESEMAEL & DIRKSZ (1986), SEWUSTER & VAN WESEMAEL (1987), COUTELLIER & STANLEY (1987), STANLEY (1988) and also DE WIT & VAN STRALEN (1988) were working on similar problems in the same region.

2. FIELD RESULTS AND INTERPRETATION

Like in the western delta augering to a depth of 16 metres was the primary field work. In addition geoelectrical measurements were carried out. Some results and the current state of knowledge are demonstrated by selected cross-sections based on the observations and samples of the bore-holes. The major characteristics of the eastern delta are revealed by the cross-section depicted in Figure 2. Also differences to the western delta become obvious. The transect starting at the gezira of Minshat Abu Omar in the West and reaching to the gezira of Tell el-Ginn in the East is about 4 km long and was compiled from 18 bore-holes (Fig. 2).

It is apparent that in the research area – in contrast to the western delta (WUNDERLICH & ANDRES, this volume) – an eroded older sand relief has been covered by younger fine-grained sediments. As a consequence, today only the highest elevations of the old sand relief rise above the delta surface. The central parts of these geziras consist of yellowish brown medium sands with interbedded fine-sand layers. Locally also coarse sands occur. Layers with high quantities of well rounded quartz grains alternate with layers of dominantly angular and fractured particles. Feldspars and micas – except within the finer fractions – are rare. The sediment consists of <10 % heavy minerals. Pyroxenes, amphiboles, and epidotes together account for more than 60 % of the heavy minerals whereas opaque minerals account for about

20 %. Similar results were reported by different authors for the fluvial Nile sediments in Lower Egypt (KHOLIEF et al. 1969; EL ASKARY & FRIHY 1984; COUTELLIER & STANLEY 1987).

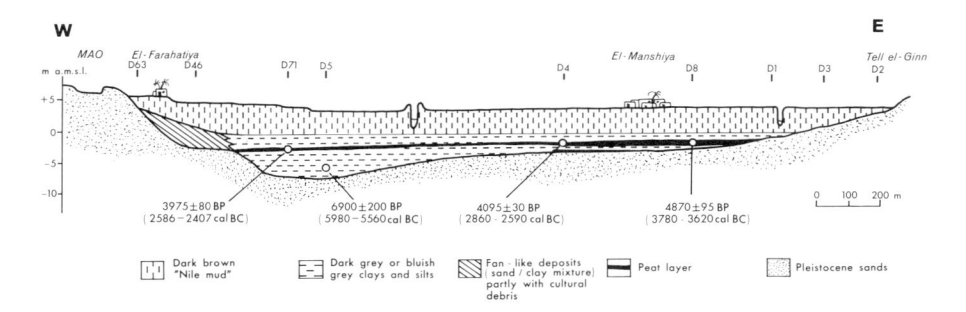

Fig. 2: W-E cross-section of the area east of Minshat Abu Omar (MAO) compiled from several drillings. Shown are age and position of radiocarbon dated samples. Different facies units are discussed in the text.

The erosion channels are floored with greenish grey sands which do not show any difference to the yellowish brown sands in grain-size characteristics and in mineral composition. The assumption of KHOLIEF et al. (1969: 1524) the greenish colour was caused by a dominance of green hornblende cannot be confirmed. The colour was found to be result of a milieu that reduces the iron coatings of the sand grains. This finding is supported by the fact that the greenish grey sands are found generally below actual mean sea level and always below the upon layered greyish black clays. From the sediment bore-holes it cannot be decided whether the sands have been reworked and accumulated in a reducing environment or if they were reduced some time after deposition.

Above the greenish grey sands a thick sequence of dark grey (greyish black to dark bluish grey) clay layers follows. Locally these layers are substituted by silty material or pure silts with a high content of micas. They represent a typical floodplain facies while silt and fine sand layers represent levee deposits of corresponding former channels. Locally fragments of molluscs and vegetation relicts are frequent. Peat horizons structure the sediment. They indicate the prevalence of semiterrestric environments for longer periods resulting from the absence of significant fluvial sedimentation.

The upper 4 to 5 metres are composed of typical dark brown Nile sediments. Clays together with silty intercalations prevail. The brown colour results from the oxidation of iron and indicates that the sediments have not been influenced by continuous ground-water for long periods. Soil development is documented by calcic nodules, oxide mottles and iron-manganese concretions. Hence, it may be deduced that soil formation temporarily took place under semihumid conditions. Pottery sherds document the growing influence of human activities.

In the upper layers of the dark grey sequence deposits of particular interest for the archaeological research addressed in the introduction are often encountered. Consisting of a heterogeneous sand-clay mixture they clearly differ from the other layers. Starting from the geziras they spread fan-like and are partly interfingered with the peat layers. As a result of our research in the western delta it was shown that settlement initially started on sand elevations that were covered by vegetation as soil development shows (WUNDERLICH & ANDRES, this volume). In the course of occupation the vegetation cover was partly removed initiating the erosion of the gezira during heavy rainfalls. The eroded material was redeposited on the floodplain close to the edge of the gezira. In addition the heterogeneous structure of the sediments most likely reflects direct human impact due to cultivation and settlement activities. This interpretation is supported by the large amount of cultural remains found in these sediments. At some distinct locations archaeological horizons indicate the existence of early settlements. These probably belong to the Predynastic burial places excavated on the gezira of Minshat Abu Omar. Further excavations are planned by archaeologists in order to find more supporting evidence.

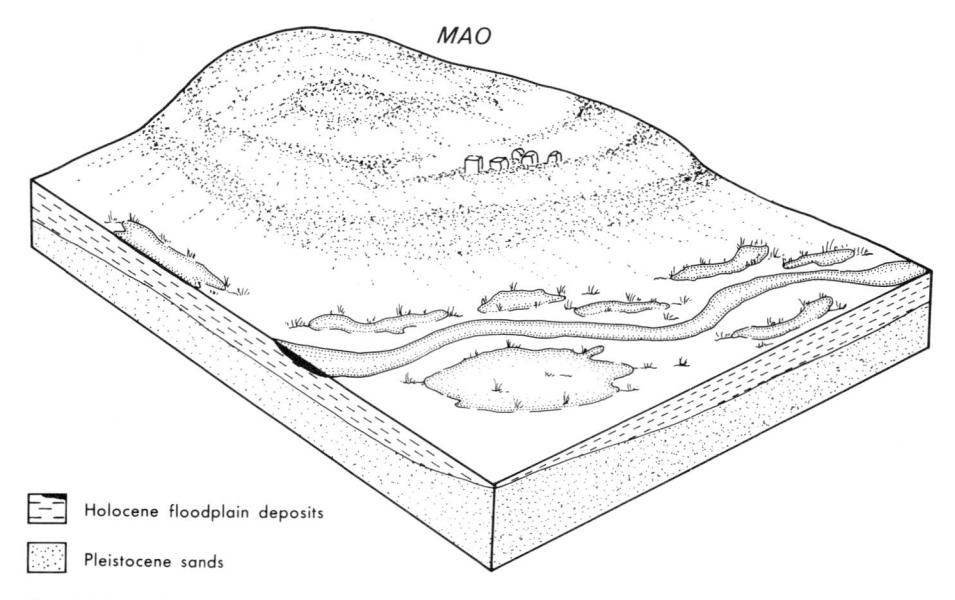

Fig. 3: Block diagram showing the sand-gezira of Minshat Abu Omar and the adjacent floodplain during the 4th millennium BC. At that time the floodplain was covered by vast swamps while the sand island was an appropriate place for early settlement. Close to the gezira eroded sands mixed with fine-grained floodplain deposits.

The fact that the fan-like deposits bearing the cultural debris are interfingered with peat layers indicates aquatic or marshy environments suggesting that the early settlers were mainly subsisting on fishing (Fig. 3).

The available radiocarbon dates set a reliable time frame for the stratification of the delta sediments. The fine material series positioned about 2 metres above the sand base of a deeply eroded channel was dated to 6900 ± 220 BP (HD12681–12255). A peat horizon about 2–2.5 metres below sea level was dated 4095 ± 30 BP (HD12689–12156) to 4870 ± 95 BP (HD12682–12256)*. This time span represents a period without annual clastic sedimentation and thus favourable conditions for peat formation.

Taking into account these data, the average sedimentation rate can be estimated to 1.2 mm per year (12 cm per century) for the basal dark grey fine grained material as well as for the typical brown Nile mud series in the upper part of the sediment sequence (3 metres in 2500 years for the former, 6 metres in 5000 years for the latter, respectively). That leads to the conclusion that there was no substantial change in sedimentation since the early Holocene until subrecent times except for the period with peat formation. Extrapolation of this sedimentation rate down to the top of the underlying sands suggests that the deposition of the fine-material series started 9500–9000 BP. Considering the fact that some channels are eroded even deeper into the sands the beginning of fine-material deposition in this region can be set to the Pleistocene/Holocene boundary. The erosion discontinuity between the sands and the fine grained deposits provides evidence that the sands are of Pleistocene age.

A comparable sand body also covered by a fine-material series is located in the adjacent northern coastal region. It was classified as late Pleistocene by COUTELLIER & STANLEY (1987: 260). In our opinion that temporal classification cannot be transferred to the sand body as a whole as it occasionally rises up to more than 8 metres above a.m.s.l.**. Accumulation by fluvial processes up to this level requires a base-level that must have been markedly above present sea level. However, there is evidence that sea level did never exceed the present level since the last interglacial (RADTKE 1989: 137). Nevertheless reworking of the greenish grey sands in the channels might have taken place throughout late Pleistocene time.

Two additional observations are important for the stratigraphy of the delta as well as for the reconstruction of corresponding sea levels. The cross-section south of the gezira shows a remarkable incision of a Nile distributary (Fig. 4). It indicates erosion down to the Pleistocene sands after the accumulation of the dark bluish grey clays and the formation of peat deposits the latter being structured in two horizons. The deepest floor of the eroded channel is placed 14 metres below the terrain surface (i.e. –10 m a.m.s.l.). This shows a powerful reactivation of erosion which cannot be explained by lateral shifting of the channel alone. A short term regression of the sea level must be

---

*   The ^{14}C-dates were determined at the Institut für Umweltphysik, Universität Heidelberg (Germany).
** a.m.s.l.: Actual Mean Sea Level

assumed. Based on the dates for the older peat layers and two samples of the silty channel fill (Fig. 4), this erosion must have taken place about 4500 to 3500 BP.

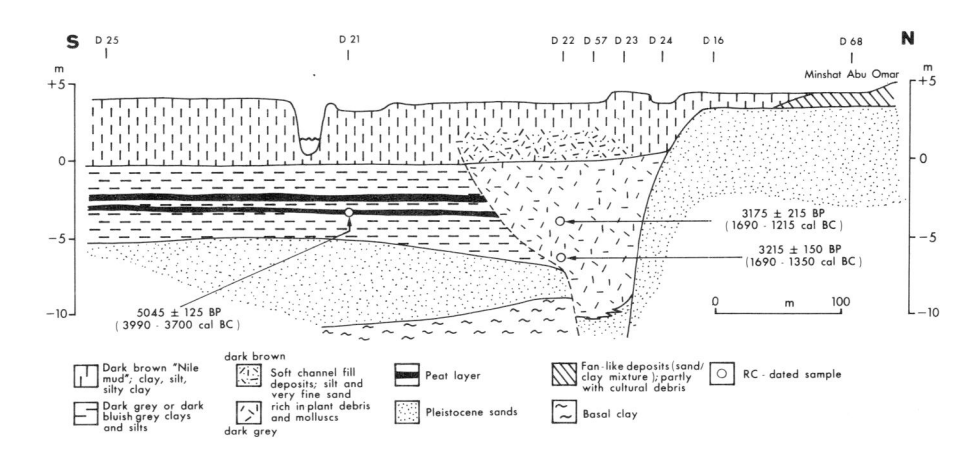

Fig. 4: S-N cross-section of the area south of the gezira of Minshat Abu Omar. Close to the gezira the Holocene floodplain deposits and the upper part of the Pleistocene sands are deeply eroded indicating a regression of the sea about 4500–3500 BP. The characteristics of the basal clay are discussed in the text.

Light grey clay deposits (basal clays) with interbedded sandy layers of the same colour were sounded at –10 m a.m.s.l. below the greenish grey sands. The clays are partly spotted and mottled in ochre colours. Their spatial distribution and temporal classification are widely uncertain (Fig. 4). Their characteristics suggest these sediments to be former G_o/G_{or} horizons of a gley. If these clays were spreading continuously under the sands of the gezira they would provide indications for a considerably older delta possibly of Pre-Nile age in the sense of SAID (1981). If these deposits were found only to be the base of the greenish grey sands in the channels, however, they could indicate an interstadial transgression preceding the major regression of the last glaciation. Answers to this question can only be achieved by deep-borings in the centre of the gezira. Unfortunately this was not possible during the field work as a result of technical limitations.

A sediment layer with nearly identical structure and an average thickness of 5 metres was sounded in similar depth by COUTELLIER & STANLEY (1987: 260). They report an age of 26,800 ± 560 BP. The material used for dating, however, is not mentioned. Also the statement that „the above cited clay and sand facies accumulated during the last major interglacial" (COUTELLIER & STANLEY 1987: 262) is not compatible with the dating. Thus, no useful information is given to decide which of the two interpretations discussed above is more likely.

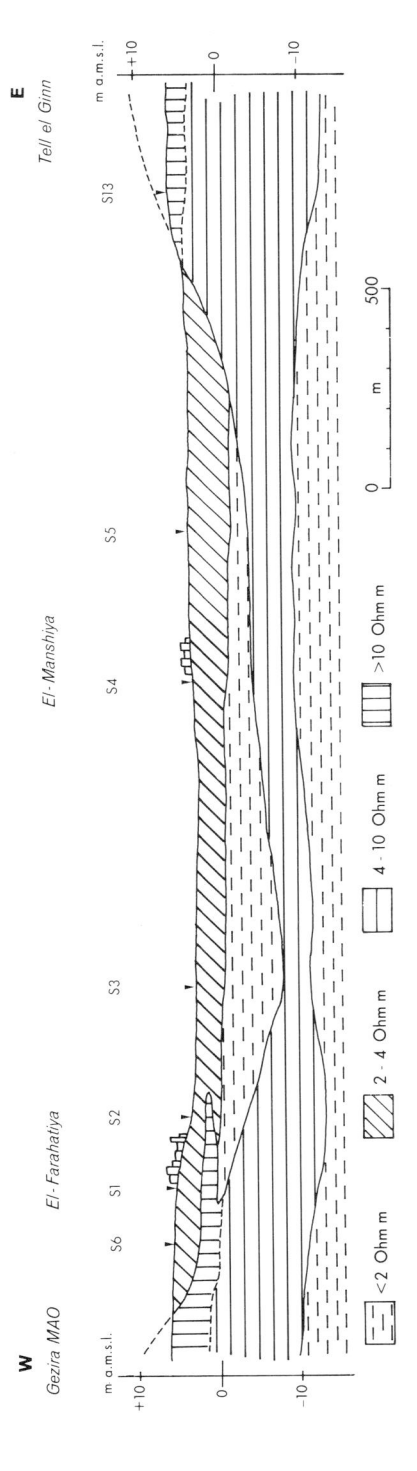

Fig. 5: W-E cross-section of the area east of Minshat Abu Omar (MAO) based on DC geoelectric resistivity soundings. Depicted are strata of different specific resistivity showing close correlation to the facies units delineated in Fig. 2. The Pleistocene sands (4–10 Ohm•m) are underlain by sediments with markedly lower specific resistivity (< 2 Ohm•m) probably representing the basal clay facies (discussion in the text).

In the context of that question the measurements with the geoelectrical resistivity method (DC) are of importance. The soundings show that below the geziras and the greenish sands strata with significantly lower resistivity exist (Fig. 5). The authors therefore assume an interglacial paleo-delta sited below the Pleistocene sand cover. However, a temporal connection between the sounded clay layers and the presumable paleo-delta sediments could not be demonstrated.

3. SUMMARY OF RESULTS AND COMPARISON WITH THE WESTERN NILE DELTA

The clay and silt sediments of the eastern Nile delta are embedded in a Pleistocene sand relief (Fig. 6). The sand body was emplaced before the maximum regression of the last glaciation during which it was deeply eroded. A considerable amount of these sands must have been reworked and redeposited in channels. Initially the sand body had an average thickness of more than 20 metres. It is underlain by a gleyed clay-sand strata that is likely to be an interglacial relict of the Pre-Nile delta.

The base of the Holocene delta is composed of dark bluish grey clay and silt layers with interbedded peat horizons. The latter reflect several centuries (c. 4800–4000 BP) without significant clastic sedimentation. During that time the area was settled for the first time. This is inferred from locally found fan-like deposits that are interfingered with peat layers being interspersed with cultural remains of that time.

The typical Nile mud facies has an average thickness of 4–5 metres. The composition of the basal dark grey clay sequence and the covering dark brown Nile mud indicates no substantial change in the sedimentation process. The difference in colour is caused by reducing or oxidizing conditions, respectively. The mean sedimentation rate continuously was 12 centimetres per century throughout the Holocene. During the second half of the 4th millennium BC a phase of intensive erosion occurred and channels were incised down to the Pleistocene sands. Subsequently, the channels were rapidly filled with silt.

For the western delta – at least for the study area of the authors – a significantly different developement (ANDRES & WUNDERLICH 1986; WUNDERLICH 1989; WUNDERLICH & ANDRES, this volume) can be documented. There, the Pleistocene sand is not found at the surface. A sand body constituting the core of the ancient settlement of Tell el-Fara^{c}in was initially assumed to be of early or middle Pleistocene age. However, it was proved that the sand was accumulated after the maximum of the last glaciation. The upper parts of the postglacial *Delta2*-unit (WUNDERLICH 1989) correspond to the upper sequence in the eastern delta. The lower *Delta1*-unit with a paleosol at its top was determined to be more than 13,000–14,000 years old. Its surface level at about –4 m (a.m.s.l.) lies markedly above the basal clays of the eastern delta. This indicates that in the western delta deposits of an interstadial delta were preserved during the late Pleistocene regression while erosion concentrated in channels further west and – as was proved – further east. On this delta surface originally fluvial sands were redeposited by eolian processes and subsequently fixed by vegetation. These accumulations were appropriate places for early settlement. The preservation of parts of a flat interstadial delta surface caused the extensive southward advance of the lagoon and marsh belt until about 6000 BP.

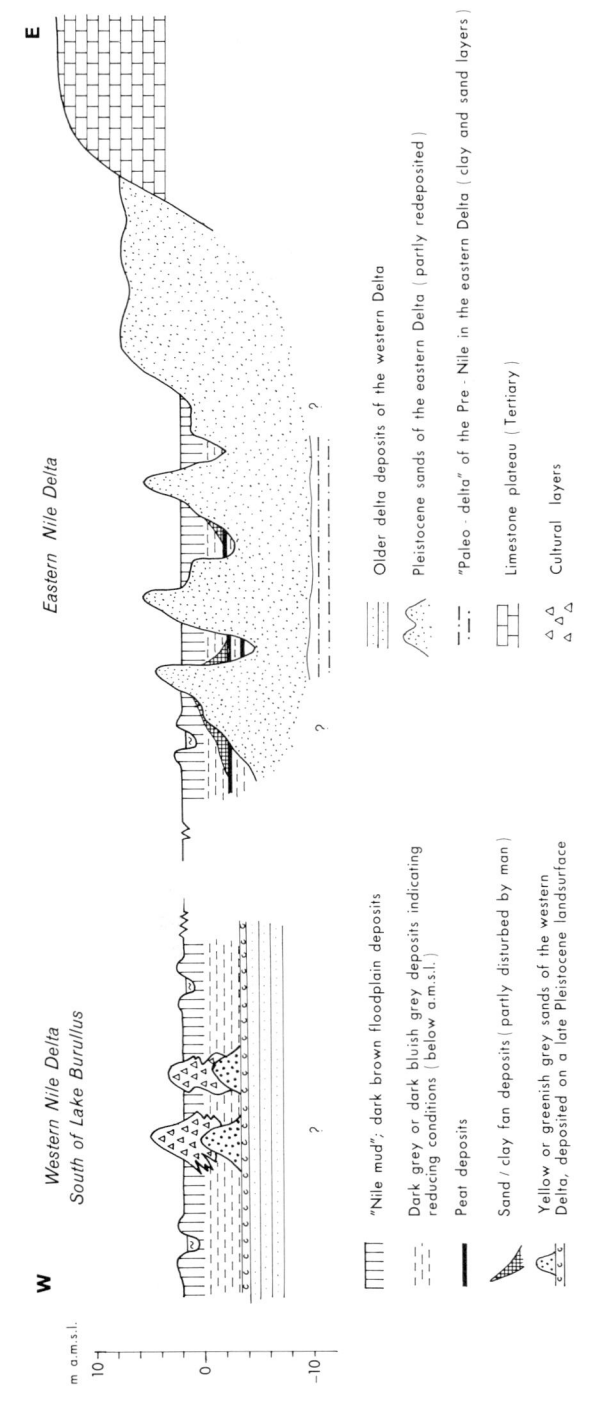

Fig. 6: Comparative schematic W-E cross-section through the study areas in the Nile delta showing the characteristic stratigraphic features of the western and eastern delta respectively; discussion in the text (cross-section horizontally not to scale).

An estimation developed for the western delta only, suggests the rate of subsidence to be much smaller than assumed by other authors (WUNDERLICH 1989; WUNDERLICH & ANDRES, this volume). Indications for fundamental differences in subsidence and accumulation between eastern and western delta could not be found in the study areas. The reasons for the differences in the settings of the eastern and western delta are rather due to spatially differing effects of late Pleistocene incision.

REFERENCES

ANDRES, W. & WUNDERLICH, J. (1986): Untersuchungen zur Paläogeographie des westlichen Nildeltas im Holozän.- Marburger Geographische Schriften, 100: 117–131.

ASKARY, M.A. EL & FRIHY, O.E. (1984): Environmental interpretation of sand grain surface textures in the Rosetta and the Damietta promontories along the Nile Delta coast, Egypt.- N. Jb. Geol. Paläont. Mh., 12: 709–716.

ATTIA, M.I. (1954): Deposits in the Nile Valley and Delta.- Cairo.

COUTELLIER, V. & STANLEY, D.J. (1987): Late Quaternary stratigraphy and paleogeography of the eastern Nile Delta, Egypt.- Marine Geology, 77: 257–275.

HASSAN, F.A. (1976): Heavy Minerals and the Evolution of the River Nile. – Quaternary Research, 6: 425–444.

KELLETAT, D. (1975): Eine eustatische Kurve für das jüngere Holozän, konstruiert nach Zeugnissen früherer Meeresspiegelstände im östlichen Mittelmeergebiet.- Neues Jb. Geol. Paläontol. Mh., 6: 360–374.

KHOLIEF, M.M., HILMY, E. & SHAHAT, A. (1969): Geological and Mineralogical Studies of some Sand Deposits on the Nile Delta, U.A.R.- Journal of Sedimentary Petrology, 34 (4): 1520–1529.

KROEPER, K. & WILDUNG, D. (1989): Minshat Abu Omar. Vor- und Frühgeschichte im Nildelta.- Archäologie in Deutschland, 4: 10–17.

RADTKE, U. (1989): Marine Terrassen und Korallenriffe – das Problem der quartären Meeresspiegelschwankungen erläutert an Fallstudien aus Chile, Argentinien und Barbados.- Düsseldorfer Geographische Schriften, 27: 250 pp., Düsseldorf.

SAID, R. (1981): The Geological Evolution of the River Nile.- New York, Heidelberg, Berlin.

SEWUSTER, R.J.E. & WESEMAEL, B. VAN (1987): Tracing ancient river courses in the eastern Nile Delta.- Rep. of the Lab. of Phys. Geogr. and Soil Science, Univ. Amsterdam, 30: 31 pp.

SHUKRI, N.M. (1950): The mineralogy of some Nile sediments.- Quarterly Journal of the Geol. Soc., 105: 511–534, London.

STANLEY, D.J. (1988): Subsidence in the Northeastern Nile Delta: Rapid Rates, Possible Causes, and Consequences.- Science, 240: 497–500.

WESEMAEL, B. VAN & DIRKSZ, P. (1986): Amsterdam University Survey Expedition; the relation between the natural landscape and the spatial distribution of archaeological remains.- In: BRINK, E.C.M. VAN DEN (ed.): A Geo-Archaeological survey in the North-Eastern Nile Delta, Egypt, the First Two Seasons, a Preliminary Report.- Mitteilungen des Deutschen Archäologischen Instituts, Abteilung Kairo, 43: 7–31.

WIT, H.E. DE & STRALEN, L. VAN (1988): Geo-Archaeology and Ancient Distributaries in the Eastern Nile Delta.- Rep. of the Lab. of Phys. Geogr. and Soil Science, Univ. Amsterdam, 34: 56 pp., Amsterdam.

WUNDERLICH, J. (1989): Untersuchungen zur Entwicklung des westlichen Nildeltas im Holozän.- Marburger Geographische Schriften, 114: 164 pp., Marburg.

DIE QUARTÄRE KÜSTENENTWICKLUNG IM MÜNDUNGSBEREICH DER FLÜSSE AGUAS, ANTAS UND ALMANZORA IN SÜDOSTSPANIEN

Gerd Wenzens, Düsseldorf

ZUSAMMENFASSUNG

Südlich des Río Antas treten in 7 Niveaus (Tab. 2: 160 m ü.M., 72–77 m ü.M., 62–65 m ü.M., 48–52 m ü.M., 29–32 m ü.M., 18–21 m ü.M., 0–14 m ü.M.) Strandgerölle auf, wobei im 18–21 m-Niveau mindestens 2 unterschiedlich zusammengesetzte, d.h. verschieden alte Strandterrassenablagerungen enthalten sind. Eine ähnliche Anzahl ist in Südostspanien nur noch in der Fußzone der Sierra Alhamilla bzw. Sierra de Gador ausgebildet (GOY/ZAZO 1982). In beiden Gebieten haben tektonische Verwerfungen zu Verstellungen geführt.

Auffallend ist die hohe Zahl der Niveaus am Südhang des Moro Manco (Abb. 3). Unterhalb der 160 m hohen Abrasionsplatte sind 5 marine Akkumulationskörper erhalten geblieben. Ihre Konservierung war durch die extrem starke Kalkverbackung möglich. Ihre Erhaltung ist außerdem dadurch zu erklären, daß sie aufgrund ihrer erosionsgeschützten Lage von jüngeren terrestrischen Prozessen nicht mehr erfaßt wurden.

Die mittelquartäre Terrasse (18–21 m ü.M.) im Raum Garrucha wurde durch die tektonisch angelegte Stufe der Cuesta de Garrucha, die sich nahezu in Nordsüdrichtung landeinwärts erstreckt, vor der Abtragung geschützt.

Die isolierte Lage der marinen Sedimente südlich des Río Antas läßt allerdings eine Parallelisierung der Strandterrassen mit den im Becken von Vera ausgebildeten Glacisniveaus nicht zu.

Dies ist nur nördlich des Cabezo Largo möglich, wo ein 32 m hoher Glacisrest mit den Strandgeröllen am Cabezo de la Pella in 29 m ü.M. als mittelquartärzeitlich eingestuft werden kann.

Die letztinterglaziale Strandterrasse befindet sich erosionsbedingt in Höhen zwischen 0 und 14 Metern.

SUMMARY

South of Río Antas there are marine pebbles found on 7 different levels (Tab. 2: 160 m, 72–77 m, 62–65 m, 48–52 m, 29–32 m, 18–21 m, 0–14 m a.s.l.) and the level of 18–21 m a.s.l. includes at least two differently composed and differently old sediments of marine terraces.

In southeastern Spain a comparable number of marine terraces has only been found at the mountain's edge of the Sierra Alhamilla and the Sierra de Gador (GOY/ ZAZO 1982). In both regions tectonic activity has initiated a strong displacement.

There is a striking large amount of levels on the southern slope of Moro Manco (fig. 3). Below the abrasional platform in 160 m a.s.l. there are 5 marine accumulation sequences conserved. Their conservation has been possible because of their extremely strong cementation and because of their situation which protected them against erosional activity so that younger terrestrial denudation did no more reach them.

The Middle Pleistocene terrace (18–21 m a.s.l.) near Garrucha is protected against erosion by the „Cuesta de Garrucha", a tectonically uplifted escarpment in nearly north-south direction. The isolated position of the marine terraces south of Río Antas makes it impossible to correlate them with glacis levels in the Vera Basin. A correlation can only be established north of Cabezo Largo, where a rest of a glacis level in 32 m a.s.l. corresponds with the marine pebbles at Cabezo de la Pella (29 m a.s.l.), both of Middle Pleistocene age.

Because of tectonic and erosion the latest interglacial marine terrace is situated between 0 and 14 meters.

RESUMEN

En el sur del Río Antas hay guijarros marinos en siete niveles (Tab. 2: 160 m, 72–77 m, 62–65 m, 48–52 m, 29–32 m, 18–21 m, 0–14 m s.n.m.). El nivel de 18–21 m contiene por lo menos dos unidades sedimentarias que están distintas por lo que concierne su composición y su edad.

En el sureste de España hay parecidos números de niveles sólo en la zona de piedemonte de la Sierra de Alhamilla y de la Sierra de Gador (Goy/Zazo 1982). En ambas regiones actividades tectónicas llevaron a dislocaciones.

Lo que extraña es el gran número de niveles en el pendiente sur del Moro Manco (fig. 3). Debajo de la plataforma de abrasión marina en 160 m s.n.m. cinco unidades sedimentarias marinas son conservadas. Su conservación fue posible por el alto grado de endurecimiento calcáreo y además se puede explicarla por su posición protegida de manera que procesos de erosión más recientes no pudieron atacarlas.

La terraza del cuaternario medio (18–21 m s.n.m.) en la región de Garrucha fue protegida contra la erosión por la „Cuesta de Garrucha", un escalón creado de manera tectónica. La aislada situación de los sedimentos marinos en el sur del Río Antas sin embargo no admite establecer una correlación de las terrazas marinas y los niveles de glacis en la cuenca de Vera.

Esto se lo puede hacer sólo en el Cabezo Gordo, donde hay un resto de un glacis en 32 m s.n.m. que se puede paralelizar con los guijarros marinos del Cabezo de la Pella. Ambos sedimentos son de edad cuaternaria media.

Por procesos de erosión el nivel marino de la última fase interglacial está en alturas de 0 a 14 metros.

Küstenentwicklung im Mündungsbereich der Flüsse Aguas, Antas und Almanzora 133

1. EINLEITUNG

Das Untersuchungsgebiet befindet sich im Ostteil der Betischen Kordillere. Hier entstanden im Zusammenhang mit der jungtertiären Heraushebung dieses Gebirgssystems tektonische Senken, die im Neogen mit marinen Sedimenten, insbesondere Mergeln, verfüllt wurden. Innerhalb dieser Senkungsräume stellt das Untersuchungsgebiet (Abb. 1) die Küstenzone des Beckens von Vera dar. Die Flachküste wird im Süden von der Sierra Cabrera und im Norden von der Sierra Almagrera begrenzt. Einzelne Sporne und Aufwölbungen dieser paläozoischen bis triassischen Kalke, Schiefer und Phyllite ragen im Süden aus den neogenen Sedimenten heraus. Sie stehen mit tektonischen Störungen in Verbindung. Die bedeutendste ist die fast Nord-Süd streichende Palomares-Verwerfung (BOUSQUET et al. 1975), die im Süden nahe der rezenten Küstenlinie, im Norden ca. 2–3 km landeinwärts verläuft.

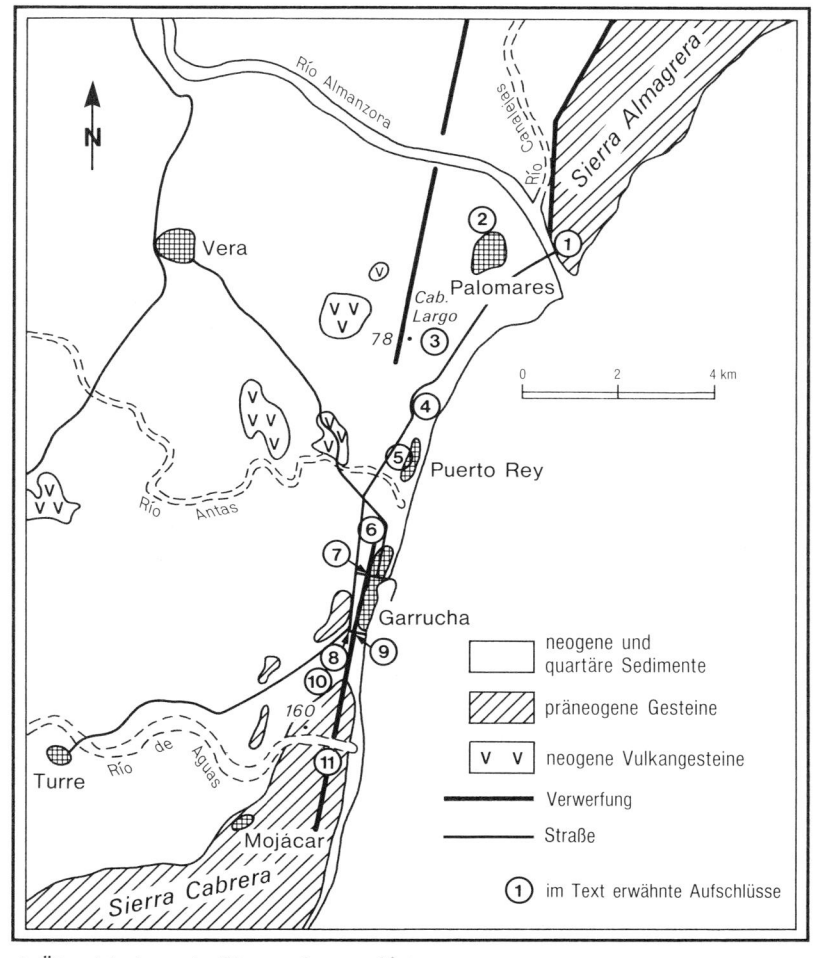

Abb. 1: Übersichtskarte des Untersuchungsgebietes

Im Bereich des ca. 12 km langen Küstensaumes münden 3 Flüsse, der Río de Aguas im Süden, der Río Antas im Zentrum und der Río Almanzora im Norden. Dieser ist mit 105 km Länge der bedeutendste. Er fließt unmittelbar südlich der Sierra Almagrera ins Meer. Hier geht die Steilküste nach Süden in eine junge Ausgleichsküste über.

Die Abflußbedingungen des nur 40 km langen Río Antas spiegeln das extrem semiaride Klima des Beckens von Vera wider. Bei 10–11 ariden Monaten und einem Jahresmittel von 200–250 mm führt der Fluß nur äußerst selten Wasser, so daß seine Mündung vom rezenten Strandwall abgeschirmt wird.

Der im angrenzenden Becken von Sorbas entspringende Río de Aguas mündet zwischen den nördlichen Ausläufern der Sierra Cabrera und der 160 m hohen Grundgebirgsaufwölbung des Moro Manco (s. Abb. 1: Höhenpunkt 160).

2. STAND DER FORSCHUNG UND PROBLEMSTELLUNG

In seiner Arbeit über die quartäre Reliefentwicklung des Beckens von Vera hat VÖLK (1979) auch die Strandterrassen in seine Untersuchungen einbezogen. Dabei ging VÖLK noch von dem klassischen Strandterrassenschema aus und war der Auffassung, daß sich die an der marokkanischen Küste aufgestellte Meeresterrassenabfolge nicht nur in bezug auf ihre relative Höhe, sondern auch stratigraphisch auf Südostspanien übertragen läßt. Entsprechend gliedert er folgende Stufen aus:

Tab. 1: Strandterrassengliederung im Becken von Vera nach VÖLK (1979, 21 f., 30 f., 119, Tab. 1)

m ü.M.		Chronologie	
160		Emilium	prä-Donau
90		Sicilium	Mindel/Donau Interglazial
55–60	(+65)	Milazzium	Günz/Mindel Interglazial
30–34	(+45)	Paläotyrrhenium	Mindel/Riß Interglazial
18–20		Eutyrrhenium	Riß II/Riß I
6–8		Neotyrrhenium	Riß/Würm Interglazial
2		rezent	

In dem sich südlich anschließenden Gebiet, d.h. in der der Sierra de Cabrera vorgelagerten Küstenzone, hat BRUNNACKER (1973) nur Strandterrassen in Höhen von 1–2 m, 8–10 m, 18–20 m und 30–35 m ü.M. gefunden. Darüber, d.h. in etwa 55–60 m, soll als älteste faßbare quartäre Form eine Bergfußfläche ausgebildet sein.

Auf die tektonischen Verstellungen von Strandterrassen im Bereich der Palomares-Verwerfung gehen mehrere Autoren ein, ohne jedoch Höhe und Lage der Niveaus anzugeben: BOUSQUET et al. (1975) teilen eine Beobachtung von Cadet mit, der in der südlichen Verlängerung der Palomares-Störung eine N20° streichende Verwerfung gefunden hat, die das Paläotyrrhenium an der Ostflanke des Moro Manco erfaßt. In einer späteren Arbeit erwähnt BOUSQUET (1979, 282), daß in der Nähe von Garrucha eine Strandterrasse (Early Tyrrhenian) von dieser Verwerfung gestört sei.

ANGELIER et al. (1976, S. 438 f.) beschreiben südlich von Garrucha folgende Stufen, die sie jedoch nicht näher lokalisieren:
— „Un Tyrrhénien récent à Strombes (Ouljien) qui jalonne le littoral quelques mètres au-dessus des plages actuelles;
— un épisode peu marqué (Tyrrhénien moyen probable);
— une plate-forme bien individualisée (Tyrrhénien ancien ou Anfatien);
— des indices, enfin, d'un littoral plus ancien."

Am Fuße des Moro Manco soll die Terrasse („Tyrrhénien ancien") von einer N10° streichenden Störung erfaßt sein. Diese Publikation zitierend, verweist HARVEY (1987, 197) auf gestörte Strandablagerungen („Tyrrhenian II") in der Nähe von Mojácar und beschreibt selbst, daß bei Garrucha Strandablagerungen „Tyrrhenian II(?)" (S. 197) durch gipshaltige Mergel, die entlang von Verwerfungen aufsteigen, gestört sind.

GOY/ZAZO (1986, Tab. 3) beschreiben aus dem Raum Carboneras-Garrucha drei jungquartäre Strandterrassen in +5 m (Mojácar), +8 m (Peñon) und +15 m (Cantal), wobei die beiden jüngsten Niveaus *Strombus bubonius* enthalten. Dem Mittelquartär werden Strandterrassen in +30 m (Garrucha) und +40 m (La Marina), dem Übergangszeitraum zum Altquartär eine +50 m-Terrasse (Guevara) sowie dem Altquartär eine +80 m-Terrasse (Moro Manco) zugeordnet. Außerdem führen GOY/ZAZO vier Glacisgenerationen an, deren Vorkommen und Höhenlage im Text aber leider nicht erwähnt werden. Mit Ausnahme der 40 m-Strandterrasse sind alle anderen marinen Niveaus von tektonischen Störungen erfaßt worden.

VÖLK (1979, 22 f.) hat zwar ebenfalls die Höhenabweichungen von der klassischen Abfolge im Falle einer in 65 m und einer in 45 m ü.M. gelegenen Strandterrasse auf Tektonik zurückgeführt, ist jedoch insgesamt davon ausgegangen, daß sich Glacis- und Strandterrassenniveaus problemlos korrelieren lassen. Im folgenden wird jedoch deutlich werden, daß sich die quartäre Tektonik regional differenziert auf die Entstehung von Strandterrassen ausgewirkt hat. Im weiteren wird der Frage nachgegangen, inwieweit eine Korrelation zwischen Glacisterrassen und marinen Ablagerungen möglich ist. Hierbei wird der morphologische Entwicklungsgang des Beckens von Vera bei der Untersuchung der Strandterrassengenese einbezogen. Hilfreich bei diesem Versuch sind die Th/U-Datierungen sowie zahlreiche ESR-Altersbestimmungen[1].

Da die Vorkommen der Strandablagerungen sowie der tektonische Einfluß auf die Küstenentwicklung im Norden und Süden des Untersuchungsgebietes unterschiedlich ausgeprägt sind, werden beide Räume getrennt behandelt.

---

1   Ich danke Herrn Doz. Dr. U. Radtke, Düsseldorf, für diese Datierungen. Zur Diskussion dieser Methode s. RADTKE et al. (1988).

3. DIE QUARTÄRE KÜSTENGENESE ZWISCHEN DEN MÜNDUNGEN DES RIO ALMANZORA UND DES RIO ANTAS

3.1 Zur Lage des Meeresspiegels im Altquartär

Noch am Ende des Pliozäns bildete das Becken von Vera eine Meeresbucht. Mit den ersten Hebungsvorgängen setzte eine Erosion der Gebirgshänge ein; die ältesten terrestrischen Abtragungsprodukte wurden auf den oberpliozänen marinen Sedimenten, die sich in 200 m ü.M. befinden, in Form von mächtigen Schwemmfächern abgelagert. Im Zuge der weiteren Heraushebung entstand eine älteste Glacisterrasse (Glacis I), deren Relikte sich mittels ihrer charakteristischen Zusammensetzung vor allem im nördlichen Teil des Beckens nachweisen lassen. Ihr Bildungszeitraum konnte mit Hilfe von ESR-Datierungen der liegenden Travertinschicht und der hangenden massiven Kalkkruste auf die Phase zwischen 1,7 und 0,7 Mio a B.P. eingegrenzt werden (WENZENS 1991a). Die Verbreitung dieser Sedimente folgte – der anhaltenden Heraushebung entsprechend – dem sich nach Osten zurückziehenden Meer. Eine längere Stagnation läßt sich auf der heutigen Höhe von 155 m ü.M. nachweisen, da hier an der Basis der Glacisterrasse I eine Verzahnung von Strand- und Glacisgeröllen auftritt.

Wo die Palomares-Verwerfung das Glacis I quert, sind die Ablagerungen verstellt. Östlich der Störung sind keine Relikte dieses Niveaus erhalten. Da die Basis des 70–78 m hohen schmalen Riedels des Cabezo Largo (Abb. 2) nicht das für das Glacis I charakteristische Konglomerat aufweist, kann er diesem Niveau nicht zugeordnet werden. Der 20 m mächtige Sedimentkörper, der aus fluviatil und torrentiell transportierten Ablagerungen besteht, wird einer jüngeren Akkumulationsphase T 1 (WENZENS 1991b) des ausgehenden Villafranca zugeordnet.

Die hangenden Schichten, insbesondere im oberflächennahen Bereich, bestehen vorwiegend aus in einer Kiesmatrix verfestigten Grobsedimenten, in denen bis zu 70 cm Ø große Blöcke vorkommen. Zur Zeit ihrer Ablagerung ist von einer mehrere Kilometer entfernten Strandlinie auszugehen; die Neigung sowohl der Basis als auch der Oberfläche spricht für einen wesentlich tiefer als heute gelegenen Meeresspiegel, so daß während der Akkumulation dieses Niveaus eine kaltzeitlich bedingte Regression wahrscheinlich ist.

Die direkt an das Meer angrenzende Sierra Almagrera weist keine Merkmale einer Strandterrasse in dieser Höhenlage auf. So sind unmittelbar nördlich der heutigen Almanzora-Mündung nahe der bronzezeitlichen Siedlungsreste zwischen 70 und 80 m ü.M. nur terrestrische Ablagerungen erhalten. Es handelt sich um insgesamt sehr heterogenes, vorwiegend kantengerundetes Material unterschiedlicher Größe, wobei die Dominanz kleiner (< 2 cm) eckiger, zum Teil fest verbackener Quarze auffällt. Die nur ansatzweise geschichteten Sedimente sind tektonisch verstellt.

3.2 Strandablagerungen in 27–30 m ü.M.

Ein weiterer Glacisterrassenrest ist unmittelbar nördlich des Cabezo Largo in 32 m Höhe aufgeschlossen (Abb. 2). Es handelt sich um einen mindestens 20 m mächtigen Akkumulationskörper, der in 19 m von einer 1,50 m mächtigen Feinsedimentlage zweigeteilt wird. Das Liegende besteht aus einem mehrere Meter mächtigen, schwach geschichteten Geröllpaket, in dem bis zu 50 cm Ø große Blöcke enthalten sind. Die Feinsedimentlage setzt mit einem geschichteten, 90 cm mächtigen Lehm ein und geht in eine schwach verfestigte, helle, 50 cm mächtige Sandschicht über. Den Abschluß bildet ein 5 cm mächtiger, rötlich verfärbter Lehm.

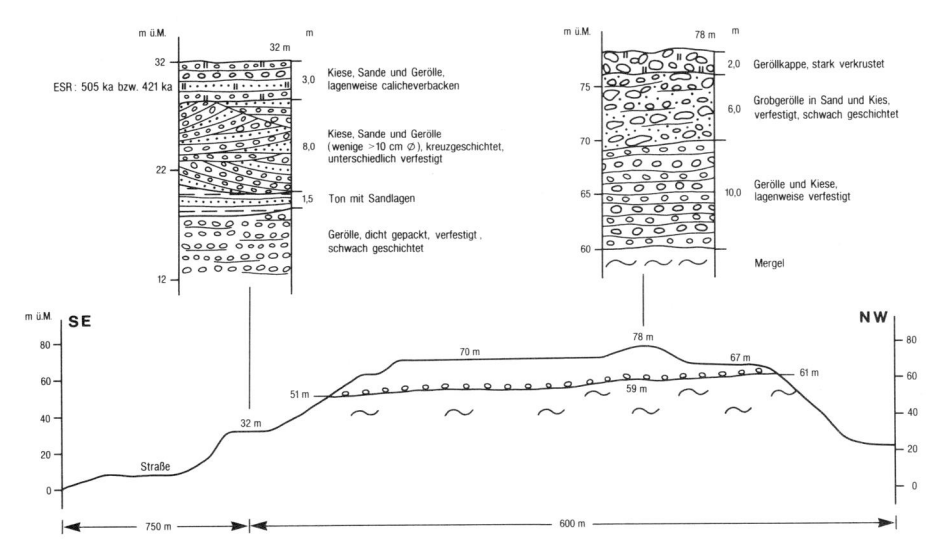

Abb. 2: Glacis-Niveau am Cabezo Largo

Die hangenden Ablagerungen werden von sortierten und zum Teil kreuzgeschichteten, mehrfach wechselnden Sand-, Kies- und Geröllagen aufgebaut. Der Grad der Verfestigung ist unterschiedlich, einzelne Geröllinsen sind durch Eisenausscheidungen verfärbt. Zur Oberfläche hin nimmt die Verkittung stark zu und geht schließlich in einen festen Kalkkrustenpanzer über. Den Abschluß in 32 m Höhe bilden rubefizierte Sande und Kiese.

Die Schichtenfolge spiegelt von unten nach oben den Übergang von kaltzeitlich unter torrentiellen Bedingungen transportiertem Material zu fluviatil abgelagerten Sedimenten wider, wobei die in 19 m befindliche, sie trennende Lehm- und Sandakkumulation als Stillwasserablagerung gedeutet werden kann. Nach einer kurzen Bodenbildungsphase hat sich die Akkumulation fortgesetzt, wobei ihre Zusammensetzung auf warmzeitliche Verhältnisse hinweist. Der abschließende rote Mediterranboden ist für dieses Glacisniveau charakteristisch. ESR-Datierungen der liegenden Kalkkruste ergaben Alter zwischen 421 und 505 ka.

VÖLK (1979) hat das 32 m-Niveau in seiner morphostratigraphischen Karte als marin gedeutet und dem Paläotyrrhenium zugeordnet; aufgrund der Zusammensetzung des hangenden Akkumulationskörpers liegt jedoch lediglich eine strandnahe Ablagerung vor.

Strandgerölle in dieser Höhenlage bilden die Kuppe des bis 29 m aufragenden Riedels Cabezo de la Pella (Abb. 1: Aufschluß 4). Die Basisschichten der 4 m mächtigen Ablagerungen sind konglomeratisch verbacken, das ESR-Alter des calzitischen Bindemittels liegt bei > 340 ka. Das hangende Material ist nur mäßig verfestigt; hier treten verstärkt Strandgerölle hinzu, und in der rötlichen, sandig-kiesigen Matrix sind zahlreiche Mollusken enthalten. Th/U-Datierungen ergaben ein Alter von über 263 ka.

Offensichtlich wurden hier ältere, intensiv kalzitisch verfestigte Sedimente durch Abrasion gekappt. Anschließend wurden die hangenden Strandgerölle sedimentiert.

Der Grad der Verfestigung dieser Ablagerungen und die Zusammensetzung der Deckschichten lassen eine zeitliche Verknüpfung zwischen den Glacisablagerungen in 32 m Höhe und den hangenden Strandgeröllen des Cabezo de la Pella zu.

Aus dieser Zeit stammen auch die in 28–30 m erhaltenen, schwach verfestigten, grauen Meeressande am Cjo. Mulero nördlich von Palomares (Abb. 1: Aufschluß 2). Sie zeigen an, daß damals ähnlich wie zur Zeit des holozänen Transgressionsmaximums (s.u.) der heutige Mündungsbereich des Río Almanzora von einer Meeresbucht eingenommen wurde. In der folgenden Kaltzeit hat sich der Fluß in die marinen Sedimente eingeschnitten. Das torrentiell transportierte Material enthält bis zu 1 m Ø große Blöcke.

Ein weiterer Hinweis auf eine Strandterrasse in dieser Höhenlage befindet sich an der Umgehungsstraße von Villaricos. Am Fuße der Sierra Almagrera (Abb. 1: Aufschluß 1) liegt folgende Sedimentationssequenz vor: In den anstehenden Schiefer ist in 28 m Höhe eine 1 m mächtige Geröllschicht eingelagert, an der Basis mit bis zu 15 cm Ø großen Komponenten, darüber befinden sich geschichtete 2–3 cm große Quarzgerölle, die in der Mehrzahl gut gerundet sind. Sie werden von 75 cm mächtigem, eckigem Schieferschutt gekappt. Den Abschluß bildet ein 2 m mächtiger Schluff, der mit Schutt vermischt ist. Die Abfolge ist so zu deuten, daß Reste einer Strandterrasse von Hangschutt und äolischen Sedimenten einer folgenden Kaltzeit überlagert werden.

3.3 Strandablagerungen in 16 m ü.M.

VÖLK (1979, 23) hat unmittelbar südlich der Almanzoramündung eine 18–20 m hohe Strandterrasse kartiert und am Cabezo Largo eine Stufe in dieser Höhe als Kliff dieses Niveaus gedeutet. Die marine Entstehung beider Formen konnte jedoch im Gelände nicht bestätigt werden. Lediglich südlich der 29 m-Strandterrasse Cabezo de la Pella liegt in 16 m ü.M. eine mit Strandgeröllen bedeckte Verebnung vor.

3.4 Strandablagerungen in 8–13 m ü.M.

Unmittelbar nördlich der Mündung des Río Antas wurde der westliche Teil der Urbanisation Puerto Rey auf einer 11–13 m hohen Strandterrasse errichtet. Die Basis bildet ein 75 cm mächtiger grauer Ton, der diskordant von einer maximal 1 m mächtigen Ablagerung aus Strandgeröllen, Kiesen und Sanden gekappt wird. Sie gehen in eine Kalkkruste über. Darüber folgt ein 1,5 m mächtiges Paket aus verfestigten Sanden und Kiesen, deren Basisschichten zahlreiche Mollusken enthalten. Die Akkumulation schließt mit einem bis zu 100 cm mächtigen festen Kalkkrustenpanzer ab. Die Oberfläche neigt sich zum 400 m entfernten Meer. Th/U-Datierungen der Mollusken ergaben Alter zwischen 112 ka und 139 ka.

Zwischen den Strandterrassen Puerto Rey und Cabezo de la Pella erstreckt sich in 8 m Höhe ein flacher Rücken aus verfestigten Sedimenten, die sowohl Strandgerölle als auch Mollusken enthalten.

Gegen ein selbständiges Meeresterrassenniveau spricht die holozäne Entwicklung dieses Raumes (s.u.), so daß diese flache Erhebung als Erosions- bzw. Abrasionsrest des 11–13 m-Niveaus gedeutet wird.

3.5 Strandablagerungen in 2 m ü.M.

Die aus unverfestigten Sedimenten aufgebaute 2 m ü.M. liegende Terrasse setzt südlich der Mündung des Río Almanzora ein und läßt sich bis zum Río Antas verfolgen.

4. DIE QUARTÄRE KÜSTENENTWICKLUNG ZWISCHEN DEN MÜNDUNGEN DES RIO ANTAS UND DES RIO DE AGUAS

4.1 Strandgerölle in Höhen über 65 m ü.M.

Auf der flachen, 160 m hohen Kuppe des Moro Manco (Abb. 3) liegen einzelne gutgerundete, vorwiegend < 3 cm große Strandgerölle. Von dieser Verebnung fällt der Moro Manco bis auf 65 m Höhe steil ab. VÖLK (1979, 21) hat eine schmale, 3–4 m breite Verebnungsleiste in ca. 90 m als Brandungsnische gedeutet.

Nach GOY/ZAZO (1986, Tab. 3) liegt am Moro Manco eine 80 m-Strandterrasse vor. 500 m nördlich der 160 m hohen Kuppe befindet sich zwar in 75–81 m ü.M. ein kleiner Verebnungsrest, er ist allerdings völlig geröllfrei. Strandgerölle findet man in dieser Höhenlage lediglich auf einzelnen Aufwölbungen westlich von Garrucha. So weist die 72 m hohe Kuppe oberhalb der Kläranlage auf der verkarsteten Kalkoberfläche fest verbackene Strandgerölle auf, und auch das ca. 100 m südlich gelegene, bis 77 m aufragende Niveau enthält in Karstvertiefungen verfestigte Kiese und gutgerundete Gerölle. ESR-Datierungen der kalzitisch verbackenen Konglomerate ergaben Alter zwischen 501 ka und 717 ka. Der 91 m hohe Juan Jordana weist dagegen keine Strandgerölle auf. Insgesamt zeigt sich, daß nördlich des Río de Aguas in Höhen zwischen 72 und 77 m sowie in 160 m ü.M. Strandablagerungen vorkommen.

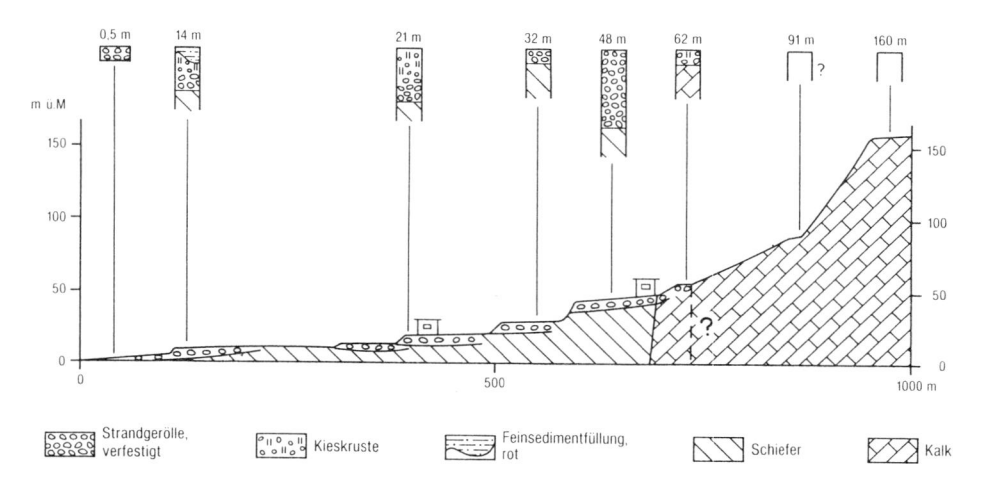

Abb. 3: Profilreihe am Südhang des Moro Manco

4.2 Das 62–65 m-Niveau

Eine schmale Verebnung in 62–65 m ü.M. am Hang des Moro Manco (Abb. 3) weist eine stark verfestigte Kieskruste auf, in die 5–8 cm große, gut gerundete Quarze eingelagert sind. In diesem Niveau sind auch mehrere Brandungshohlkehlen ausgebildet. In der gleichen Höhe liegt 500 m weiter nördlich im Bereich der einzeln stehenden, heute aufgegebenen Hazienda mit dem weithin sichtbaren Turm eine mit einer dichten Streu aus Strandgeröllen bedeckte Verebnung vor, die sich bis in 65 m ü.M. verfolgen läßt.

4.3 Das 48–52 m-Niveau

Am Moro Manco folgt unterhalb der 62–65 m-Terrasse ein bis zu 8 m mächtiger Akkumulationskörper aus stark verfestigten Geröllen, bei denen die kleinen (< 3 cm Ø), gut gerundeten Quarze überwiegen. Die Sedimente schließen mit einer harten Kalkkruste in 48–52 m ab. ESR-Datierungen ergaben Alter zwischen 547 und 650 ka. Das proximale Ende dieses Niveaus wird durch eine Verwerfung markiert, die Schiefer sind deutlich gegen die Kalke verstellt. Dieses Niveau ist auch südlich des Río de Aguas am Ostabfall der Sierra Cabrera kleinräumig erhalten. So ist östlich des Cabezo de Guevara am Hang des 78 m hohen Hügels in 50–52 m ein Akkumulationskörper (Abb. 1: Aufschluß 11) ausgebildet. Die Basisschichten bestehen vorwiegend aus gröberem, kantengerundetem Grundgebirgsmaterial, während im oberen Meter gut gerundete quarzreiche Strandgerölle, deren Komponenten im wesentlichen unter 5 cm Ø betragen, überwiegen. Diese Geröllkappe läßt sich in gleicher Höhe auf dem südlich anschließenden Hügel verfolgen (s. auch VÖLK 1979, 22).

4.4 Strandablagerungen in 29–32 m ü.M

Unterhalb des 48–52 m-Niveaus tritt am nördlichen Talrand des Río de Aguas in 32 m Höhe eine 3 m mächtige Sedimentkappe aus gut gerundeten und stark verfestigten Strandgeröllen auf. Der weit nach Süden vorspringende Sporn in 29 m ü.M. trägt nur eine geringmächtige Auflage und ist als Abrasionsplatte zu deuten.

Auch unmittelbar östlich des Friedhofes von Garrucha (Abb. 1: Aufschluß 10) ist eine schmale Verebnung in 31 m ü.M. ausgebildet. Eine Baugrube zeigte bis 65 cm u.F. schwach verfestigte, hellbraune geschichtete Sande mit kleinen Mollusken. Darüber folgen geschichtete Kiese und kleine Gerölle, deren sandige Matrix ebenfalls schwach verfestigt ist. Eine 20 cm mächtige, aus hellem Schluff mit einzelnen Geröllen bestehende Caliche schließt den Komplex ab. Die Oberfläche fällt mit 3° kontinuierlich zum Strand ab. Die ESR-Datierungen mehrerer Mollusken schwanken zwischen > 291 und > 360 ka.

In dieser Höhenlage ist unmittelbar am südlichen Ortsende, wo die zur Küste führende Straße von der Umgehungsstraße Turre-Vera abzweigt, folgender Sedimentkörper aufgeschlossen (Abb. 1: Aufschluß 8):

Die neogenen Mergel werden in 30 m Höhe von einer Grobgeröllage (max. 40 cm Ø) gekappt. Darüber folgen mäßig verfestigte, geschichtete Lagen aus Sanden, Kiesen und vorwiegend gerundeten bis plattigen Geröllen (< 5 cm Ø), wobei Quarze dominieren.

Die Sedimente, die keine Hinweise auf marines Ablagerungsmilieu enthalten, werden von einem 3 m mächtigen, grauen, schluffigen Ton mit einzelnen, schmalen Gerölleinschaltungen bedeckt. Diese Ablagerung ist vermutlich in einer vom Meer abgeschlossenen Lagune gebildet worden. Ein fester Kalkkrustenpanzer liegt dem Ton auf. ESR-Datierungen ergaben Alter von weniger als 410 bzw. 501 ka. Die Oberfläche, die zum Meer hin abfällt, bildet eine 60 cm mächtige Terra rossa, die zahlreiche kleine, runde Quarze und einzelne Grobgerölle enthält. Die Terra rossa selbst und damit die Oberfläche ist wesentlich jünger als die Kruste, da ihr Ausgangsmaterial einer späteren kaltzeitlichen Schuttdecke zuzuordnen ist.

4.5 Strandablagerungen in 18–21 m ü.M.

Am Südhang des Moro Manco liegt in 21 m Höhe eine 4 m mächtige Strandterrasse aus sowohl gutgerundeten als auch kantigen Komponenten vor, die selten mehr als 10 cm Ø erreichen und insgesamt stark verfestigt sind. Die hangenden 1,50 m sind konglomeratartig verbacken und setzen sich vorwiegend aus Kiesen und kleinen Quarzgeröllen zusammen. Durch eine Erosionsstufe werden zwei Niveaus in 18 bzw. 21 m ü.M. vorgetäuscht.

Nördlich der Ausläufer des Moro Manco sind im Bereich der neogenen Sedimente z.T. über 9 m mächtige Akkumulationsterrassen in 18–21 m ü.M. ausgebildet.

300 m östlich des Aufschlusses 8 ist längs der Straße in 21 m Höhe ein 5 m mächtiger Terrassenanschnitt (Abb. 1: Aufschluß 9) aufgeschlossen (Abb. 4). Die aus wechselnden, stark verfestigten Sand-, Kies- und Geröllagen bestehende Basis wird

von einer Störung erfaßt, die die Schichten mit 90° gegeneinander verstellt hat. Westlich der Verwerfung fallen die Sedimente mit 17° steil zum Meer hin ein. Eine den liegenden Sandschichten entnommene Molluske weist ein minimales ESR-Alter von 360 ka auf. In diesen Akkumulationskörper ist eine Mulde eingetieft, die mit vorwiegend 5–8 cm großen, gerundeten Geröllen, bei denen Quarze überwiegen, verfüllt ist. Die Muldenfüllung schließt mit einer massiven, plattigen, 5–30 cm mächtigen Kalkkruste ab, die sich auch weiter östlich fortsetzt, über der tektonischen Störung jedoch fehlt. Eine ESR-Datierung der Kalkkruste ergab ein Alter von < 295 ka. Es folgt eine 40 cm mächtige Terra rossa, in der einzelne, vorwiegend gut gerundete, max. 5 cm große Quarze enthalten sind. Den Abschluß bildet ein mit Geröllen durchsetzter, brauner schluffiger Feinsand, der eine deutliche Verlehmung zeigt. Zum Meer hin fällt die Oberfläche mit 5° ab.

Die Zusammensetzung des Akkumulationskörpers legt folgende morphologische Interpretation nahe: Nach Ablagerung der tektonisch gestörten Strandgerölle fand eine muldenförmige Zerschneidung statt, die bei einer erneuten Transgression zunächst mit Strandgeröllen, anschließend mit Kiesen und Sanden verfüllt wurde. Diese Akkumulation erstreckt sich über die gesamte Aufschlußbreite. Da sich ihr geringer Verfestigungsgrad erheblich von dem der Basisschichten unterscheidet, ist von zwei zeitlich auseinanderliegenden Transgressionen auszugehen. Die Kalkkrustendatierung sagt daher nur etwas über das Alter der hangenden marinen Sedimente aus (vgl. BRÜCKNER/RADTKE 1986, 473). Die liegenden, teilweise gestörten marinen Sedimente können aufgrund der ESR-Altersabschätzung der 29–32 m-Terrasse zugeordnet und mit den Ablagerungen des Aufschlusses 8 korreliert werden, die offensichtlich in Küstennähe akkumuliert wurden. Da die hier 38 m hohe Verebnung mit einer Stufe zum Hinterland abbricht, ist jedoch eine Verknüpfung mit den Glacisflächen des Beckens von Vera nicht möglich.

Eine völlig andere Zusammensetzung im Vergleich zu Aufschluß 9 zeigt in gleicher Höhenlage der Sedimentationskörper an der neuen, vom Hafen zur Umgehungsstraße führenden Verbindung auf. Unmittelbar am 15 m hohen Steilabfall der „Cuesta de Garrucha" liegt folgender Aufbau vor (Abb. 1: Aufschluß 7, vgl. auch Abb. 5).

Der insgesamt 8 m mächtige Akkumulationskörper besteht an der Basis aus 2 m mächtigen, verfestigten Grobsanden, Kiesen und Strandgeröllen, in denen zahlreiche Mollusken enthalten sind. Es folgt ein knapp 4 m mächtiges, lagenweise verfestigtes und geschichtetes, graues Feinsandpaket. Darüber liegt ein in Kiesmatrix fest verbakkener, 1 m mächtiger Geröllkörper aus vorwiegend 2–5 cm großen Komponenten, der in eine 90 cm mächtige Lamellenkruste übergeht. Ein rubefiziertes Kiesband mit einer abschließenden Kalkkruste bildet die 20 m hohe, anthropogen stark veränderte Oberfläche, die zum Meer hin sanft einfällt.

Direkt am nördlichen Ortsrand ist am Kilometer 7,3 das Profil in 19 m Höhe in ähnlicher Zusammensetzung ausgebildet (Abb. 1: Aufschluß 6). Allerdings ist der graue, homogene Feinsand hier nur 2 m mächtig und liegt dem anstehenden Mergel bereits in 15 m ü.M. auf. Die darüber befindlichen Strandgerölle in sandig-kiesiger Matrix weisen ebenfalls eine lamellenartige Verkrustung auf und sind ca. 1 m mächtig. Die Kalkverkittung hat auch noch die oberen 50 cm des Feinsandes erfaßt.

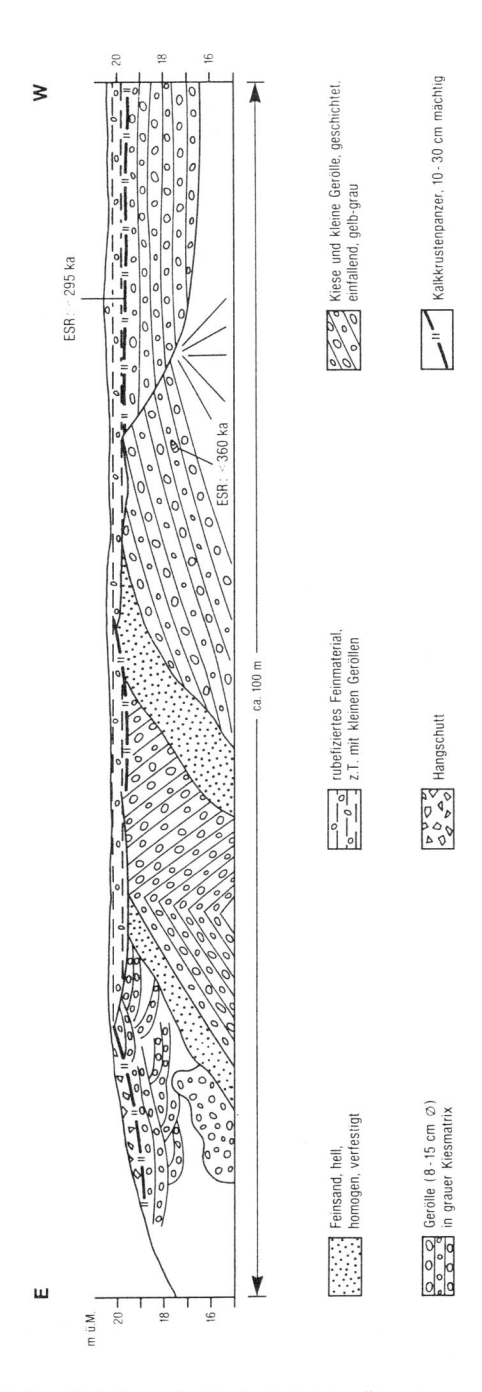

Abb. 4: Straßenaufschluß südlich Garrucha (Aufschluß 9 der Übersichtskarte)

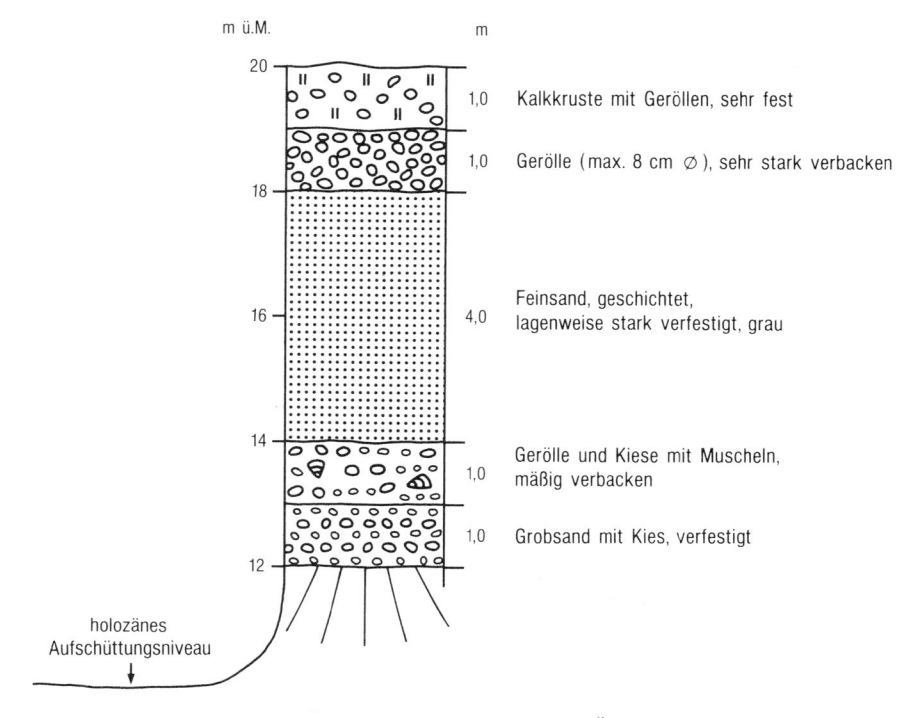

```
m ü.M.                    m
 20 ─┬──────────────┬
     │ ‖ ○ ‖ ○ ‖ │  1,0   Kalkkruste mit Geröllen, sehr fest
     │○ ‖ ○ ‖ ○ │
     ├──────────────┤
     │○○○○○○○│  1,0   Gerölle (max. 8 cm ⌀ ), sehr stark verbacken
 18 ─│○○○○○○○│
     ├──────────────┤
     │ . . . . . . │
     │ . . . . . . │
 16 ─│ . . . . . . │  4,0   Feinsand, geschichtet,
     │ . . . . . . │        lagenweise stark verfestigt, grau
     │ . . . . . . │
 14 ─├──────────────┤
     │○○○○○○○│  1,0   Gerölle und Kiese mit Muscheln,
     │○ ○ ○ ○ ○ ○│        mäßig verbacken
     ├──────────────┤
     │○○○○○○○│  1,0   Grobsand mit Kies, verfestigt
 12 ─│○○○○○○○│
         ╲ ╲│╱ ╱
holozänes
Aufschüttungsniveau
         ↓
```

Abb. 5: Straßenaufschluß Cuesta de Garrucha (Aufschluß 7 der Übersichtskarte)

Die Datierungen von Mollusken aus dem Geröllhorizont ergaben ein Th/U-Alter von über 213 ka; das ESR-Alter liegt bei über 202 ka. Aus den hangenden Sanden und Kiesen hat sich eine ca. 40 cm mächtige Terra rossa entwickelt. Diese wird von einer 30 cm mächtigen Schuttdecke überlagert, aus der sich eine Braunerde gebildet hat.

Die hangenden Schichten einschließlich der Bodenbildungen sind somit weitgehend mit denen des Aufschlusses 7 und 9 identisch. Die liegenden marinen Sedimente werden daher als gleichalt interpretiert.

4.6 Strandablagerungen in 0–14 m ü.M.

Jenseits der alten Brücke liegt eine Sedimentabfolge (Abb. 6) vor, die sich von dem nur 100 m weiter südwestlich befindlichen Aufschluß 6 stark unterscheidet. Auf neogenen Mergeln setzt in 4 m ü.M. ein 9 m mächtiger Akkumulationskörper aus gut geschichteten, verfestigten Sanden, Kiesen und Geröllen ein, die lagenweise eisenverfärbt sind. Das Einfallen der Basisschichten läßt erkennen, daß sie unter den rezenten, 250 m entfernten Strand abtauchen. Aus dem hangenden Abschnitt wurden der Kiesmatrix Mollusken entnommen, deren ESR-Alter zwischen 88 ka und 115 ka schwankt. Den Abschluß bildet eine mit Geröllen und Kiesen durchsetzte, verkarstete

Lamellenkruste, in die Kiese und kleine Quarze in rötlicher Matrix eingespült sind. Die Oberfläche, die nach Norden mit 1° abfällt, nimmt eine ca. 20 cm mächtige Kalkkruste ein. Obwohl zwischen beiden unmittelbar benachbarten Aufschlüssen keine Stufe zu erkennen ist, ist aufgrund der unterschiedlichen Basishöhe und Zusammensetzung der Deckschichten die Differenzierung in zwei verschieden alte Strandterrassen gerechtfertigt.

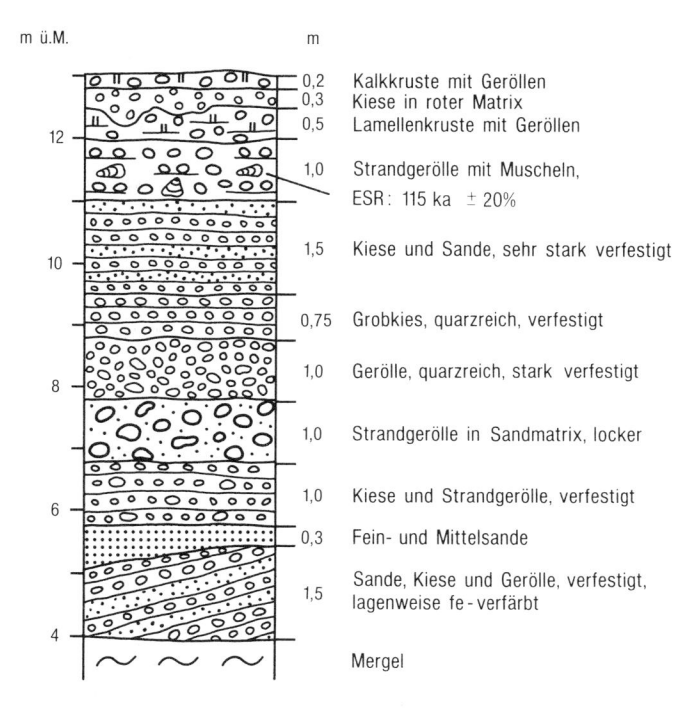

m ü.M.		m	
12		0,2	Kalkkruste mit Geröllen
		0,3	Kiese in roter Matrix
		0,5	Lamellenkruste mit Geröllen
		1,0	Strandgeröllte mit Muscheln, ESR: 115 ka ± 20%
10		1,5	Kiese und Sande, sehr stark verfestigt
		0,75	Grobkies, quarzreich, verfestigt
8		1,0	Gerölle, quarzreich, stark verfestigt
		1,0	Strandgeröllte in Sandmatrix, locker
6		1,0	Kiese und Strandgeröllte, verfestigt
		0,3	Fein- und Mittelsande
4		1,5	Sande, Kiese und Gerölle, verfestigt, lagenweise fe-verfärbt
			Mergel

Abb. 6: Aufschluß östlich der Straße Garrucha-Vera bei km 7,2

Die Strandterrassentreppe des Moro Manco endet unmittelbar westlich der Küstenstraße Garrucha-Mojacar mit einer deutlichen Stufe in 14 m Höhe. Am Einschnitt des Río de Aguas ist folgender Profilaufbau aufgeschlossen: Auf dem anstehenden Schiefer liegen in kiesiger Matrix Strandgeröllte, wobei einzelne Komponenten bis zu 30 cm Ø erreichen. Darüber folgt eine 1,50 m mächtige Grobkieskruste mit nur wenigen Geröllen. In karstähnlichen Vertiefungen befinden sich bis 50 cm mächtige Füllungen aus wenig verfestigten, rubefizierten Kiesen und einzelnen Geröllen. Folgt man dem sanften Abfall zum Strand, so tritt ca. 200 m nördlich der Flußmündung im Brandungsbereich isoliert ein Konglomerat an die Oberfläche. Eine im kiesigen Bindemittel eingeschlossene Molluske weist ein ESR-Alter von 108 ka auf.

Unmittelbar an der südlichen Einfahrt nach Garrucha sind zwischen dem Meer und der Straße nach Mojacar in Form eines Kliffs mehrere Meter mächtige Strandablagerungen aufgeschlossen. Die von der Brandung erfaßte Basis ist konglomeratisch verbacken. Die Oberfläche befindet sich in 8 m ü.M.

In einer ca. 3 m über dem rezenten Meeresspiegel gelegenen Brandungshohlkehle konnten Keramikreste geborgen werden, bei denen es sich wahrscheinlich um mittelbronzezeitliches Gebrauchsgeschirr handelt (Bestimmung durch Priv.-Doz. Dr. H. Lohmann, Institut für Archäologie, Ruhr-Universität Bochum). Sie markieren damit ein holozänes Transgressionsniveau.

5. PROBLEMATIK DER STRANDTERRASSENDATIERUNG UND SCHLUSSFOLGERUNGEN ZUR MORPHOGENESE

Die Untersuchungen haben gezeigt, daß die Genese der Küstenregion im S und N des Beckens von Vera sehr unterschiedlich verlaufen ist. Der Einfluß quartärer Störungen und die nur grobe Annäherungswerte ergebenden ESR- und Th/U-Datierungen lassen eine detaillierte stratigraphische Zuordnung der marinen Sedimente nicht zu. Die beschriebenen Strandterrassen sollen daher nur den alt-, mittel- und jungquartären Abschnitten zugeordnet werden (Tabelle 2).

Die über 48 m ü.M. gelegenen Strandterrassenreste werden in das Altquartär gestellt.

Im nördlichen Arbeitsgebiet liegen in der rezenten Küstenzone aus dieser Zeit keine Hinweise auf marine Sedimente vor.

Die Zusammensetzung der 70–78 m hoch gelegenen Glacisreste am Cabezo Largo zeigt an, daß während ihrer Sedimentation von einem stark abgesenkten Meeresspiegel im Vergleich zu heute auszugehen ist. Die Dominanz gröberer Gerölle im Hangenden weist ebenso wie die fehlende Schichtung und Sortierung auf kaltzeitliche Bedingungen während ihrer Sedimentation hin. Ein im Altquartär stark abgesenkter Meeresspiegel erklärt m.E. das Fehlen entsprechender Strandterrassen an mehr oder weniger tektonisch stabilen Abschnitten der spanischen Mittelmeerküste (BRÜCKNER/RADTKE 1985, 52). Offensichtlich haben die damaligen interglazialen Hochstände das heutige Meeresniveau nicht erreicht.

Völlig andere tektonische Bedingungen haben zu dieser Zeit im südlichen Küstensaum geherrscht. Die zwischen 48 und 160 m Höhe gelegenen Strandgerölle zeigen eine bis in das Mittelquartär andauernde Heraushebung der präneogenen Aufwölbungen an. Es ist nicht auszuschließen, daß die in Tab. 2 aufgeführten Niveaus in 62–65 m und 72–77 m Höhe durch differenzierte Tektonik entstanden sind. Lediglich die an mehreren Lokalitäten erhaltenen Strandgerölle in 48–52 m weisen auf ein eigenständiges Niveau hin.

Die als altquartär eingestuften Strandterrassenrelikte können mit der allgemeinen Reliefentwicklung des Beckens von Vera nicht korreliert werden, da an keiner Stelle eine Verzahnung terrestrischer und mariner Sedimente vorliegt.

Die starke Heraushebung des südlichen Beckens hat zu einer intensiven Ausräumung geführt, so daß im küstennahen Bereich keine Glacisrelikte erhalten geblieben sind.

Tab. 2: Strandterrassenniveaus im Becken von Vera

Formation	Süden		Norden	
	Höhe (m ü.M.)	Alter (B.P.)	Höhe (m ü.M.)	Alter (B.P.)
Altquartär	160 72–77 62–65 48–52	501–717 ka 547–650 ka	– – –	– – –
Mittelquartär	29–32 12–21	>291–360 ka 202–295 ka >213* ka	27–30 16	>263* ka –
Jungquartär	0–14	88–115 ka	8–13	112*–139* ka
Holozän	2–3		2	

* = Th/U-Datierungen von Mollusken
sonstige Angaben = ESR-Datierung mit einem möglichen Fehler von ± 20 %

In das mittlere Quartär werden die Strandterrassen gestellt, die im Süden in 29–32 m und 18–21 m ü.M. und im Norden in 27–30 m und 16 m ü.M. vorkommen. Im Raum Garrucha sind in diesem Höhenbereich mehrere Transgressionsphasen enthalten, was durch die unterschiedliche Zusammensetzung und Verfestigung der marinen Sedimente und deren Datierungen belegt wird. Lokal auftretende Gefällsstufen können sowohl tektonisch als auch erosionsbedingt entstanden sein. Die i.allg. jedoch kontinuierlich zum Meer hin abfallende Oberfläche ist das Ergebnis kolluvialer Umlagerungen, durch die unterschiedlich alte Sedimentationskörper verhüllt werden. Die fossilen pedogenen Kalkkrusten und aufliegende Terra rossa Relikte bestätigen darüber hinaus das mittelquartäre Alter der liegenden Strandablagerungen.

Im nördlichen Untersuchungsgebiet sind in dieser Höhenlage drei Lokalitäten mit marinen Sedimenten aufgeschlossen, nämlich am Cabezo de la Pella, am Cjo. Mulero und nördlich Villaricos, wobei die hangenden Schichten des 32 m-Niveaus nördlich des Cabezo Largo mit der 29 m-Strandterrasse des Cabezo de la Pella verknüpft werden können. Die Parallelisierung mit dem 29–32 m-Niveau südlich des Río Antas beruht auf den übereinstimmenden Bodenbildungen der Deckschichten sowie den Datierungen, die es mindestens in das vorletzte Interglazial einordnen lassen.

Das Fehlen weiterer Hinweise auf mittelquartäre Meeresspiegelhochstände ist mit der nach Ausbildung dieses Niveaus einsetzenden intensiven fluviatilen Erosion des Río Almanzora in den Kaltzeiten zu erklären.

Die bessere Erhaltung der mittelquartären Strandterrassen im südlichen Küstenbereich beruht auf der teilweise wesentlich intensiveren kalzitischen Verfestigung der marinen Sedimente aufgrund der aus Kalk bestehenden präneogenen Gesteine im Raum Garrucha.

Daher haben nur die stark verbackenen Strandterrassenablagerungen der Erosion zumindest teilweise standgehalten. Die sich landeinwärts anschließenden terrestrischen, auf neogenen Mergeln abgelagerten Sedimente sind während der kaltzeitlichen Regressionsphasen ausgeräumt worden, so daß das 18–21 m-Niveau mit einer bis zu 15 m steilen Stufe („Cuesta de Garrucha") zum Hinterland abfällt. Eine ähnliche Stufe muß bereits vor Ausbildung des 18–21 m-Niveaus vorhanden gewesen sein. Dafür spricht die höhere Basis im meerwärtigen Aufschluß 6 von 15 m ü.M. Die größere Mächtigkeit der marinen Sedimente und die tiefere Basis im landseitigen Aufschluß 7 (Abb. 5) setzen voraus, daß während der mittelquartären Transgression bereits ähnliche Reliefverhältnisse wie im Holozän bestanden haben. Damals muß schon eine Meeresbucht, die in der vorhergehenden Kaltzeit bei tiefliegendem Meeresspiegel fluviatil ausgeräumt wurde, weit ins Hinterland gereicht haben. Die Geradlinigkeit der Stufe spricht für ihre tektonische Anlage; verlängert man die am Moro Manco kartierte N 15° E streichende Verwerfung (Abb. 1) nach Norden, so markiert sie den Stufenrand.

Eine ebenfalls junge Erscheinung ist das Durchbruchstal des Río de Aguas zwischen Moro Manco und Cabezo de Guevara. Die Geröll-Analyse oberhalb der 14 m-Strandterrasse zeigt nur vereinzelt maximal 15 cm Ø große Komponenten. Erst an der Zusammensetzung der 14 m-Terrasse ist fluviatiles Material beteiligt; früher mündete der Río de Aguas nördlich des Moro Manco (s.u.).

Die im Süden zwischen 0 und 14 m ü.M. und im Norden bei 8–13 m ü.M. gelegenen Strandterrassen werden in das letzte Interglazial datiert, wobei die 8 m hohe Leiste zwischen Puerto Rey und Cabezo de la Pella als Erosionsrest des 11–13 m-Niveaus interpretiert wird (s.u.). Ähnliche Höhenunterschiede der letztinterglazialen Strandterrasse haben BOUSQUET et al. (1975, 73) an der sich südlich anschließenden Küste festgestellt, sie jedoch mit tektonischen Verstellungen erklärt. Auch GOY/ZAZO (1986, Tab. 3, Abb. 1) weisen auf die intensive junge Tektonik in diesem Raum hin, glauben allerdings, vier unterschiedlich alte Tyrrhen-Niveaus ausgliedern zu können (vgl. BRÜCKNER/RADTKE 1985, 58 f.). Nach den Befunden im Untersuchungsgebiet ist es wahrscheinlicher, daß die unter 14 m gelegenen Niveaus z.T. Brandungs- bzw. Erosionsrelikte der letztinterglazialen Strandterrasse darstellen.

Wie stark die kaltzeitlich bedingten Regressionen des Meeresspiegels die fluviatile Erosion im rezenten Litoralbereich begünstigt haben, läßt sich aus den Untersuchungen von DIBBERN (1986), KRACHT (1986) und HOFFMANN (1988) ableiten. Danach griff um ca. 6000 a B.P. das Meer in einzelnen Buchten in die heutige Küstenebene ein. So erstreckte sich ein Meeresarm im Tal des Río Almanzora bis mindestens 3,5 km landeinwärts, und auch die Mündung des Río Antas stellte eine breite, bis zu 3 km tiefe Bucht dar. Die Strandterrasse Puerto Rey bildete zu dieser Zeit eine Insel; das 8 m hohe Niveau war demnach der Brandung ausgesetzt. Bis 2800 a B.P. hatte sich die Küstenlinie nur geringfügig vorgeschoben. Die starke kaltzeitliche

Ausräumung westlich der „Cuesta de Garrucha" wird dadurch belegt, daß hier die Basis der holozänen Ablagerungen stets neogene Mergel bilden (DIBBERN 1986, 62).

Erst durch die verstärkten anthropogenen Eingriffe seit der Römerzeit sind dann die Buchten vollständig verfüllt worden. Die heutige Ausgleichsküste ist demnach ebenso wie die sie begleitende 2 m-Terrasse entsprechend jung.

Die unterschiedlichen Auswirkungen der drei Flüsse auf die Reliefgestaltung in den Warmzeiten lassen sich ebenfalls aus den holozänen Bedingungen rekonstruieren.

Aufgrund seines großen Einzugsgebietes hat der Río Almanzora ein Mündungsdelta aufgeschüttet, wobei der Nordost-Südwest verlaufende Küstenparallelstrom Teile des vom Río Almanzora abgelagerten Materials verdriftet.

Der Río Antas hat das letztglazialzeitliche Ausraumbecken lediglich bis knapp über Meeresniveau aufgeschüttet, so daß nach den seltenen Niederschlägen tagelang das Regenwasser auf der Oberfläche steht und eine Seenlandschaft bildet. Der geringe Materialtransport des Río Antas hat dazu geführt, daß im Sublitoralbereich noch deutlich die Fortsetzung des kaltzeitlichen Flußlaufes an der Erstreckung der Tiefenlinien nachzuvollziehen ist.

Der Río de Aguas führt etwas häufiger Wasser und hat im Sublitoralbereich die letztglazialzeitliche Fortsetzung seines Tales bereits bis zur –70 m-Tiefenlinie aufgeschüttet. Eine knapp ein Kilometer nördlich zwischen –40 und –100 m erhaltene untermeerische Rinne stellt die Fortsetzung der früheren Mündung dieses Flusses aus der Zeit vor Schaffung des Moro Manco-Durchbruches dar.

Insgesamt zeigt sich, daß die Küstenentwicklung des Beckens von Vera äußerst kompliziert verlaufen ist und vor allem durch die tektonischen Gegebenheiten mitgeprägt wurde. Ihr unterschiedlicher Einfluß erklärt, daß auf kurzer Distanz Höhenlage, Zahl und Ausbildung der Strandterrassen stark wechseln.

LITERATURVERZEICHNIS

ANGELIER, J., CADET, J., DELIBRIAS, G., FOURNIGUET, J., GIGOUT, M., GUILLEMIN, M., HOGREB, M., LALOU, C., PIERRE, G. (1976): Les déformations du Quaternaire marin, indicateurs néotectoniques. Quelques exemples méditerranéens.– Rev. Géogr. Phys. et Géol. Dynam. (2), vol. XVIII, fasc. 5: 427–448.

BOUSQUET, J. (1979): Quaternary strike-slip faults in southeastern Spain.– Tectonophysics, 52: 277–286.

BOUSQUET, J.C., DUMAS, B., MONTENAT, C. (1975): Le décrochement de Palomares: Décrochement Quaternaire senestre du Bassin de Vera (Cordillères bétiques orientales, Espagne).– Cuadernos Geológicas, 6: 113–119, Granada.

BRÜCKNER, H. (1986): Stratigraphy, evolution and age of Quaternary marine terraces in Morocco and Spain.– Z. Geomorph. N.F., Suppl.-Bd. 62: 83–101, Berlin, Stuttgart.

BRÜCKNER, H., RADTKE, U. (1985): Neue Erkenntnisse zum marinen Quartär an Spaniens Mittelmeerküste.– Kieler Geogr. Schr., 62: 49–71.

BRÜCKNER, H., RADTKE, U. (1986): Paleoclimatic implications derived from profiles along the Spanish Mediterranean coast.– In: LOPEZ-VERA, F. (Hrsg.): Proceedings of the Symposium on Climatic Fluctuations during the Quaternary in the Western Mediterranean Regions: 467–486, Madrid.

BRUNNACKER, K. (1973): Observaciones sobre terrazas marinas y glacis de piedemonte en el sudeste de España.– Estudios Geográficos, 33: 133–140.

DIBBERN, H. (1986): Zur holozänen Küstenlinienentwicklung im Bereich Garrucha (Andalusien, Südostspanien) mit geologischer Kartierung.– Unveröff. Diplomarbeit Geol.-Paläont. Inst. d. Univ. Kiel, 104 S.

GOY, J., ZAZO, C. (1982): Niveles marinos cuaternarios y su relación con la neotectónica en el litoral de Almeria (España).– Bol. R. Soc. Española Hist. Nat. (Geol.), 80: 171–184.

GOY, J., ZAZO, C. (1986): Synthesis of the Quaternary in the Almeria littoral neotectonic activity and its morphologic features, western Betics, Spain.– Tectonophysics, 130, 259–270.

HARVEY, A. (1987): Patterns of quaternary aggradational and dissectional landform development in the Almeria region, southeast Spain: A dry-region, tectonically active landscape.– Die Erde, 118: 193–215.

HOFFMANN, G. (1988): Holozänstratigraphie und Küstenlinienverlagerung an der andalusischen Mittelmeerküste.– Ber. Fachbereich Geowissenschaften Univ. Bremen, 2: 173 S.

KRACHT, F. (1986): Holozäne Küstenlinienverlagerung am Unterlauf des Río Almanzora im Tertiärbecken von Vera (Südostspanien).– Unveröff. Diplomarbeit Geol.-Paläont. Inst. Univ. Kiel, 103 S.

RADTKE, U., BRÜCKNER, H., MANGINI, A., HAUSMANN, R. (1988): Problems encountered with absolute dating (U-series, ESR) of Spanish calcretes.– Quat. Sc. Rev., 7: 439–445.

VÖLK, H. (1979): Quartäre Reliefentwicklung in Südostspanien.– Heidelb. Geogr. Arb., 58: 143 S.

WENZENS, G. (1991a): The influence of tectonics and climate on the Villafranchian morphogenesis in semiarid Southeastern Spain. – Zeitschr. f. Geom. Suppl. Bd. 84/85 (im Druck).

WENZENS, G. (1991b): Die mittelquartäre Reliefentwicklung am Unterlauf des Río Almanzora (Südostspanien).– Freib. Geogr. Hefte, 33 (im Druck).

KÜSTENMORPHOLOGISCHE WIRKUNGEN VON TREIBEIS UNTER BESONDERER BERÜCKSICHTIGUNG VON OST-KANADA

Dieter Kelletat, Essen

ABSTRACT

This paper presents a short documented summary of drift ice phenomena at the coast, which are rather neglected in German scientific literature. Rocky shores with notches by drift ice and particularly with rock platforms are described, showing smoothing and polishing as well as hard impacts, cracks and other destructional forms. The beaches normally consist of coarse material and show 3 periods of forming: winter and early spring with ice pressure and no activity, break up in spring and early summer with forming of chaotic micro-topography, and summer and fall with surf action and smoothing of coastal profiles. The most forms of drift ice contact can be found in the tidal flats, which mostly show very coarse debris (coming from former moraines) or a mixture of mud and boulders. The boulders exhibit very different kinds of deposition: barricades are common at the outer part of the tidal flats, boulder pavements may be perfectly developed, pushed boulders with rims and grooves show drifting processes, and polishing of surfaces is common as well. In muddy tidal flats furrows and grooves occur beside mud volcanoes, monroes, polygonal networks, or mud kettles by ice decay. In the marshes many clumps may be dislocated by ice floes, leaving numerous ponds. A large tidal range supports drift ice forming processes. They do not show continous better development to the poles, because with 6 or more months of ice contact the time of sediment movement becomes too short, and other processes like frost action will be more important.

ZUSAMMENFASSUNG

Der folgende Text gibt eine knappe dokumentierte Zusammenstellung der großen Formenvielfalt treibeisgeprägter Küsten wieder, welche in der deutschen Fachliteratur bisher nur wenig Berücksichtigung fanden. Dargestellt werden die Felsplattformen mit Glättungen durch Treibeiseinfluß, aber auch Ausbrüchen gröberer Fragmente durch Eisschurf sowie Hohlkehlenbildung im Niveau beweglicher Eisschollen. Die charakteristischen Zustandsänderungen der Strände zwischen Eisverschluß im Winter und frühen Frühjahr, Eisaufgang mit Ausbildung einer chaotischen Mikrotopographie und anschließender Umsortierung und Profilglättung durch Wellenwirkung im Sommer und Herbst werden ebenfalls behandelt. Besonders wirkungsvoll ist das Meereis jedoch auf Gezeitenflächen, wo Blockreichtum – meist aus ausgewaschener Moräne – typisch ist. Die Blöcke können zu Wällen zusammengeschoben sein, inselartig liegen, Vertiefungen anstelle ausgetauter Schollen aufweisen, unterlagerndes Feinmaterial oder sogar den Fels ausschürfen oder dichte Pflaster bilden. In den Mischwatten (Schlick und Blöcke) treten dazu feinere Schleifspuren durch Eisschollen, Schlammwälle und Schlammbälle, Schlammvulkane und Schlammbeulen oder Vertiefungen beim Austauen von Eis. In den grasbestandenen Marschen werden ganze Pakete von Vegetation mit Boden und Wurzeln in Treibeis eingefroren, herausgerissen und verlagert, und zahlreiche Tümpel und Wannen entstehen hier, die den eisgeprägten Marschen ihr charakteristisches pockennarbiges Aussehen verleihen.

Die Leistungsfähigkeit der geschilderten Prozesse ist in jedem einzelnen Zyklus sehr groß und findet kaum ihresgleichen in anderen Küstenmilieus der Erde, jedoch heben sich langfristig Erosions- und Ablagerungswirkungen weitgehend auf. Hinsichtlich der generellen Verbreitung der Einzelformen und Formengemeinschaften läßt sich feststellen, daß ein höherer Tidenhub sie ebenso begünstigt wie ein längerer Eisverschluß, doch nimmt die Klarheit und Verbreitung wieder polwärts ab, wenn bei Eiseinwirkungen von 6 Monaten und mehr zu kurze Zeitspannen für die Bewegungs- und Umlagerungsvorgänge bleiben. Dort dominieren dann Frosteinwirkungen.

1. EINFÜHRUNG

In der küstenmorphologischen Forschung bestehen noch eine ganze Reihe von Defiziten. In regionaler Hinsicht sind es vor allem mangelnde Kenntnisse der Gegebenheiten in Südamerika, Afrika und dem südlichen und östlichen Asien, letzteres bedingt durch Publikationen in wenig beherrschten Sprachen. Aber auch eine Reihe von allgemeinen Fragestellungen sind bisher äußerst unzureichend behandelt worden.

Dazu gehören – neben der biogenen Küstenformung, chemischen Formungsprozessen, Zonalitätsfragen oder Untersuchungen über die Watt- und Marschentypen der Erde – auch solche über Formen und Prozesse durch Meer- und Küsteneis, insbesondere, was deren weltweite Wertigkeit und Verbreitung angeht. Über Treibeiswirkungen arbeitet seit über 20 Jahren vor allem J.C. Dionne aus Québec. Ihm verdanken wir die meisten Kenntnisse über die Vielfalt der Meer- und Küsteneiswirkungen, die mit dem französischen Begriff „le glaciel" (engl. „drift-ice") belegt sind. Allerdings fehlt immer noch eine Übersicht über die weltweite Verbreitung der verschiedenen Phänomene und ihre Abhängigkeit von hydrologisch-ozeanischen und klimatischen Parametern, so daß sich der Stellenwert dieser Erscheinungen im Vergleich mit anderen Zonen und küstenbildenden Prozessen noch nicht eindeutig bestimmen läßt.

Bisher sind in deutschen Publikationen diese Formen und Prozesse kaum behandelt worden (siehe aber Ellenberg & Hirakawa 1982, Kelletat 1985a & b, Reinhard 1967, Stäblein 1980, 1985) und fehlen daher auch in Gesamtdarstellungen zur Küstenmorphologie nahezu völlig. Das ist umso bedauerlicher, als sie nicht nur weite gegenwärtige Küstenzonen der Erde prägen, sondern auch in der geologischen Vergangenheit erheblich verbreiteter waren als heute, insbesondere während der pleistozänen Kaltzeiten. Allerdings sind uns Ergebnisse aus dieser Zeit deshalb weitgehend verborgen, weil gleichzeitig der Meeresspiegel erheblich tiefer lag als heute und diese Formen und Ablagerungen heute überflutet sind. Das gilt jedoch nicht für die vielen Gebiete mit glazialisostatischer Heraushebung (Alaska, Kanada, Grönland und Island, Skandinavien und Sibirien sowie Teile von Patagonien und der West-Antarktis), welche gewöhnlich eine große Vielfalt litoraler Formen und Ablagerungen aufweisen. Bisher hat man allerdings das Augenmerk fast ausschließlich auf ihre altersmäßige Einordnung gelegt und ihrer Genese kaum Beachtung geschenkt.

Die folgende Darstellung versucht eine knappe Zusammenfassung der vielfältigen küstenmorphologischen Auswirkungen von Treibeis in aktuell davon betroffenen Gebieten zu geben, wobei die Betrachtung auf Regionen außerhalb der Permafrostverbreitung beschränkt ist. Daher werden hier auch Erscheinungen wie Thermoabrasion oder Eisfußbildungen nicht näher diskutiert, da sie relativ gut bekannt sind. Die Dokumentation stützt sich auf Literaturstudien und Luftbildauswertungen wie auch auf eigene Feldarbeiten in verschiedenen arktischen und subarktischen Gebieten der Erde. Das Schwergewicht liegt auf Ost-Kanada, weil hier – logistisch gut erschlossen und dicht mit Luftbildern und topographischen Karten guter Qualität belegt – ein sehr großes Spektrum entsprechender Formen und Prozesse vorkommt. Ähnliche Verhältnisse dürften nur noch im erheblich schwerer zugänglichen Nordwest-Pazifik (von Ost-Sibirien bis zur Mandschurei bzw. Nord-Japan) gegeben sein, ein Raum, aus dem uns bisher kaum Informationen zur Verfügung stehen.

2. DIE FORMUNGSBEREICHE

2.1 Felsküsten, insbesondere Felsplattformen

Eine wesentliche morphologische Erscheinung kalter und kaltgemäßigter Küsten ist die Eisfußbildung (NIELSEN 1979). Sie tritt insbesondere in Permafrostgebieten auf, welche hier nicht betrachtet werden sollen. Es gibt sie aber auch äquatorwärts von Permafrostgebieten, dann allerdings nur beschränkt auf einige Tage bis zu wenigen Monaten im Jahr. Ihre Wirkungsweise ist eine doppelte: Während der kalten Jahreszeit schützt festgefrorenes Eis an Kliff- und Steilküstenabschnitten das Festland vor Welleneinwirkung, und Abtragungs- und Verwitterungsprodukte aus dem höheren Steilrelief der Küsten lagern sich auf dem Eisfuß ab. Beim Eisaufgang kann dieses eckige Grobmaterial mit den Eisschollen verfrachtet werden, und beim Losreißen festgefrorener Eisschollen können kleinere und größere Bruchstücke aus dem Fels selbst herausgerissen werden. Auf diese Weise ist eine direkte Zerstörung im Höhenniveau der Eisfußbildung möglich, woraus eine Steilhaltung und stellenweise Unterschneidung resultieren kann. Das Ergebnis sind unregelmäßige Felsausbrüche scharfkantiger Gestalt.

Die in Ostkanada an einigen Stellen beobachtbaren *Hohlkehlen*bildungen sind ebenfalls ein Ergebnis der Eiswirkung. Sie befinden sich oberhalb des Sedimentkontaktes und sind daher nicht durch Brandungswirkung mit schleifenden Abrasionswaffen angelegt. Im wesentlichen sind sie das Ergebnis von entlang treibenden oder im Gezeitenrhythmus (also vertikal) bewegten Eisschollen. Der Gesteinsabrieb wird dadurch begünstigt, daß im Bereich der Hochwasserlinie und wenig darüber, nämlich im Niveau des Hohlkehlentiefsten, durch häufiges Benetzen und Abtrocknen, kapillaren Wasseraufstieg und Salzabscheidung infolge Verdunstung die Verwitterung besonders gesteigert ist. Die Konglomerate des Fundy-Nationalparks (s. Fig. 1) sind relativ leicht angreifbar durch diese Prozesse, so daß sich zahlreiche tief eingreifende Hohlkehlen und Pilzfelsen mit hohen, schlanken Stielen entwickelt haben. Entsprechend dem Tidenhub, der an dieser Stelle 12–14 m beträgt, sind auch die Hohlkehlen vertikal sehr weit gestreckt, wenn auch ihre markantesten Ansätze im Hochwasserniveau liegen. Entsprechend dem geringeren Tidenhub im Forillon-Nationalpark und den sehr viel härteren, geschichteten Kalkgesteinen mit zwichengeschalteten Feuersteinlagen ist hier die vertikale Erstreckung und auch die Eindringtiefe der Hohlkehlen erheblich geringer (Fig. 2). Das Herausbrechen einzelner Gesteinsfragmente ist weniger deutlich als vielmehr der abschleifende, glättende Prozeß.

Viel weiter verbreitet und ausgedehnter als die gerade beschriebenen Prozesse der Eisfußwirkung außerhalb der Permafrostgebiete ist die Anlage breiter und horizontaler bis subhorizontaler *Felsplattformen* (*Felsschorren*) (DAWSON 1979, TRENHAILE 1983), welche alle Strukturen und petrographischen Unterschiede abschneiden. Solche Plattformen sind mustergültig und außerordentlich weit ausgedehnt im St. Lorenz-Golf bzw. im St. Lorenz-Ästuar, hier vornehmlich auf weniger resistenten schiefrigen Gesteinen, Grauwacken und Sandsteinen des Ordoviziums (Fig. 3 und 4). Sie sind von BRODEUR & ALLARD (1989), DIONNE & BRODEUR (1988 a &b), TRENHAILE (1978) und TRENHAILE & RUDAKAS (1981) beschrieben worden. Ihre Breite kann wenige 10er bis etliche hundert Meter betragen, wobei die größeren Beträge eher im inneren Winkel des St. Lorenz-Ästuars gefunden werden. Die Neigung der Felsplattformen ist sehr gering (0,5–0,7 %), nur unterhalb des Kliffes auch etwas steiler. Ihre Höhenlage liegt zwischen der Hochwassermarke und dem unteren Mittelwasser, seewärts fallen sie von da konvex meistens rascher ab. Ohne Zweifel sind diese Felsplattformen das Ergebnis einer mechanischen Abtragung mit flächenhafter Wirkung, und das ausgerechnet in einem Küstengebiet, bei dem die Wellenwirkung eine geringere Rolle spielt, weil der „fetch" sehr kurz und die Jahreszeit mit Welleneinwirkung durch Eisverschluß begrenzt ist und an der Ostküste der Kontinente die Winde nicht besonders heftig wehen. Die Felsplattformen sind entweder völlig schuttfrei, mit einer geringen Schuttstreu aus dem Anstehenden bedeckt oder mit mehr oder weniger dichtem Schleier von Fremdmaterialien (oft aus ausgewaschenen ehemaligen Moränenbedeckungen) überlagert (Fig. 5). Es gibt damit meistens Waffen für einen abschleifenden Prozeß.

Reine Frostwirkung oder gemischte Wirkung von Frost- und Salzverwitterung würde die petrographischen Unterschiede der häufig steilstehenden Schieferstraten stark herausarbeiten (Fig. 6), was hier aber lediglich der Fall im Ausmaß von Zentimetern bis zu Dezimetern ist. Als Vorform des Herausbrechens von Gesteinsfragmenten aus relativ resistentem Gestein finden sich *sichelförmige*, dicht aufeinanderfolgende *Marken* an den Gesteinsoberflächen, die auf einen forlaufenden harten Impakt mit großem Druck zurückgehen und im Laufe vieler Verwitterungs-

bzw. Frostzyklen allmählich zum Herausbrechen entsprechend sichelförmig gestalteter Gesteinsscherben führen (Fig. 7).

Feine *Kratz-* und *Schleifspuren* (DIONNE 1985 a), die in ihrer Richtung ganz unterschiedlich sein können und sich sowohl auf dem Anstehenden wie auch auf geeignetem feinkörnigen Blockmaterial finden (Fig. 8 u. 9), belegen einen mechanischen Prozeß. Sie sind im wesentlichen hervorgerufen durch im Treibeis eingebackene Schuttstücke und nicht durch das Eis selbst. Gelegentlich läßt sich eine Vorzugsrichtung senkrecht zum Küstenverlauf erkennen, weil durch Preß- und Stauchvorgänge das Eis vom Wasser zum Land aufgeschoben wird. Gesteine mit mäßiger und geringer Resistenz können ausgesprochen perfekte Schleifformen aufweisen, die in der Art von Miniaturrundhöckern die Felsplattformen überziehen, wobei eine deutliche Adaption an die Streichrichtung (der Schieferung oder Gesteinslagerung) gegeben ist (Fig. 9). Diese beeinflußt offenbar auch die Richtung des Eistransports in der Art vorgegebener Gleitbahnen, wenn auch quer dazu Pressungen vorkommen können und diese Formen dann zerstört werden. Solche Schleifformen befinden sich insbesondere an der mittleren Südküste des St. Lorenz-Ästuars. Wenn dort die Strukturlinien senkrecht zur Küste streichen (Fig. 4 u. 5), können die Felsplattformen doppelt so breit entwickelt sein wie bei einem küstenparallelen Streichen der Schichten bzw. der Schieferung. Die bis zu mehreren hundert Meter breiten Felsplattformen des St. Lorenz-Gebietes sind sicher die ausgedehntesten auf Küsten- und Meereis zurückgehenden Felsformen. Ihre Ausbildung wurde dadurch begünstigt, daß ein schwacher Meeresspiegelanstieg und abklingende glazial-isostatische Hebung ein relativ konstantes Meeresniveau und damit konstante Wirkungshorizonte über mehrere 1000 Jahre ergeben haben. Dennoch sind Zweifel erlaubt, ob diese ausgedehnten Felsplattformen ausschließlich das Produkt des jüngeren Holozäns sind, wie TRENHAILE (1978) annimmt. BRODEUR & ALLARD (1983) sowie DIONNE & BRODEUR (1988) halten die Existenz von Vorformen für höchst wahrscheinlich. Auch nach HANSOM & KIRK (1989) sind die breiten Felsplattformen der antarktischen Halbinsel und der dort vorgelagerten Inseln Altformen, da sie unter dem Inlandeis verschwinden. Die holozäne Wirkung würde sich dann im wesentlichen auf eine zunehmende Glättung und horizontale Umprägung vorgegebener, sehr flacher Felslandschaften beschränken.

2.2 Strände

Bei steiler eintauchenden Küsten oder solchen mit geringem Tidenhub, wo Watten weitgehend fehlen, können Strände ausgebildet sein, an denen sich Eisdynamik sowie die Frosteinwirkung im nahezu gleichen Niveau und begrenzt auf einen schmalen Streifen auswirken. NICHOLS (1961), MOIGN (1976), OWENS (1976) u.a. haben darüber berichtet.

Ein Charakteristikum eis- und frostgeprägter Strände ist ihr grobes Korn, welches oft aus einer ehemaligen Moränendecke stammt, nicht selten aber auch durch Frostsprengung am höheren Küstenhang produziert oder von benachbarten Kliffen abradiert und mit Eisschollen transportiert zur Verfügung gestellt wird. Ausnahmen bilden in Ostkanada nur flache Landschaften aus mürben Sandsteinen und Konglomeraten wie an der Ostküste von New Brunswick (wo allerdings auch Sande vom flachen Meeresboden angeliefert werden).

Treibeisgeprägte Strände zeigen im Jahresverlauf gewöhnlich drei verschiedene Aspekte: Im Winter und frühen Frühjahr sind sie von Eis blockiert und versiegelt, es herrscht Formungsruhe. Beim Eisaufgang („break up") im späten Frühjahr oder Frühsommer erscheinen starke Pressungen, Materialaufschiebungen und Einarbeitung von Eisschollen in das Strandmaterial, was beim anschließenden Austauen zu einem chaotischen Mikrorelief mit steilen kurzen Wallstücken, Schotterhaufen und Senken anstelle ausgetauter Eisteile führt. Im Verlaufe des Sommers und Herbstes – unter dominantem Einfluß der Brandungswellen – werden diese Kleinformen aufgefüllt, zerstört und geglättet, bis normale gerade bis flach-konkave Profile und Strandwälle mäßiger Neigung mit durchziehenden Kronenhöhen ausgebildet sind. Dabei weisen die Grobmaterialstrände eine insgesamt stärkere Gliederung und längere Erhaltung des typischen Kleinreliefs auf als Sandstrände. In mäßiger bis starker Schutzlage wie im Inneren von Buchten reicht häufig die Eispressung vertikal weiter als die Brandung später im Jahr, so daß sich hier entsprechende Formen unverändert über mehrere Jahre erhalten können. Belege dafür finden sich u.a. an der Nordküste des östlichen Neufundland (Twillingate und umgebende Buchten).

Mindestens zwei weitere Erscheinungen können an eisgeprägten Stränden bzw. jenen in kalten Erdregionen hinzutreten: Zum einen sind es Frostschuttmengen aus dem anschließenden Hinterland bzw. aus dem steilen Kliff, welche in Form eckiger grober Schuttstücke oder gar kleiner Halden auf dem gut gerundeten Strandsediment abgesetzt sind, zum anderen sind – als weiteres zonentypisches Merkmal – manchmal gewaltige Treibholzanlandungen vorhanden, die aus den umliegenden borealen Wäldern stammen (Fig. 10). Man findet sie aber auch polwärts dieser Waldgürtel, weil sie viele Monate und über weite Strecken verdriftet werden können.

2.3 Blockwatten

In den kühlen und kalten Küstenregionen der Erde außerhalb der Permafrostgebiete sind Grobmaterialablagerungen an den Küsten eine nahezu allgegenwärtige Erscheinung (Fig. 11). Dabei stammen die Grobpartikel entweder aus der aktuellen Frostverwitterung vom höheren und steileren Hinterland, sofern Antransportmöglichkeiten gegeben sind, viel häufiger aber – und das läßt sich aufgrund der Kornform und der petrographischen Zusammensetzung der Grobsedimente leicht erkennen – handelt es sich um mehr oder weniger ausgespülte Moränendecken der pleistozänen Vereisungen (Fig. 5). Solche Verhältnisse sind ebenfalls mustergültig an den Küsten Ostkanadas zu studieren. Häufig verhüllen die besonders dichten *Blockpackungen* eine unterliegende Felsplattform, die manchmal nur an sehr wenigen Stellen oder gar nicht aufgeschlossen ist. Das Lagerungsgefüge dieser Grobmaterialareale, die man auch als *Blockwatten* bezeichnen kann, da sie sich im Wellenniveau bzw. zwischen den höchsten Hochwassern und der Niedrigwasserlinie befinden, deutet auf Verteilungsprozesse durch bewegliches Eis hin, zumal die Wellenenergie für eine Block-bewegung nicht ausreicht. Die dabei ordnend wirkenden Kräfte sind recht gut an den einzelnen Formen abzulesen. So gibt es Blockpackungen, die bei sehr grobem Korn (Durchmesser von 0,5 m und mehr) und enger Berührung der Einzelkomponenten offensichtlich bewegungsunfähig werden und dichte *Blockpflaster* bilden (HANSOM 1983b) (Fig. 12). Von der Ruhelage der einzelnen Komponenten zeugt die Tatsache, daß diese dichten Blockpflaster an den Oberseiten starke Schleifspuren aufweisen, also durch herübergleitendes Eis allmählich abgeschmirgelt werden. Die Blöcke werden dabei an ihren Oberseiten abgeflacht (Fig. 12 u. 13). Das Andauern dieser Prozesse wird durch die völlige Freiheit von Flechten, Algen oder sessilen litoralen Organismen auf den Oberseiten bewiesen. In den Fugen der Blöcke sind dichte und vieljährige Seepockenpolster und insbesondere Miesmuschelkolonien angesiedelt, die ihrerseits wieder zu einer Stabilisierung der pflasterartigen Gebilde beitragen (Fig. 13). Solche dichten Blockpflaster gibt es auch in bereits schwach aufgetauchten Arealen, die jetzt im Bereich der seewärtigen Marschenstreifen liegen. Dort wachsen zwischen den Fugen der Blöcke Salzwiesen (mit *Spartina alterniflora*), so daß die Pflaster auf den ersten Blick nicht gut zu erkennen sind.

Eine weitere Art der Blockverteilung ist das Zusammenschieben zu einzelnen Wällen (Guilcher 1981), die sich recht markant aus den Küstenplattformen erheben können und stellenweise mehr als 2 m Höhe erreichen (Fig. 14 u. 15). Ihre Länge schwankt zwischen einigen Metern und vielen hundert Metern, wobei sie geschlossen oder mit Durchlässen versehen sein können, gestreckt oder girlandenartig angeordnet (Fig. 16) und gelegentlich auch staffelartig hintereinander auftreten (Fig. 17). Am auffälligsten ist eine Ansammlung solcher *Blockstreifen* – sogenannter *„boulder barricades"* – am Außenbereich der Küstenplattformen (Fig. 15), d.h. in dem Streifen, in dem das festgefrorene Eis auf den Küstenplattformen und das immer bewegliche über dem tieferen Wasser aneinandergrenzen. Hier liegt meist auch ein deutlicher Knick in der Küstenplattform vor. Oft hat es den Anschein, als seien diese „boulder barricades" sowohl von der Seeseite her aufgeschoben als auch von den Küstenplattformen selbst seewärts verfrachtet worden und hier angereichert. Diese „boulder barricades" schützen die dahinterliegenden Wattflächen vor Brandungseinwirkung und tragen dazu bei, daß dort Sedimente verstärkt zur Ablagerung gelangen. Es gibt aber auch kürzere und dann in den Richtungen ganz verschiedene *Blockstreifen* und *-wälle*, die durch Pressungen in Fugen größerer Eisschollenpakete entstanden sind (Fig. 14). Weiterhin treten *kessel- und wannenförmige Vertiefungen* in Blocklagen auf oder blockfreie, mehr oder weniger runde Flächen von vielen Metern Durchmesser, die davon Zeugnis ablegen, daß in die beweglichen Blöcke starre Eisschollen eingelagert waren, die beim Austauen blockfreie Partien freigegeben haben (Fig. 18 u. 19). Besonders große Blöcke neigen offenbar dazu, vom Eis stärker verschoben zu werden, wobei sie mit ihrem Tiefgang infolge des größeren Gewichtes Blockwälle aufpflügen können (natürlich auch Feinsedimente wie in den Mischwatten). Dabei bilden grundsätzlich der Block, die Schubrinne mit begleitenden Randwällen und der Stauchwulst eine genetische Einheit (Fig. 20). Es ist aber auch möglich, mit zentner- oder gar tonnenschweren kristallinen Blöcken die mürben Schiefer des Anstehenden aufzusplittern und *Furchen* von Dezimetern Tiefe dort zu hinterlassen. DIONNE & BRODEUR (1988) berichten von einem Riesenblock von über

100 t Gewicht, welcher in einer Treibeissaison um 4 m verfrachtet wurde. An der Leeseite dieser Blöcke können sich entsprechende langgestreckte Vertiefungen befinden, an der Frontseite *Stauchwülste*, die manchmal ausschließlich aus splittrigem Material des Untergrundes bestehen.

Fig. 20: Typische Formengemeinschaft an einem eisgeschobenen Block in Feinmaterialwatten mit Stauchwulst, Bewegungsfurche und begleitenden Randwällen

2.4 Feinmaterial- und Mischwatten

In den Mischwatten, d.h. solchen, die im wesentlichen aus feinem Material wie Marschen- und Wattenklei und groben Blöcken bestehen, finden sich noch alle Formen der Blockwatten in meistens etwas weniger perfekter Ausprägung, wie lockere „boulder barricades", durch Blöcke angelegte langgestreckte *Furchen* (die sich auch im Klei mehrere Jahre erhalten können, s. Fig. 21), *Wülste* sowie (als Ablagerungsformen) *Block*- oder Schotternester (Schuttverfüllungen ehemaliger Spaltenbereiche des Küsteneises). Häufig überwiegen bei der Blockstreu die Erratika aus der ehemaligen Moränenbedeckung, doch gibt es auch ausschließlich Lokalmaterial als Blockstreu auf Feinmaterialwatten, was für den andauernden postglazialen Prozeß der groben Blockverlagerung über viele hundert Meter spricht (Fig. 22). Hier sind die Gesteinstrümmer ausschließlich sehr scharfkantig, weil der Transportweg nur kurz war und glaziale oder fluvio-glaziale Verfrachtung im Pleistozän entfällt.

In den reinen Feinmaterialwatten, die blockfrei sind, gibt es weitere auffällige Erscheinungen, die auf Frostbildungen während der Ebbezeit im Schlamm und Klei zurückgehen (Dionne 1968, 1985b, 1989b), wie *polygonale Risse* (Fig. 23), *brekzienartiges Schlammgefüge* durch Einbettung von Eislamellen, Aufwölbung und Auffrierung besonders wasserreicher einzelner Partien, kleine *Schlammvulkane* (Fig. 24 B), die einzeln oder vergesellschaftet auftreten können und oft eine zentrale Kratervertiefung und überlaufende radiale Rinnen aufweisen, konische, konvexe *Schlammkegel* und Schlammwölbungen (die sogenannten „monroes" der angelsächsischen und französischen Literatur) (Fig. 24 A) sowie Depressionen nach dem Austauen von eingemengten Eisschollen oder von Bodeneis selbst. Hinzu kommen Formen, die durch bewegliche Eisschollen hervorgerufen werden. Zu diesen gehören alle Arten von *Kratz-* und *Schleifspuren*, die sich besonders leicht in einen ungefrorenen Untergrund einprägen. Sie können alle Richtungen aufweisen, Tiefen von Millimetern bis zu Dezimetern und Breiten von Zentimetern bis zu mehr als 1 m sowie Längen bis zu mehreren hundert Metern haben. Dieses ist besonders häufig der Fall bei den sogenannten „*furrows*" oder „*grooves*", die meistens küstenparallel (durch die Eisdrift in Richtung des St. Lorenz-Stroms) verlaufen (Fig. 21). Kielartige Eisschollen schrammen dabei den weichen Untergrund in der Art von Exarationserscheinungen auf. Frische und Erhaltungszustand dieser Formen sind neben den Dimensionen der Anlage auch davon abhängig, ob größere Suspensionsmengen später diese Formen wieder eindecken können. Häufig treten auch Furchen auf, in deren tiefste Rinne sich dicht aufeinanderfolgend einzelne Gruben befinden, was meistens auf einen Schleif- und Exarationsvorgang auf noch halbgefrorenem Untergrund hindeutet.

Fig. 24: Kleine Schlammhügel („monroes") und Schlammkrater durch in feines Wattmaterial eingemengtes Eis

Durch Eisschub können auch *Schlammbälle* aufgerollt und *Schlammwälle* aufgeschoben werden. Zwischen Eisschollen, die sich bewegen, aber auch bloß zwischen einer großen Auflast von absetzendem Eis können entlang der Fugen die plastischen Feinmaterialien aufgepreßt werden und nach dem Niedertauen der Eisschollen als ein *polygonales Muster* eine Weile erhalten bleiben.

Ablagerungsflecken größerer Eismassen können sich nach dem Abtauen derselben als flache *Wannen* oder *Pfannen* in der Feinmaterialoberfläche noch eine Weile erhalten, manchmal sogar mehrjährig.

Insgesamt ist der Formenreichtum der Feinmaterial- und Mischwatten gegenüber den Blockwatten besonders groß, allerdings ist die Erhaltung der einzelnen Formen nicht so langjährig gesichert. Aus den dargestellten Sachverhalten geht eine sehr häufige und intensive Durchmischung ziemlich mächtiger Oberflächenhorizonte auf mechanische Art und Weise hervor, die damit eine Parallele zur Bioturbation der Feinmaterialwatten wärmerer Breitenlagen darstellen. In dem so hinterbliebenen Sedimentgefüge sind die ursprünglichen Ablagerungsbedingungen aus Suspension, wie sie in Feinmaterialwatten sonst üblich sind, natürlich nicht mehr gegeben. Außerdem sind diese Wattareale unbewachsen und nur außerordentlich selten von Organismen besiedelbar, weil der Impakt des sich bewegenden Eises – von Jahr zu Jahr über viele Wochen und Monate aufeinanderfolgend – dieses verhindert. Das ist bei sonst günstigen Sauerstoff- und Nährstoffverhältnissen ein negativer Faktor für die Nutzung und das Ökogefüge dieser zum Teil sehr ausgedehnten Areale.

2.5 Marschen

Auch Marschen bzw. Salzwiesen sind in den von Meer- und Küsteneis geprägten Zonen der Erde häufig stark verbreitet (vgl. z.B. THANNHEISER 1981), insbesondere natürlich dort, wo entsprechend hohe Tidebewegungen stattfinden. Diese Marschen weisen im wesentlichen zwei auffällige Erscheinungen auf: Wenn sich in der kalten Jahreszeit Treibeis auf die Vegetationsareale der vorderen Marschen schiebt, so friert es dort gewöhnlich fest. Beim Verdriften, beim Aufschwimmen oder auch bei seitwärtigen Eispressungen können infolge des in die Eisschollen eingefrorenen Vegetationsteppichs größere Schwarten aus den Oberflächen herausgerissen werden (mit Wurzeln und Sedimentschichten daran), häufig in einer Mächtigkeit von mehreren Dezimetern, und – in Form und Größe den Eisschollen als untere Partie anhaftend – verdriften, und zwar entweder aus dem Wattbereich heraus oder nur seitwärts innerhalb der Marschen. Es hinterbleiben dadurch mehr oder weniger runde oder polygonale Vertiefungen in Form von *Wannen* oder *steilrandigen Tümpeln* (*pools*) mit Durchmessern von gewöhnlich ein bis wenigen Metern, selten auch über 10 m (Fig. 25 u. 27).

Dort, wo das Eis sich absetzt und letztlich abtaut, bleiben Schollen von Vegetation und Wurzellagen mit anhängendem Feinmaterial auf den Oberflächen liegen, die sogenannten „*marsh clumps*" (Fig. 26). Sie bilden inselartige Horste, ragen in ein entsprechend höheres Wasserniveau auf, sind ohne Eisbeteiligung nicht mehr schwimmfähig, können mit dem Untergrund durch Durchwurzelung wieder verbunden werden und bilden Salzwieseninseln in einem nackten, weil zu lange unter Salzwasserüberflutung befindlichen Niveau. Dadurch werden die vorderen Ränder der Salzwiesen und Marschenareale oft ausgefranst bzw. sind begleitet von einem Saum kleiner Marschinseln. Selbstverständlich beeinflussen diese inselartigen Aufragungen mit ihrer höheren Vegetation die freie Wasserbewegung und den nachfolgenden Absatz der suspendierten Sedimente. In den Marschen entstehen auf diese Weise sehr viele Vertiefungen, die gewöhnlich wassererfüllt sind (Fig. 27).

Andere Arten von wassererfüllten Senken sind ebenfalls vorstellbar, etwa im Bereich von verlandeten Prielen, an Stellen mit geringer Sedimentationsrate, möglicherweise infolge von geringeren Wachstumsraten der Salzgräser o.ä. Auch besondere Bedingungen für Vegetationsschädigung und Anlage von Hohlformen wie durch das Weiden von Zehntausenden von wandernden Gänsen kommen hier in Frage.

Die wassergefüllten Vertiefungen frieren in der kalten Jahreszeit durch und vergrößern sich dabei seitwärts infolge des Eisdrucks, so daß ursprünglich eher polygonale Formen im Laufe der Zeit rund bis oval ausgebildet werden. An dem küstenwärts exponierten Rand der Marschoberflächen kommen Deformationen durch Eisdruck von der Seeseite zustande, so daß diese Tümpel und Wannen schmalere, küstenparallel ausgerichtete Formen erhalten. Insgesamt ist eine große Vielzahl von „pools" mit ihren blinkenden Wasserflächen in den Salzwiesen der vom Küsteneis geprägten Gezeitenlandschaften äußerst typisch (Fig. 27).

Zwischen den durch Eiswirkung entstandenen Hohlformen oder in solchen Marschen, wo es trotz regelmäßiger Meereisbildung nicht zur Anlage der geschilderten Tümpel kommt, führt die Eisbildung gewöhnlich zu einem Abreißen und Kappen der Vegetationsdecke, die nach dem Tauen zunächst wie kurzgeschoren aussieht. Große Mengen organischen Materials gehen auf diese Weise den eisbeeinflußten Marschen verloren, was sich auch in deren Gesamtzusammensetzung im Vergleich zu Marschen der anschließenden kühlgemäßigten Breiten zeigt.

3. DIE LEISTUNGSFÄHIGKEIT DER GESCHILDERTEN PROZESSE

Häufig kann die Leistungsfähigkeit der Transport- und Verlagerungsprozesse durch das driftende Meereis direkt beobachtet werden, etwa in der Dislokation von Blöcken, in der Verschiebung ganzer „boulder barricades", im Auftauchen neuer Blockwälle oder durch die Anlage von Schleiffurchen und das Auftauchen von Schutt- oder Schlammwällen an der Front großer Einzelblöcke. Die Bewohner entsprechender Küstenregionen wissen oft über viele Jahre oder gar Generationen hinweg über die Verlagerung von Riesenblöcken zu berichten. Das ist verständlich, da auf Wattarealen von der Breite von einigen hundert Metern pro Küstenlänge einige hunderttausend Tonnen von Material (auch von Grobmaterial) jedes Jahr verlagert werden. Damit ist allerdings häufig nur eine ständige Umlagerung gemeint, nicht ein definitiver Transport in das System hinein oder aus ihm heraus. Ähnliches gilt auch für die Misch- oder die Feinmaterialwatten, wo mit Hilfe der Dichte einzelner Kratzmarken, „grooves" und „furrows", und ihrem mittleren Tiefgang bestimmt werden kann, daß Jahr für Jahr – d.h. bei jedem Meereiszyklus – eine Schichtmächtigkeit im Ausmaß von 10 cm (flächenhaft gerechnet) bewegt werden kann. Auch dieses sind in breiten Wattarealen Hunderttausende bis einige Millionen Tonnen.

DIONNE (1986, 1989a) hat einige direkte quantitative Messungen zu diesem Fragenkreis angestellt:

Im inneren Teil des St. Lorenz-Ästuars (auf der Höhe des Isle Verte) wurden auf mehreren Hektar die Vorkommen der abgesetzten „marsh clumps" bestimmt. Für den

Winter 1982/83 ergaben sich 5,75 m^3/1000 m^2 (das sind 575 cm^3/m^2 oder über 1 kg/m^2), im Winter 1983/84 waren es sogar 30 m^3/1000 m^2 (entsprechend 3000 cm^3/m^2 oder ca. 6 kg/m^2).

Abtragung und Ablagerung sind gleichermaßen intensive Vorgänge in den meereisgeprägten Watten und Marschen, wenn man den Jahresgang der Prozesse betrachtet. Hinzu kommen Formungsruhe und Schutz durch die Eisbildung im Kernwinter. Über längere Zeiträume muß das Gesamtresultat der gegensätzlich wirkenden Prozesse jedoch nicht zwangsläufig ebenfalls groß sein. Obwohl nach dem Eisaufgang auf den Wattflächen nicht selten Feinmateriallagen bis zu 30 cm Mächtigkeit frisch abgesetzt sind, erreicht die Gesamtstärke der feinen Watt- und Marschsedimentation im St. Lorenz-Gebiet im gesamten jüngeren Holozän kaum 1 m.

HANSOM (1983) und HANSOM & KIRK (1989) konnten anhand der Entgletscherungsgeschichte auf der antarktischen Halbinsel nachweisen, daß dort zur Anlage perfekter Blockpflaster mindestens einige Jahrhunderte nötig sind. Für Nordwest-Spitzbergen findet sich die Feststellung von MOIGN (1976), daß das Meereis dort über mehr als 6 Monate eine Schutzfunktion ausübt und trotz kurzer Zeitspanne und begrenzter Intensität die Wellenwirkung bei der Strandgestaltung über das Meereis dominiert.

Die Leistungsfähigkeit der Meereiswirkung im Felsareal abzuschätzen, ist schwer, weil nicht bekannt ist, aus welchen Vorformen sich diese häufig sehr breiten Plattformen entwickelt haben. Es kann aber damit gerechnet werden, daß alleine in der 2. Hälfte des Holozäns eine laterale Ausweitung von Felsplattformen in mäßig und wenig resistenten Gesteinen um einige Zehner Meter und ein Niederschleifen im Ausmaß von einigen Metern möglich gewesen ist.

4. ZUSAMMENFASSUNG: ZONALE VERBREITUNG DER KÜSTENEISEINWIRKUNG

Der geschilderte Katalog der verschiedenen durch Meer- und Küsteneis hervorgerufenen Formen außerhalb der Dauerfrostgebiete belegt, daß die Intensität dieser Prozesse kaum ihresgleichen in anderen Wattgebieten der Erde hat. Auch die Formenvielfalt ist außerordentlich groß und sollte in Zukunft bei der Betrachtung und dem Vergleich von Wattgebieten der Erde sehr viel mehr berücksichtigt werden.

Man könnte daran denken, daß die Prozesse der Watt- und Marschumgestaltung in Permafrostgebieten noch um Thermoabrasionsvorgänge und durch eine sehr intensivere Ausbildung, längere Dauer und Mächtigkeit der Eisfüße und das Einfrieren von Meerwasser an den unterkühlten Küstenhängen, den sogenannten Kaimoobildungen (bei deren Austauen „kettle holes" entstehen), gesteigert sind, doch ist dieses nach Beobachtungen in den kanadischen Marschen und Wattgebieten nicht der Fall. Intensität der Überprägung und der Materialbewegung sowie auch der Reichtum und die Differenzierung der Formen und ihrer Vergesellschaftung nehmen nämlich polwärts wieder ab, weil dort durch sehr viel längeren Eisverschluß eine stärkere Immobilität der Küsten- und Meereisbildungen vorkommt und damit das ganze System erheblich unbeweglicher und weniger dynamisch wird. Hinzu kommt, daß in den hochpolaren Bereichen der Tidenhub gewöhnlich recht gering ist. Damit ist die Vertikalbewegung der Eisschollen erschwert, die Gezeitenströmungen entfallen im wesentlichen für die seitwärtige Dislokation und damit auch der Motor für viele Arten von Eispressung und Eisdrift.

Fig. 28 zeigt die Hauptverbreitungsgebiete von Kennformen für Treibeiseinfluß wie geschliffene Felsschorren, Blockwälle, Blockpflaster oder eisgeprägte Marschentümpel in Ostkanada aufgrund eigener Geländebeobachtungen und Luftbildauswertungen. Die meisten Formen bzw. eine besonders dichte Vergesellschaftung findet sich einerseits bei hohem Tidenhub, andererseits bei längerer Eiseinwirkung. Azonale und zonale Faktoren treffen damit hier zusammen.

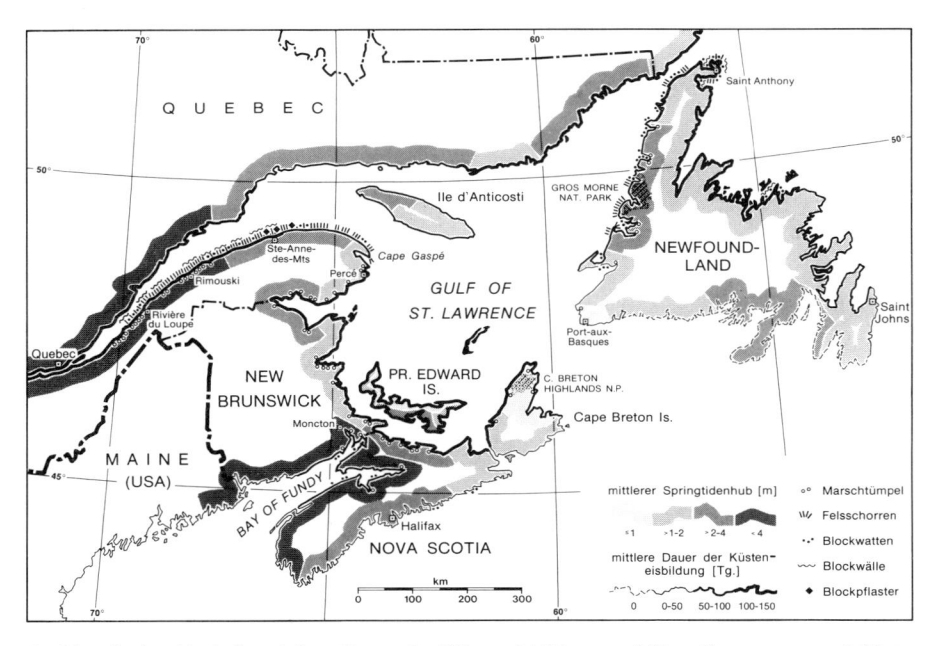

Fig. 28: Springtidenhub, mittlere Dauer der Küsteneisbildung und Verteilung gut ausgebildeter Kennformen durch Treibeiswirkung in den Maritimen Provinzen von Ostkanada (bezüglich der klimatisch-hydrologischen Daten teilweise nach DHI 1964, HACKY 1939 und HUNTSMAN 1930). Größere Teile des östlichen Neufundland, Prince Edward Island und die Nordufer des St. Lorenz wurden nicht kartiert.

Die deutlichsten Formen finden sich in den makrotidalen Bereichen des mittleren und inneren St. Lorenz, nachgeordnet auch im Inneren von Buchten in Neufundland, Neubraunschweig oder Neuschottland, in denen der Gezeitenhub stärker ist als an der Außenküste. Hinzu kommt natürlich, daß in diesen Buchtlagen durch den Schutz vor größerer Brandungsenergie auch eine Umgestaltung in der eisfreien Jahreszeit nicht im gleichen Maße gegeben ist wie an den exponierteren Küstenabschnitten. Wir können daher regional unterscheiden zwischen drifteisdominierten Wattarealen im Inneren der Buchten bei eher makrotidalen Zuständen und wellendominierten Strand- und Wattabschnitten in exponierteren Bereichen und solchen mit geringerem Tidenhub.

Diesen überwiegend azonalen Gegebenheiten steht eine zonale Ordnung entsprechender Formen und Prozesse gegenüber (bei Annahme jeweils gleicher Tidebewegung), welche zwischen dem Einfluß von Treibeis und Frostwirkung in meridionaler Richtung unterscheidet (vgl. auch DIONNE 1989b):

– *wenig eisbeeinflußt* sind demnach Watten und Marschgebiete mit nur ca. 1 Monat Eisbildung,
– *mäßig eisbeeinflußt* sind Regionen mit 1–3 Monaten Eisgang (wie Teile der Fundy Bay oder des südlichen St. Lorenz),
– *stark eisbeeinflußt* (und noch wenig durch Frostprozesse geprägt) sind Watten und Marschen mit 3–5 Monaten Eisgang (Nordteil des St. Lorenz-Golfes),
– *dominiert durch Meereis* und *beeinflußt durch Frostwirkung* sind Breitenlagen mit 5–7 Monaten Eisgang (siehe aber die gegenteilige Ansicht von MOIGN (1976) für Spitzbergen!),
– *dominiert durch Frost* und nur noch *mäßig eisbeeinflußt* sind Flachküsten bei mehr als 7 Monaten Eisgang bzw. Eisverschluß. Allerdings fehlt gerade in diesen Gebieten die Dokumentation der Wirkungen (mit Ausnahme der Thermoabrasion und Eisfußbildung).

Stellt man die Frage, welche der geschilderten Formen und Ablagerungen als fossile Gebilde erhalten bleiben können, so ist erstaunlich feststellen zu müssen, daß die gut untersuchten Areale mit glazial-isostatisch herausgehobenen Küstenlinien und zugehörigen Ablagerungen eine entsprechende Formenvielfalt (selbst bei den Blockablagerungen) kaum aufweisen. Das deutet darauf hin, daß auch dort die langlebigen und am besten fossilisierbaren Küstenablagerungen dynamischen Sturmflutereignissen ihre Existenz verdanken. Dieses ist ein weiteres Beispiel dafür, daß die geomorphologischen Ergebnisse von seltenen Einzelereignissen dauerhafter und intensiver sein können als jene der ständigen – zonal geprägten – Formungsabläufe.

DANKSAGUNG

Die Feldarbeiten in Ostkanada wie auch die in Nordskandinavien wurden durch Zuwendungen aus den Mitteln des Forschungspools der Universität Essen GHS ermöglicht, wofür auch an dieser Stelle gedankt sei.

Fig. 1: Durch Eisdrift und mit Hilfe von Salz- und Frostverwitterung angelegte Hohlkehlen und Pilzfelsen in schräggestellten Konglomeraten bei Cape Hopewell, Fundy Bay (3/4 Hochwasser)

Fig. 2: Geglättet eingeschliffene Hohlkehlen durch Treibeis im Kalk an der Nordflanke des Forillon Nationalparks, Gaspésie, Québec

Fig. 3: Bei Niedrigwasser freiliegende Felsschorren von 100 bis 250 m Breite an der Insel Saint-Barnabé bei Rimouski, mittleres St. Lorenz-Ästuar

Fig. 4: Sehr flache Felsplattformen von über 200 m Breite in gekappten Schichtköpfen ordovizischer Sedimentgesteine bei Le Martre, Gaspésie, Québec

Fig. 5: Kliff und fast horizontale Felsschorre in steilstehenden Sedimenten am Green Point des Gros Morne Nationalparks, Westküste von Neufundland. Die kristallinen Geschiebe erreichen über 1 m Durchmesser und stammen aus Labrador.

Fig. 6: Durch Frostverwitterung ohne Treibeiseinfluß herausgewitterte Resistenzunterschiede in steilstehenden Sedimentgesteinen an der Nordküste der Varanger-Halbinsel, Nord-Norwegen

Fig. 7: Sichelförmige Druckmarken im Massenkalk auf einer Felsschorre bei Green Point Cove, nördlichstes Neufundland, Westküste

Fig. 8: Kratzer durch im Treibeis gefaßte Schuttstücke auf einem Grauwackenblock im Watt der Chignecto Bay, Fundy Bay, Nova Scotia

Fig. 9: Rundhöckerartig geschliffene steilstehende Schiefer auf einer Felsschorre bei Sainte-Anne-des-Monts, äußerstes St. Lorenz-Ästuar

Fig. 10: Massenhafte Treibholzanlandungen bei Advocate Harbour West an der mittleren Fundy Bay, Nova Scotia

Fig. 11: Durch Frost herausgebrochene und durch Treibeis zusammengeschobene Kalkblöcke bei Green Island Brook, Nordspitze Neufundlands

Fig. 12: Zusammengepreßte und oberflächlich geglättete Blockpflaster westlich Sainte-Anne-des-Monts, mittleres St. Lorenz-Ästuar

Fig. 13: Oberflächlich abgeschliffene Blöcke in pflasterartiger Lagerung, fixiert durch Seepocken- und Miesmuschelkolonien, westlich Sainte-Anne-des-Monts, mittleres St. Lorenz-Ästuar

Fig. 14: Blockstreifen und „boulder barricades", in verschiedenen Richtungen angelegt, an der mittleren Westküste von Neufundland

Fig. 15: Am Außenrand einer Felsplattform in mürben Schiefern aufgesetzter mächtiger Blockwall aus Erratika an der Nordküste der Gaspésie, Québec

Fig. 16: Ein Wall aus Blöcken und Schottern begleitet den Außensaum der Wattflächen im Innern des Porsangerfjordes, Nord-Norwegen.

Fig. 17: Doppelte „boulder barricades" in einer Bucht bei Anse aux Meadows, Nord-Neufundland

Fig. 18: Unregelmäßige Blockverteilung und flache Wannen an Stelle ausgetauter Eisschollen im Blockwatt bei Cap Chat, mittleres St. Lorenz-Ästuar

Fig. 19: Blockkessel und Blocksenken in einer Streu grober kristalliner Erratika auf flacher Felsschorre bei Green Point, Gros Morne Nationalpark, westliches Neufundland

Küstenmorphologische Wirkungen von Treibeis

Fig. 21: Langgestreckte küstenparallele Furchen im Wattenklei im Innern der Chignecto Bay, Nova Scotia (Photo: U. RADTKE)

Fig. 22: Lockere Streu von grobem Lokalschutt, durch Eisdrift auf dem Feinmaterial der Watten abgesetzt. Minas Basin, Fundy Bay, Nova Scotia

Fig. 23: Polygonale Rißmuster im Schlickwatt bei Moncton, New Brunswick

Fig. 25: Tümpel („ponds") in Marschen und Salzwiesen des mittleren New Brunswick

Fig. 26: Sog. „marsh clumps", mit Eisschollen verdriftete Platten aus Boden und Vegetation am äußeren Marschenrand bei Trois Pistoles, inneres St. Lorenz-Ästuar

Fig. 27: Durch zahlreiche eng benachbarte und teilweise deformierte Tümpel („ponds") geprägte Marsch bei Rimouski, mittleres St. Lorenz-Ästuar (Flughöhe ca. 300 m)

LITERATUR

BRODEUR, D. & ALLARD, M. (1983): Les plates-formes littorales de l'Ile aux Coudres, moyen estuaire du Saint-Laurent, Québec. – Géogr. Phys. et Quaternaire, Vol. XXX VII, No. 2: 179– 195.
DHI (1964): Handbuch für die Fischereigebiete des Nordwest-Atlantischen Ozeans.– DHI, Nr. 2066, Hamburg.
DAWSON, A.G. (1978): Polar and non-polar shore platform development.– London, Univ. London, Dept. Geogr., Papers in Geography, 6: 28 S.
DIONNE, J.C. (1968): Morphologie et sédimentologie glacielles, côte sud du Saint-Laurent.– Zeitsch. f. Geom. N.F. Suppl. Bd. 7: 56–86.

DIONNE, J.C. (1985 a): Drift-ice abrasion marks along rocky shores.– Jour. Glaciology, 31: 237–241.
DIONNE, J.C. (1985 b): Formes, figures et faciès sédimentaires glaciels des estrans vaseux des régions froides.– Paléo, 51: 415–451.
DIONNE, J.C. (1986): Erosion récente des marais intertidaux de l'estuaire du Saint-Laurent, Québec.– Géogr. Phys. et Quarternaire, 40: 307–323.
DIONNE, J.C. (1989 a): An Estimate of Shore Ice Action in a Spartina Tidal Marsh, St. Lawrence Estuary, Québec, Canada.– Journ. of Coastal Research, 5/2: 281–293.
DIONNE, J.C. (1989 b): The Role of Ice and Frost in Tidal Marsh Development.– A Review with Particular Reference to Québec, Canada.– Essener Geogr. Arb., 18: 171–210.
DIONNE, J.C. & BRODEUR, D. (1988 a): Erosion des plates-formes rocheuses littorales par affouillement glaciel.– Zeitsch. f. Geom. N.F., 32: 101–115.
DIONNE, J.C. & BRODEUR, A. (1988 b): Frost weathering and ice action in shore platform development with particular reference to Quebec, Canada.– Zeitsch. f. Geom. N.F., Suppl. Bd. 71: 117–130.
ELLENBERG, L. & HIRAKAWA, D. (1982): Die Packeisküste Japans.–Eiszeitalter und Gegenwart, 32: 1–12.
GUILCHER, A. (1981): Cryoplanation littoral et cordons glaciels de basse mêr dans la région de Rimouski, Côte sud de l'estuaire du Saint-Laurent, Québec.– Géogr. Physique et Quaternaire, 35 (2): 155–169.
HACKEY, H.B. (1939): Surface Water Temperatures of the Canadian Atlantic Coast.– Jour. Fish. Res. Board, 4 (5): 378–391.
HANSOM, J.D. (1983 a): Shore platform development in the South Shetland Islands, Antarctica.– Mar. Geol., 53: 211–229.
HANSOM, J.D. (1983 b): Ice-formed intertidal boulder pavements in the sub-Antarctic.– Jour. Sedim. Petrol., 53 (1): 135–145.
HANSOM, J.D. & KIRK, R.M. (1989): Ice in the intertidal zone: examples from Antarctica.– Essener Geogr. Arb., 18: 211–236.
Huntsman, A.G. (1930): Arctic Ice on our Eastern Coast.– Biol. Board of Canada, Bull. No. XIII: 12 S., Toronto.
KELLETAT, D. (1985 a): Studien zur spät- und postglazialen Küstenentwicklung der Varanger-Halbinsel, Nord-Norwegen.– Essener Geogr. Arb., 10: 1–110.
KELLETAT, D. (1985 b): Geomorphologische Beobachtungen im sub-arktischen Küstenmilieu am Beispiel Nord-Norwegens (Varanger-Halbinsel und Umgebung).– Kieler Geogr. Schriften, Bd. 62: 19–47.
MOIGN, A. (1976): L'action des glaces flottantes sur le littoral et les fonds marins au Spitsberg central et nord-occidental.–Rev. Géogr. Montréal, 30: 51–64.
NICHOLS, R.L. (1961): Characteristics of beaches formed in polar climates.– IGY Glaciological Rep. Ser., Amer. Geogr. Soc., 4: 103–121, New York.
NIELSEN, N. (1979): Ice-foot processes. Observations of erosion on rocky coast, Disco Bay, West Greenland.– Zeitsch. f. Geom. N.F. 23: 321–331.
OWENS, E.H. (1976): The effects of ice on the littoral zone at Richibucto Head, Eastern New Brunswick.– Rev. Géogr. Montréal, Vo. XXX (no. 1–2): 95–104.
REINHARD, H. (1967): Geschiebeverfrachtung durch Eisschollen.–Wiss. Zeitsch. E.-M.-Arndt-Univ. Greifswald, Math.-Nat. Reihe, 15: 209–220.
Stäblein, G. (1980): Geomorphodynamik und Geomorphogenese arktischer Küsten.– in: HOFMEISTER, B. & STEINECKE, A. (Hrsg.): Beiträge zur Geomorphologie und Länderkunde, Berl. Geogr. Stud., 7: 217–231.
STÄBLEIN, G. (1985): Dynamik und Entwicklung arktischer und antarktischer Küsten.– Kieler Geogr. Schriften, Bd. 62: 1–18.
THANNHEISER, D. (1981): Die Küstenvegetation Ostkanadas.– Münstersche Geogr. Arb., Bd. 10: 210 S.
TRENHAILE, A.S. (1978): The Shore Platforms of Gaspé – Québec.– Ann. Assoc. American Geographers, 68: 95–114.

Trenhaile, A.S. (1983): The development of shore platforms in high latitudes.– in: Smith, D.E. & Dawson, A.G. (eds.): Shorelines and Isostasy.– London & New York, Academic Press, S. 77–93.

Trenhaile, A.S. & Rudakas, P.A. (1981): Freeze-thaw and shore platform development in Gaspé, Québec.– Géogr. Physique et Quaternaire, 35 (2): 171–181.

GEOMORPHOLOGICAL ASPECTS OF EOLIANITES IN WESTERN AUSTRALIA

Dieter Kelletat, Essen (Germany)

ABSTRACT

Coastal sands and eolianites of Western Australia are deposited in parallel bands in the Swan Coastal Plain, but only the youngest Pleistocene unit, Tamala Limestone, shows significant cementation. By identifying the spectrum of cementation intensity as well as the varying karst phenomena on this eolianite, a basis is given for an absolute dating of this unit and for reconstructing sea level variations by these data, because all the eolianites belong to high sea levels of the Pleistocene.

ZUSAMMENFASSUNG

Küstenmorphologische Forschungen stecken in West-Australien noch in den Anfängen. Dennoch liegen über die dortigen Äolianite geologisch-stratigraphische Untersuchungen vor. Unterschieden werden dabei älter-quartäre Einheiten wie Peron-Sandsteine, Quindalup-Dünen und Bassendean-Sande sowie der jüngere Tamala-Limestone, welcher entweder in das Mittelpleistozän oder an die Wende Pleistozän/Holozän gestellt wird. Die äolischen Ablagerungen bauen streifenförmig parallel die Swan Coastal Plain auf, welche viele 100 km lang und einige 10er km breit ist. Allein der Tamala-Limestone bedeckt – einschließlich der vorgelagerten Inseln – einen Küstenstreifen von ca. 40 km Breite.

Die Äolianite sind eindeutig hohen Meeresspiegelständen zuzuordnen. Auch bei älter-pleistozänen Vorkommen sind Einzelformen einschließlich der Deflationswannen oft gut erhalten. Der Verfestigungsgrad verhält sich nicht gleichsinnig zum Alter, da die jungen Tamala-Serien am härtesten zementiert sind. In einem Klimagebiet, in dem die rezenten Bedingungen von weniger als 300 mm Niederschlag bei über 2000 mm potentieller Verdunstung bis zu über 1400 mm Niederschlag bei nur 700 mm Verdunstung reichen, weist die Verfestigung mit Ausnahme einer etwas geringeren Intensität im ariden Norden kaum spezifische Unterschiede auf. Ähnliches gilt für den Grad der Verkarstung. Sie kann völlig fehlen, lediglich auf die oberflächliche Caliche (Kalkkruste) beschränkt sein, sich in mehrere Meter tiefen geologischen Orgeln äußern, bis zum Stadium vereinzelter „Pinnacles" fortgeschritten sein oder sogar große Höhlensysteme aufweisen.

In dieser Differenzierung nach Zementierungsgrad und Verkarstungsintensität liegt der Schlüssel zu einer weiteren Aufgliederung der Äolianit-Serien und evtl. die Basis für heute mögliche absolute Datierungen.

1. INTRODUCTION

Coastal research in Western Australia has been weakly developed until now. Most of the work was done by geologists (FAIRBRIDGE, SEMENIUK, PLAYFORD et al.). Only the Shark Bay region has been adequately studied (see KELLETAT 1989). Besides investigations on the mangroves in the northern parts and the neotectonics of the Cape Range Province, the Holocene coastal sands and Pleistocene eolianites of the Swan Coastal Plain have been studied in detail (compare FAIRBRIDGE & TEICHERT 1953, SEMENIUK 1983, 1985, SEMENIUK & JOHNSON 1982, 1985, SEMENIUK & MEAGHER 1981, SEMENIUK & SEARLE 1985, 1986, 1987, PLAYFORD et al. 1976). By contrast the scientific literature on the southern coast of Western Australia is nearly nonexistent. Even the latest summarizing paper for the whole state by WOODS, WEBB & ELIOT (1985) only gives some basic information on topography, petrography, and wave spectra.

This researcher carried out field work during 1988 and 1989. Beside mapwork in the Shark Bay region (KELLETAT 1989), he studied the problem of zonality of contemporaneous coastal processes between Exmouth in the north and Esperance at the south coast. In the course of this research, coastal eolianites, which are rather widespread, were examined (see Fig. 1). They show many more geomorphological aspects than could be expected from the geological and stratigraphic mapping (Fig. 2), and they may well provide a basis for absolute dating of the eolian processes in Pleistocene and Holocene times.

2. DISTRIBUTION, GEOLOGICAL UNITS, AND REGIONAL SETTING OF EOLIANITES

The main geomorphological feature of Western Australia is a very wide peneplain, which in the middle part (Shark Bay and environments) is slightly dipping beneath the sea, while in the north, Exmouth Gulf and Lake MacLeod form synclines, and Cape Range an anticline of younger age. To the south in the Kalbarri region and around the Murchison river the peneplain is cut by a high cliff. From here to the south of Bunbury the peneplain is cut in the west by the Gingin and Darling fault scarps (Fig. 2) and separated from the sea by a broad coastal plain. Parallel coastal sediments are found here, including the Ridge Hill Sands of the Pinjara Plain (McARTHUR & BETTENAY 1960, Fig. 2a), the Barrendean Dunes in the central part (PLAYFORD et al. 1976), and the Peron Sandstone in the north (as their equivalent (?)) (LOGAN et al. 1970). The Tamala Limestone extends seawards from these parallel ridges to the coast and the islands. This limestone was dated by LOGAN et al. (1970, Fig. 4) as middle Pleistocene, and as younger Pleistocene to Early Holocene by FAIRBRIDGE (1950) and PLAYFORD (1988) (based on investigations of the Rockingham region and Rottnest Island). The coastal strip is covered by uncemented and often shifting sands of the Safety Bay unit, which is Holocene to modern in age. South of Perth, lagoonal facies can be found between the coastal dunes. At the southwestern corner of the continent between Cape Naturaliste and Cape Leeuwin an old granitic island was formerly connected to the mainland by a large tombolo in younger Tertiary to older Pleistocene times (Fig. 2).

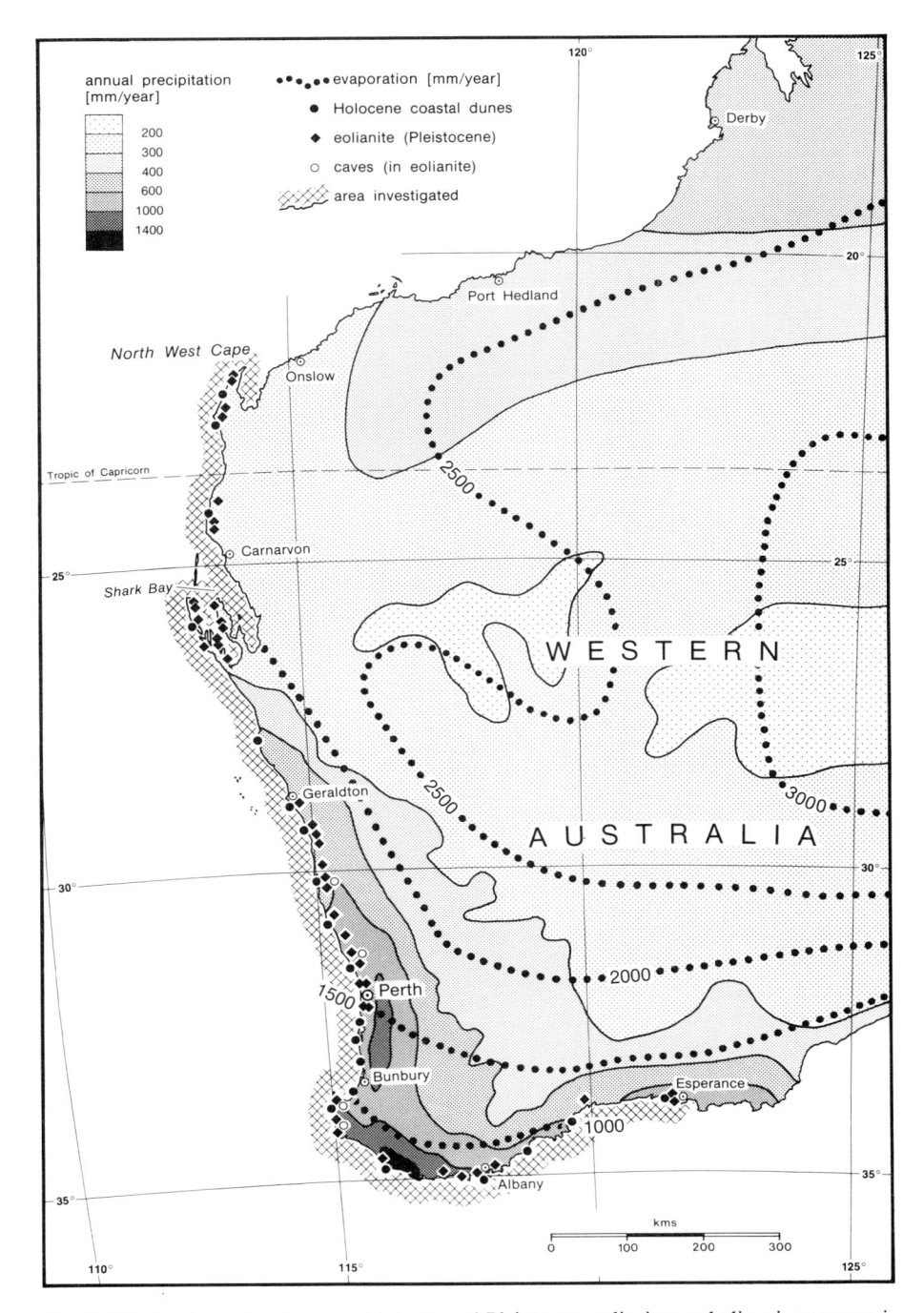

Fig. 1: Distribution of modern coastal dunes and Pleistocene eolianites and climatic averages in Western Australia.

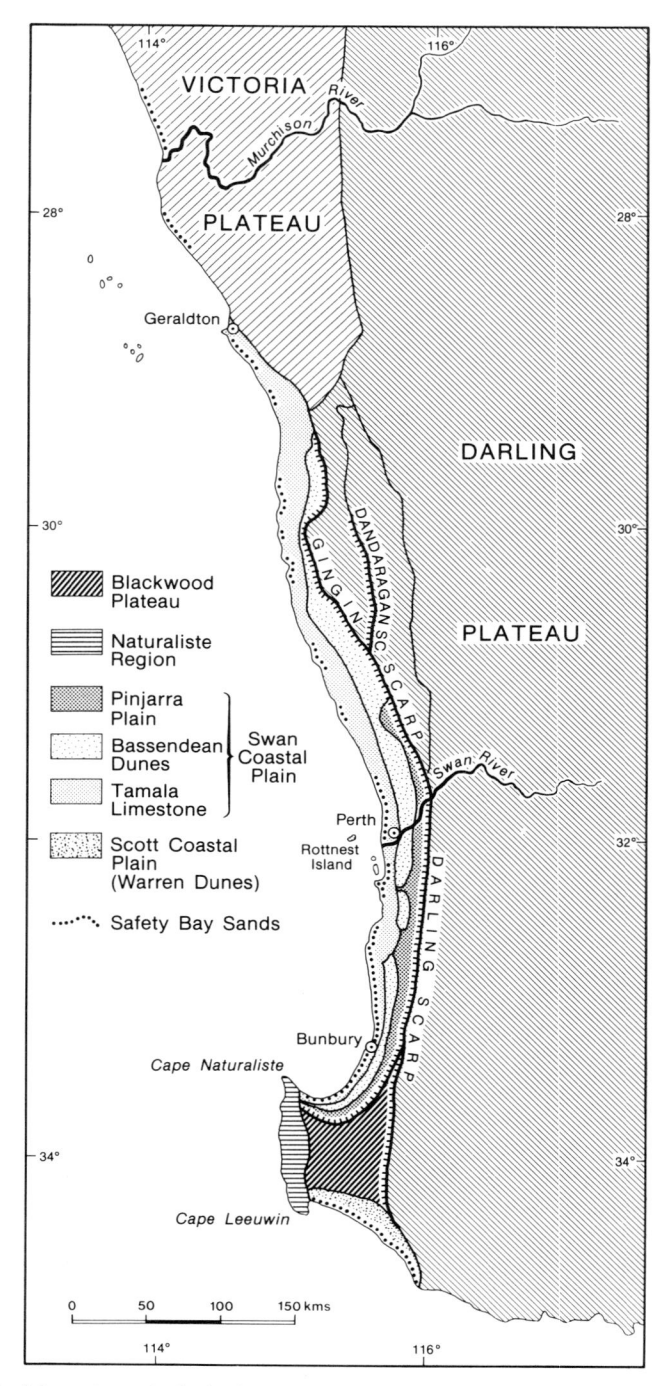

Fig. 2: Draft of the main geological units near Western Australia's coastline.

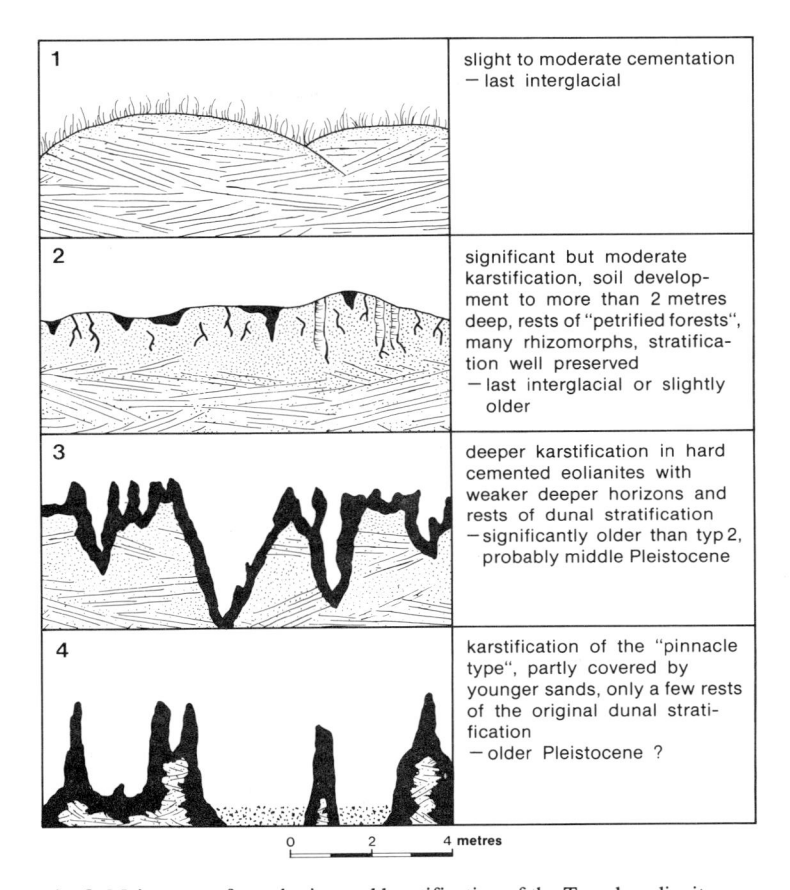

1	slight to moderate cementation — last interglacial
2	significant but moderate karstification, soil development to more than 2 metres deep, rests of "petrified forests", many rhizomorphs, stratification well preserved — last interglacial or slightly older
3	deeper karstification in hard cemented eolianites with weaker deeper horizons and rests of dunal stratification — significantly older than typ 2, probably middle Pleistocene
4	karstification of the "pinnacle type", partly covered by younger sands, only a few rests of the original dunal stratification — older Pleistocene ?

0   2   4 metres

Fig. 3: Main types of weathering and karstification of the Tamala eolianites.

The simple picture of parallel coastal sedimentation is complicated by the fact that abrasive phases have eroded eolianites as well as unconsolidated dunes, and therefore we can find remnants of eolianite platforms which are now seaward of the present beach, sometimes covered with older lagoonal sediments. Several ridges of older eolianites form stacks or islands, such as Garden Island, Penguin Island, or Rottnest Island. Within the Perth region the Tamala Limestone is exposed at least 40 km along a line perpendicular to the coast.

The position of these eolianites parallel to and near the present coastline indicates that they were formed as coastal dunes, sometimes alternating with coarser littoral sands and shells. The position of the dune base is slightly above or below present sea level, interspersed with deflation hollows (KELLETAT 1989) which are dry or partly filled with groundwater. The Rottnest Island lakes clearly show the same characteristics. They definitely are not karst depressions, as postulated by PLAYFORD (1988) who treated them as analogous to the blue holes of the Abrolhos coral reefs in the north.

All in all it is clear that the Pleistocene eolianites of the Swan Coastal Plain are associated with high sea level stands or transgressive phases of the Pleistocene, because the glacial regressive stillstands can be found more than 100 m deeper and 30 to 50 km offshore. During the interglacial stages, dune development clearly was possible during minor regressive as well as transgressive phases, as is demonstrated by the very broad Tamala Limestone (as a regressive sequence), or the fact that today many coastal dunes (Fig. 2) are forming during a slight transgression.

Normally the Tamala Limestone of middle Pleistocene age and the Peron Sandstone of the older Pleistocene still show both ridgelike structures and single dune forms, along with accompanying, well preserved, deflation depressions. That means only little erosion could occur by denudation or weathering because of the very low gradient of the coastal plains. However, parabolic dunal forms, characteristic of so many modern dune fields, are totally absent from the Pleistocene units.

3. STATUS OF CEMENTATION

Without any doubt the eolianites of the Swan Coastal Plain and the Shark Bay region represent a long section of the Quaternary, and therefore have been subjected to different and extensive periods of exposure to weathering, denudation, etc. In this context it is remarkable that they do not show a simple sequence from harder eolianites on the eastside (the older parts) to softer material in the west. The Ridge Hill and Bassendean units mostly are unconsolidated today, while the younger Tamala Limestone shows a very different diagenesis. This may be a consequence of the different carbonate content, which is lower in the older dunes under the high fault scarp, from which non-carbonate particles are washed down to the coasts, while the younger dunes transgressively are superimposed on the older ones. Since the shallow shelf has a significant carbonate cover of shells, corals, foraminifers etc., in the earlier stages of platform development the only source of non-carbonate sediments had to be from the few rivers near the coast, where they were redistributed by longshore drift.

While the association with high sea level stands clearly shows that deposition occurred during interglacial phases, cementation could have occurred during either glacial or interglacial phases; it is nearly impossible to date it accurately. The very well preserved ridge and dune forms seem to point to a rapid cementation after deposition, as do hardened sacks of sand (Photo 1) or remnants of „petrified forests" (Photo 2). On the other hand even middle or older Pleistocene dunes are still unconsolidated, and soil horizons may separate different layers from each other (see FAIRBRIDGE & TEICHERT 1953, and Photo 3). Normally those outcrops which are more exposed to salt water spray and splash are more resistant (Photos 4 and 14, cementing action in the lower part of the cliffs) due to the precipitation of high magnesium carbonates. Soil development sometimes has weakened the upper parts of the eolianites (Photo 5), but in the lower horizons the soil around tree stumps (Photo 2) or roots (Photos 6 and 7) is rather strongly cemented.

An interpretation of the cementation status based on modern climatic averages is difficult, although the eolianites clearly are interglacial sediments. They occur in Western Australia in a climatic environment ranging from less than 300 mm of precipitation and more than 2000 mm of potential evaporation to regions with only 700 mm evaporation and about 1400 mm precipitation (Fig. 1). In the more arid north cementation in general is a little weaker, though true limestones can be found in the latitude of Cervantes, which has about 600 mm of precipitation and 1700 mm of potential evaporation. By contrast, the Holocene coastal dunes, though several thousand years old in places, are totally unconsolidated in all climatic environments here. This fact could lead to the conclusion that cementation normally is a slow process and a phenomenon of more „glacial" conditions, but this is contradictory to the very well preserved morphology of these deposits and the existence of petrified forests (the same as in Victoria, at Cape Bridgewater). Both point to a cementation process which immediately followed deposition.

Based on distribution patterns in Australia, DAVIES (1977) presumed that eolianites occur in the more arid, beachrocks in the warmer climates. Apart from the fact that beachrocks are Holocene features from the tidal environment, and that eolianites are Pleistocene features on land, and that by this reason a comparison of the forming parameters using modern climatic averages should be impossible, it should be pointed out here that all references to beachrock occurrences in Western Australia (FAIRBRIDGE 1950 and RUSSEL & McINTIRE 1965) could not be confirmed. Our research demonstrates that such „beachrocks" are actually platforms within eolianites, sometimes with superimposed beach sands cemented on them.

4. KARST PHENOMENA IN THE EOLIANITES OF WESTERN AUSTRALIA

Karst phenomena are rather widespread and well developed in Western Australia's eolianites, similar to or better than those of the Bahamas, while they are absent in most of the other large eolianite areas, such as Israel or the western Mediterranean (HENNINGSEN, KELLETAT & HAGN 1981).

Typical karst forms appear on top of the eolianite ridges and dune surfaces as tubes in hard limestone (Photos 8–10), e.g. in the Tamala Limestone of Penguin Island, or the Two Rock region north of Yanchep. The original surfaces are well preserved here, so that the amount and depth of karst solution is very recognizable. Similar forms are typical for the Mandurah region or the northern part of the Naturaliste Peninsula. In the uppermost hard limestone layers no stratification from the original eolian deposition can be observed. In some places the karst tubes are singular and only up to 2 m deep, while in others they sometimes combine to form wedgelike features with an upper width of several meters and a depth of more than 4 m. In cliff sections, such as on Penguin Island, they form the upper roofs of coastal caves or of larger tafonis.

A very different and more developed stage of karstification occur where solution has removed most parts of the surface so that only single needles or columns and pillars of limestone are left. The round shape of these pillars shows the significance of subsoil karstification (Photo 11), which seems to be typical for the more humid regions of Western Australia. When they are exhumed, as in the famous „Pinnacle Desert" of the Nambung National Park near the town of Cervantes (Photos 12 and 13), they form numerous standing pillars and needles of a heighth up to more than 4 m. Normally the former top of the dune can be clearly identified (compare Fig. 4). Remnants of eolian stratification are preserved in the broader base of the pinnacles, but more of the loose sand around them comes from the modern beaches and dunes belonging to the Holocene Safety Bay unit. The pinnacle phenomenon is much more widespread than in the Nambung National Park, reaching at least 100 km south, but most of the pillars and needles are covered under younger colluvium (Photo 11).

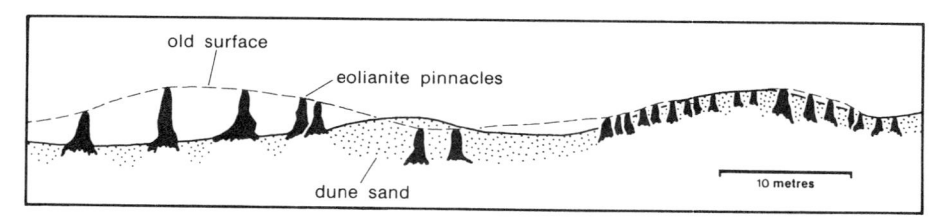

Fig. 4: Pinnacles of the Nambung National Park allow to identify the shape of older dune forms.

The most developed forms of limestone karstification in Western Australia's eolianites are the cave systems of the Tamala series, which can be found near Cervantes in Yanchep National Park north of Perth, or near Yallingup at Cape Naturaliste and in the caves district of Leeuwin National Park in the far southwestern corner of the continent (see Fig. 1). Similar caves are developed in Pleistocene eolianites of the southeastern part of South Australia and in Victoria. They are all restricted to the more humid parts of temperate Australia's coasts, but it seems that they developed during periods of more groundwater flow than today.

5. GEOMORPHOLOGY OF COASTAL OUTCROPS

Most of the rocky parts of western Australia's shoreline between Bunbury and Geraldton consist of Tamala eolianites. They now show regional or latitudinal differences in forms or cementation. Where exposed to saltwater splash and spray they are very well cemented and black in colour from endolithic cyanophyceae and chlorophyceae. In high cliff sections the upper parts show honeycombs and larger tafonis, sometimes developed between harder caliche layers and rhizomorphs, while the lower parts exhibit notches (Photo 14) from bioerosion by gastropods, chitons etc. Often these notches are adapted to the limestone strata. The notching processes may develop mushroom rocks or coastal arches, as described by GENTILLI (1948). Particularly on Rottnest Island the uppermost parts of the notches, where bioeroding organisms become rare, are forming resistant ramparts or roofs and small platforms (Photo 14). If the coastal slopes are smoother, notches may be absent, but bioerosion may create a variety of rock pools (Photo 15). All of these forms are well known from literature describing many limestone or eolianite coasts worldwide, and should not be discussed here in detail because they do not contribute to the problem of the age of eolianite deposition or cementation, respectively.

6. CONCLUSIONS

As has been shown, the eolianites of Western Australia exhibit a rather large diversity of cementation and karstification. This is particular interesting because it is different from eolianites elsewhere. Important, however, is the fact that the whole spectrum of variations occurs in one eolianite unit, the Tamala limestone, which is said to be of middle Pleistocene or young Pleistocene to early Holocene age. Fig. 3 shows the main types (except for the cave systems). Since there is no significant correlation between forms and cementation intensity with that of the contemporary climatic pattern (except for a weaker development in the very arid regions of the north), the question arises whether this is merely a result of different local carbonate content, or if it is combined with one or more paleoclimatic situations. All in all it seems possible that by identifying the geomorphological differences, a better understanding and correction of the ages of dune building and cementation may be possible. Absolute dating by thermoluminescence (TL) or Electron Spin Resonance (ESR) may help to solve these problems in the future.

From cave evidence alone, at least 5 phases of development are required:
(1) deposition of coastal dune sand;
(2) cementation into resistant and thick eolianite;
(3) opening of fissures by contraction, solution, or faulting for rainwater to penetrate and for inner carbonate solution;
(4) massive limestone solution to open large cave systems;
(5) deposition of cave deposits including speleothems of different sizes, which in themselves may represent several generations connected to climatic changes and the vegetation pattern on the dune surfaces.

So it seems reasonable that in the future the Tamala limestone may be identified as belonging to more distinctive sections of the Pleistocene than is the case today.

ACKNOWLEDGEMENTS

The author is grateful to the Deutsche Forschungsgemeinschaft for the financial support of field work in 1988 and 1989, and to Dr. N. Meleen, Oral Roberts University, Tulsa, Oklahoma (USA), for the review of the English text.

Photo 1: The contents of sacks of sand from a 1943 artillery stand near Exmouth, now cemented.

Photo 2: Cementation around former tree stumps near Nanarup, south coast.

Photo 3: Soil horizons in nearly unconsolidated Pleistocene coastal dunes at Hamlin Bay, Leeuwin National Park.

Photo 4: Eolianites with unconsolidated parts in the higher and hard-cemented layers in the lower sections at Rottnest Island.

Photo 5: Soil development has weakened the upper strata of Tamala eolianite, Leeuwin, N.P.

Photo 6: Petrified roots in eolianites near Nanarup, south coast.

Photo 7: Stratification and root systems are clearly exposed in eolianites of Penguin Island.

Photo 8: Solution tubes in eolianites north of Yanchep.

Photo 9: Larger solution pipes in eolianites north of Yanchep.

Photo 10: Tubes or pipes in caliche of eolianites on Penguin Island.

Photo 11: Karst pinnacles in eolianites under colluvium, south of Lancelin.

Photo 12: Numerous round-shaped pillars and knobs in eolianites of the Nambung National Park near Cervantes.

Photo 13: Typical form of the pinnacle desert in Nambung, N.P., near Cervantes.

Photo 14: Notch and hard rampart in eolianites of the West End, Rottnest Island.

Photo 15: Bioerosive rockpools in eolianites at Flat Rocks, north of Yanchep.

REFERENCES

DAVIES, J.L. (1977): Geographical variation in coastal development.– Longman, London, 204 pp.

FAIRBRIDGE, R.W. (1950): The Geology and Geomorphology of Point Peron, Western Australia.– Journal of the Royal Society of Western Australia, 34: 35–72.

FAIRBRIDGE, R.W. & TEICHERT, C. (1953): Soil Horizons and Marine Bands in the Coastal Limestones of Western Australia.– Proc. Royal Soc. NSW, 86: 68–87.

GENTILLI, J. (1948): Western Australia's Limestone Coast.– Walkabout, 14 (8): 17–20, Melbourne.

HENNINGSEN, D., KELLETAT, D. & HAGN, H. (1981): Die quartären Äolianite von Ibiza und Formentera (Balearen, Mittelmeer) und ihre Bedeutung für die Entwicklungsgeschichte der Inseln.– Eiszeitalter und Gegenwart, 31: 109–133.

KELLETAT, D. (1989): Küstenformung und Sedimentationsbedingungen in der Shark Bay, West Australia.– Essener Geogr. Arb., 17: 217–246.

LOGAN, B.W. et al. (1970): Carbonate Sedimentation and Environments, Shark Bay, Western Australia.– Amer. Assoc. Petr. Geol., Tulsa, pp. 1–37.

MCARTHUR, W.M. & BETTENAY, E. (1960): Development and Distribution of Soils on the Swan Coastal Plain, West Australia.– Austr. Commonwealth Sci. Ind. Res. Organ., Soil Publ. 16, Melbourne.

PLAYFORD, P.E.C. (1988): Guidebook to the Geology of Rottnest Island.– Geol. Soc. of Austr., W-Austr. Div., Excursion's Guidebook No. 2: 67 pp., Perth.

PLAYFORD, P.E. et al. (1976): Geology of the Perth Basin, Western Australia.– Geological Survey of Western Australia, Bull. 124: 298 pp.

RUSSEL, R.J. & MCINTIRE, W.G. (1965): Southern Hemisphere Beach Rock.– Geogr. Review, pp. 17–45.

SEMENIUK, V. (1983): The Quaternary stratigraphy and Geological History of the Australind-Leschenault Inlet Area.– Journal of the Royal Soc. of Western Australia, 66 (Part 3): 71–83.

SEMENIUK, V. (1985): The Age Structure of a Holocene Barrier Dune System and its Implications for Sealevel History Reconstructions in Southwestern Australia.– Marine Geology, 67: 197–212.

SEMENIUK, V. & JOHNSON, D.P. (1982): Recent and Pleistocene Beach/Dune Sequences, Western Australia.– Sedimentary Geology, 32: 301–328, Amsterdam.

SEMENIUK, V. & JOHNSON, D.P. (1985): Modern and Pleistocene Rocky Shore Sequences along Carbonate Coastlines, Southwestern Australia.– Sedimentary Geology, 44: 225–261.

SEMENIUK, V. & MEAGHER, T.D. (1981): The Geomorphology and Surface Processes of the Australind-Leschenault Inlet Coastal Area.– Journal of the Royal Soc. of Western Australia, 64 (Part 2): 33–51.

SEMENIUK, V. & SEARLE, D.J. (1985): Distribution of Calcrete in Holocene Coastal Sands in Relationships to Climate, Southwestern Australia.– Journal of Sedimentary Petrology, Vol. 55 (No. 1): 86–95.

SEMENIUK, V. & SEARLE, D.J. (1986): Variability of Holocene Sealevel History along the Southwestern Coast of Australia – Evidence for the Effect of Significant Local Tectonism.– Marine Geology, 72: 47–58.

SEMENIUK, V. & SEARLE, D.J. (1987): Beach Rock Ridges/Bands along a High-Energy Coast in Southwestern Antarctic – Their Significance and Use in Coastal History.– Journ. of Coastal Res., Vol. 3 (3): 331–352.

WOODS, P.J., WEBB, M.J. & ELIOT, I.G. (1985): Western Australia.– In: BIRD, E.C.F. & SCHWARTZ, M.L.: The World's Coastline.– New York, pp. 929–941.

MULTISPECTRAL SPOT IMAGES AND THE APPLICABILITY FOR SURVEYS ON COASTAL AND MARINE ENVIRONMENTS OF CORAL REEF ISLANDS CASE STUDY FROM NORTH-MALE ATOLL, MALDIVES (INDIAN OCEAN)

Carl Engelbrecht & Christoph Preu, Augsburg (Germany)

ABSTRACT

SPOT, launched in 1986, is a remote sensing system operating in two modes: (1) the panchromatic mode with a ground resolution of 10m and (2) the multispectral mode using three spectral channels (XS 1, XS 2, and XS 3) with a ground resolution of 20 m. Therefore, SPOT data have been used for the survey on the coastal and marine environment of the North-Male Atoll.

Based on an analog multispectral SPOT image (three black-and-white diapositives and a color composite) of December 1987, a map of North-Male Atoll in the scale 1:100,000 was processed showing the correct location and shape of the Atoll itself, its islands and faroes. Using the scale 1:50,000 and 1:25,000 the islands could be subdivided into their major morphographic units and predominant land use patterns. Even maritime structures with a width less than the nominal resolution of SPOT could easily be recognized in these scales.

Since the grey values recorded on each SPOT channel represent the particular combination of water depth, sea bottom type and transparency, the discrimination of sea bottom types and their assignment to the water depth has been difficult. After detailed ground checks (1) the main features of the submarine relief, (2) six water depth range classes, and (3) four classes of sea bottom types could be identified on the SPOT image.

1. INTRODUCTION

The Maldives „remain one of the least known groups of atolls" (STODDART 1966). The situation has changed little for the past 25 years except that one of Addu Atoll. Even the 1987 edition of the Admirality Nautical Chart of the Maldives (HYDROGRAPHIC DEPARTMENT 1987) is incorrect and unreliable as far as the location and the shape of the North-Male Atoll – as well as the remaining 18 atolls – and its islands, faroes and reefs are concerned. „The depiction of reefs and dangers within the atolls is based almost entirely on lead-line surveys of 1835. It is kown that many uncharted dangers exist and the positions and shapes of many of the reefs are different from that shown. Mariners should navigate with extreme caution" (Note on the Maldive Islands Sheet

No. 66A, Admirality Nautical Chart 1987). Moreover, information on (1) land features, (2) water depths and (3) sea bottom types is very poor and mostly restricted to the Male island and its anchorages.

This study presents preliminary results of the attempt to process a chart of the North-Male Atoll by application of SPOT data regarding (1) the location and (2) the shape of the islands and reefs. Examplified by the Kanifinolhu-Faro (south-eastern atoll rim) and the Medhufinolhu-Faro (western atoll rim), the applicability of SPOT data in the scale of 1:25,000 with regard to (3) the main land use patterns of the islands, (4) the underwater and littoral morphology, and (5) maritime structures is demonstrated.

2. PHYSICAL SETTING OF THE NORTH-MALE ATOLL

The archipelago of the Maldives (see Fig. 1) stretches from 07°07'N to 00°42'S and 72°33'E to 73°44'E. The 19 atolls (subdivided into 22 administrative units) consist of about 2000 islands summing up to only 298 km². These atolls form a double chain transforming in the N and S into a single chain with a total length of 750 km. Atolls are more or less circle-shaped reef structures consisting of reefs, faroes and islands. „Faro" is the local name for a small reef ring enclosing a lagoon and one or more islands. The atolls are separated by deep channels with depths up to 1000 m.

The reef ring of the North-Male Atoll is interrupted by several channels with water depths ranging from 15 m to 30 m. These channels are complex water exchange systems because of the water running out of or into the atoll lagoon in different vertical and horizontal „layers". The water depth of the atoll lagoon varies between 30 m and 60 m. Sometimes reaching the surface and sometimes dangerously hidden 1 m to 10 m below the mean sea level, various coral reefs are spread over the atoll. The islands located at the atoll rim as well as in the atoll lagoon reach an average size of about 0.2 km². These islands are different in shape and size as well as in land use patterns and human impacts. There are some 40 uninhabited islands, seven islands inhabited by Maldivans and 28 islands used intensively as „holiday resorts". Presently, the vegetation of the islands is composed either of coconut trees and shrub or mangroves, such as *Pandanus pandanus*. However, the natural vegetation of the „holiday resorts" has been almost entirely replaced by coconut monoculture and ornamental flora.

The seasonal settings of NE-monsoon, SW-monsoon and the two intermonsoon periods cause not only changes in wind direction and velocity, but also in the current system of the Indian Ocean as well as in the complex water exchange between open sea and atoll lagoon. Especially during the SW-monsoon an increase of plancton activity can be observed. The tidal variation is less than 1 m throughout the year (PREU and ENGELBRECHT 1991).

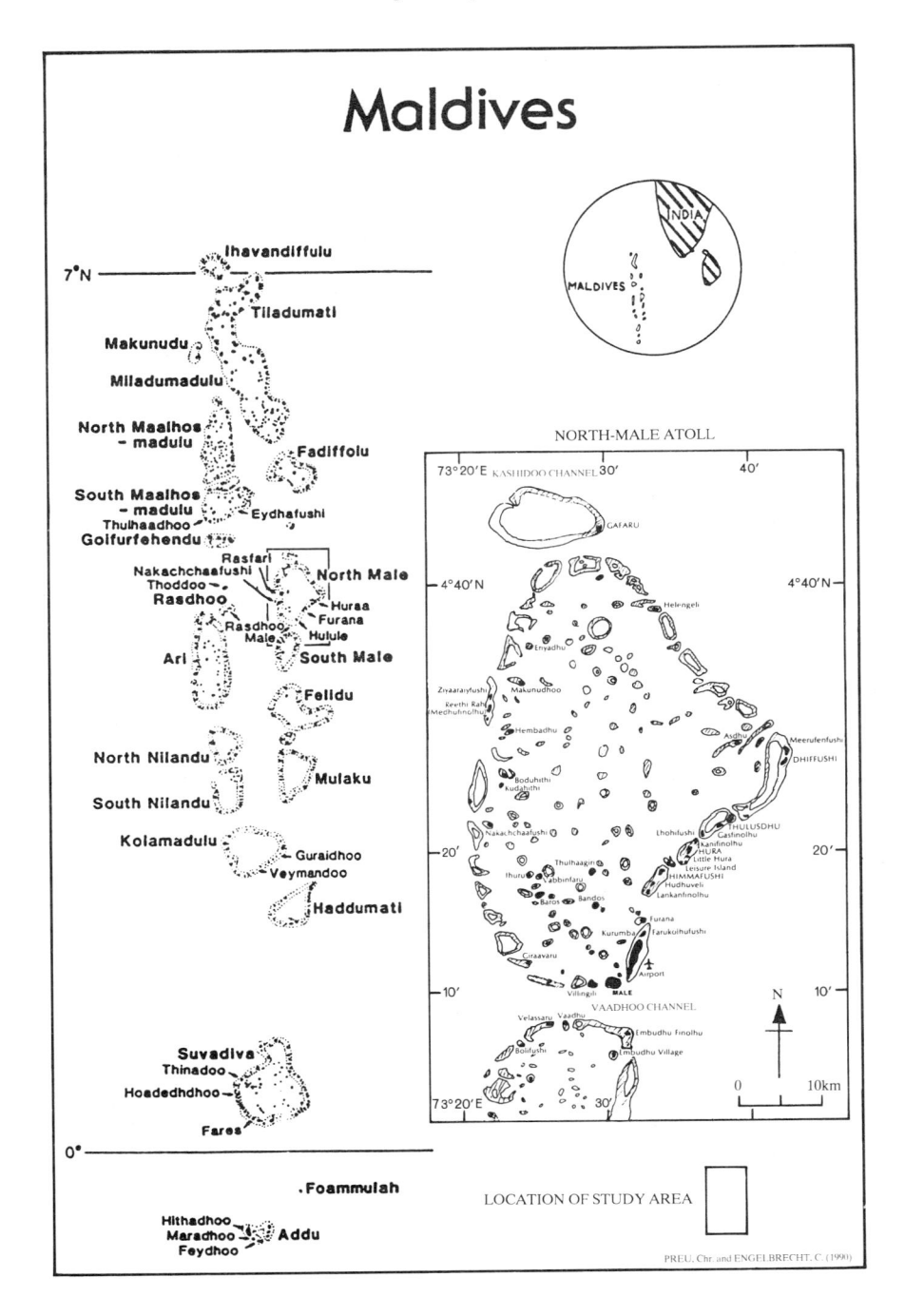

Fig. 1

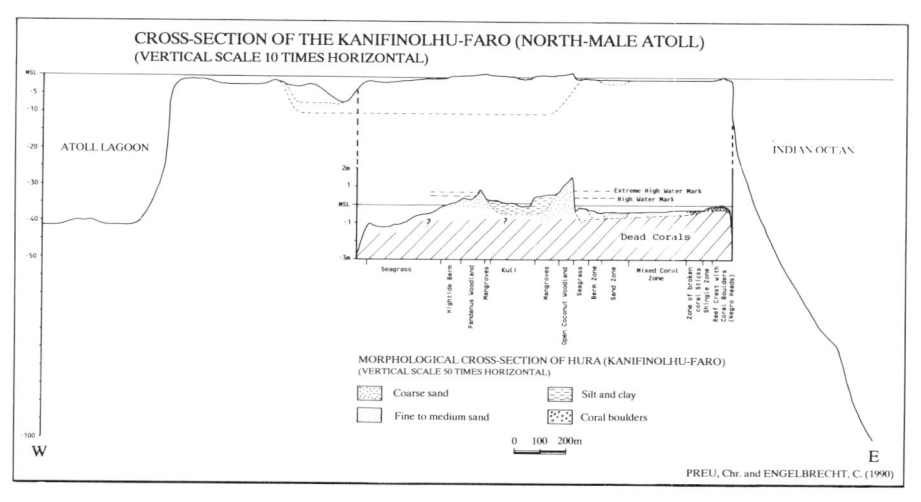

Fig. 2

3. THE STUDY AREAS

The study areas (Figs. 3 and 4) are two faroes located at the western (Medhufinolhu-Faro) and south-eastern (Kanifinolhu-Faro) atoll rim, respectively.

Morphographically, these faroes are shaped more or less elliptically and can be subdivided into three units, viz. (1) the reef ring at its outer edge emerging up to the low water level but not reaching the low water level at its inner edge, (2) the lagoon with water depths up to 20 m, and (3) the elongated low-lying islands (2 m to 3 m above mean sea level) stretching parallel to the direction of the faroes. According to their sedimentological features and hydrodynamic processes each morphographic unit can be subdivided into different morphological zones (see Fig. 2). Living corals build the almost vertical wall of the outer reef and rise up to the low water mark. The reef crest forming a narrow platform is partly covered with coral boulders, called negro heads. The adjacent part of the lagoon with water depths of about 1 m is characterized by different sedimentological zones with grain sizes decreasing from the outer edge towards the beaches of the islands. In contrast, the part of the lagoon adjacent to the inner edge of the reef ring reaches water depths up to 20 m and is mainly filled with finer sediments varying from clay to sand. Patches of living corals can be observed, too. The inner reef edge being interrupted by small natural channels represents a zone of mixed corals only, but without coral boulders. The reef wall descending almost vertically to the bottom of the atoll lagoon is characterized by living corals and fans of coral debris.

The islands „anchored" on a platform of dead corals are underlain by beachrock at about 30 cm to 60 cm above the present mean sea level (PREU and ENGELBRECHT 1991). At the islands' edges facing the outer reef of the faro, the beachrock dips

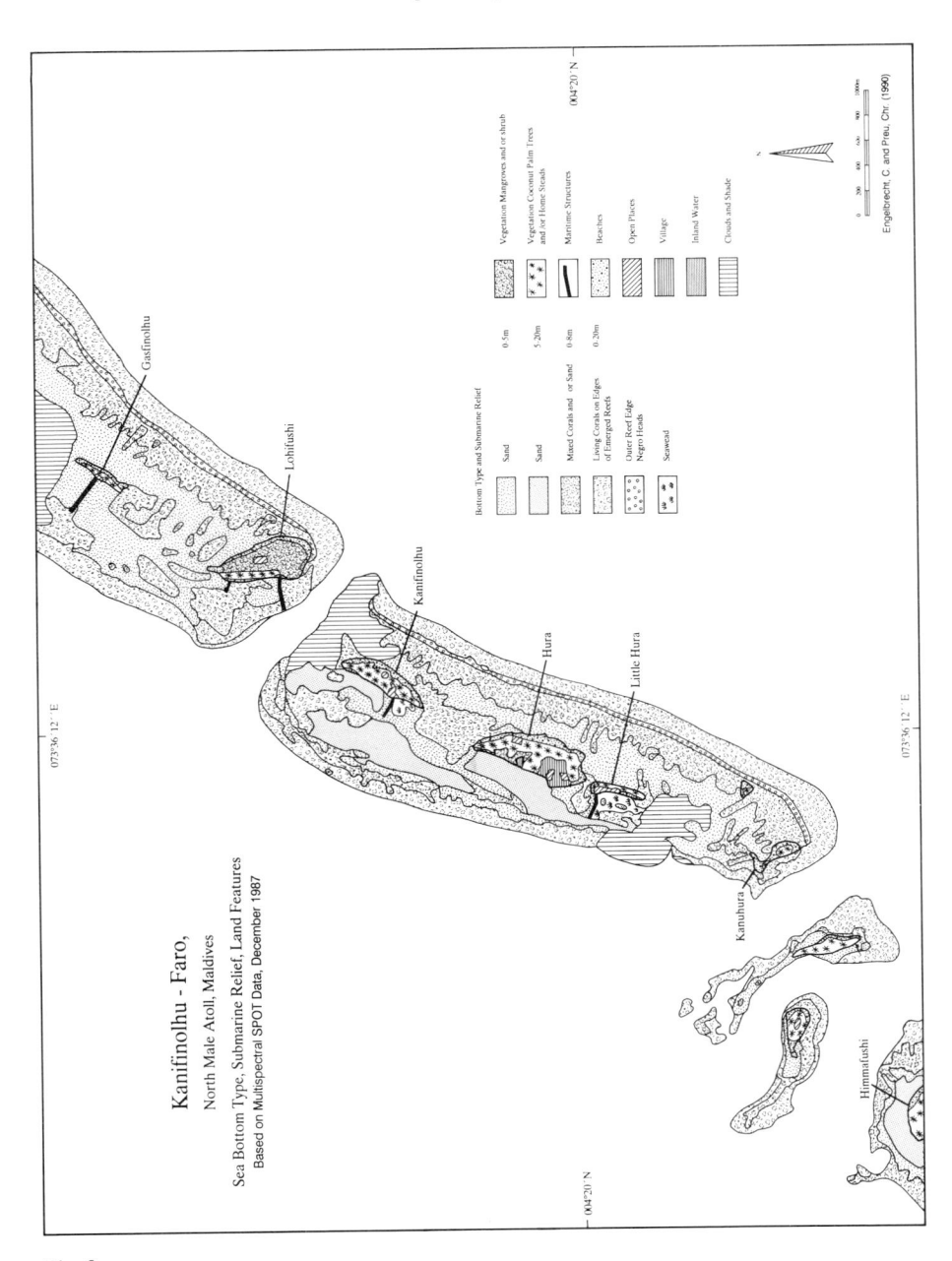

Fig. 3

Kanifinolhu - Faro,
North Male Atoll, Maldives
Sea Bottom Type, Submarine Relief, Land Features
Based on Multispectral SPOT Data, December 1987

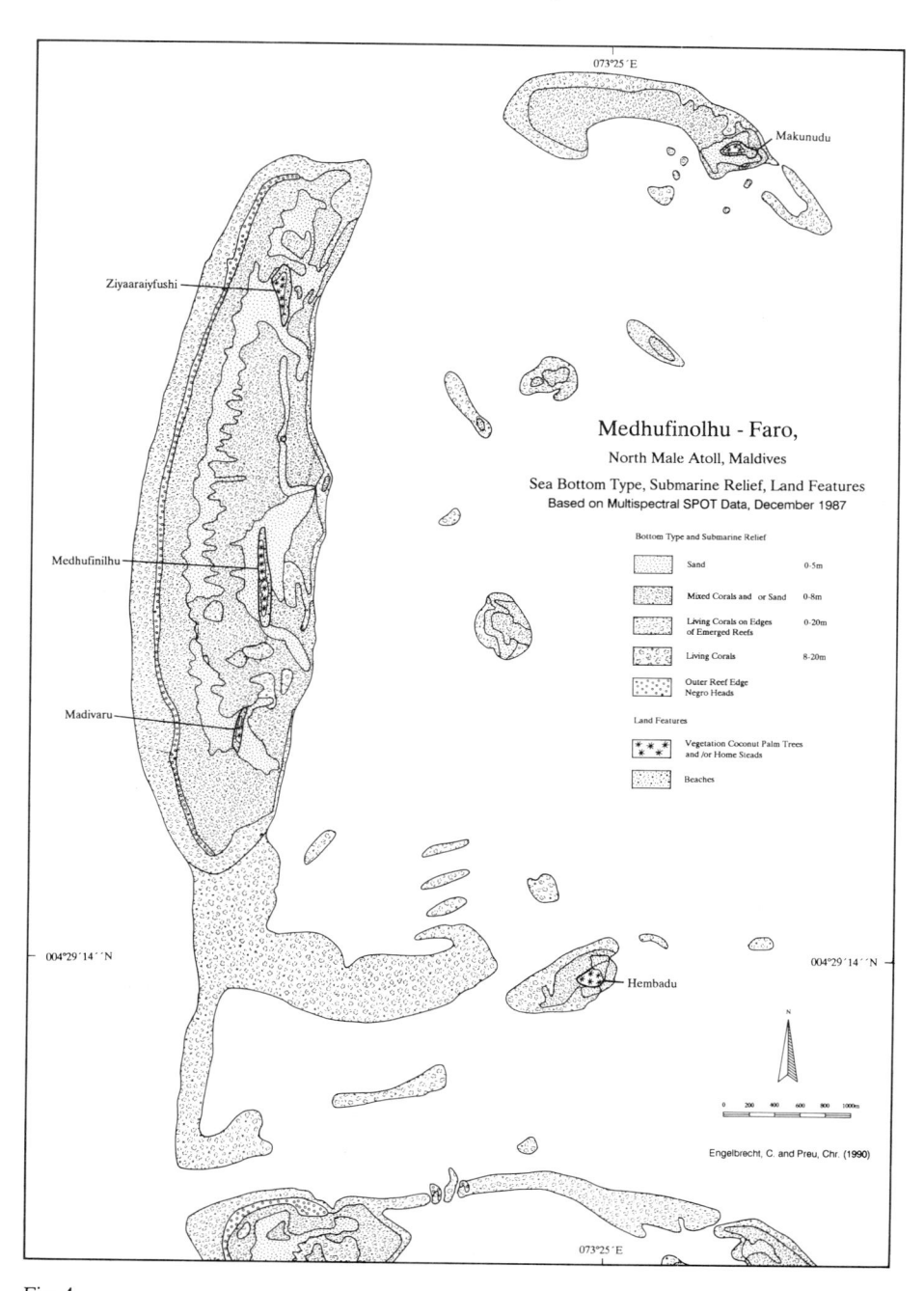

Fig. 4

slightly seaward and merges into the lagoon, whereas the beachrock at the opposite side of the islands is mainly covered with beach sediment. The islands themselves are built up of silty and clayey sands and are surrounded by beach berms. Some islands have a small brackish water lagoon („kuli") fringed with mangroves.

The land use patterns and intensities of human impacts change from island to island. The islands of the study areas (Figs. 3 and 4) are either „holiday resorts" (Kanifinolhu-Faro: Kanifinolhu, Little Hura and Kanuhura; Medhufinolhu-Faro: Medhufinolhu), or islands inhabited by Maldivans (Kanifinolhu-Faro: Hura; Medhufinolhu-Faro: Madivaru), or uninhabited islands (unnamed island in the SE corner of the Kanifinolhu-Faro). The uninhabited island is almost entirely covered with natural vegetation used for fuelwood supply of the inhabited islands. In contrast, the inhabited islands and „holiday resorts" show a great variety of different land use patterns, such as houses, homesteads, and roads.

From the outer edges of the faroes the sea floor falls steeply to 2,500 m on the E side, whereas the sea floor shelves less than 3,000 m on the W side. The channels located N and S of the study areas reach water depths up to 35 m. However, the underwater morphology of the channels located NE and SW of the Kanifinolhu-Faro (Fig. 3) differs significantly from the channel S and SE of Medhufinolhu-Faro (Fig. 4). In the latter either large coral reefs forming a platform-like structure or bank-like coral reefs can be observed in water depths ranging from 8 m to 20 m.

4. SPOT DATA

Multispectral XS mode data of the SPOT system were selected, because these data were found as a compromise between the higher spectral resolution of Landsat TM data with its blue channel (450 – 520 nm) (ground resolution: 30 m) and the better spatial resolution of the SPOT panchromatic mode with a 10 m ground resolution (510–730 nm). Moreover, it was impossible to obtain any Landsat TM data either from the particular receiver station in India (Hyderabad) or through any of the international agencies dealing with remote sensing data.

The Spot system in the multispectral XS mode is characterized by the following parameters:

Average altitude of the satellite	832 km
Period	102 min
Orbits per day	14.5
Repetition rat	26 days
Orbit type	polar, sun-synchronous
Equator crossing time (descending)	10.30 LMT (loc. mean time)
Sensor type	opto-electronical CCD
Operation mode of sensor	panchromatic (10 m) or multispectral (20 m pixel size nadir position)

Data of the XS multispectral mode have the following parameters:

Spectral sensitivity	XS 1 500–590 nm
	XS 2 610–680 nm
	XS 3 790–890 nm
Ground pixel size nadir position	20 m
Area covered	60 km x 60–80 km
Repetition rate (optimal tilt)	3–5 days

Specific data of the SPOT image used here are the following:

Scene no	K211–J341
Date	16 Dec 1987
Time	10.33 (LMT)
Season	NE-monsoon
Waterlevel	Ebb-tide

Since the technique used should be applicable in developing countries without high sophisticated hard- and software, the analog data format in the form of three black-and-white diapositives, one of each channel, was chosen. The diapositives were interpreted and enlarged to the scale of 1:100,000 by the Bausch and Lomb Zoom Tranfer Scope, TM, horizontal model. After that, maps in the scale of 1:50,000 and 1:25,000 were prepared and, subsequently, hardcopies as paperprints were produced with a copying camera. The three channels were also combined into a colour-composite for cross-checking the results in the scale of 1:200,000. Since the interpretation of the image is a visual analysis the results are subjective to a certain extend.

Ground checks were carried out in March and April as well as August and September 1989. Water depths were measured by echo sounding, the different sea botton types were identified either by scuba diving or by a bottom grabdredger.

5. RESULTS

On the Maldives, the land to sea ratio is 1:300. This demonstrates the first problem of the application of SPOT data. On the one hand a vast area is easily covered by the system, but on the other hand the ground resolution of SPOT data in the multispectral mode is limited to 20 m. Using the scales 1:100,000 and 1:50,000 the location and the shape of the islands and reefs could be mapped easily, but the discrimination of land-use patterns and the identification of even smaller structures of the submarine relief asked for an enlargement to the scale 1:25,000.

As the examples of Kanifinilhu-Faro (Fig. 3) and Medhufinolhu-Faro (Fig. 4) demonstrate, several land classes could be identified on the XS 1 and XS 2 channels. However, after the ground check we could only identify areas covered by vegetation such as mangroves and shrubs on the one hand, and homesteads and coconut tree stands on the other. The identification of houses, in particular on „holiday resorts", was almost impossible, because their roofs of dried palm leaves do not differ much from the surrounding vegetation. In contrast, villages on inhabited islands were easily discriminated because of the corrugated sheet iron roofs. Infrastructures such as roads and open areas could easily be identified. Sport grounds provided on the larger „holiday resorts" and some inhabited islands were recognized most easily. Since the beaches of the „holiday resorts" are not covered by vegetation they could be discriminated due to their width and their higher reflection compared to the water surface and the adjacent island areas. It was impossible to obtain any information about land classes on the infrared XS 3 channel – mainly due to the reprotechnical processing of the images.

On the infrared channel XS 3 only the classes (1) land and (2) water could be separated, but it was impossible to discriminate any further land classes compared to the XS 1 and XS 2 channels. However, channel XS 3 easily allowed to discriminate and to recognize maritime structures, such as jetties and groynes. These structures with widths of 2.5 m to 3.5 m are smaller than the nominal pixel size of 20 m in the multispectral mode. This effect results from the extreme contrast between (1) the almost white construction material (corals) of the strutures and (2) the water surface absorbing any radiation in the spectrum of the XS 3 channel.

Additionally, the XS 3 channel allows the discrimination of even shallow inland lakes or lagoons, whereas the channels XS 1 and XS 2 sometimes do not provide sufficient contrast against vegetation.

Summarizing the results of the discrimination of island features and land use patterns, the following classes were established with the SPOT image:
(1) barren land, open areas and sport grounds
(2) villages
(3) homesteads and coconut tree stands
(4) shrub and mangroves
(5) inland water bodies
(6) beaches
(7) maritime structures

The discrimination of the sea bottom types and their assignment to water depth and underwater morphology has been found difficult, because the grey values recorded on channels XS 1 and XS 2 represent the particular combination of water depth and sea bottom type as well as transparency of the water body. Using the results of the ground checks we succeeded in discriminating at least four sea bottom types on the paperprints: (1) sand, (2) living corals, (3) dead or sanded corals, called mixed corals, and (4) seaweed. Due to the morphographic situation of the study areas it was possible to build the following classes as a combination of sea bottom type and water depth:
(1) sand in a depth of 0–5 m
(2) sand in a depth of 5–8 m
(3) mixed corals with or without sand in 0–8 m
(4) living corals on edges of emerged reefs 0–20 m

(5) living corals in a depth of 8–20 m
(6) seaweed in depths less than 1.5 m
(7) coral boulders („negro heads") on the outer reef edge

Since the transparency of the water body changes seasonally due to the prevailing current and wind system and, hence, may modify the penetration depth of the channels XS 1 and XS 2, the water depth figures given here may be different to SPOT data recorded in another season.

Due to cloud cover and cloud shadows some areas could not be mapped. Since the SPOT satellite crosses the equator at 10.30 hrs. (local mean time) only, humidity and convectional activity had already caused clouds covering the surface by that time.

SUMMARY

This study presenting some preliminary results demonstrates that the application of SPOT multispectral images for surveys on coastal and marine environments leads to quite satisfying results – even in the scale of 1:25,000. It is found, that these data are suitable for the disrimination of land-use patterns on and around the islands, and for the identification of maritime structures. However, specific combinations of water depth, sea bottom type, and transparency modified by seasonal plancton call for intensive ground checks to verify indiscernable greyvalues.

ACKNOWLEDGEMENTS

We thank Mr. M.H. Maniku, Head of Marine Research Institute (Maldives), for his co-operation in carrying out the field studies. Mr. M.A. Manik and Mr. E. Rupprecht provided logistical support.

REFERENCES

ALBERTZ, J. & KREILING, W. (1989): Photogrammetrisches Taschenbuch.– 4th edition, Karlsruhe.

HYDROGRAPHIC DEPARTMENT (1988): West coast of India pilot.– London.

LANTIERI, D. (1988): Use of high resolution satellite data for agricultural and marine applications in the Maldives, Pilot study on Laamu Atoll.– FAO, RSC Series No.45, Technical Report TCP/MDV/4505, Rome.

PREU, CHR. & ENGELBRECHT, C. (1991): Patterns and processes shaping the present morphodynamics of coral reef islands – Case study from the North-Male Atoll (this volume).

SPOT USER'S HANDBOOK (1989): Vol. 1: Reference Manual, Vol. 2: SPOT Handbook, Edition 01, Revision 01 (May 1989).

STODDART, D.R. (ed.) (1966): Reef studies at Addu Atoll, Maldive Islands. Preliminary results of an expedition to Addu Atoll in 1964.– Atoll Res. Bull. 116: 1–122, Washington, D.C.

WOODROFFE, C. (1989): Maldives and sea-level rise: An environmental perspective.– Report on a visit to the Republic of Maldives, 31 Jan – 15 Feb 1989 at the request of the Ministry of Planning and Environment, Wollongong, Australia.

PATTERNS AND PROCESSES SHAPING THE PRESENT MORPHODYNAMICS OF CORAL REEF ISLANDS CASE STUDY FROM THE NORTH-MALE ATOLL, MALDIVES (INDIAN OCEAN)

Christoph Preu & Carl Engelbrecht, Augsburg (Germany)

ABSTRACT

The archipelago of the Maldives (07°07'N to 00°42'S and 72°33'E to 73°44'E) are a string of 19 coral atolls consisting of about 2000 islands (average size 0.2 km^2) out of which 80 % are uninhabited. The nearly 200,000 inhabitants (about 40 % on the main island Male) mainly live of the land and the surrounding sea. Studies of geomorphological processes and their influencing factors are not available apart from research on Suvadiva and Addu dealing mainly with marine-biological and vegetational patterns.

The coral reefs are the very foundation of the Maldives, not only geologically but in various other respects. Since the late 70's, tourism has played an important role in the republic's economy. 58 „holiday resorts" spread over three atolls only have been established up to now. The number of tourists increased dramatically from 18,000 in 1977 to 140,000 in 1987. This development has not only changed the marine-littoral processes due to destruction and damage of reefs as well as construction of maritime structures such as jetties, groynes etc., but it has upset the ecological and environmental balance of the islands.

Preliminary results of a long-term research program which has been started recently in co-operation with the Government of the Maldives indicate two main groups of factors influencing quality and intensity of the present morphodynamic patterns and processes of the coral islands (North-Male Atoll):
(1) natural marine-littoral, terrestrial, and biological factors governed by the climatic factors,
(2) human-made factors.

The effects of the influencing factors show significant differences between holiday resorts, islands inhabited by Maldivans only, and uninhabited islands in the North-Male Atoll.

1. INTRODUCTION

The archipelago of the Maldives (07°07' N to 00°42'S and 72°33'E to 73°44'E) (Fig. 1) composed of 19 atolls (subdiveded into 22 administrative atoll units) represents one of the largest groups of coral atolls in the world. The atolls of the

Maldives consisting of about 2000 low-lying islands with a total land area of 298 km² are the central and largest emergent part of the Laccadive-Chagos-Ridge and form a double chain of atolls, tapering to single atolls to north and south. Only 820 islands are larger than 1 ha and only 409 of them exceed 0.25 km². The total population of approximately 200,000 lives on 203 inhabited islands, almost 80,000 on the Male main island alone.

Traditionally, the economy of the Maldives is mainly based on fisheries, both for local consumption and export. Since 1972 the scenic attractions to tourists, on the one hand the underwater morphology and the high diversity of underwater fauna and flora, and on the other hand the beaches, lagoons, tropical vegetation as well as the „maritime tropical climate" have led to the rapid development of a highly flourishing tourism industry and have become almost as important as the fishery for the socio-economic situation of the Maldives. 58 „holiday resorts" (in 1989) concentrated on three atolls only, have been established on formerly uninhabited islands where now more than 100,000 tourists (in 1989: 140,000) annually spend their holidays. As a result of this intensive human interference on and around these islands, the patterns and processes shaping the morphodynamics of the coral reef islands have drastically changed and show significant differences to islands inhabited by Maldivans and islands still uninhabited.

Studies of the factors influencing the natural geomorphological processes, the variety of human impacts and the resulting changes of the morphodynamics of coral reef islands are not available for the Maldives, apart from research on Suvadiva Atoll and Addu Atoll but mainly dealing with marine-biological and vegetational patterns (STODDART 1966). Therefore, examplified by the situation of the North-Male Atoll (North-Kaafu Atoll) this paper gives a short insight into (1) the natural and human-made factors influencing the present morphodynamics of the islands of the atoll and (2) the consequences of human impacts for their marine-littoral processes and ecological and environmental balances. Since this research project has recently been started, only preliminary results are presented here.

2. PHYSICAL SETTING OF THE STUDY AREA

The triangular-shaped North-Male Atoll (the western rim stretching north-south forms the hypotenuse) (Fig. 1) extends about 60 km from N to S and approximately 40 km from W to E. Long ring-shaped reefs („faroes"), emerging during the tidal low water form almost entirely the atoll rim and enclose lagoons with water depths up to 20 m. Mainly in the northwestern and southeastern parts of the North-Male Atoll the lagoons are partly filled with silt and clay, and they surround a group of two or three elongated low-lying islands (average height of 2 m) also stretching parallel to the direction of the faroes (ENGELBRECHT and PREU 1991). The ring of faroes is separated by a great number of channel-like openings where the water exchange between the open sea and the atoll takes place. Their average water depth varies between 25 m to 30 m. The openings are wider at the western rim (up to some 2 km) than in the other areas of the atoll, where they reach only an average width of some 400 m. In the W,

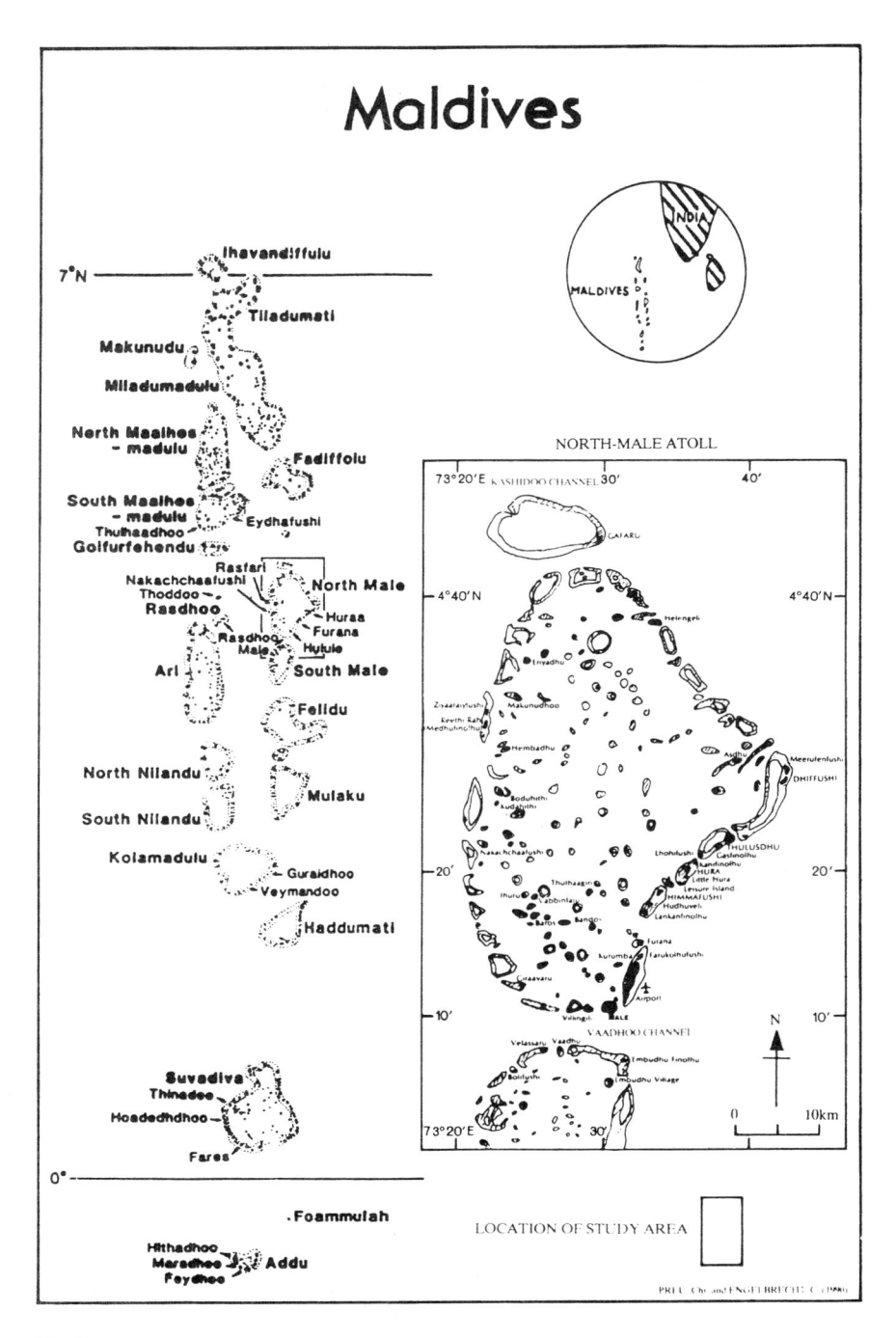

Fig. 1

S and SE of the atoll an agglomeration of coral reef islands is located on top of a –5 m coral platform surrounding the islands. In contrast, there are no islands in the central, northern and eastern areas of the atoll lagoon. In general the water depths range between 35 m and 50 m and only sporadically reach a maximum water depth of 65 m. The coral reefs form either large platforms, pinnacles or „microatolls" in different water depths. The latter are nearly flat coral colonies which are dead on top, living only around the perimeter, and limited in their upward growth by the air-water interface. From the outer rim of the atoll the sea floor falls steeply to –2500 m on the eastern side; to the W the sea floor shelves less steeply to over –3000 m. In the S the some 4 km wide Vaadhoo Channel with its water depth of nearly 300 m separates the North-Male Atoll from the South-Male Atoll (Fig. 1). To the N the 2.5 km wide Gaafaru Channel is located between the North-Male Atoll and the oval-shaped Gaafaru Faro, extending nearly 10 km from W to E (Fig. 1).

The North-Male Atoll is an agglomeration of seven inhabited islands (mainly fishing villages), including the main island Male, and some 40 uninhabited islands, 28 of them are presently used as „holiday resorts". Another four uninhabited islands are reserved for offical purpose, such as the airport and oil storage. The remaining eight islands not in use are entirely covered with vegetation. All islands are „anchored" on top of a layer of beachrock (about 1 m thick), underlying the islands at about 30 cm to 60 cm above present mean sea level. At the edges of the islands the beachrock dips slightly seaward and forms a platform on which the beach sediments are seasonally transported around the islands (Fig. 5).

3. INFLUENCING FACTORS

3.1. Natural Factors

3.1.1 Climate

The climate of the Maldives is characterized by a seasonal reversal of the prevailing windsystem. From December to the end of March the NE-monsoon with northeasterly winds blows and brings an average monthly rainfall of less than 100 mm, whereas soutwesterly to westerly winds and frequent lashing showers with an average monthly rainfall of more than 250 mm prevail during the SW-monsoon between May and mid-August. The average annual rainfall totals some 2000 mm. Throughout the year the daily maximum and minimum temperatures differ only by approximately 4 °C.

Two main types of storms affect the study area. The „eastern depressions" move from the E; they are tropical depressions with violent cyclonic circulation of wind mainly occurring during the months of November and December. The second type are „cyclonic storms" in which the winds reach or exceed Beaufort force 8. The highest frequency of this storm type is at the onset of the SW-monsoon and at the onset of the NE-monsoon.

3.1.2. Currents

Likewise, the ocean currents are subject to seasonal reversals in the course of the year. From mid-May to September the strong Indian SW Monsoon Current is evident and SE setting currents reach the Maldives, whereas between December and March the Indian NE Monsoon Current flows to W or WSW. The Equatorial Counter Current being a narrow but fast E-setting current flows within a few degrees of the equator and is most significant during the periods of transition between the monsoons. However, this current is displaced southward of the equator during April and May and loses its identity temporarily in October and November so that, consequently, it cannot be separated from the hence prevailing SE- and E-setting Indian SW Monsoon Current.

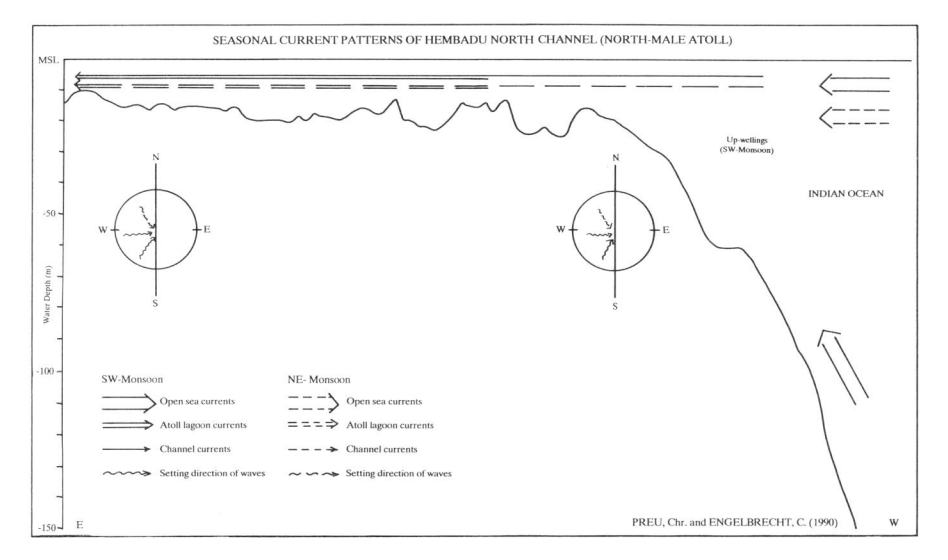

Fig. 2

The seasonal reversal of the ocean currents causes a significant change of the currents, both of direction and velocity within the atoll lagoon and the openings separating the faroes from the atoll rim. During the period of the Indian SW Monsoon the E-setting currents reach a velocity of 2 kn to 3 kn in the wide openings of the western rim (Fig. 2) and set as a strong water flow with a salinity of 20 to 30 ppm towards the atoll lagoon, but lose the high velocity after passing the atoll rim. In the openings of the N, NW and SW atoll rim counter currents (1.5 kn to 2 kn) setting W beneath the E-setting surface currents and the bottom of the openings transport water of high salinity (more than 40 ppm) from the atoll lagoon towards the open sea. This current underflowing the E-setting waters of the open sea forms a „shear zone" where the two water bodies mix and create upwellings with diameters of some 100 m about 1 n.m. (= 1852 m) off the atoll rim. In the SE of the North-Male Atoll (Fig. 3) the surface currents reaching from E overflow the E-setting counter current that forms a strong flow between about 15 m below mean sea level and the bottom of the openings and has a salinity of more than 40 ppm. The diameters of the upwellings located some 200 m outside the atoll rim are smaller than those off the western rim. In the NE of the atoll (Fig. 4) the current patterns are much more complicated than in the other areas. The open sea currents entering the openings at the southern margin of the channels flow as narrow „stream" along the faroes, respectively the Helengeli island, towards their atollward end where they turn towards the open sea and mix with the currents that have passed the atoll from the W. This current sets along the northern margin of the channels and leaves the atoll. Some 200 m off the atoll rim a number of small upwellings with diameters of some decameter indicate the location where the water transported from the atoll to the open sea and the water of the Indian Ocean mix. However, whether a second current system beneath the above described one exists, has not been observed so far.

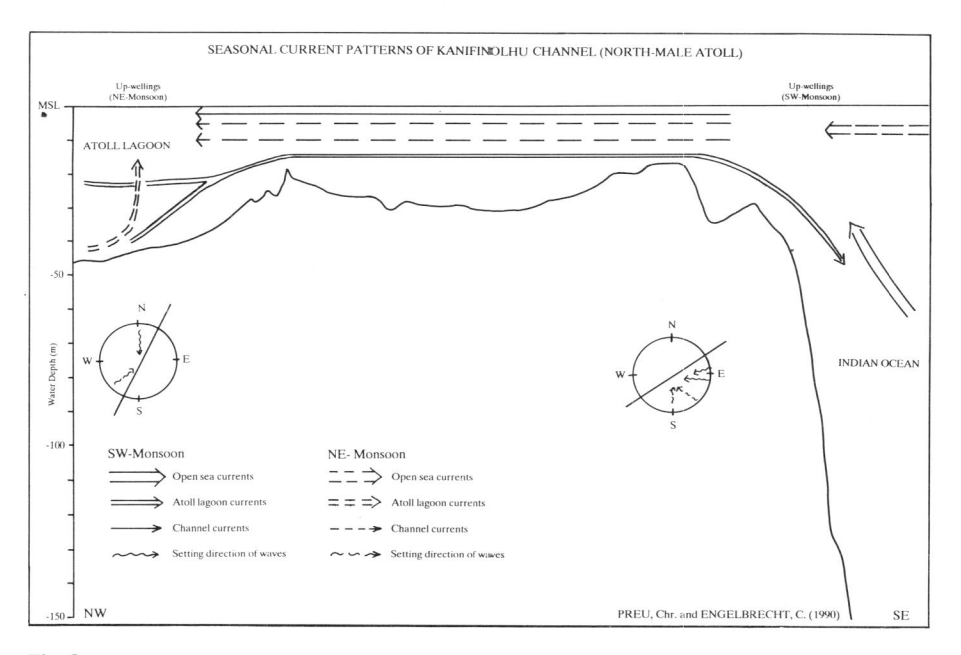

Fig. 3

In the S of the North-Male Atoll the open sea currents reaching the openings with an average velocity of 3.5 kn to 4 kn through the Vadhoo Channel enter the openings at their eastern margin and pass the faroes and islands up to their atollward edge. After mixing with the water masses of the atoll lagoon flowing towards the open sea these currents change their direction and set along the western margin of the openings towards the open sea. When these waters have left the atoll lagoon they „fall down" at the atoll slope and cause large upwellings in the Vadhoo Channel some 200 m to 400 m S off the atoll.

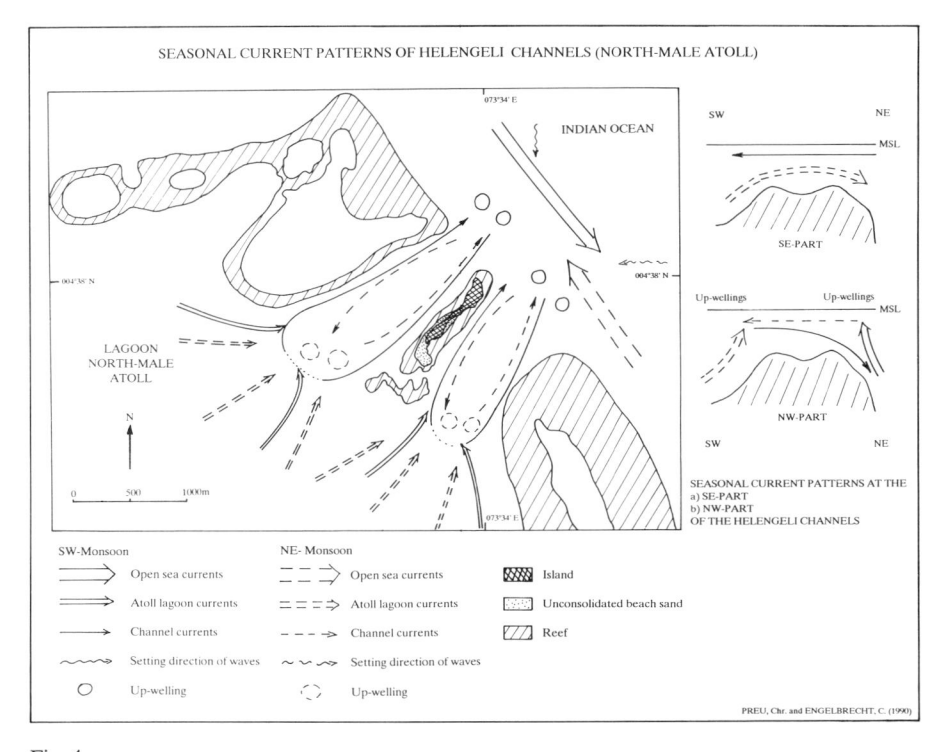

Fig. 4

During the period of the Indian NE Monsoon Current the current patterns of the openings show an entirely different picture. In the NE (Fig. 4) the open sea currents entering the openings pass along the northern margin of the channels and flow towards the open sea at their southern margin. The upwellings are located at the atollward end of the openings during this period. The currents of the openings in the SE of the atoll (Fig. 3) show a similar picture. The currents setting atollward do not exceed velocities of 1.5 kn and nearly reach up to the bottom of the small channels, so that a counter current flow beneath the surface currents setting towards the open sea can be observed only very seldom. The openings in the S do not experience any major changes of the current patterns compared to the SW monsoon period. In contrast, the openings of the western rim (Fig. 2) do not show clear evidences of displacement of upwellings towards the inner fringe of the atoll rim during this period. However, small upwellings occur in the vicinity of islands, but upwellings can be observed off the seaward margin as well. The reason of this current patterns may be either (1) a consequence of the much larger dimension of these openings, or (2) the general current patterns around the Maldives. A more detailed explanation needs further studies of the current patterns and water parameters.

3.1.3. Tides

Since the Maldives do not have any tide gauges, the tidal variations refer to the standard station of Cochin (India). However, some measurements indicate that the tides are strongly influenced by the prevailing season, but the range is less than 1 m. Moreover, the results of the current measurement program show that the tidal streams are only strong enough to increase or decrease the flow of the currents. During the transitions of monsoons only the tidal streams are rearely able to reverse the direction of the currents (HYDROGRAPHIC DEPARTMENT 1988). Up to now, additional information and data are not available.

3.1.4. Sea level change

There are few records which give some insight into trends of present sea level change in the Indian Ocean around the Maldives, but there have not been studies on the Maldives as such. Additionally, the tidal records from Cochin and Madras are both too short and ambiguous as to sea level trend. Detailed studies of the Holocene sea level history of neighbouring countries, such as Sri Lanka (PREU 1988) and India (BRÜCKNER 1989) are available, but these studies indicate that these coasts experience different rates of sea level oscillations at different locations. Secondly, it has not been proved to which extend these data can be applied to coasts of neighbouring areas, particularly to areas of different lithological features, such as coral reefs. However, the evidence of „microatolls" seems to indicate that there has not been a significant net rise in water level in the Maldives over the last 25 years or so (WOODROFFE 1989).

3.2. Human-Made Factors

The human-made factors form the second group of factors influencing the present morphodynamics of the islands and occur on the islands themselves as well as in the areas surrounding them. Due to the limited space and the great variety of human interference, only the main factors are mentioned here.

3.2.1. Change of vegetational patterns

The „holiday resorts" are characterized by a drastic change of the natural vegetational patterns (see Fig. 5). The original woodland in the center of the islands has largely been removed for the construction of buildings and roads and has been replaced by coconut monoculture and ornamental plants. In addition, tourists have destroyed the narrow strip of coastal shrubs and trees fringing the landward margin of the beaches. Creeping vegetation covering and, hence, stabilizing beaches and sandspits are permanently being removed to use the sand for construction purposes as well as to provide white sandy beaches for tourists. An indirect change of the vegetation is caused by (1) intensive use of the fresh water lens for water supply and (2) the seeping of sewage and waste water into the fresh water lens. This has not only resulted in increasing water pollution but has also led to a vertical and horizontal reduction of the fresh water lens and the increasing intrusion of salt water. Consequently, most „holiday resorts" face the problem not only of decreasing water quality but also of dying vegetation.

In contrast, inhabited islands have lost their natural vegetation because of clearing in the centers only (location of the villages), but the landward edges of the beaches are still almost entirely fringed by the natural coastal shrubs (ENGELBRECHT and PREU 1991). Since the inhabitants' timber and water supply are taken from neighbouring unhinhabited islands, vegetation is not much affected.

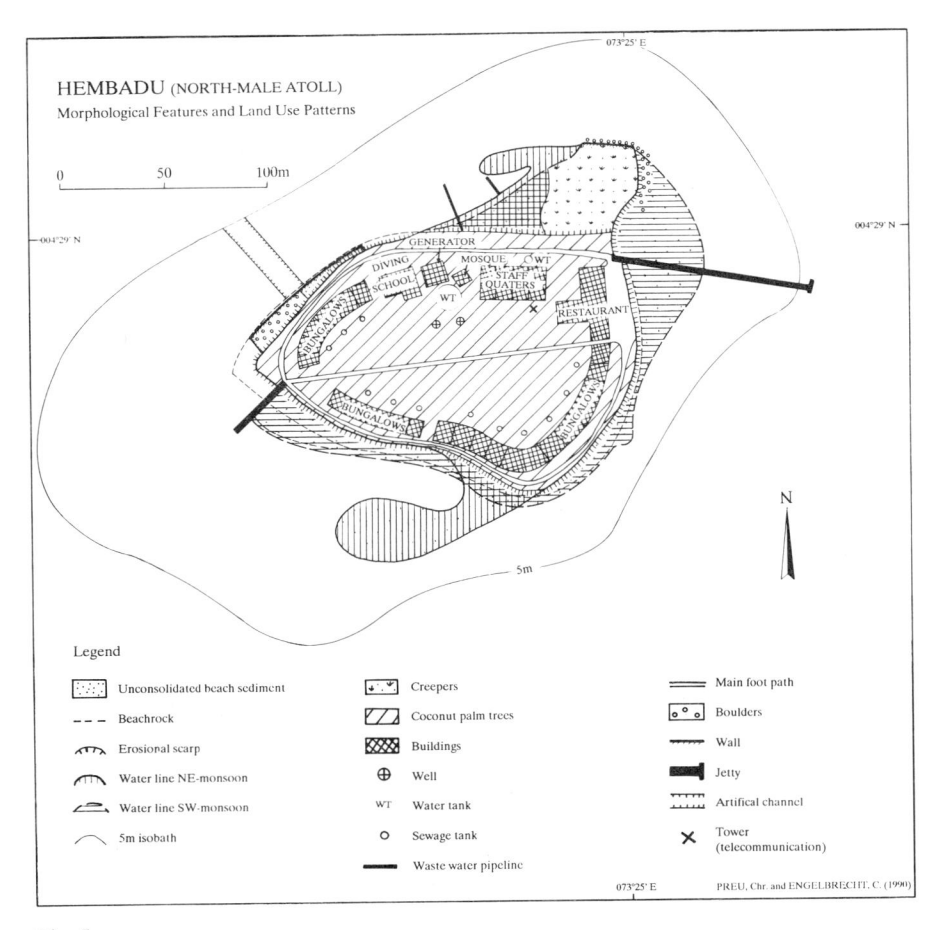

Fig. 5

3.2.2. Maritime structures

Each „holiday resort" has a long jetty (up to 150 m) (Fig. 5) to provide landing facilities for boats with great draughts. Since those jetties are mainly concrete walls the beach sediments transported seasonally around the islands cannot pass by. Consequently, beach sediment is accreted in the luff of the prevailing direction of the currents and, therefore, causes intensive leeward erosion. The same morphodynamic processes occur where groynes have been constructed to keep sand at a deliberated location of the island. Therefore, many „holiday resorts" have constructed groynes to prevent further coastal erosion at the most affected parts of the islands. In many cases, however, this has not lead to the deliberated effect but has either increased the problem of erosion or has displaced erosion to other coastal segments of the island.

Except for the Male island and Hulue island (airport) inhabited islands do not have any bigger maritime structures.

3.2.3. Changes of coral reefs

The coral reefs of the North-Male Atoll are affected by the human interference in manifold ways. Firstly, corals are the main constructing material in the Maldives. The rapidly expanding tourism industry has caused a rapidly increasing demand for corals for the construction of buildings and roads on the Male main island and the „holiday resorts". Consequently, coral reefs located mainly close to Male and the „holiday resorts" have been increasingly mined and are entirely destroyed in some places (BROWN and DUNNE 1988). Certainly, the current and wave patterns have been modified in the vicinity of those reefs, but any detailed studies of the effect of this human impact have not yet been carried out.

Secondly, coral reefs fringing „holiday resorts" have been removed for deep and some 100 m wide navigation channels. The interruption of the „natural breakwater" has caused changes of the current and wave patterns in the vicinity of the islands as well as at the island's beaches and has resulted in coastal erosion and, consequently, the construction of protection measures (Fig. 5). Similar damage of the reefs results from divers who break off corals and from the anchors of diving boats.

A third group of human impacts indicates the problem of water pollution. Sewage and waste water are discharged from the „holiday resorts" into the sea. The high concentration of shipping traffic around the „holiday resorts" has drastically increased the discharge of oil from boats. The consequent reduction of water quality has not only affected the growth rate of corals but has also decreased the stability of the coral reefs.

Major human impacts on coral reefs are absent in the vicinity of islands inhabited by Maldivans and uninhabited islands.

4. CONSEQUENCES FOR THE PRESENT MORPHODYNAMICS OF THE CORAL REEF ISLANDS

Not only the human impacts on the morphodynamics of the coral reef islands in the North-Male Atoll are multifold and show significant differences between (1) uninhabited islands and islands inhabited by Maldivans and (2) islands used as „holiday resorts", but also the present morphodynamics of the islands are different. Due to the human interference most „holiday resorts" face the problem of coastal erosion. The islands' seaward margins which are almost unprotected cannot resist the natural current and wave patterns and, consequently, have been undercut particularly during the SW monsoon period. Since parts of the remaining vegetation are no longer supplied with water from the fresh water lens, the island edges are being more and more destabilized. Additionally, the resulting process of coastal erosion is increased by the construction of maritime structures and protection measures. Due to the destruction of the surrounding coral reefs, high waves can reach the islands, particularly during the SW monsoon period and form steep dipping beach profiles where oncoming waves can run up towards the interior of the island. Summarizing the present morphodynamic situation of the „holiday resorts" in the North-Male Atoll it must be said that some of these islands are already highly endangered in their stability and, consequently, in their existence.

In contrast, uninhabited islands and islands inhabited by Maldivans are mainly dominated by comparatively wide beaches without any major damage by coastal erosion at the landward margins. However, as far as the inhabited islands are concerned this situation may change in the near future. Many of those islands, i.e. their inhabitants, have lost their sources of water and food supply by the transition of neighbouring and formerly uninhabited islands to „holiday resorts". Two major consequences can clearly be observed in the North-Male Atoll. Firstly, uninhabited islands not having been used for any purpose in the past are now subject to an increasing human impact, and secondly, land-use on the inhabited islands has been intensified. Therefore, it has to be expected that very soon those islands will face environmental problems similar to those presently already occurring on „holiday resorts".

SUMMARY

This paper presents some preliminary results of recently started research activities on the quality and intensity of the influencing factors, both natural and human-made ones, shaping the present morphodynamics of the coral reef islands of the North-Male Atoll, Maldives/Indian Ocean. The study shows that in the North-Male Atoll the effects of human impacts on the natural influencing factors result in significant differences in the morphodynamic processes between holiday resorts, islands inhabited by Maldivans only, and uninhabited islands.

ACKNOWLEDGEMENTS

We thank Mr. M.H. Maniku, Head of Marine Research Institute (Maldives), for his co-operation in carrying out the field studies. Mr. M.A. Manik and Mr. E. Rupprecht provided logistical support.

REFERENCES

Brown, B.B. & Dunne, R.P. (1988): The environmental impact of coral mining of coral reefs in the Maldives.– Environmental Conservation, 15: 159–165.

Brückner, H. (1989): Küstennahe Tiefländer in Indien – ein Beitrag zur Geomorphologie der Tropen.– Düsseldorfer Geographische Schriften, 28: 239 pp., Düsseldorf.

Engelbrecht, C. & Preu, Chr. (1991): Multispectral SPOT images and the applicability for surveys on coastal and marine environments of coral reef islands Case study from North-Male Atoll, Maldives (this volume).

Hydrographic Department (1988): West Coast of India Pilot.– London.

Preu, Chr. (1988): Zur Küstenentwicklung Sri Lankas im Quartär.– Augsburger Geographische Hefte, Augsburg (Germany) (in press).

Stoddart, Th. L. (ed.) (1966): Reef studies at Addu Atoll, Maldive Islands.– Atoll Research Bulletin, 116: 1–122.

Woodroffe, C. (1989): Maldives and sea level rise: An environmental perspective.– Ministry of Planning and Environment, Republic of Maldives.

ENTWICKLUNGSPHASEN UND AKTUELLE PROBLEME DER THAILÄNDISCHEN SEEFISCHEREI

Dieter Uthoff, Mainz

1. DIE BEDEUTUNG DER THAILÄNDISCHEN SEEFISCHEREI

Thailand war 1987 mit einer Anlandemenge von 2,6 Mio. t zu 3,2 % am Weltseefischfang beteiligt und steht damit auf Platz 9 in der Weltrangliste der Fischfangnationen. Fischerei einschließlich der expandierenden Aquakultur und der Fischverarbeitung besitzt einen hohen Stellenwert in der thailändischen Wirtschaft, speziell in den Bereichen Ernährung, Beschäftigung und Außenhandel.

Der Ernährungseffekt: Fisch war und ist in Thailand die wichtigste Quelle für die Versorgung der Bevölkerung mit Tierprotein. Traditionell gibt es zwei Hauptnahrungsmittel: Reis und Fisch. Eine alte Redewendung bestätigt das. Sie lautet sinngemäß: „Diesen Morgen gab es Fisch und Reis, aber heute abend gibt es Reis und Fisch." Der durchschnittliche Verbrauch an Fisch und Fischprodukten liegt seit vielen Jahren etwa konstant bei 21 bis 22 kg pro Kopf und Jahr. Der Konsum von Fleisch, Eiern und Milch, den weiteren Quellen tierischer Proteine, bleibt in seiner Summe unter diesem Wert. Die Sicherung der Fischversorgung verlangte bei stark wachsender Bevölkerung (1948: 17,7 Mio. Einw., 1988: 55,0 Mio. Einw.) eine ständige Steigerung der Fangmengen.

Der Beschäftigungseffekt: 1985 arbeiteten 182.500 Personen in der Fischerei. Einschließlich ihrer Familienmitglieder lebten 470.600 Menschen vom Fischfang. Die Zahl der Beschäftigten in den 3.350 Betrieben (1987) der fischverarbeitenden Industrie und die Zahl der vom Fischhandel sowie von fischereiorientierten Produktions- und Dienstleistungen lebenden Personen ist nicht exakt zu ermitteln. Sie dürfte im Minimum in einer ähnlichen Größenordnung liegen.

Der Außenhandelseffekt: Unter den fischexportierenden Ländern stand Thailand 1987 auf Platz 7 der Weltrangliste und wird inzwischen weiter aufgerückt sein. 1988 wurden Fisch und Fischprodukte im Wert von 1.543 Mio. US $ exportiert; das waren 9,7 % der gesamten Warenexporte. Fisch und Fischprodukte nehmen damit den zweiten Platz unter den Exportgütern ein, nach Textilien und Geweben (Tab. 1). Unter Berücksichtigung der Dienstleistungsexporte fällt der Fischereisektor allerdings auf Rangplatz 3 zurück, denn seit 1982 ist der internationale Tourismus unangefochten der wichtigste Devisenbringer, allein 1988 mit Einnahmen in Höhe von 3.120 Mio. US $.

Tab. 1: Einnahmen aus dem internationalen Tourismus und den wichtigsten Exportgütern, Thailand 1988
Quellen: Warenexporte: National Statistical Office, Bank of Thailand; Tourismus: Tourism Authority of Thailand

	Deviseneinnahmen		
	Mio. Bath	Mio. US $	in %
Tourismus	78.859	3.120	
Warenexporte	403.570	15.970	100,0
davon:			
Textilprodukte	58.627	2.320	14,5
Fisch und Fischprodukte	38.986	1.543	9,7
Reis	34.676	1.372	8,6
Kautschuk	27.189	1.076	6,7
Edelst., Perlen, Schmuck	24.158	966	6,0
Tapioka	21.844	864	5,4
EDV-Zubehör	9.829	369	2,4
Zucker	9.664	382	2,4
Fußbekleidung	9.658	382	2,4
Mikroelektronik	8.629	341	2,1

Thailand besitzt eine leistungsfähige Seefischerei und eine hochentwickelte Fischindustrie, die durchaus mit jenen wirtschaftlich führender Industrienationen vergleichbar sind. Für ein Entwicklungsland mit 55 Mio. Einwohnern (1988) und einem Bruttoinlandsprodukt von 1.063 US $ pro Kopf (1988) ist diese Situation ausgesprochen ungewöhnlich, auch wenn man berücksichtigt, daß Thailand an der Schwelle zu den 'newly industrialising countries' steht. Dabei ist Thailand keineswegs als traditionelles Seefischereiland einzustufen, und in der Gegenwart wird es der Küstenkonfiguration gemäß durch die ausgesprochene Buchtlage im Rahmen der neuen seerechtlichen Regelungen eher benachteiligt als begünstigt.

2. ENTWICKLUNGSPHASEN DER THAILÄNDISCHEN SEEFISCHEREI

Diese wohl einzigartige Situation wirft die Frage nach der Entwicklungsdynamik der Seefischerei und nach den mit dieser Entwicklung verbundenen Problemen auf. Ein Überblick über die Fangmengen von 1950 bis zur Gegenwart zeigt, daß die Entwicklung Thailands zu einer der führenden Hochseefischereinationen der Welt sehr jung ist (Abb. 1).

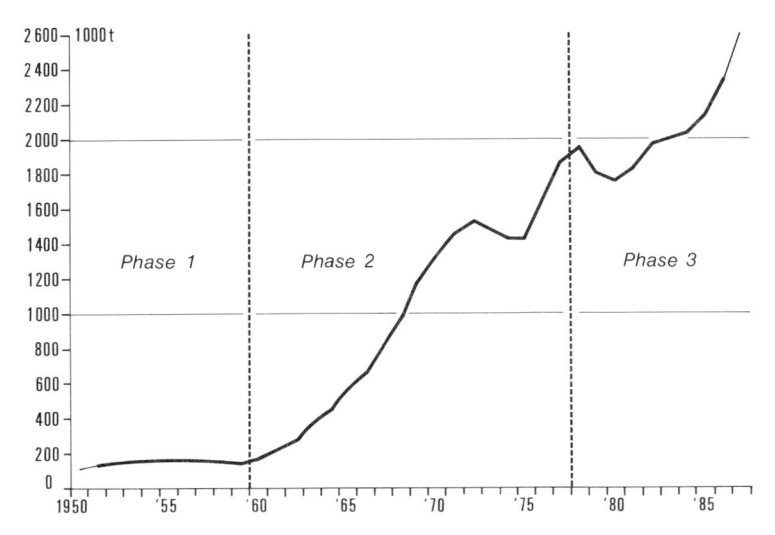

Abb. 1: Anlandungen der thailändischen Seefischerei 1950–1987
(dreijährige gleitende Mittel)
Quellen: PANAYOTOU und JETANAVANICH (1987)
DEPARTMENT OF FISHERIES

Annähernd gleichbleibende, um 150.000 t schwankende Anlandungen sind für die Zeit bis 1960 charakteristisch. Danach setzt ein kontinuierlicher und steiler Anstieg der Fangmengen bis zum Jahr 1973 ein. Im Trend setzt sich das Wachstum in abgeschwächter Form bis in die Gegenwart fort, wird jedoch durch mehrjährige kräftige Rezessionen unterbrochen. Der stärkste Rückgang der Anlandungen beginnt 1977 und erreicht mit Fangeinbußen um 20 % 1980 seinen relativen Tiefpunkt. Die Zeitreihe der Anlandemengen der thailändischen Seefischerei legt eine Gliederung in drei Entwicklungsphasen nahe (Tab. 2).

Tab. 2: Entwicklungsphasen in der thailändischen Seefischerei

Phase I:	bis 1960	traditionelle Küstenfischerei	+2,9*
Phase II:	1961–1977	Aufbau der Hochseefischerei	+18,1*
Phase III:	ab 1978	Konsolidierung der Fischversorgung	+2,7*

*durchschnittliche jährliche Zuwachsrate in %

2.1 Phase I: Die traditionelle Küstenfischerei

Die marine Fischerei Thailands war traditionell auf die Flachwassergebiete an der Küste des Golfes von Thailand und auf die Mangrovensümpfe an der Westküste Malakkas zum Andamanischen Meer ausgerichtet. Rund 1.500 Fischerdörfer, die im Durchschnitt zwischen 50 und 150 Haushalte umfaßten, verteilten sich längs der 2.614 km langen Küstenlinie, von der sich 1.874 km um den Golf von Thailand legen, während 740 km des Landes an das Andamanische Meer grenzen. Bevorzugte Siedlungsplätze der Fischer fanden sich in Flußmündungsgebieten und an Lagunenausgängen. Viele Fischerdörfer waren räumlich und sozial isoliert.

Die Fangfahrzeuge waren klein und offen, teilweise besegelt, selten motorisiert. Zum Teil wurden gondelartige Langboote verwendet. Daneben gab es eine ausgeprägte Fischerei zu Fuß, die auf das Sammeln von Krustentieren und Muscheln sowie auf den Fischfang im Flachwasser ausgerichtet war. Fischgründe waren die Gewässer in unmittelbarer Küstennähe bis etwa 20 m Tiefe. Als Fanggeräte wurden Reusen, Körbe, Haken und Leinen, einfach Hebe-, Wurf-, Schiebe- und Stellnetze, Harken und Dredgen sowie Bambus-Fischzäune und -Fischfallen eingesetzt. Fangfahrten dauerten nur wenige Stunden. Die Produktivität war gering. Der Fang gelangte selten auf organisierte Märkte. Es war primär eine Selbstversorgungswirtschaft, bei der der Überschuß verkauft wurde.

Diese Art der überwiegend subsistenten, traditionell geprägten Fischerei, die es teilweise heute noch gibt, wurde nach dem Zweiten Weltkrieg an günstigen Standorten zu einer stärker kommerziellen Küstenfischerei ausgebaut. Die Boote wuchsen auf 10 bis 14 m Länge an. In ihrem Aktionsradius waren sie auf Tagesreisen beschränkt, günstige Witterungsbedingungen vorausgesetzt. Die Motorisierung mit Außenbordern begann. In den fünfziger Jahren waren etwa 1.400 Fahrzeuge motorisiert. Als neues Fanggerät setzte sich die Ringwade durch, mit der pelagische Arten bis zu 50 m Tiefe gefangen wurden. Dazu kamen Treib- und Stellnetze aus Nylon. Die Anlandungen stiegen auf rund 150.000 t und hielten sich leicht schwankend auf diesem Niveau (1948: 151.400 t, 1960: 146.500 t). Gefangen wurden überwiegend pelagische Arten. Die Anlandungen von Bodenfischen lagen nahezu konstant bei nur 30.000 t. Die Zahl der kommerziell tätigen Fischer betrug nach Schätzungen des Department of Fisheries etwa 32.000 (MENASVETA 1980, S. 54).

An dieser Situation änderte sich bis 1960 wenig. Und darin liegt das Problem dieser frühen Phase: konstante Fangmengen bei stark ansteigender Bevölkerung. Zwischen 1950 und 1960 nahm die Einwohnerzahl um 42 % oder knapp 8 Mio. Menschen zu. Damit verschlechterte sich die Fischversorgung der Bevölkerung. Der Verbrauch lag bei 8,0 kg/Person/Jahr, und das bei reichen Fischbeständen im Golf wie im Andamanischen Meer.

2.2 Phase II: Der Aufbau der Hochseefischerei

1960/61 trat ein entscheidender Wandel ein. In Zusammenarbeit mit dem „Department of Fisheries" führte eine Gruppe deutscher Fischereiexperten – erfahrene Kutterfischer unter Leitung von K. TIEWS von der Bundesforschungsanstalt für

Fischerei – im Rahmen bilateraler Entwicklungshilfe die Schleppnetzfischerei in Thailand ein. Basis dafür waren die reichen Grundfischvorkommen im Golf von Thailand und auf dem Sunda-Schelf, die bislang nicht genutzt wurden. Vorausgegangene Versuche zum Fang von Bodenfischen waren mangels geeigneter Fanggeschirre wenig erfolgreich. So blieb eine der größten fischereilichen Ressourcen Südostasiens, wenn nicht sogar der bedeutendste Bestand, bis 1960 ungenutzt. Nur auf den Philippinen war zu dieser Zeit eine Grundschleppnetzfischerei entwickelt.

Binnen kürzester Zeit wurden Scherbrettschleppnetze (Ottertrawl), Baumkurren (Beamtrawl) und Gespannschleppnetze (Pairtrawl) in Thailand eingeführt und den regionalen Gegebenheiten angepaßt. Die Übertragung dieser Fanggeräte aus der Nordsee in den Golf von Thailand, das Südchinesische Meer und das Andamanische Meer, ergänzt um die Übernahme mexikanischer und japanisch-koreanischer Grundschleppnetze, brachte spektakuläre Fangerträge. 300 kg/Stunde waren die erfolgversprechenden Anfangswerte.

Die neue Fangtechnologie, zunehmender Bedarf an Fisch und bislang ungenutzte, reiche Bestände lösten – begleitet von einer „laissez-faire"-Politik der Regierung – in Erwartung hoher Rendite einen kräftigen Kapitaltransfer in die Fischerei aus, die bislang eher eine „Arme-Leute"-Beschäftigung gewesen war. Durch einen kaum vorstellbaren Investitionsschub stieg die Zahl der Trawler vom Nullpunkt um 1960 bis 1970 auf 3.000, bis 1974 auf 5.300 und bis 1982 auf rund 10.000 (Abb. 2). Der Grundfischfang wurde zum bedeutendsten Fischereizweig. War 1956 das Verhältnis von Bodenfischen zu pelagischen Fischen in der Zusammensetzung der Fangmenge noch 1 : 3,4, so ergab sich zehn Jahre später ein Verhältnis von 1 : 0,4 (Tab. 3).

Tab. 3: Grundfischfang und pelagischer Fang in Thailand 1956–1966.
Quelle: nach Panayotou und Jetenavanich (1987) berechnet

JAHR	SEEFISCHFANG IN 1.000 t			VERHÄLTNIS		
	Grund-fisch	pelagische Arten	Summe	Grund-fisch	:	pelagische Arten
1956	34,7	117,5	152,2	1	:	3,4
1958	50,1	94,9	145,0	1	:	1,9
1960	63,7	82,8	146,5	1	:	1,3
1962	151,4	118,3	269,7	1	:	0,8
1964	371,6	128,1	499,7	1	:	0,3
1966	445,0	202,5	647,5	1	:	0,4

Diese Entwicklung konnte nicht von der traditionellen Küstenfischerei getragen werden. Die langjährigen Erfahrungen der Fischer waren für den küstenfernen Grundfischfang nutzlos. Der Fischerbevölkerung fehlten zudem Kapital, Navigations- und Marktkenntnisse. Sie konnte an diesem neuen Fischereizweig nicht partizipieren. Die neue, kostenaufwendige Technologie wurde von finanziell kräftigen Investoren aus den Städten, vor allem aus Bangkok, aufgenommen. Hohes Eigenkapital oder Kreditwürdigkeit waren die Voraussetzungen für den Einstieg in die Trawl-Fischerei, aber ebenso Zugang zu aktuellen Informationen und unternehmerisches Geschick. Die Arbeitskräfte wurden durch aus- und inländische Fachleute angelernt. Sie wurden wie noch heute aus den ärmeren Landesteilen, vor allem dem Nordosten, angeheuert. Einen Übergang von Küstenfischern in die von wenigen städtischen Hafenstandorten und Marktzentren aus operierende Trawl-Fischerei hat es nur in Ausnahmefällen gegeben.

Damit war der Grundstein für ein bis heute andauerndes duales System in der Fischereiwirtschaft gelegt: Eine arbeitsintensive aber ertragsarme Küstenfischerei, getragen von zahlreichen Fischerhaushalten mit subsistenten Zügen, steht unabhängig neben einer kapitalintensiven und marktorientierten Hochseefischerei mit günstiger Ertragslage, getragen von finanzstarken Investoren oder Kapitalgesellschaften, die ganze Flotten unterhalten und durch angeworbene Lohnarbeiter bemannen. Heute erzielen über 70 % der Fischer (PANAYOTOU und JETENAVANICH 1987, S. 70) nur etwa 16 % der Fänge und 24 % des Fangwertes, während die restlichen knapp 30 % 84 % der Fangmengen anlanden und 76 % der Fangerlöse erwirtschaften.

Die traditionelle Küstenfischerei wurde durch die aufkommende Hochseefischerei nicht nur nicht gefördert, sondern in ihren Ertragsmöglichkeiten eingeschränkt bzw. geschädigt. Der Bestand an hochwertigen Arten, vor allem der Garnelenbestand, wurde dezimiert, nachdem Trawler auch in küstennahe Gewässer eindrangen. Die stehenden Fanggeräte der Küstenfischer – Fischzäune, Reusen, Körbe, Fallen u.a. – wurden durch die Grundschleppnetze der Trawler beschädigt. Deren massenhafte Anlandungen drückten auf die Preise, während die Fangmengen der Küstenfischer bestenfalls konstant blieben. In Relation zu den Lebenshaltungskosten sank der Durchschnittspreis für Fisch von 1971 bis 1982 von 4,6 Bath/kg auf 3,75 Bath/kg um 18,5 % (PANAYOTOU und JETENAVANICH 1987, S. 12).

Die Einkommenssituation der Küstenfischer hat sich somit kontinuierlich verschlechtert. Sie gehören zu den Problemgruppen der Bevölkerung mit dem geringsten Einkommen. Am landesweit nachweisbaren Einkommensanstieg haben sie keinen Anteil, während in der Hochseefischerei die Einkommen pro Person sogar schneller wachsen als in der gesamten Volkswirtschaft. Kapitalbildung ist unter diesen Umständen unmöglich. Zudem fehlt den Küstenfischern der Zugang zum offiziellen Kapitalmarkt. Sie sind vielmehr auf lokale Geldgeber wie Händler, Mittelsmänner oder Geldverleiher angewiesen, die weit höhere Zinsen verlangen als die Banken. Für die Küstenfischer sind daher die Möglichkeiten zum Einsatz verbesserter Technologien begrenzt. Seit Jahrzehnten fischen sie mit einfachsten Fangmethoden.

Nach dem Seefischerei-Zensus von 1985 waren von den 53.440 erfaßten Fischereifahrzeugen 15,6 % nicht motorisiert und 52,8 % mit Außenbordern ausgestattet. Mit diesen Booten und zu Fuß wird von einer Vielzahl längs der Küste gestreuter und häufig noch isolierter Wohnplätze eine umfangreiche Küstenfischerei betrieben. Nur wenige Personen sind aus dieser sozioökonomischen Problemgruppe in andere Berufe oder in die Hochseefischerei gewechselt. Der Grund für das angesichts des niedrigen Lebensstandards erstaunliche Beharrungsvermögen ist eine geringe soziale und regionale Mobilität bei starker Bindung an Beruf und Wohnort (PANAYOTOU und PANAYOTOU 1986), wobei die Bereitschaft zum Beschäftigungswechsel eher besteht als jene zum Wohnortswechsel.

Hilfen für die Küstenfischer müssen daher vor allem am Wohnort ansetzen. Ausbildung, Kapitalhilfen, die Einführung neuer, aber dennoch einfacher Technologien und der Ausbau der marinen Aquakultur durch Küstenfischer bieten sich an, zumal viele von ihnen auf diesem Sektor über Basiskenntnisse verfügen und bereit sind, in diese Form der intensiven Fischwirtschaft zu wechseln. Auf diesen Wegen ist langfristig die durch die personelle, institutionelle und finanzielle Trennung von Küsten- und Hochseefischerei entstandene Problemsituation aufzulösen und der Benachteiligung der Küstenfischer entgegenzuwirken. Sie werden heute zum Teil bereits beschritten, nachdem die sozioökonomischen Probleme der Küstenfischerei über mehr als 15 Jahre weitgehend übersehen worden sind.

Der explosionsartige Ausbau der Trawlerflotte hatte drei weitere Konsequenzen:
1. Die Fischversorgung der Bevölkerung verbesserte sich schlagartig. Der Fischverbrauch stieg von 8,0 kg/Person im Jahr 1960 auf 22,3 kg/Person im Jahr 1966 und hat sich seither bei gesunkenen realen Durchschnittspreisen annähernd auf diesem Niveau gehalten.
2. Die Investoren suchten nach neuen Absatzwegen für ihre Anlandungen, nachdem der nationale Markt gesättigt war. Das führte zum Aufbau einer leistungsfähigen, exportorientierten fischverarbeitenden Industrie, häufig in vertikaler Integration von Trawlerflotte und Fischindustrie.
3. Die zunehmende Befischung der Grundfischressourcen führte nach den Anfangsjahren zu einem rapiden Rückgang der Fangmengen je Fahrzeug und Zeiteinheit. Lag der Fang pro Stunde im Mittel aller Trawler 1960 bei rund 300 kg, so waren es 1975 nur noch 47 kg (Abb. 2). In diesen Werten zeichnet sich eine deutliche Überfischungstendenz ab, auf die TIEWS bereits 1968 warnend hingewiesen hat.

Die schnell sinkenden Fangleistungen führten zu einem Rennen der Trawler um immer neue Fischgründe. Das erforderte nicht nur größere und stärker motorisierte Fahrzeuge sowie bessere Navigationsausrüstungen und Echolote zur Lokalisierung der Fischgründe, sondern verlangte auch Ortungsgeräte zum frühzeitigen Aufspüren von Piraten und Aufsichtsfahrzeugen der Nachbarländer und schließlich ausreichende Bewaffnung zur Selbstverteidigung. Die Investitionskosten stiegen bei sinkenden Erträgen in den traditionellen Fanggebieten. Sie wurden aber aufgebracht, um die fischverarbeitenden Betriebe der eigenen Unternehmensgruppe zu versorgen, und ausgeglichen durch das Aufsuchen neuer, bislang kaum befischter Fanggründe. Hohe Betriebsgewinne erlaubten schnelle Reinvestitionen und eine laufende Flottenmodernisierung. Die Fangreisen wurden ausgedehnt auf das Südchinesische Meer, den Indischen Ozean und den Golf von Bengalen, im Extremfall bis an die Küsten Chinas, Australiens und Ostafrikas.

Die mit der Ölkrise 1973/74 auftretende Verteuerung der Treibstoffkosten führte erstmals zu deutlichen Erlöseinbußen und Betriebsverlusten, da die hohen Aufwendungen für Treibstoff die Fernfischerei nicht mehr kostendeckend operieren ließen

(Abb. 1). Mit Normalisierung der Rohölpreise stiegen die kurzfristig rückläufigen Fangmengen jedoch erneut an.

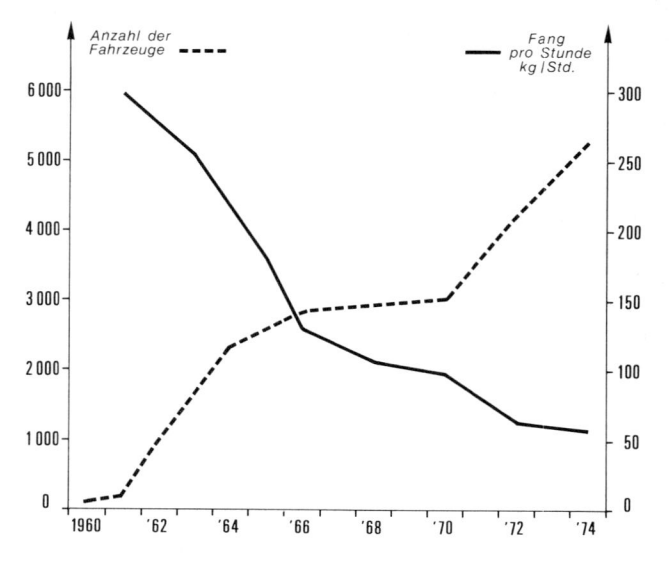

Abb. 2: Fahrzeuge und Fangleistung der Schleppnetzfischerei im Golf von Thailand 1960–1974
Quellen: MENASVETA und ISARANKURA (1968)
PANAYOTOU und JETANAVANICH (1987)
DEPARTMENT OF FISHERIES

In die Zeit der Ausdehnung der Operationsreichweiten fielen die Verhandlungen der Dritten UN Seerechtskonferenz. Die sich abzeichnenden Konferenzergebnisse führten schon in den Jahren 1977 bis 1980 zur Proklamierung von 200-Seemeilen-Wirtschaftszonen bzw. Fischereizonen durch Thailands Nachbarstaaten. Damit wird die dritte bis zur Gegenwart andauernde Phase in der Entwicklung der thailändischen Seefischerei eingeleitet.

2.3 Phase III: Die Konsolidierung der Fischversorgung

Die „Bangkok Post" kommentierte am 30. Juni 1979 die vollzogene bzw. drohende Einführung von Ausschließlichen Wirtschaftszonen durch die Nachbarländer folgendermaßen: „The constraint placed on marine fisheries, which have been this country's vital source of protein would have proved to be catastrophic." Wenn auch in diesem Zitat die ökonomischen Interessen der fischexportierenden Wirtschaft und der Fernfischerei hinter dem Ernährungsbedürfnis der Bevölkerung versteckt werden, ist es dennoch verständlich, daß aus Sicht der thailändischen Fischwirtschaft die Einführung von Wirtschafts- oder Fischereizonen als katastrophal angesehen wurde.

Bereits für die Mitte der siebziger Jahre war geschätzt worden, daß die Hälfte der Anlandungen der thailändischen Fischerei in Fanggründen außerhalb der eigenen Gewässer in Sinne des heutigen Seerechts gefischt wurden.

Die thailändische Fernfischerei arbeitete vor allem vor den Küsten Bangladeschs, Burmas, Indiens, Indonesiens, Kambodschas, West- und Ostmalaysias, der Philippinen, Singapurs und Vietnams. Alle diese Länder haben nun Ausschließliche Wirtschaftszonen beansprucht: Vietnam 1977, Kambodscha und Bangladesch 1978, die Philippinen 1979, Indonesien und Malaysia 1980. Für die thailändische Fischerei bedeutete das den Verlust einer Fläche von rund 1,03 Mio. km² (ca. 300.000 sm²), die bislang mehr oder weniger stark von ihr befischt wurden. Vom Chairman der „Thai Fisheries Association" wurden die damit verbundenen Fangverluste auf rund 40 % geschätzt. Tatsächlich gab es einen Einbruch bei den Anlandungen um rund 20 % von 2,1 Mio. t im Jahr 1977 auf 1,65 Mio. t im Jahr 1980 (Abb. 1). Danach setzte entgegen allen Erwartungen ein erneuter Anstieg der Fangmengen bis auf 2,6 Mio. t im Jahr 1987 ein, der voll im Widerspruch zu den seerechtlichen Gegebenheiten und der Bestandssituation steht.

Das gilt ebenfalls für den bis heute andauernden Ausbau der fischverarbeitenden Industrie. Noch 1989 und selbst zu Beginn dieses Jahres wurden zahlreiche Projekte mit starker ausländischer Kapitalbeteiligung vom „Board of Investment", der nationalen Wirtschaftsförderungsinstitution, genehmigt; vor allem Tiefkühlhäuser und Konservenfabriken. Daraus ist zu schließen, daß nicht nur Thailand, sondern auch die ausländischen Kapitalanleger – von Oktober 1989 bis Juni 1990 waren das Dänemark, Hongkong, Japan, Malaysia, Niederlande und Taiwan – die Rohwarenversorgung als gesichert ansehen, obwohl das nach objektiven Kriterien langfristig nicht der Fall ist.

Theoretisch hätte sich die thailändische Fernfischereiflotte auf die 325.000 km² der eigenen Wirtschaftszone im Golf und im Andamanischen Meer zurückziehen müssen (Abb. 3). Das hätte zu schwerwiegender Überfischung dieser vergleichsweise kleinen Flächen geführt, da sich die Zahl der Fahrzeuge dort etwa verdoppelt hätte. Zugleich wäre die dort operierende Küstenfischerei in ihrer Existenz weiter gefährdet worden.

Die Fischereiverwaltung und die Fischwirtschaft haben eine Reihe von Anpassungsstrategien an die neue seerechtliche Situation entwickelt, und von der Fischerei werden darüber hinaus illegale Formen der Fangsicherung betrieben. Das führt dazu, daß sich die Ausgangssituation praktisch kaum verändert hat. Die thailändische Fernfischerei operiert weiterhin in großem Umfang in fremden Gewässern und nach einer ersten Schockphase sind auch die Fangmengen weiter gestiegen, wenn auch in vermindertem Umfang. Vorrangiges Ziel für den Fischereisektor war nach dem „5th National Economic and Social Development Plan" (1982–1986) die Steigerung der Produktion und der Produktivität in der Fischerei, um der erwarteten höheren Nachfrage der Bevölkerung und der Exportwirtschaft beggenen zu können.

Zur Erreichung des Wachstumsziels trotz räumlicher Einschränkung der Fangmöglichkeiten ist auch weiterhin ein Rückgriff auf Fremdgewässer nötig. Die legale Basis dafür sind joint ventures zwischen Fischwirtschaftsunternehmen und benachbarten Küstenstaaten oder bilaterale Regierungsabkommen, die thailändischen Fischern den Zugang zu den Ausschließlichen Wirtschaftszonen anderer Staaten einräumen. Entsprechende Vereinbarungen bestehen mit Australien, Bangladesch, Burma, Indien, Oman, Saudi-Arabien, Somalia und Vietnam. Gerade die großen Konzerne der fischverarbeitenden Industrie versuchen auf diese Weise, ihre Rohwarenversorgung zu sichern.

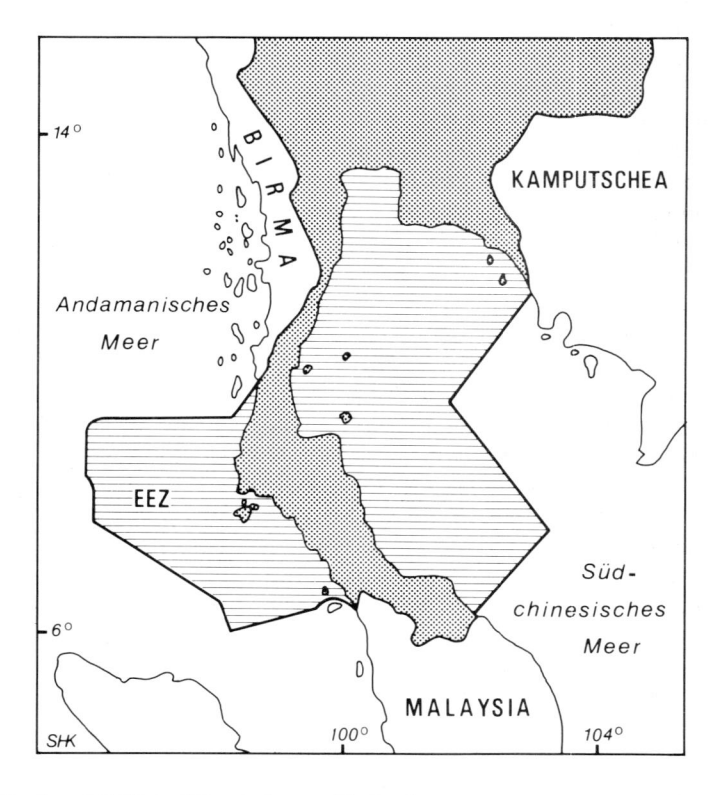

Abb. 3: Die Ausschließliche Wirtschaftszone Thailands
   Quelle: THAILAND DEVELOPMENT RESEARCH INSTITUTE (1987)

Bilaterale Fischereiabkommen jeder Form bringen in der Regel beiden Partnern Vorteile. Thailand verfügt über einen Überschuß an Fangkapazität im Vergleich zu seinen eigenen lebenden marinen Ressourcen. Die Nachbarländer haben Überschußbestände, die sie mit ihren eigenen Kapazitäten nicht angemessen nutzen können. Ein internationaler Ausgleich, wie er in der Seerechtskonvention Artikel 62, Absatz 2 für den „surplus of the allowable catch" vorgesehen ist, bietet sich an. Kurz- und mittelfristig können gemeinsame Fischereiunternehmungen und zwischenstaatliche Abkommen zwar zur Sicherung der Fischversorgung Thailands beitragen, langfristig muß jedoch damit gerechnet werden, daß die derzeitigen Vertragspartner die ihnen zustehenden Bestände selbst in angemessenem Umfang nutzen werden.

Die Nachbarländer führen häufig Klage darüber, daß die thailändischen Fischer die vereinbarten Fangmengen deutlich überschreiten und auch mehr als die genehmigte Zahl von Fangfahrzeugen einsetzen. Innerhalb bestehender Fischereiabkommen gibt es eine verdeckte Form von Raubfischerei. Durch Kennzeichnungspflicht versucht man, dem entgegenzuwirken, aber Übermalungen von Kennzeichen sind auch dadurch nicht auszuschließen. Die häufigen Übertretungen abgeschlossener Vereinbarungen erschweren schon heute weitere Verhandlungen.

Neben den legalen Formen der Fischerei in Fremdgewässern gibt es eine offene Form von Raubfischerei, die offiziell mit mangelnden Navigationskenntnissen der Fischer und strittigen Seegrenzen entschuldigt wird. Mit Ausnahme von Vietnam, China und Singapur sind die Nachbarn Thailands kaum in der Lage, ihre Wirtschaftszonen zu überwachen und Übergriffe zu verhindern. Das Risiko, bei illegalem Fischfang in fremden Gewässern aufgebracht zu werden, ist vergleichsweise gering. Dennoch wurden 1977 bis 1985 469 thailändische Fischereifahrzeuge von Vietnam, Burma, Malaysia, Kambodscha, Indien, Indonesien und Bangladesch aufgebracht (Thailand Development Research Institute 1987, 186) und mit ihren Besatzungen ausgelöst. Zum 30. Mai 1990 kehrten 505 thailändische Fischer aus vietnamesischen Gefängnissen zurück, nachdem die thailändische Regierung mehr als 2 Mio. US $ für den Freikauf dieser 1989 wegen unrechtmäßiger Fischerei in vietnamesischen Gewässern festgenommenen Personen gezahlt hatte („The Nation" vom 31.05.1990). Der Kommentar eines Regierungssprechers in dieser Sache ist typisch für die thailändische Haltung: „It has become big business now, we are catching fish and Vietnam is fishing for men for money" („Bangkok Post" vom 31.05.1990).

Piraterie war im Südchinesischen Meer seit Jahrhunderten üblich. Es gibt sie auch heute noch, und thailändische Fischer haben darunter zu leiden. Mit der Raubfischerei haben die Thais jedoch eine neue Form der Piraterie entwickelt, die sogar offiziell geduldet wird. Das wird belegt durch die Schaffung eines Fonds zum Freikauf festgesetzter Fischer und Fischereifahrzeuge und durch den Einsatz von Fischereiberatern in den thailändischen Botschaften in Burma, Indonesien, Malaysia und Vietnam, die neben anderen Aufgaben Probleme aus Seerechtsübertretungen lösen sollen.

Die Triebkraft für die Seerechtsverletzungen ist ausschließlich wirtschaftliches Interesse der Fahrzeugeigner, die häufig mit Unternehmen der Fischindustrie identisch sind. Die Risiken werden über Prämiensysteme auf Kapitän und Mannschaft abgewälzt, zumal es üblich ist, daß die Fischer durch Kost und Fanganteile entlohnt werden. Für den Eigner bleibt im Falle der Aufbringung der Verlust des Fanggeschirrs und die Zahlung einer Ablösesumme für das Fahrzeug als Restrisiko.

Übertretungen finden jedoch nicht nur in Fremdgewässern statt. Ebensowenig wie die Fischereizonen der Nachbarländer respektiert werden, werden Schonzeiten und Schutzzonen in den eigenen Gewässern eingehalten. Im Frühjahr 1990 wurden zahlreiche Trawler an der Ostküste des Golfes aufgebracht, die Schonzeiten zur Brutsicherung nicht eingehalten hatten. Berichtenswert ist diese Tatsache, weil dabei durch die Fischereiaufsicht ein Besatzungsmitglied eines Trawlers erschossen wurde. Der Trawler hatte versucht, das Aufsichtsfahrzeug zu rammen, um sich der Aufbringung zu entziehen. Hervorzuheben ist, daß der Eigner dieses Trawlers und anderer illegal fischender Fahrzeuge ein „influential offical in uniform" („Bangkok Post" vom 18.04.1990) war. Das Beispiel zeigt, mit welcher Härte und auch Verantwortungslosigkeit der private Fischereisektor seine ökonomischen Interessen zu verwirklichen sucht. Für die Fischereiwissenschaft und -verwaltung ist es ausgesprochen schwer, Verständnis für bestandserhaltende Maßnahmen zu finden. Die Durchsetzung geltenden Rechts ist eines der größten Probleme in der thailändischen Fischerei, da das häufig gegen einflußreiche ökonomische und politische Interessen erfolgen muß.

Ein weiterer Weg zur Konsolidierung der Fischversorgung ist der Import von Rohware durch die Fischindustrie, die dann nach Verarbeitung dem Exportmarkt zugeführt wird (Tab. 4). Das gilt vor allem für Thunfisch.

Tab. 4: Außenhandelsbilanz für Fisch und Fischprodukte 1977–1987.
Quelle: Fisheries Statistics of Thailand 1987

Jahr	Export Menge in 1000 t	Wert in Mio. Bath	Import Menge in 1000 t	Wert in Mio. Bath	Bilanz Wert in Mio. Bath
1977	183,6	3.628	18,9	184	3.444
1979	288,2	7.460	80,2	499	6.961
1981	320,3	9.102	47,2	550	8.552
1983	344,9	12.677	58,9	1.093	11.584
1985	466,2	18.528	152,7	3.857	14.671
1987	602,5	26.829	268,1	7.590	19.239

Als dritte legale Strategie zur Sicherung der Fischversorgung unter den neuen seerechtlichen Rahmenbedingungen wird der Ausbau der Aquakultur im marinen und brackigen Milieu konsequent vorangetrieben. Sie soll langfristig unvermeidbare Fangeinbußen in der Seefischerei ausgleichen. Ein beschleunigter Ausbau wird im „6th National Economic and Social Development Plan" (1987–1991) gefordert und derzeit auch realisiert. Damit soll zugleich den Küstenfischern eine alternative Einkommensquelle geboten werden und ein Beitrag zum Abbau der sozialen Disparitäten innerhalb des Fischereisektors geleistet werden. Die größte Bedeutung kommt dabei der Garnelenkultur zu. Daneben wird aber auch die Muschelkultur gefördert und die Aufzucht von Seefischen in Netzgehegen.

Von 1977 bis 1987 ist die Zahl der Aufzuchtbetriebe für Garnelen von 1.438 auf 7.264 gestiegen, der Ertrag sogar überproportional von 1.590 t auf 23.566 t, da der Flächenertrag durch Intensivierung und den Einsatz neuer Arten von 128 kg/ha/Jahr auf 452 kg/ha/Jahr gesteigert werden konnte (Tab. 5). Die Fläche der Garnelenfarmen stieg von 12.420 ha im Jahr 1977 auf 52.150 ha im Jahr 1987 an. Die durchschnittliche Betriebsgröße betrug langjährig etwa 8 ha und entspricht einem mittelständischen Betrieb. Allerdings zeigt schon der Seefischerei-Zensus von 1985, daß zu diesem Stichjahr rund ein Drittel aller Betriebe den Mittelwert überschritten und etwa zwei Drittel der gesamten Produktionsfläche einnahmen. Die restlichen zwei Drittel der Garnelenkulturbetriebe verfügten dagegen nur über ein Drittel der Aufzuchtflächen. Damit zeichnet sich auch in der Aquakultur von Garnelen ein Trend zum kapitalintensiven Großbetrieb ab. Immerhin gab es schon 1985 elf Betriebe, die mehr als 80 ha Produktiosfläche unter Kultur hatten.

Tab. 5: Entwicklung der Garnelenkultur in Thailand 1977–1987.
Quellen: Asian Development Bank (1985): Thailand Fisheries Sector Study; Department of Fisheries (1989): Fisheries Statistics of Thailand 1987

Jahr	Betriebe Anzahl	Fläche in ha	Produktion in t	Ertrag pro Fläche in kg/ha
1977	1.438	12.419	1.590	128
1979	3.378	24.675	7.064	286
1981	3.657	27.451	10.728	391
1983	4.327	35.537	11.550	325
1985	4.939	40.767	15.840	386
1987	7.264	52.148	23.566	452

Betriebs-, Flächen- und Produktionszahlen lassen sich leider nicht bis in die unmittelbare Gegenwart verfolgen. Beobachtungen an nahezu allen Abschnitten der thailändischen Küste aus den Jahren 1989 und 1990 erlauben jedoch den Schluß, daß der Ausbau der Garnelenkultur derzeit ebenso boomartig erfolgt wie einst der Aufbau der Hochseefischerei. Und dabei dominieren kapitalintensive Großbetriebe wie der Flächenverbrauch und der Einsatz schwerer Baumaschinen bei der Anlage der Aufzuchtbecken und Zuleitungskanäle zeigen. Als jüngstes Glied in dieser Entwicklungskette wurde am 24. Mai 1990 im Beisein des Gouverneurs der Provinz Songkhla ein vertikal integriertes Unternehmen der Garnelenkultur mit einer Produktionsfläche von 160 ha in Betrieb genommen. Es umfaßt eine eigene Brutanstalt, Aufzuchtbecken, Verarbeitungsbetrieb, Tiefkühlanlagen und Vertriebseinrichtungen. Mit einer Investitionssumme von knapp 17 Mio. DM konnten hier vorerst 300 Arbeitsplätze geschaffen werden. Gesellschafter sind eine thailändische Unternehmensgruppe und die Mitsubishi Corporation (Japan). Produziert wird für die Märkte in Japan, USA und Europa.

Die flächenintensiven Anlagen entstehen nach Rodung von Mangrovenwäldern oder durch Umwandlung küstennaher und tiefliegender Reisfelder. Auf die ökologische Problematik dieses Landschafts- und Nutzungswandels kann hier nicht näher eingegangen werden. Der Hintergrund für den neuen Investitionsboom in der Fischwirtschaft läßt sich aber gerade an dem Landnutzungswandel Reisanbau – Garnelenkultur aufdecken. In Erträgen und Preisen des Jahres 1987 bringt 1 ha Naßreisland einen durchschnittlichen Nettoertrag von rund 672 DM. Mit Garnelenkultur ließ sich 1987 auf 1 ha Fläche ein mittlerer Nettoertrag von 4.413 DM erwirtschaften. Die reinen Flächenerträge Reis zu Garnelen verhalten sich danach wie 1 zu 6,6.

Dieses Verhältnis hat sich inzwischen weiter zugunsten der Garnelenkultur verschoben. Mitte der achtziger Jahre gelang es, die Riesengarnele *Paeneus monodon* (giant tiger prawn) in kommerziellem Maßstab von Ei zu Ei zu züchten und Aufzuchtbetriebe mit ausreichender Brut zu versorgen. Sie erreicht pro kg etwa das Vierfache des Erzeugerpreises kleiner Garnelenarten. Die Produktion ist sofort sprunghaft angestiegen (1985: 106 t, 1986: 897 t, 1987: 10.544 t). Bei der Aufzucht von *Paeneus monodon* werden weit höhere Flächenerträge möglich als bisher in der Aquakultur. Angesichts der wachstumsorientierten thailändischen Wirtschaftsmentalität wird der Kapitalschub in die Garnelenkultur verständlich. Exportorientierte Betriebe werden zudem vom „Board of Investment" durch Befreiung von der Körperschaftssteuer und Steuerfreiheit für Dividenden für einen Zeitraum von fünf Jahren begünstigt.

Durch den massiven Einsatz von Kapital und hochspezialisierten Experten, die teilweise aus Japan und Singapur angeworben werden, geraten – wie zu Beginn der 60er Jahre – die Kleinbetriebe, die den verarmten Küstenfischern bessere Beschäftigungsmöglichkeiten bieten sollten, in Gefahr. Sie unterliegen im Wettbewerb um geeignete Flächen, sind anfälliger gegenüber Preisschwankungen und sind abhängiger von Zwischenhändlern oder den Angeboten der meist industriellen Endabnehmer. Erste Preiseinbrüche bei Garnelen hat es 1989 als Folge eines Überangebots bereits gegeben. Es besteht die Gefahr, daß der Dualismus von arbeitsintensiven fischereilichen Aktivitäten und kapitalintensiver Fischereiwirtschaft durch die Förderung der Aquakultur nicht abgebaut, sondern verstärkt wird. Die Strategien zur Behebung sozioökonomischer Probleme schaffen neue Probleme, sofern nicht aus sozialer und ökologischer Verantwortung gegen Kapitalinteressen gehandelt wird.

Solange in Thailand auf nationaler Ebene die Priorität der Exportproduktion und auf privater Ebene das Prinzip der Gewinnmaximierung uneingeschränkt gelten, sind die sozialstrukturellen Probleme des Landes nicht zu lösen. Der Dualismus in der Fischereiwirtschaft ist dafür nur ein Beispiel. Der unter ausschließlich wirtschaftlichen Aspekten erfolgreich praktizierten Marktwirtschaft fehlt bislang die soziale Bindung. Zu einer mittel- bis langfristigen gesellschaftspolitischen Absicherung des ökonomischen Erfolgs ist sie jedoch unerläßlich.

LITERATUR

ASIAN DEVELOPMENT BANK (1985): Thailand fisheries sector study.– Bangkok.
DEPARTMENT OF FISHERIES (1989): Fisheries statistics of Thailand 1987.– Bangkok.
GOVERNMENT OF THAILAND (o.J.): The 5th national economic and social development plan (1982–1986).– Bangkok.
GOVERNMENT OF THAILAND (o.J.): The 6th national economic and social development plan (1987–1991).– Bangkok.
LENG, L.Y. (1979): Offshore boundary disputes in Southeast Asia.– Journal of Southeast Asian Studies, 10 (1): 175–189.

MENASVETA, D. (1980): Ressources and fisheries of the Gulf of Thailand.– Text/Reference Book Nr. 8, SEAFDEC Training Department; Samutprakarn.

MENASVETA, D. und ISARANKURA, A.P. (1968): Country report: Thailand.– In: Possibilities and problems of fisheries development in Southeast Asia. Berlin.

NATIONAL STATISTICAL OFFICE (1987): 1985 marine fishery census of Thailand.– Bangkok.

NATIONAL STATISTICAL OFFICE (1990): Statistical yearbook Thailand 1989.– Bangkok.

NISHIOKA, Y. UND YAMAZAKI, T. (1977): Major fisheries in Thailand and some technical recommendations for their improvement.– In: Proceedings of the technical seminar on South China Sea fisheries ressources, Bangkok 21.–25. August 1973. S. 146–154; Tokyo.

PANAYOTOU, TH., ADULAVIDHAYA, K., ARTACHINDA, S. ISVILANONDA, S. UND JITSANGUAN, T. (1985): Socioeconomic conditions of coastal fishermen in Thailand: A cross-sectional profile. – In: Small-scale fisheries in Asia: Socioeconomic analysis and policy. Hrsg. PANAYOTOU, Th.; S. 55–72, Ottawa.

PANAYOTOU, Th. und JETANAVANICH, S. (1987): The economics and management of Thai marine fisheries.– ICLARM Studies and Reviews, 14; Manila.

PANAYOTOU, Th. und PANAYOTOU, D. (1986): Occupational and geographical mobility in and out of Thai fisheries.– FAO Fisheries Technical Paper, Bd. 271; Rome.

SOUTHEAST ASIAN FISHERIES DEVELOPMENT CENTER (1989): Fishery statistical bulletin for South China Sea area 1987.– Bangkok.

Thailand Development Research Institute (1987): Thailand natural resources profile.– Bangkok.

TIEWS, K. (1965): Bottom fish resource investigation in the Gulf of Thailand and an outlook on further possibilities to the marine fisheries in Southeast Asia.– Archiv für Fischereiwissenschaft, 16 (1): 67–108.

TIEWS, K. (1968): Role and possibilities of the trawl net fishery in Southeast Asia. – In: Possibilities and problems of fisheries development in Southeast Asia. Working paper, K. Berlin.

TORELL, M. (1984): Fisheries in Thailand.– Meddenlanden fran Göteborgs Universitets Geografiska Institutioner, Serie B, Nr. 75; Göteborg.

TOURISMUS UND KÜSTENVERÄNDERUNG AUF PHUKET/ SÜDTHAILAND

Dieter Uthoff, Mainz

1. EINLEITUNG

Seit 1982 ist der Tourismus die wichtigste Devisenquelle Thailands und das mit Zuwachsraten, die bei den Einkünften aus dem Tourismus im Mittel seither bei 23,1 % jährlich lagen. Zunehmende Gästezahlen verbinden sich mit einer kontinuierlichen Verlängerung der Aufenthaltsdauer und steigenden Gästeausgaben zu einer boomartigen Steigerung der Tourismuseinnahmen. Sie erreichten 1988 3,1 Mrd. US $. Das sind rund 16 % des Exports an Waren und Dienstleistungen. 1989 kamen 4,8 Mio. ausländische Gäste nach Thailand. Die durchschnittliche Aufenthaltsdauer betrug 7,6 Tage. Das führte zu einem Volumen des internationalen Tourismus von 36,7 Mio. Übernachtungen.

2. DIE STELLUNG PHUKETS IM THAILÄNDISCHEN TOURISMUS

Das für die nationale Ebene dargestellte Wachstum verläuft regional differenziert. In den letzten Jahren verzeichnet die Insel Phuket, die erst seit 1975 für den internationalen Tourismus erschlossen wird, auf der Angebots- wie auf der Nachfrageseite die höchsten Zuwachsraten unter den wichtigsten Zielgebieten des Landes. Die Beherbergungskapazität ist seit 1980 um 280 % angewachsen (Abb. 1).

Die übrigen Fremdenverkehrszentren des Landes bleiben hinter diesem Wert zurück. Bangkok, Pattaya und Chiang Mai haben zwar ein größeres Raumangebot, aber das ist einerseits auf die Hauptstadtfunktion zurückzuführen und andererseits das Ergebnis eines Entwicklungsvorsprungs, der aus der früheren Aufnahme des Tourismus resultiert. Phuket stellte 1988 mit 7.988 Räumen knapp 6 % der Beherbergungskapazität Thailands bei deutlich steigender Tendenz. Eigene Ermittlungen Ende 1989 kamen bereits auf 10.229 Räume, davon 59 % in Großbetrieben mit 100 und mehr Räumen.

Auf der Nachfrageseite verlief das Wachstum noch schneller (Abb. 2). Während die Gästezahlen in Thailand von 1980 bis 1988 um 128 % zunahmen, stiegen sie in Phuket um 400 %. 1988 wurden 726.000 Gäste registriert, rund 30 % Inländer und 70 % Ausländer. Mit 509.300 Besuchern aus dem Ausland übersteigt das Tourismusvolumen Phukets die Gästezahlen, die Sri Lanka zur Zeit des Höhepunktes des Ceylon-Tourismus im Jahr 1982 erreicht hatte, noch um 25 %. 1988 erreichte Phuket etwa die dreifache Besucherzahl von Sri Lanka.

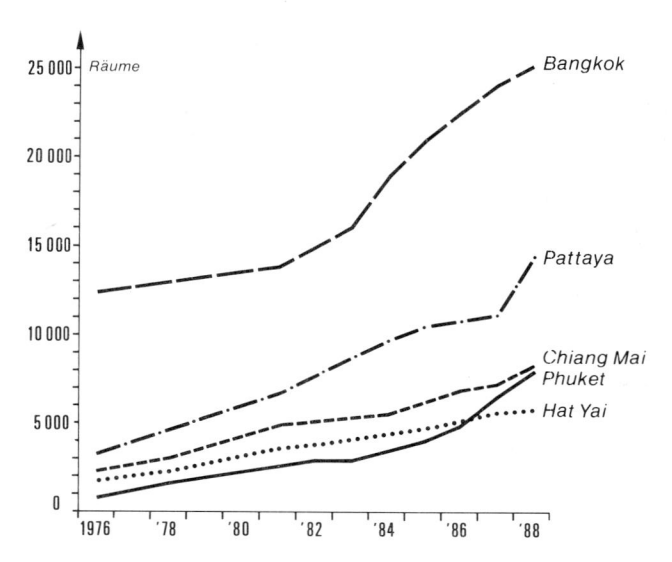

Abb. 1: Die Beherbergungskapazität in den wichtigsten touristischen Zielgebieten Thailands 1976–1988
Quelle: Tourism Authority of Thailand

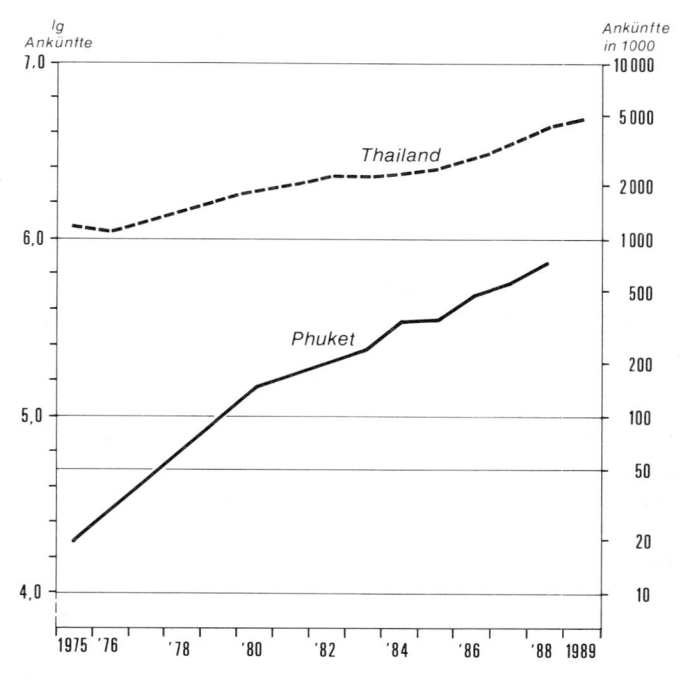

Abb. 2: Gästeankünfte in Thailand und Phuket 1975–1989
Quelle: Tourism Authority of Thailand

Die Kapazitätsauslastung erreicht 61,5 % und zeigt ebenfalls eine steigende Tendenz. Das ist ein für küstenorientierten Fremdenverkehr sehr hoher Wert, zumal Phuket von Mai bis Oktober unter dem Einfluß des Südwest-Monsuns steht und Jahresniederschlagssummen aufweist, die zwischen 2.500 und 3.000 mm schwanken. Die hohe Auslastungsquote ist darauf zurückzuführen, daß sich trotz zeitweiser klimatischer Benachteiligung ganzjährige Nachfrageströme herausgebildet haben. So wurden 1988 während der halbjährigen feuchten Monsunperiode noch 41,4 % aller Gäste registriert. Die ganzjährige Nachfrage ergibt sich aus der weltweiten Streuung der Quellgebiete (Tab. 1).

Tab. 1: Wichtigste Herkunftsländer der Besucher Phukets 1988
Quelle: TOURISM AUTHORITY OF THAILAND

	Besucherzahl absolut	in %
Thailand	216.851	29,9
Bundesrepublik Deutschland	74.748	10,3
Großbritannien	55.284	7,6
Hongkong	46.484	6,4
Australien	42.194	5,8
Frankreich	39.719	5,5
Italien	32.411	4,5
USA	32.281	4,4
Taiwan	26.515	3,7
Singapur	26.296	3,6
Schweiz	24.565	3,4
Japan	22.863	3,1

Nach den Vorstellungen der thailändischen Tourismusorganisation, die auch die erste Regionalplanungsstudie für Südthailand aus dem Jahr 1975 aufgegriffen hat, sollte Phuket wegen seiner eigenen landschaftlichen Reize und der Nähe zu den natürlichen Attraktionsfaktoren der Nachbarprovinzen Phang Nga und Krabi mit Hilfe öffentlicher und privater Investitionen als Kerngebiet einer touristischen Region für den internationalen Fremdenverkehr ausgebaut werden. Die Erschließung für den Tourismus begann 1975. Der von der „Japan International Cooperation Agency" 1984 vorgelegte zweite regionale Entwicklungsplan für Südthailand prognostizierte in Anlehnung an Schätzungen der „Tourism Authority of Thailand" für das Jahr 2000 rund 764.000 Gäste. Dieser Wert wurde bereits 1988 annähernd erreicht und seither deutlich überschritten. Die Tourismusentwicklung in Phuket verlief somit weit schneller als geplant, entsprechend weitgehend unkoordiniert und räumlich kaum geordnet. Selbst internationalen Spitzenhotels wird heute vorgeworfen, illegale Landnahme betrieben zu haben und nicht über legale Grundbesitzurkunden zu verfügen.

Das schnelle Wachstum und das große Volumen des Fremdenverkehrs konnten nicht ohne Einfluß auf die Küsten der Insel bleiben, die den wichtigsten Attraktionsfaktor für den internationalen Badetourismus auf Phuket darstellen.

3. RÄUMLICHE RAHMENBEDINGUNGEN FÜR DIE TOURISMUSENTWICKLUNG AUF PHUKET

Die Insel und gleichnamige Provinz Phuket ist der thailändischen Westküste auf ca. 8° nördlicher Breite im Süden vorgelagert und nur durch eine an ihrer schmalsten Stelle etwa 400 m breite, flache Rinne von der Halbinsel Malakka abgesetzt. Eine Straßenbrücke, ein internationaler Flughafen und Seeverkehrslinien verbinden Phuket eng mit dem Festland und den wichtigsten touristischen Quellgebieten (Direktflüge aus Wien, Zürich, München, Düsseldorf, Sydney, Singapur, Hongkong). Phuket hatte 1988 155.400 Einwohner und ist mit einer Bevölkerungsdichte von 286 Einw./km² für thailändische Verhältnisse dicht besiedelt. Das ist vor allem eine Folge des Zinnbergbaus, der seit dem 17. Jahrhundert in größerem Umfang auf Phuket betrieben wird, um 1980 seinen Höhepunkt erreichte, seither aber mit dem Zusammenbruch des Zinnmarktes (1981, 1985) nahezu bedeutungslos geworden ist. Die Arbeitsmöglichkeiten in den Zinntagebauen führten zu einer Einwanderungswelle von Chinesen, überwiegend aus dem südlichen Malakka. Sie stellen heute rund 30 % der Bevölkerung Phukets, zu der neben den Thais noch etwa 25 % moslemische Malaien und eine kleine Gruppe Chao Ley oder Chao Talay, die sogenannten Seezigeuner, gehören.

Die Einkünfte aus dem Zinnbergbau sicherten der Bevölkerung Phukets ein vergleichsweise hohes Einkommensniveau und relativen Wohlstand und führten bei einer Reihe von Familien zu bedeutenden Kapitalakkumulationen. Die gute Erschließung der Insel und die Ausstattung mit öffentlichen Einrichtungen sind ebenso Ausdruck dieser Sonderstellung wie das breite Dienstleistungs- und Warenangebot in der Provinzhauptstadt Phuket Town. Die Erschließung für den Tourismus konnte damit an eine funktionsfähige Infrastruktur anknüpfen und teilweise sogar von lokalem Kapital getragen werden.

West- und Ostküste der nur 543 km² großen Insel unterscheiden sich deutlich (Abb. 3). Die rund 75 km lange Westküste, die dem Andamanischen Meer und dem Südwest-Monsun voll ausgesetzt ist, wird geprägt durch einen mehrfachen Wechsel von felsigen Kaps und weiten sandigen Buchten. Es ist eine typische „Bay and Headland Coast". Die Felsvorsprünge werden von Korallenriffen gesäumt. Die Strandwälle der Buchten dämmen Flußmündungen, Lagunen oder Mangrovensümpfe ab, die teilweise zu Reisanbauflächen umgewandelt sind. Hinter diesen Feuchtflächen im Buchtinneren steigen mit Regen- oder Sekundärwald und Kautschukplantagen besetzte Granitkuppen bis in Höhen um 500 m an. Die geschützten Buchten haben nur geringe Wassertiefe. Außerhalb fällt der Meeresboden steil seewärts ein.

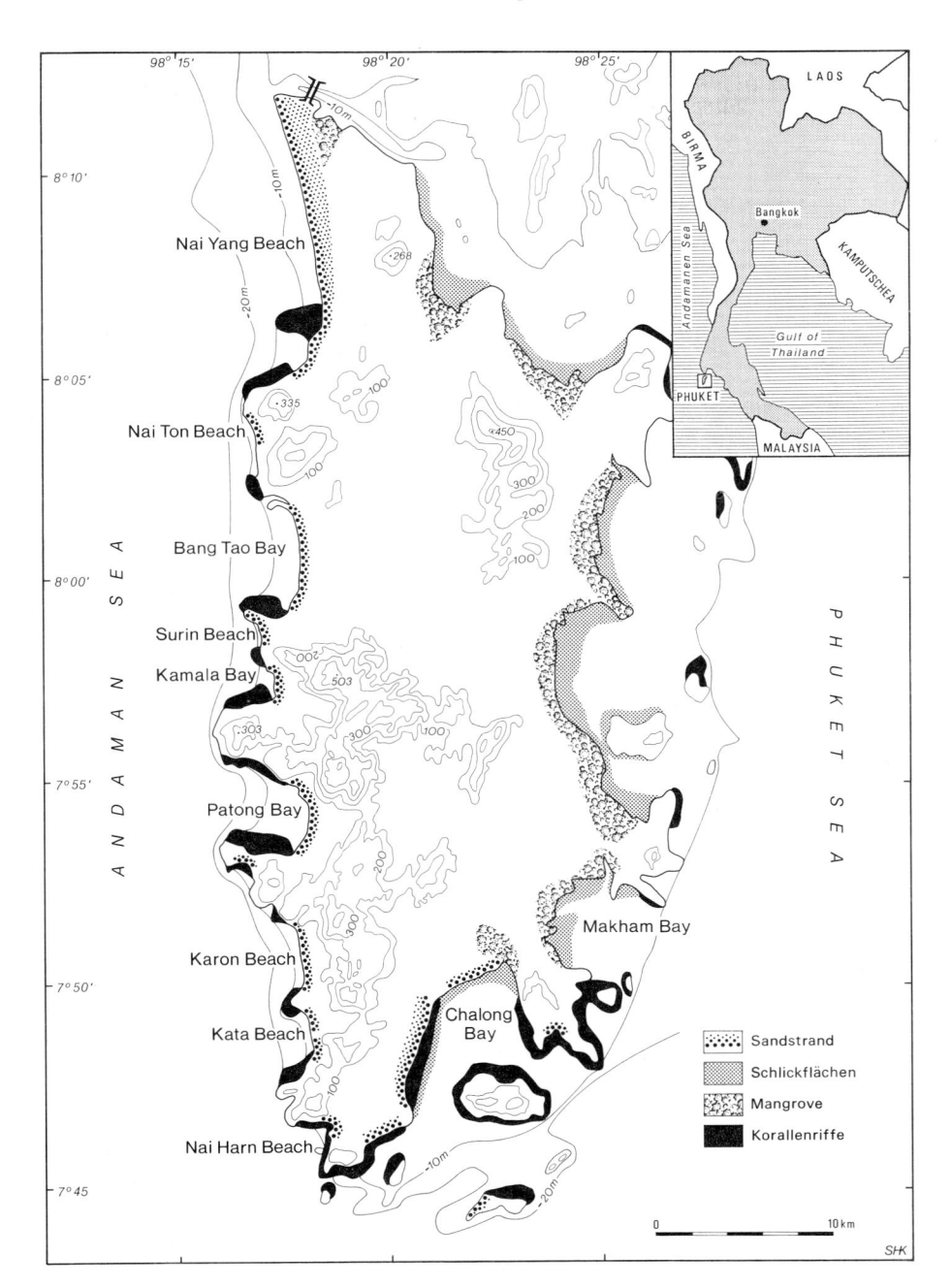

Abb. 3: Die Küstengestalt der Insel Phuket

An der zur extrem flachen Phuket-See abfallenden, mit 125 km Länge stark gegliederten Ostküste bedingen ertrunkene und aufgeschlickte Flußtäler und Buchten über weiten Alluvialflächen einen ausgedehnten Saum kräftiger Mangrovenwälder, die seewärts in Schlickwattflächen übergehen.

Die aktuelle natürliche Küstengestaltung ist das Ergebnis einer relativen Küstensenkung bei vergleichsweise hohem Tidenhub von 2,30 m mit halbtäglichem Gezeitenwechsel. Die Unterschiede ergeben sich aus dem Ausgangsrelief mit Hochgebieten im Westen und der Exposition gegenüber dem Südwest-Monsun und gegen den offenen Indischen Ozean. Die Ostküste liegt im Lee von Wind- und Wellenwirkung. Der Nordost-Monsun wird im Windschatten der Halbinsel Malakka praktisch nicht wirksam. In dieser Periode des Jahres herrscht eine ausgesprochene Trockenzeit.

Küstenformbedingt variiert die Küstennutzung: Tourismus und teilweise noch offshore Zinnbergbau in den Buchten des Westens, Aquakultur, Perlzucht, Küstenfischerei, Zinndredging und Seetransport im Osten.

Von besonderem landschaftlichen Reiz sind die Strände und Strandwälle bzw. Nehrungen der Westküste, die in der Regel dicht mit Kokospalmen bestockt waren und von Kasuarinen gesäumt wurden. Die Angebotselemente See, Sand und Sonne als Standortfaktoren für den internationalen Badetourismus fanden sich hier in einer ansprechenden tropisch-ländlichen Umwelt, die nur partiell durch den traditionellen Zinnabbau gestört war. Die höchste Attraktivität besitzen die Strandareale, an die sich landwärts bis zur Gebirgsumrahmung der Buchten, Lagunen, Strandseen oder Reisfelder anschließen. Der an die Feuchtgebiete angrenzende Hangfuß wird von Kokospalmen, Bananenstauden und anderen tropischen Fruchtbäumen gesäumt. Er ist zugleich der Standort der ursprünglichen ländlichen Siedlungen, in denen sich locker gefügte Wohn- und Wirtschaftseinheiten zwar linienhaft, aber ohne strenge Regel aufreihen. Das Ensemble dieser Buchten bietet ein Höchstmaß an landschaftlicher Vielfalt. Ein von See her gelegter Schnitt ergibt die folgende typische Abfolge von Landschafts- bzw. Nutzungselementen:
– breiter, feiner Sandstrand,
– breiter Sandwall mit Kokospalmen,
– flacher Strandsee,
– Reisfelder,
– Saum tropischer Gärten mit gereihten Wohnplätzen,
– steil ansteigende Hänge, mit Regenwald oder Plantagen besetzt.
Diese Situation bestand weitgehend ungestört bis zum Jahr 1975.

Insgesamt gibt es an der Westküste zehn solcher Buchten, deren seeseitige Öffnungen zwischen 0,6 und 5,0 km Breite erreichen. Die Länge der feinsandigen Strände beträgt kumuliert insgesamt 30,2 km.

4. DIE TOURISTISCHE ÜBERFORMUNG DER WESTKÜSTE

Das vor dem Einsetzen des internationalen Tourismus bestehende Beherbergungsangebot konzentrierte sich auf die Ostküste mit dem kommerziellen Zentrum und wenige Standorte für den inländischen Erholungstourismus. Sie verfügten nur über eine geringe Kapazität und waren bezeichnenderweise ostexponiert und damit sonnenabgewandt (Abb. 4). 1975 gab es auf Phuket 565 Gästeräume, davon 78 % im städtischen Zentrum Phuket Town.

Mit der Eröffnung des Patong Beach Hotel auf dem Strandwall der Bucht von Patong setzt im Jahr 1976 der tourismusbedingte Landschaftswandel an der Westküste ein. Ende 1989 erreichte die Beherbergungskapazität Phukets 10.229 Räume in 174 Betrieben. 72 % dieses Angebots sind auf die Buchten der Westküste konzentriert (Abb. 5). An erster Stelle steht Patong Beach mit 3.531 Räumen.

Der tourismusorientierte Ausbau Phukets hält unvermindert an. Mit Bungalows und Hotels war der Angebotsausbau zunächst auf die Auslandsnachfrage ausgerichtet. Entsprechend stieg auch der Anteil ausländischer Besucher von 36 % im Jahr 1980 auf 70 % im Jahr 1988. In der Gegenwart entstehen jedoch neben einem weiteren Ausbau des Angebots an Hotels in verstärktem Umfang Condominien mit einer Vielzahl von Eigentumswohnungen unterschiedlicher Qualität und Größe, die von Inländern erworben und als Zweitwohnungen genutzt werden. Trotz der relativ weiten Distanz zum Großraum Bangkok (693 Flugkilometer, 75 Minuten Flugzeit, 14 Stunden Fahrtzeit mit dem Bus) ist mittelfristig mit einem deutlichen Anstieg der Inlandsnachfrage zu rechnen, die nach den Erfahrungen in Pattaya weniger empfindlich auf verdichtetes Bauen reagiert.

In allen Buchten verlief die touristische Erschließung nach einem nahezu regelhaften Ablaufschema:
1. Im Frühstadium entstehen einzelne flache Hotels auf großzügig geschnittenen Grundstücken im Kokoshain auf dem Strandwall. Parallel, oftmals auch als Vorläufer, erfolgt eine Aufsiedlung des Strandwalls mit einfachen Bungalows, die von den Pionieren des internationalen Tourismus, jugendlichen Individualreisenden aus aller Welt, nachgefragt werden. Entsprechend der gelenkten Entwicklung wird diese Vorphase auf Phuket recht schnell durch komfortable Bungalow-Anlagen abgelöst. Kennzeichnend für die frühen Anlagen ist ein günstiges Verhältnis von Freiflächen zur bebauten Fläche, die anfangs kaum mehr als 10 % der Grundstücksflächen ausmacht. Dadurch wird ein parkartiges Erscheinungsbild der Tourismuszone auf dem Strandwall gesichert.
2. Die Annahme dieses Angebots läßt mit steigender Nachfrage den Entwicklungsdruck auf die wenigen bebaubaren Flächen steigen. In einer zweiten Ausbaustufe erfolgt die Verdichtung der Bebauung durch weitere Hotels, Restaurants, Ladengeschäfte und Betriebe der Unterhaltungs- und Vergügungsbranche, die sich linienhaft in einer ersten strandparallelen Bebauungszeile anordnen. Die Beherbergungsbetriebe wachsen dagegen stärker in die Tiefe. Zunächst werden die noch vorhandenen Freiflächen bebaut, dann die flächenextensiven Bungalow-Anlagen nach wenigen Jahren eingeebnet und durch flächenintensive mehrstöckige Hotelbauten ersetzt. Teilweise entstehen auch noch neue Bungalows, jetzt jedoch in einer verdichteten Reihenbauweise.

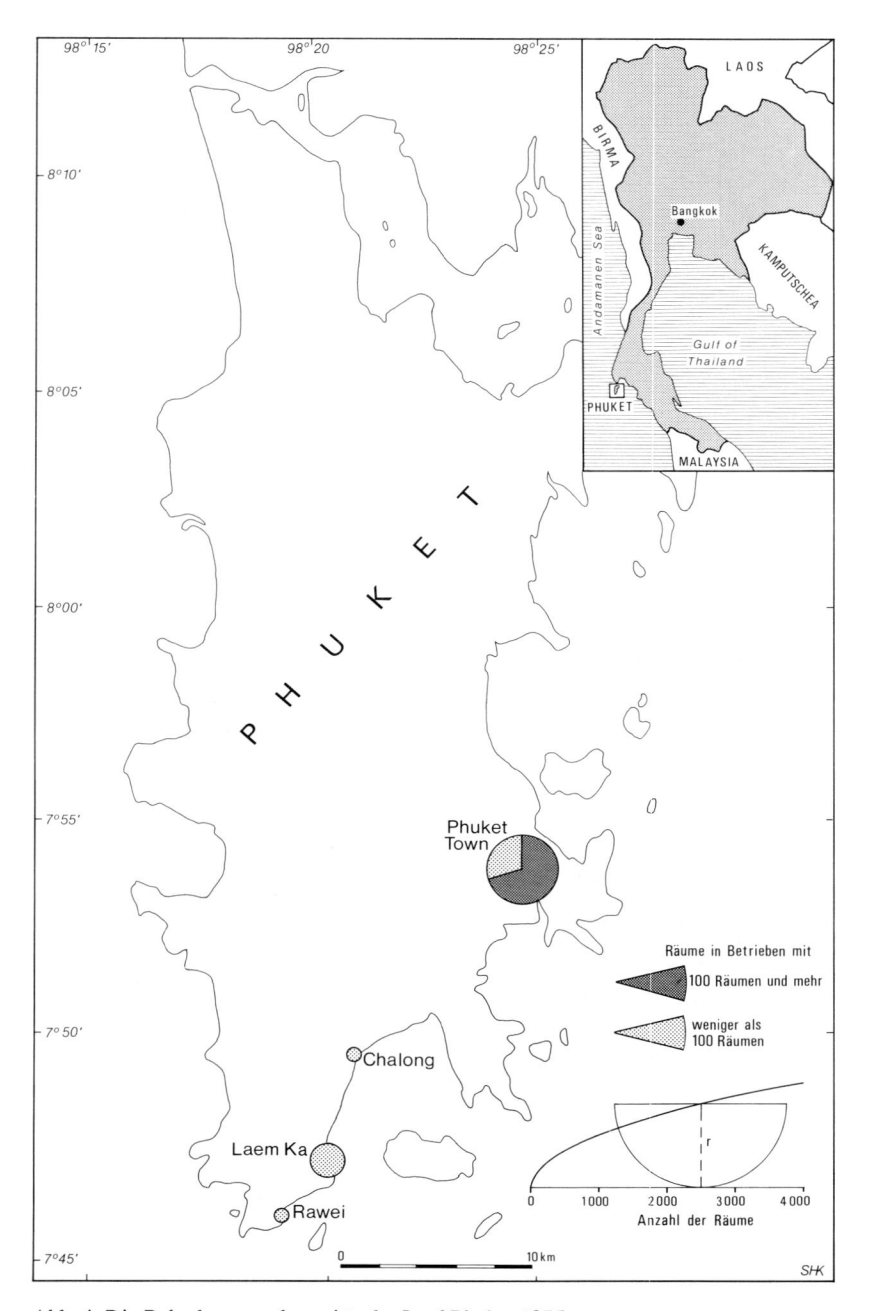

Abb. 4: Die Beherbergungskapazität der Insel Phuket 1975

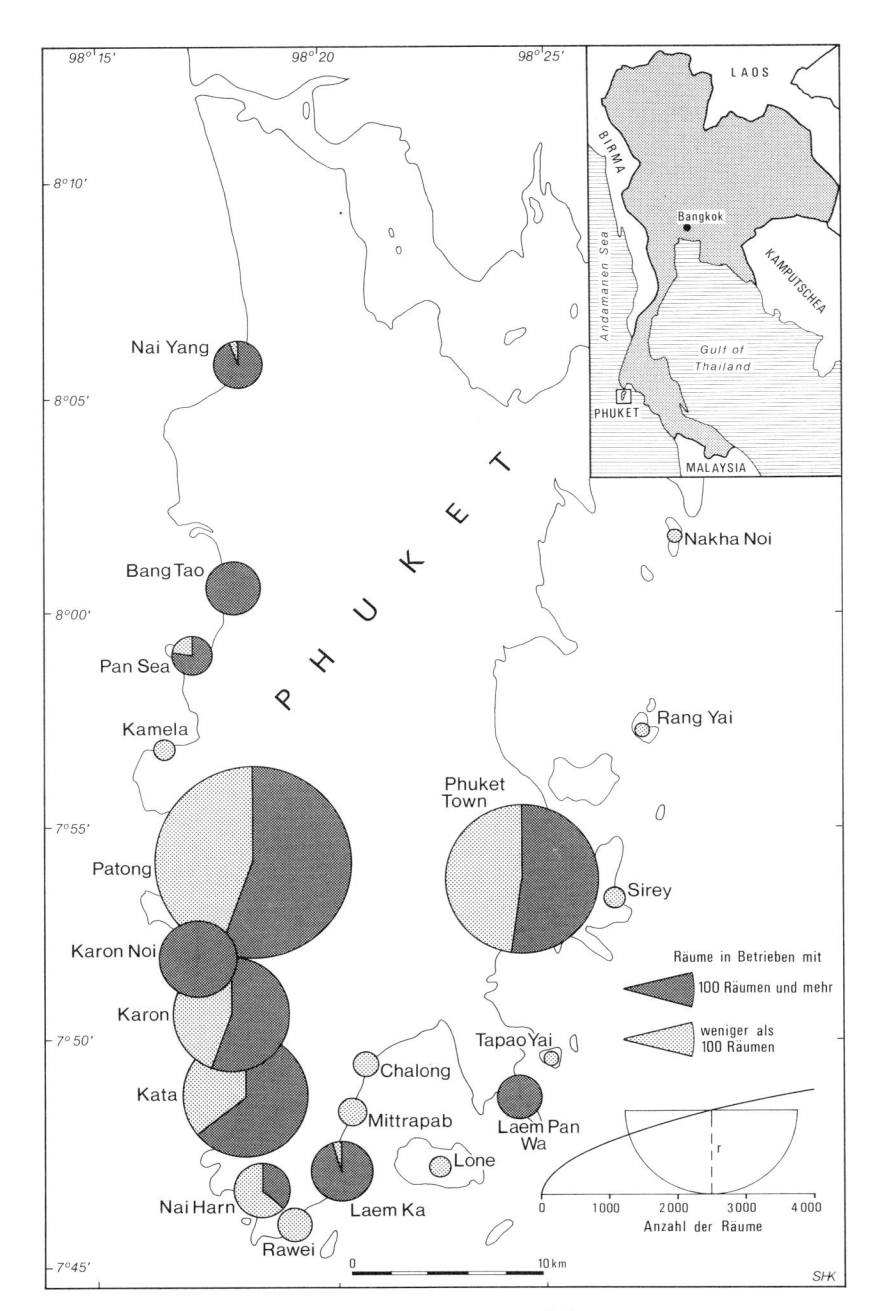

Tourismus und Küstenveränderung auf Phuket/Südthailand 245

Abb. 5: Die Beherbergungskapazität der Insel Phuket 1989
Quelle: TAT, List of Hotels and Bungalows in Phuket

3. Parallel dazu erfolgt am Rande der Feuchtzone im Hangfußbereich eine ungeregelte Verdichtung der einst ländlichen Siedlungen durch Wohngebiete für die anwachsende einheimische Bevölkerung und durch Dienstleistungsbetriebe wie Wäschereien, Reparaturbetriebe, Baugeschäfte sowie Läden und Imbißstände für den Bedarf der lokalen Bevölkerung. Der Saum tropischer Gärten wird durch die zunehmende Bebauung aufgerissen und teilweise ganz vernichtet. Diese Hangfußsiedlung ist nur funktional mit der Tourismussiedlung auf dem Strandwall verknüpft, auch wenn vereinzelt preisgünstige Beherbergungsbetriebe für Gäste eingestreut sind. Die Bewirtschaftung der Reisfelder im Feuchtgebiet wird allmählich aufgegeben, ebenso wie die Pflege der Fruchtbäume, da sich im Dienstleistungsbereich günstigere Verdienstmöglichkeiten bieten als in der Landwirtschaft.
4. Die nahezu vollständige Bebauung des hohen Strandwalls macht bei anhaltendem Nachfragewachstum ein Übergreifen der Fremdenverkehrsbetriebe in die Feuchtgebiete nötig. Nach großflächiger Drainierung erfolgt eine flächenhafte Aufschüttung einzelner Parzellen um 3 bis 4 m. Als Füllmaterial wird Abraum aus den ehemaligen Zinntagebauen der Umgebung angefahren. Auf Pfahlgründungen entstehen größere Komplexe von Beherbergungsbetrieben bei weitgehender Flächenüberbauung mit geringen Freiflächenanteilen.
5. Da auf dem Strandwall eine Verdichtung der Bebauung in der Fläche nicht mehr möglich ist, erzwingt der überwiegend von der thailändischen Privatwirtschaft getragene, aber staatlich geförderte weitere Ausbau des Beherbergungssektors ein Ausweichen in die Höhe, verbunden mit einem weiteren Eindringen in den einstigen Lagunenbereich. Auf dem Strandwall werden ältere Hotels und verbliebene Bungalow-Anlagen abgerissen und durch Hochhauskomplexe mit 20 bis 40 Stockwerken ersetzt. Der erste Hotelhochbau wurde im Dezember 1989 in Patong eröffnet. 1992 werden sechs sehr kompakte Hotel- und Zweitwohnungstürme den Strand säumen. Gleichzeitig schreitet die Auffüllung der zentralen Feuchtzone fort. Auch von der Hangfußzone dringt die Bebauung jetzt in den Lagunenbereich vor.
6. Damit deutet sich die nächste Phase an: die vollständige Bebauung der einstigen Lagune. Das Straßennetz als Rahmen dafür zeichnet sich bereits ab. Zahlreiche Hochhäuser sind im Bau oder noch in der Verkaufsphase. Als neue Elemente treten Condominien auf, Hochhauskomplexe mit Eigentumswohnungen, die von Bauträgergesellschaften erstellt werden. Für die Wohnungen im Preis von 100.000 bis 650.000 DM besteht im Inland durchaus eine tragfähige Nachfrage.
7. Da auch im Lagunenbereich Grundstücke kaum noch zur Verfügung stehen, zeichnet sich eine letzte Erschließungsstufe in Anfängen ab: das Ausweichen auf die Hänge. Erste Rodungen, Planierungen und Terrassierungen werden bereits vorgenommen. Der Name eines der im Hangbereich projektierten Betriebe („Hilltower") ist kennzeichnend für das künftige Erscheinungsbild der Hangzone.

Das Ergebnis der fortschreitenden Erschließung ist die vollständige Beseitigung und Bebauung der zentralen Feuchtzonen, nachdem sie flächig bis über das Niveau des Strandwalls verfüllt worden sind. Auf den Strandwällen wird der Kokosbestand durch eine verdichtete Bebauung ersetzt. Der ehemals ländliche Charakter, der das tropische Ambiente der Buchten ausmachte – Kokoshaine, Reisfelder und Fruchtbaumgärten – ist bereits weitgehend verlorengegangen und droht vollständig zu verschwinden. Die landschaftlich einst vielfältigen Buchten werden zu künstlich aufgefüllten und überbauten Küstenhöfen. Vom Meer her zeichnet sich das Bild einer terrassenartig ansteigenden verdichteten Seefront ab, die sich zur Skyline zu entwickeln droht. Von den touristischen Attraktionsfaktoren bleiben nur noch See, Sand und Sonne in einer total veränderten Umwelt.

Eine der wenigen Regelungen auf dem Bausektor, der „Building Control Act", schreibt Abstandsregeln von der Hochwasserlinie für die Küstenbebauung vor. In einem 50 m breiten Streifen landwärts der Hochwasserlinie dürfen nur einstöckige Gebäude errichtet werden. Auf den nächsten 150 m sind dreistöckige Bauwerke erlaubt. Jenseits der 200 m-Marke gibt es keinerlei Höchstbegrenzung und auch keinerlei Regelung für das Verhältnis von überbauter Fläche zur Freifläche. Die Folge ist der terrassenartige Anstieg der Bebauung mit zunehmender Stranddistanz, verbunden mit der Verlagerung einer möglichen Skyline aus der unmittelbaren Strandnähe. Angesichts der schwachen marinen Dynamik in den geschützten Buchten geht von der aufgezeigten Abstandsregelung, die einstöckige Bauten unmittelbar jenseits der Hochwasserlinie zuläßt, keine Gefährdung des Strandes aus. Anthropogen ausgelöste negative Strandverschiebungen wurden nicht beobachtet. Für energiereichere Küsten ist die geltende Distanzregelung jedoch absolut unzureichend.

Die äußere Küstenlinie ist an der Westküste Phukets unter dem Einfluß des Tourismus in ihrem Grundriß nicht verändert worden, wohl aber in ihrer Physiognomie durch die Bebauung der Strandwälle und der anschließenden Küstenhöfe. Die innere Küstenzone jenseits der Strandwälle, die bis 1975 relativ naturnah erhalten war, ist dagegen vollständig umgestaltet worden:
– Änderung des Oberflächenabflusses durch Kanalisierung,
– Vernichtung von Biotopen (Strandseen, Mangrovensümpfe),
– Reliefausgleich und Nivellierung durch Aufschüttung,
– Aufgabe der naturangepaßten landwirtschaftlichen Nutzung,
– Reduzierung des tropischen Baumbestandes,
– weitgehende Bodenversiegelung durch verdichtete Überbauung, Straßenbau und angeblich nachfragegerechte Pflasterung von Freiflächen.

Das sind unter dem Flächennutzungsaspekt, der hier im Vordergrund steht, die schwerwiegendsten Eingriffe.

Der einstige touristische Attraktionsfaktor der Buchten, die landschaftliche Vielfalt unter Einschluß des Lagunenbereiches, ist in Patong bereits vernichtet, in Karon und Kata Beach irreversibel gestört und in anderen Buchten im Ansatz gefährdet. Die sich abzeichnende Hangbebauung droht nun auch noch die landschaftliche Kulisse der einst reizvollen Freizeiträume zu zerstören. Die mit der Entwaldung zu erwartende Erosionsgefährdung wird von der expansiven Bauwirtschaft negiert. Der Niedergang des heute noch wachsenden Tourismus ist in einigen Buchten schon heute vorprogrammiert, denn zu der angesprochenen Vernichtung der landschaftlichen Grundlagen des Tourismus kommen weitere Belastungen wie die bereits weitgehend fortgeschrittene Zerstörung der Korallenriffe, die Belastung der Strände und Badegewässer durch Einleitung ungeklärter Abwässer aber auch durch Wassersportfahrzeuge (Motorboote für Parasailing und Wasserski, Wasserscooter) und schließlich die Störeffekte, die von der Masse der Besucher selbst ausgehen.

5. MASSNAHMEN ZUR ATTRAKTIVITÄTSERHALTUNG

Zur Erhaltung Phukets als attraktives touristisches Zielgebiet müßten folgende Maßnahmen umgehend verwirklicht werden:
– Erschließungsstop für bislang nur mit geringer Beherbergungskapazität ausgestattete Buchten,
– Ausdehnung des Naturschutzes auf die noch weitgehend intakten Buchten – bislang ist nur ein korallengesäumter Strandabschnitt als Nationalpark ausgewiesen (einschließlich Wasserfläche 9.073 ha),
– Verbot der Hangbebauung,
– Erhaltung der noch vorhandenen Freiflächen und Gewässer in allen Buchten der Westküste,
– Verbot der Landauffüllung in den Lagunenbereichen und damit Erhaltung oder gegebenenfalls Rückgewinnung der Strandseen,
– Freihaltung der Strandzone von jeglicher Bebauung und Einhaltung der Abstandsregelungen,
– Höhenbegrenzung der Bebauung (Baumkronenhöhe) und Vorgabe der Freiflächenanteile in Abhängigkeit von überbauter Fläche und Gebäudehöhe,
– Vergrößerung der Freiflächen und landschaftsgemäße Begrünung,
– Erarbeitung von Bebauungsplänen und Grünordnungsplänen für die einzelnen Buchten zur Ordnung der bisherigen Bebauung und zur Steuerung der künftigen Entwicklung,
– Erarbeitung eines die gesamte Insel umfassenden „Coastal Management Plan" (der „National Environment Board" trifft in Zusammenarbeit mit der „University of Rhode Island" entsprechende Vorbereitungen; die Durchsetzung der Inhalte eines solchen Planes ist dabei die schwierigste Aufgabe).

Die obigen Maßnahmenvorschläge sind wiederum nur unter dem Aspekt der Flächennutzung gemacht worden. Unerläßlich sind Begleitmaßnahmen in den Bereichen Wasserversorgung, Abwasser- und Abfallentsorgung, Strandordnung, Korallenschutz sowie die Aufstellung klarer Zielvorgaben im Bereich der Tourismusentwicklung.

Angesichts anhaltender Nachfrage, korrupter Beamter und Parlamentarier sowie einer landesweit herrschenden Wachstumseuphorie erscheint die Durchsetzung solcher Maßnahmen im Augenblick illusorisch. Vielmehr zeichnet sich im Norden der Insel, der bislang kaum für den Tourismus erschlossen ist, ein neues Entwicklungsprojekt mit rund 3.000 Räumen auf einer Fläche von 450 ha ab, das „North Phuket Resort Development Project" der schweizerischen „Inter Maritime Group". Das vorgesehene Areal ist öffentliches Eigentum und umfaßt auch Teilflächen des einzigen marinen Nationalparks auf Phuket. Geplant sind sieben Hotels, ein Gesundheits- und Kurzentrum, Yachtklub mit Hafen, ein mariner Vergnügungspark, Einkaufszentrum und Hotelfachschule, zwei 18-Loch-Golfplätze, Ferienhäuser und Zweitwohnungen sowie die notwendigen Personalunterkünfte. Die bekanntgewordenen Schätzungen der Investitionskosten liegen zwischen 650 und 800 Mio. DM. Der Widerstand von Teilen der Bevölkerung gegen dieses Projekt, der auch in der nationalen Presse Unterstützung fand, wurde bei den bisherigen vorbereitenden Entscheidungen kaum zur Kenntnis genommen. Vielmehr werden sogar Flächen aus dem bestehenden Nationalpark ausgegliedert und in das Projektareal einbezogen. Gepokert wird nur noch um die zeitliche Befristung des Erbbaurechtes (30, 50 oder 90 Jahre) sowie um die dem thailändischen Staat zufallenden Pachtsummen. Die endgültige Entscheidung wird nach ökonomischen Erwägungen getroffen. Die Gegenargumente aus ökologischer Sicht sind bereits im Vorfeld abgewiesen worden.[1]

Das abschließende Beispiel, bei dem um die Umwidmung von knapp 1 % der Inselfläche verhandelt wird, zeigt ebenso wie die Genehmigung zahlreicher neuer Hotels und Zweitwohnungskomplexe, daß der Ausbau des touristischen Angebots auf Phuket trotz vielfach erhobener Bedenken ungebremst weitergeführt wird. Angesichts dieser Wachstumsideologie auf der Angebotsseite kann langfristig nur ein verantwortungsvolles Verhalten der Touristen bei der Wahl ihrer Urlaubsziele und bei der Gestaltung ihrer Aufenthalte zu einer Bewußtseinsveränderung beitragen.

LITERATUR

GOVERNMENT OF THE KINGDOM OF THAILAND (1975): South-Thailand regional planning study.– Bangkok
JAPAN INTERNATIONAL COOPERATION AGENCY (1984): The sub-regional development study of the upper-southern part of Thailand.– Bangkok.
NICHOLS, F. (1988): Phuket.– Bangkok
TOURISM AUTHORITY OF THAILAND (1985–1989): Annual statistical report on tourism in Thailand 1984–1988.– Bangkok

---

[1] Entgegen den dargelegten Erwartungen sind die Verhandlungen über das dargestellte Projekt auf Anweisung des thailändischen Premierministers Chatichai Choonhavan Anfang September 1990 abgebrochen worden. Als offizielle Begründung wurde der Schutz der natürlichen Umwelt angegeben. Da die thailändische Presse immer wieder dezidiert auf die persönliche Freundschaft des Premiers mit dem Vorstandsvorsitzenden des Schweizer Projektträgers (Inter Maritime Group) hingewiesen hat, kann vermutet werden, daß die Entscheidung gegen das Projekt auch von der politischen Notwendigkeit bestimmt wurde, dem öffentlichen Vorwurf der Begünstigung zu entgehen. Die demokratisch gewählte Regierung Chatichai wurde am 23.02.1991 durch einen Militärputsch abgelöst. Unter fünf Gründen für die Notwendigkeit des Putsches wurde an erster Stelle die Bestechlichkeit der Regierung (Government corruption) genannt.

BIBLIOGRAPHY FOR THE EAST GERMAN BALTIC SEA

1. AJBULATOV, N., GRIESSEIER, H., & SADRIN, J. (1963/64). Über den Sedimenttransport längs einer unregelmäßig gegliederten Meeresküste. Acta Hydrophysica, 8 (Heft 1), 5–21 (Berlin, Akademie-Verlag).
2. APEL, E., BÜRGER, W. & WAGNER, H. (1976). Untersuchungen über die Umbildungen ungeschützter Ufer bei Wellenangriff. Mitt. d. Forschungsanstalt Schiff., Wasser- und Grundbau, Reihe Wasser- und Grundbau, 34, 145–226.
3. AURADA, K. D. (1988). Raum-Zeit-Phänomene im Ostseeraum. Sonderdruck Petermanns Geogr. Mitt., 132, 1–16 (Gotha).
4. BAADER, G., & SCHLUNGBAUM, G. (1982). Sedimentchemische Untersuchungen in Küstengewässern der DDR. In Teil 12: Untersuchungen zur Phosphatfreisetzung und zur Sauerstoffzehrung an der Sediment/Wasser-Kontaktzone in flachen eutrophen Küstengewässern. Acta Hydrochim. Hydrobiol., 10 (Heft 2), 153–166.
5. BENCARD, J., BRAUCKHOFF, K., & HOEG, S. (1969). Das Schrifttum auf dem Gebiete der Küstenforschung in der Deutschen Demokratischen Republik im Zeitraum 1963–1967. Acta Hydrophysica, 13 (Heft 3), 121–136 (Berlin, Akademie-Verlag).
6. BENTHIEN, B. (1974). Die zirkumbaltische Erholungszone als geographisches Problem. Wiss. Zeitschr. d. Univ. Greifswald, Math.-Nat. Reihe, 23 (Heft 1/2), 85–90.
7. BENTHIEN, H. (1957). Der Landverlust am hohen Ufer des Fischlandes von 1903 bis 1952. Arch. d. Freunde der Naturgeschichte in Mecklenburg, 3, 11–31 (Rostock).
8. BILLWITZ, K. (1987). Landschaftssystematik und Landschaftsstruktur im Küstenbereich. Wiss. Zeitschr. d. Univ. Greifswald, Math.-Nat. Reihe, 36, 117–121.
9. BIRR, H.-D. (1968). Über die hydrographischen Verhältnisse des Strelasundes unter besonderer Berücksichtigung von Wasserstand, Strömung und Salzgehalt. Geogr. Ber., 46, 33–50.
10. BIRR, H.-D., GOMOLKA, A. & LAMPE, R. (1989). Zur Entwicklung der Geographischen Boddenforschung in der DDR. Petermanns Geogr. Mitt., 133 (Heft 3), 191–198.
11. BLÜTHGEN, I. (1954). Die Eisverhältnisse der Küstengewässer von Mecklenburg-Vorpommern. Forsch. z. dt. Landes- u. Volkskunde, 85, 1–142.
12. BORNHÖFT, E. (1885). Der Greifswalder Bodden, seine Morphologie, geologische Zusammensetzung und Entwicklungsgeschichte. Greifswald. (2. Jahresbericht der Geogr. Gesellschaft zu Greifswald)
13. BRAMER, H. (1978). Über Transgressionsvorgänge am Südrand des Kleinen Haffs. Wiss. Zeitschr. d. Univ. Greifswald, Math.-Nat. Reihe, 27 (Heft 1/2), 11–15.
14. BRAUCKHOFF, K. (1966). Die Ursachen von Küstenveränderungen. Zeitschr. Angew. Geol., 12, 638–643.
15. BRAUCKHOFF, K. (1970). Der morphologische Schorreaufbau der Flachuferküste Ost-Rügens und seine Gesetzmäßigkeiten. Acta Hydrophysica, 15 (Heft 2), 93–103.
16. BRAUCKHOFF, K., & GRIESSEIER, H. (1967). Sandtransportuntersuchungen mit lumineszenten Sanden im Küstengebiet der Halbinsel Zingst. Acta Hydrophysica, 11, 137–169 (Berlin, Akademie-Verlag).
17. BRENNING, U. (1989). Das Zooplankton des Greifswalder Boddens. Meer und Museum, 5, 36–43.
18. BROSIN, H.-J. (1965). Hydrographie und Wasserhaushalt der Boddenkette südl. des Darß und des Zingst. Veröff. d. Geophysik. Inst. d. Univ. Leipzig, Serie 2, 18 (Heft 3).
19. BROSIN, H.-J. (1970). Die Wasserzirkulation in einigen Boddengewässern der DDR-Küste und ihre Beeinflussung durch meteorologische Faktoren. Veröff. d. Geophysik. Inst. d. Univ. Leipzig, 14 (Heft 4), 435–445.
20. BUBLITZ, G., & LANGE, D. (1979). Untersuchungen am Litorinaklei der westlichen Ostsee. Beitr. Meereskunde, 42, 33–40.

21 CORRENS, M. (1973). Beitrag zum Wasserhaushalt des Oderhaffs. Wiss. Zeitschr. d. Humboldt-Univ. Berlin, Math.-Nat. Reihe, 20 (Heft 6), 693–704.
22 CORRENS, M. (1973/4). Strömungsverhältnisse im Peenestrom. Acta Hydrophysica, 18 (Heft 1), 27–47.
23 CORRENS, M. (1976). Beitrag zur Hydrographie der Unterwarnow. Acta Hydrophysica, 21 (Heft 3–4), 183–226.
24 CORRENS, M. (1976). Charakteristische morphometrische Daten der Bodden- und Haffgewässer der DDR. Vermessungstechnik, 24 (Heft 12), 459–461.
25 CORRENS, M. (1977). Grundzüge von Hydrographie und Wasserhaushalt der Boddengewäser an der Küste der Deutschen Demokratischen Republik. Acta Hydrochim. Hydrobiol., 5 (Heft 6), 517–526.
26 CORRENS, M. (1978). Water balance in the bodden waters along the GDR coastline. J. Hydrol. Sci., 5 (Heft 1), 81–86.
27 CORRENS, M. (1979). Der Wasserhaushalt der Bodden- und Haffgewässer der DDR als Grundlage für die weitere Erforschung ihrer Nutzungsfähigkeit zu Trink- und Brauchwasserzwecken (Dissertation B). Berlin.
28 CORRENS, M., & JAEGER, F. (1979). Beiträge zur Hydrographie der Nordrügen'schen Bodden. – I.Einführung in das Untersuchungsgebiet, Wasserstandsverhältnisse und Wasserhaushalt. Acta Hydrophysica, 24 (Heft 3), 149–177.
29 CORRENS, M., & JAEGER, F. (1982). Beiträge zur Hydrographie der Nordrügen'schen Bodden. – II. Strömungsverhältnisse, Salz- und Sauerstoffhaushalt. Acta Hydrophysica, 27 (Heft 1), 5–22.
30 CORRENS, M., KNOLL, B., & GURWELL, B. R. (1980). Schrifttum zur Erforschung der Küste der DDR im Zeitraum 1973–1977. Acta Hydrophysica, 25 (Heft 4), 333–349. (Berlin, Akademie-Verlag)
31 CORRENS, M., & SCHALLREUTER, R. (1974). Schrifttum zur Küstenforschung in der Deutschen Demokratischen Republik im Zeitraum 1968–1972. Acta Hydrophysica, 19 (Heft 1), 29–48. (Berlin, Akademie-Verlag)
32 DERTZEN, J.-A. v. (1988). Boddenbiologie – ein Beitrag zur Ökosystemanalyse von Küstengewässern der Ostsee. Wiss. Zeitschr. d. Univ. Greifswald, Math.-Nat. Reihe, 37 (Heft 2/3), 39–43.
33 DIEDERICH, H.-G. (1989). Aufgaben und Perspektiven der Küstenforschung in der DDR. Schriftenreihe Wasser- und Grundbau, 54, 12–21.
34 DWARS, F. W. (1956). Die geomorphologische Entwicklung der Halbinsel Mönchgut (Diss.). Greifswald.
35 FRÖDE, E. T. (1957/58). Die Pflanzengesellschaften der Insel Hiddensee. Wiss. Zeitschr. d. Univ. Greifswald, Math.-Nat.-Reihe 7, 277–305.
36 GEIB, K. W. (1944). Meeresgeologische Untersuchungen im Bereich der ostpommerschen Küste. Geol. d. Meere u. Binnengewässer, 7, 1–39.
37 GEISEL, T., & MESSNER, U. (1989). Flora und Fauna des Bodens im Greifswalder Boddens. Meer und Museum, 5, 44–51.
38 GELLERT, J. (1958). Die Gestaltung der deutschen Küsten. In: Grundzüge der Physischen Geographie von Deutschland (Band I, 322–435). Berlin.
39 GELLERT, J. (1960). Küstenstudien auf Hiddensee. Wiss. Zeitschr. der Päd. Hochsch. Potsdam, 5/2, 129–156.
40 GELLERT, J. (1973). Zur Vereinheitlichung und Präzisierung einiger Grundbegriffe der Küstenkunde. Wasserwirtschaft – Wassertechnik, 23 (Heft 2), 58–61.
41 GELLERT, J. (1978). Weitere Beobachtungen zur Natur der Steilufer an der DDR-Ostseeküste, insbesondere auf der Nordseite von Rügen, und Bemerkungen für den Küstenschutz. Wiss. Zeitschr. d. Univ. Greifswald, Math.-Nat. Reihe, 27 (Heft 1/2), 29–31.
42 GELLERT, J. (1985). Strukturen und Prozesse am Meeresstrand als geomorphologischem und landschaftlichem Grenzsaum zwischen Land und Meer. Petermanns Geogr. Mitt., 4/85, 239–251.

43 GELLERT, J. (1987). Die Dünen und Strandwälle der Schaabe-Nehrung (Nord-Rügen) – Ergebnisse morphologisch-lithologischer und hydrologischer Studien. Wiss. Zeitschr. d. Päd. Hochsch. Potsdam, 31, 441–451.
44 GELLERT, J. (1989). Geomorphologisch wirksame Prozesse und genetische Formentypen der Steilufer, insbesondere der südlichen Ostseeküsten. Schriftenreihe Wasser- und Grundbau, 54, 149–156.
45 GELLERT, J. F., HEYER, E., & NEUMEYER, G. (1985). Ergebnisse morphographischer und morphodynamischer Untersuchungen am Seestrand der Schaabe (Nord-Rügen). Acta Hydrophysica, 29 (Heft 2/3), 93–152.
46 GESSNER, F. (1957). Meer und Strand. Berlin (426 S.)
47 GIENAPP, H. (1987). Eine Bemerkung zur modernen Seegangsforschung. Acta Hydrophysica, 31 (Heft 3/4), 251–254.
48 GOMOLKA, A. (1971). Untersuchungen über die Küstenverhältnisse und die Küstendynamik des Greifswalder Boddens (Dissertation A). Greifswald.
49 GOMOLKA, A. (1971). Der Uferrückgang bei Fresendorf. Wiss. Zeitschr. d. Univ. Greifswald, Math.-Nat. Reihe, 20, 19–25.
50 GOMOLKA, A. (1972). Das submarine Relief und die Nutzung natürlicher Ressourcen im Greifswalder Bodden. Wiss. Zeitschr. d. Univ. Greifswald, Math.-Nat. Reihe, 21, 95–96.
51 GOMOLKA, A. (1976). Morphodynamische Untersuchungen an der Nordküste des Greifswalder Boddens. Wiss. Zeitschr. d. Univ. Greifswald, Math.-Nat. Reihe, 25, 57–58.
52 GOMOLKA, A. (1979). Geomorphologische Untersuchungen zur Küstendynamik – dargestellt am Beispiel der Südküste des Greifswalder Boddens. In: H. Kugler (Ed.): Prozeßforschung und Ressourcenerkundung (Kongreß- und Tagungsberichte der Martin-Luther-Universität Halle, 17–25).
53 GOMOLKA, A. (1987). Untersuchungen über geomorphologische Veränderungen an Boddenküsten in den letzten drei Jahrhunderten unter besonderer Berücksichtigung des Greifswalder Boddens (Dissertation B). Greifswald.
54 GOMOLKA, A. (1988). Die Küstenveränderungen der Insel Ruden seit 1694. Petermanns Geogr. Mitt., 132 (Heft 1), 17–26.
55 GOMOLKA, A., & Janke, W. (1976). Zur Ausstattung, Struktur und Nutzung ausgewählter Räume im südlichen Küstengebiet der Ostsee – dargestellt an küstennahen Talungen und an Boddenküsten. Petermanns Geogr. Mitt., 76/2, 161–165.
56 GOMOLKA, A., & LAMPE, R. (1989). Zur Dynamik der Halbinsel Zudar (Greifswalder Bodden unter historischen und aktuellen Aspekten. Schriftenreihe Wasser- und Grundbau, 54, 62–77 (Berlin).
57 GOMOLKA, A., GUSEN, R., & MÜLLER, G. (1974). Ökologische Untersuchungen im Litoral Südost-Rügens – ein Beitrag zur umweltbezogenen Grundlagenforschung. Wiss. Zeitschr. d. Univ. Greifswald, Math.-Nat. Reihe, 23, 99–106.
58 GRIESSEIER, H., & HOEG, S. (1963/64). Das Schrifttum auf dem Gebiete der Küstenforschung in der DDR im Zeitraum 1959–1962. Acta Hydrophysica, 8, 83–96 (Berlin, Akademie-Verlag).
59 GROBA, E. (1959). Geologische Unterwasserkartierung im Litoral der Deutschen Ostseeküste. Acta Hydrophysica, 6, 163–200.
60 GUDELIS, V. (1955). Die Grundetappen der geologischen Entwicklung der litauischen Küste an der Ostsee in der Spät- und Nacheiszeit (litauisch). Vilnius.
61 GUDELIS, V. (1978). Alte Strandlinien der Ostsee im ostbaltischen Raum und die praktische Auswertung ihrer Untersuchung. Petermanns Geogr. Mitt., 122 (Heft 2), 93–102.
62 GURWELL, B. (1981). Kornparameter und Gefüge in Schorresedimenten SE-Rügens. Petermanns Geogr. Mitt., 125 (Heft 2), 97–102.
63 GURWELL, B. (1981). Submarine Morphologie und ihre Entwicklung im Bereich Kühlungsborn, DDR. Zeitschr. Geol. Wiss., 9, 111–120.
64 GURWELL, B. (1983). Beitrag zur uferparallelen Variation sedimentpetrographischer Merkmale. Zeitschr. Geol. Wiss., 11, 59–76.

65 GURWELL, B. (1985). Komplexe Bearbeitung der Steiluferproblematik und erste Ergebnisse vom Hohen Ufer des Fischlandes. Wiss. Zeitschr. d. Univ. Greifswald, Math.-Nat.Reihe, 34, 33–36.
66 GURWELL, B. (1989). Grundsätzliche Anmerkungen zur langfristigen Abrasionswirkung und ihrer Quantifizierung. Schriftenreihe Wasser- und Grundbau, 54, 22–39.
67 GURWELL, B. (1990). Bestimmung der langfristigen Abrasion und der Sedimentschüttung von Abtragsküsten. Wiss. Zeitschr. d. Univ. Greifswald, Math.-Nat. Reihe, 39, 46–52.
68 GURWELL, B. (1990). Steilküstenabrasion und Sedimentbilanzierung – ein quantitativer Küstenvergleich. Wiss. Zeitschr. d. Univ. Greifswald, Math.-Nat. Reihe, 39.
69 GURWELL, B., & JÄGER, B. (1985). Küstenveränderungen und Küstenschutz, dargestellt am Beispiel des Abschnittes Dranske, Rügen. Petermanns Geogr. Mitt., 1/83, 15–24.
70 GURWELL, B., & WEISS, D. (1989). Probleme des Litoralbereiches und des Küstenschutzes des Fischlandes. Schriftenreihe Wasser- und Grundbau, 54, 214–221.
71 GURWELL, B., & WEISS, D. (1990). Aufbau, Veränderung und Schutz des Küstenabschnittes Sellin (Rügen). Petermanns Geogr. Mitt., 134 (Heft 3)(in Vorbereitung).
72 GURWELL, B., & ZIELISCH, E. (1983). Beitrag zur Messung der Sedimentdynamik im Riffbereich. Zeitschr. Geol. Wiss., 11 (Heft 2), 203–217 (Berlin).
73 GURWELL, B., WEISS, D., & ZIELISCH, E. (1982). Beitrag zur Charakterisierung von physiographischen Einheiten und Bilanzsystemen an Ostsee-Küstenstrecken der DDR. Zeitschr. Geol. Wiss., 9, 111–120.
74 GUSEN, R. (1983). Der lithologische Bau der Schorre von Neu- Reddevitz (Greifswalder Bodden). Zeitschr. Geol. Wiss., 11 (Heft 2), 193–208.
75 GUSEN, R. (1988). Sedimentverteilung und geologischer Bau der Schorre vor Lubmin (Südküste des Greifswalder Boddens). Zeitschr. Angew. Geol., 34 (Heft 3), 86–90.
76 HAACK, E. (1960). Das Achterwasser. Eine geomorphologische und hydrographische Untersuchung. Neuere Arbeiten zur mecklenburgischen Küstenforschung, 4 (Berlin).
77 HACKERT, K. (1969). Die Strömungsverhältnisse im Greifswalder Bodden bei Ost- und Westwinden. Wasserwirtschaft– Wassertechnik, 19 (Heft 6), 191–195.
78 HARDER, K., & SCHULZE, G. (1989). Meeressäugetiere im Greifswalder Boddens. Meer und Museum, 5, 90–95.
79 HARTKE, D., & HARTKE, H. (1972/73). Beitrag zur Sedimentdynamik in der küstennahen Zone. Acta Hydrophysica, 17 (Heft 2/3), 161– 170.
80 HARTNACK, W. (1926). Die Küste Hinterpommerns. Jb. d. Geogr. Ges. Greifswald, 43/44.
81 HARTNACK, W. (1931). Entstehung und Entwicklung der Wanderdünen an der deutschen Ostseeküste. Zeitschr. f. Geomorphologie, 6, 174–217.
82 HERMANN, J. (1978). Ralswiek auf Rügen – ein Handelsplatz im 9. Jh., und die Fernhandelsbeziehungen im Ostseegebiet. Zeitschr. f. Archäologie, 12, 163–180.
83 HERMANN, J. (1980). Über das historische und siedlungsgeschichtliche Umfeld des Seehandelsplatzes Reric zu Beginn des 9. Jahrhunderts. Offa, 37, 201–207.
84 HINZE, A. (1990). Die Badegäste sind verschwunden, der letzte Fisch ist tot.– Erste nationale Ostseeschutzkonferenz in Rostock. Süddeutsche Zeitung vom 30.5.1990, S. 17.
85 HÜBEL, H., & HÜBEL, M. (1976). Die Stickstoff-Fixierung in Küstengewässern der Ostsee. In: Materialien des Internationalen Symposiums über Eutrophierung und Sanierung von Oberflächengewässern (Band III), 201–208.
86 HUPFER, P. (1959). Zur Hydrographie der Boddengewässer südlich des Darß. Wiss. Zeitschr. d. Univ. Leipzig, Math-Nat. Reihe, 9, 175–186 (Leipzig).
87 HUPFER, P. (1965). Säkulare Schwankungen der atmosphärischen Zirkulation und der verstärkte Rückgang der Flachküste zwischen Warnemünde und Hiddensee. Petermanns Geogr. Mitt., 109, 171–179.
88 HUPFER, P., SCHLUNGBAUM, G., KLEINSCHMIDT, E., & MEMMEL, V. (1980). Der Wasserhaushalt der Boddenkette. Wiss. Zeitschr. d. Univ. Rostock, Math.-Nat. Reihe, 29 (Heft 4–5), 9–11.
89 HURTIG, T. (1954). Die mecklenburgische Boddenlandschaft und ihre entwicklungsgeschichtlichen Probleme. Berlin.

90 HURTIG, T. (1957). Physische Geographie von Mecklenburg. Neuere Arb. z. mecklenb. Küstenforsch., I, 252 S., Berlin.
91 HURTIG, T. (1963). Die naturräumlichen Einheiten des Ostseeraumes und ihre Bedeutung für die Entwicklung der unterschiedlichen Küstenformen (Erkenntnisse und Probleme). Baltica, 1, 80–100.
92 HURTIG, T. (1976). Zur holozänen Entwicklung von Meer und Küste im Bereich des Schossengürtels vor dem Südgestade des Baltischen Meeres. Ber. z. dt. Landeskunde, 50, 1–53.
93 JÄGER, B., WEISS, D., & WIEMER, R. (1982). Strandaufspülungen an der Ostseeküste der DDR. Wasserwirtschaft, Wassertechnik, 32 (Heft 6), 211–215.
94 JÄGER, B., DITTRICH, H., & WEISS, D. (1984). Untersuchungen von technischen Textilien und ihr Einsatz im Küstenwasserbau der DDR. Seewirtschaft, 16 (Heft 5), 244–249 (Berlin).
95 JANKE, W. (1976). Zur geoökologischen Ausstattung, insbesondere zur Struktur und Genese größerer küstennaher Talungen und ihrer Randgebiete sowie Fragen ihrer volkswirtschaftlichen Nutzung. Wiss. Zeitschr. Univ. Greifswald, Math.-Nat. Reihe, 25 (Heft 1/2), 31–39.
96 JANKE, W. (1978). Schema der spät- und postglazialen Entwicklung der Talungen der spätglazialen Haffstauseeabflüsse. Wiss. Zeitschr. d. Univ. Greifswald, Math.-Nat. Reihe, 27 (Heft 1/2), 39–41.
97 JANKE, W. (1986). Exkursionsführer Raum Barth – Darß – Fischland. Univ. Greifswald, Sektion Geographie.
98 JANKE, W. (1987). Landschaftsgenetisch-reliefstrukturelle Bautypen des küstennahen Jungmoränengebietes und der Boddenküsten (Raum Barth) sowie ausgewählte Aspekte seiner jungweichselglazialen und holozänen Landschaftsentwicklung. Wiss. Zeitschr d. Univ. Greifswald, Math.-Nat. Reihe, 36 (Heft 2–3), 122–126
99 JANKE, W., & KLIEWE, H. (1982). Zur holozänen Entwicklung im Bereich der südlichen Ostsee, dargestellt am Beispiel des nordöstlichen Küstengebietse der DDR. Baltica, 7, 75–82.
100 JANKE, W., & LAMPE, R. (1982). Zur Holozänentwicklung von Ausgleichsküsten, dargestellt am Beispiel einer Nehrung und ihres Strandsees bei Binz, Rügen. Petermanns Geogr. Mitt., 2/82, 75–83.
101 JESCHKE, L. (1983). Landeskulturelle Probleme des Salzgraslandes an der Küste. Naturschutzarb. Mecklenburg, 26 (Heft 1), 5–12.
102 JESCHKE, L. (1985). Vegetationsveränderungen in den Küstenlandschaften durch Massentourismus und Nutzungsintensivierung. Archiv für Naturschutz und Landschaftsforschung, 25 (Heft 4), 223–236.
103 JESCHKE, L. (1987). Vegetationsdynamik des Salzgraslandes im Bereich der Ostseeküste der DDR unter dem Einfluß des Menschen. Hercynia N.F., 24 (Heft 3), 312–328.
104 KELL, V. (1989). Das Phytoplankton des Greifswalder Boddens. Meer und Museum, 5, 25–35.
105 KLAFS, G. (1989). Naturschutz im Gebiet des Greifswalder Boddens. Meer und Museum, 5, 96–99.
106 KLENGEL, K. J. (1981). Zur Dynamik von Steilküsten unter besonderer Beachtung der Ursachen, des Auftretens und der Bekämpfung von Massenbewegungen (Rutschungen im weiteren Sinne). Zeitschr. Geol. Wiss., 9 (Heft 1), 53–62.
107 KLENGEL, K. J. (1989). Fachtagung Geologie und Küstenschutz II. Schriftenreihe Wasser- und Grundbau, 54, 9–11.
108 KLIEWE, H. (1959). Ergebnisse geomorphologischer Untersuchungen im Odermündungsraum. Geogr. Ber., 4. Jg. 10/11, 10–26.
109 KLIEWE, H. (1960). Die Insel Usedom in ihrer spät- und nacheiszeitlichen Formenentwicklung. Neuere Arb. z. mecklenb. Küstenforsch., 5.
110 KLIEWE, H. (1962). Die holozäne Ostseegeschichte im Blickfeld von Transgressionsvorgängen im Odermündungsraum. Wiss. Zeitschr. d. Univ. Jena, Math.-Nat. Reihe, 11. Jg., (Heft 1/2), 135–140.
111 KLIEWE, H. (1963). Fortschritte und Probleme bei der Erforschung der Küstenentwicklung an der südl. Ostsee. Baltica, 1, 116–134.

112 KLIEWE, H. (1963). Quartäre Küstenlinien aus der Sicht des VI. INQUA-Kongresses 1961 in Warschau. Geogr. Ber., 8. Jg., 2.
113 KLIEWE, H. (1965). Die postglaziale Entwicklung im Raum der nordwestmecklenburgischen Küste und der südwestlichen Ostsee. Die Weichseleiszeit im Gebiet der DDR, 132–148.
114 KLIEWE, H. (1973). Zur Genese der Dünen im Küstenraum der DDR. Petermanns Geogr. Mitt., 117 (Heft 3), 161–168.
115 KLIEWE, H. (1979). Zur Wechselwirkung von Natur und Mensch im küstennahen Dünensystem. Potsdamer Forschungen, Reihe B, 15, 107–119.
116 KLIEWE, H. (1981). Zur Stratigraphie und Genese von Küstenniederungstypen auf der Insel Rügen. Wiss. Zeitschr. d. Univ. Greifswald, Math.-Nat.-Reihe 30, (Heft 1), 11–15.
117 KLIEWE, H. (1987). Zur Morphogenese der Bodden und ihrer Randniederungen. Wiss. Zeitschr. d. Univ. Greifswald, Math.-Nat. Reihe, 36 (Heft 2–3), 94–98.
118 KLIEWE, H. (1988). DDR-Schrifttum für den Zeitraum 1983–1986 zur geowissenschaftlichen Erforschung der Küste und ihrer Umwelt. Petermanns Geogr. Mitt., 132 (Heft 1), 35–38.
119 KLIEWE, H., & JANKE, W. (1978). Zur Stratigraphie und Entwicklung des nordöstlichen Küstenraumes der DDR. Petermanns Geogr. Mitt., 122 (Heft 2), 81–91.
120 KLIEWE, H., & JANKE, W. (1982). Der holozäne Wasserspiegelanstieg der Ostsee im nordöstlichen Küstengebiet der DDR. Petermanns Geogr. Mitt., 126, 65–74.
121 KLIEWE, H., & KNOLL, B. (1987). DDR-Schrifttum für den Zeitraum 1979–1982 zur geowissenschaftlichen Erforschung der Küste und ihrer Umwelt. Petermanns Geogr. Mitt., 131 (Heft 4), 259–262.
122 KLIEWE, H., & KOZARSKI, S. (1979). Zur Verknüpfung von Marginalzonen im Bereich des Oderlobus. Acta Univ. Nicolai Copernici, Nauki Matematyczno-Przyrodnicze, Geografia, 14 (Heft 46), 21–30.
123 KLIEWE, H., & LANGE, E. (1968). Ergebnisse geomorphologischer, stratigraphischer und vegetationsgeschichtlicher Untersuchungen zur Spät- und Postglazialzeit auf Rügen. Petermanns Geogr. Mitt., 4, 241–255.
124 KLIEWE, H., & RAST, H. (1979). Geomorphologische und mikromagnetische Untersuchungen zu Habitus, Struktur und Genese des Zinnowitz-Trassenheider Strandwallsystems und seiner Dünen. Petermanns Geogr. Mitt., 123 (Heft 3), 225–242.
125 KLIEWE, H., & REINHARD, H. (1960). Zur Entwicklung des Ancylus Sees. Petermanns Geogr. Mitt., 104, 163–172.
126 KNOLL, B. (1981). Sedimentationsbedingungen und -prozesse auf der Schorre vor Neu-Reddewitz (Rügen) im Bereich des Greifswalder Boddens (Dissertation A). Greifswald.
127 KNOLL, B. (1983). Sedimentverteilung und Sedimentumlagerung auf der Schorre vor Neu-Reddevitz (Südost-Rügen). Wissensch. Zeitschr. Univ. Greifswald, Math.-Nat. Reihe, 32 (Heft 1/2), 99–108.
128 KNOLL, B. (1983). Der Uferrückgang des Neu-Reddevitzer Kliffs. Wiss. Zeitschr. d. Univ. Greifswald, Math.-Nat. Reihe, 32 (Heft 2), 109–112.
129 KNOLL, B., LAMPE, R., SLOBODDA, S., & VOIGTLAND, R. (1987). Prozeß- und Strukturerkundung an den Küsten der inneren Seegewässern. Wiss. Abhandl. Geogr. Gesellsch. DDR, 19, 185–192.
130 KOLP, O. (1953). Die Küstenlandschaft der nordöstlichen Heide Mecklenburgs unter besonderer Berücksichtigung des Küstenrückgangs (Diss.). Rostock.
131 KOLP, O. (1955). Sturmflutgefährdung der Deutschen Ostseeküste zwischen Trave und Swine. Hrsg.: Seehydrograph. Dienst des Hydro-Meteor. Inst. der DDR, 170 S. (Stralsund).
132 KOLP, O. (1956). Ein Beitrag zur Methodik der Kartierung küstennaher Sandgebiete anhand des Beispiels des Seegebietes zwischen Darßer Ort und Hiddensee. Ann. f. Hydrographie, 22–29.
133 KOLP, O. (1957). Beobachtung über den Rückgang der Flachküsten zwischen Warnemünde und Hiddensee. Petersmanns Geogr. Mitt., 101, 100–103.
134 KOLP, O. (1961). Beitrag zur Entwicklungsgeschichte der Mecklenburger Bucht. Petermanns Geogr. Mitt., 105, 249–254.
135 KOLP, O. (1965). Paläogeographische Ergebnisse der Kartierung des Meeresgrundes der westlichen Ostsee zwischen Fehmarn und Arkona. Beiträge zur Meereskunde, 19–59.

136 KOLP, O. (1966). Untersuchung der Wirksamkeit von Seebuhnen mit Hilfe von Farbsandversuchen. Beitr. z. Meereskunde, 61–90.
137 KOLP, O. (1966). Die Sedimente der westlichen und südlichen Ostsee und ihre Darstellung. Beitr. z. Meereskunde, 9–60.
138 KOLP, O. (1976). Submarine Uferterrassen der südlichen Ost- und Nordsee als Marken des holozänen Meeresanstiegs und der Überflutungsphasen der Ostsee. Petermanns Geogr. Mitt., 120 (Heft 1), 1–23.
139 KOLP, O. (1978). Das Wachstum der Landspitze Darßer Ort. Petermanns Geogr. Mitt, 122 (Heft 2), 103–111.
140 KOLP, O. (1979). Eustatische und isostatische Veränderungen des südlichen Ostseeraumes im Holozän. Petermanns Geogr. Mitt., 123, 177–187.
141 KOLP, O. (1981). Die Bedeutung der isostatischen Kippbewegung für die südliche Ostseeküste. Zeitschr. Geol. Wiss., 9 (Heft 1), 7–22.
142 KOLP, O. (1982). Entwicklung und Chronologie des Vor- und Neudarßes. Petermanns Geogr. Mitt., 126 (Heft 2), 85–94.
143 KOLP, O. (1983). Die schrittweise Verlagerung der Odermündung von der Bornholmmulde bis in die Oderbucht infolge holozäner Wasserstandsänderungen im südlichen Ostseeraum. Petermanns Geogr. Mitt., 127 (Heft 2), 73–87.
144 KRAUS, M., & MÖBUS, G. (1981). Korrelation zwischen der Tektonik des Untergrundes und den Geomorphologischen Verhältnissen im Bereich der Ostsee. Zeitschr. Geol. Wiss., 9 (Heft 3), 255–268.
145 KREMSER, U., & SCHÖNFELDT, H. J. (1981). Untersuchung der kurzperiodischen Strömungskomponenten in der ufernahen Zone der Ostsee. Acta Hydrophysica, 26 (Heft 2), 163–174.
146 KRISCH, H. (1978). Die Abhängigkeit der Phragmites-Röhrichte am Greifswalder Bodden von edaphischen Faktoren und von der Exponiertheit des Standortes. Archiv Naturschutz und Landschaftsforschung, 18 (Heft 3), 121–140.
147 KRISCH, H. (1980). „Agropyron obtusiusculum Lange" als Neophyt am Greifswalder Bodden. Gleditschia, 8, 101–115.
148 KRISCH, H. (1987). Zur Ausbreitung und Soziologie von Corispermum leptopterum (Ascherson) Iljin an der südlichen Ostseeküste. Gleditschia, 15, 25–40.
149 KRISCH, H. (1989). Die Brackwasserröhrichte des Greifswalder Boddens. Meer und Museum, 5, 14–25.
150 KRISCH, H., KRAUSS, N., & KAHL, M. (1979). Der Einfluß von Schnitt und Frost auf Entwicklung und Biomasseproduktion von Phragmites-Röhrichte am Greifswalder Bodden. Folia Geobotanica et Phytotaxonomica, 14 (Heft 2), 121–144.
151 LAMPE, R. (1983). Die Sedimente eines polytrophen Flachsees (Schmachter See/Rügen) und ihre Beziehungen zum Stoffhaushalt in Vergangenheit und Gegenwart. Wiss. Zeitschr. d. Univ. Greifswald, Math.-Nat. Reihe, 32, 93–98.
152 LAMPE, R. (1986). Schrifttum zur Erforschung der Küste der DDR im Zeitraum 1978–1982. Acta Hydrophysica, 30 (Heft 4), 213–229 (Berlin).
153 LAMPE, R. (1987). Coastal Research in the GDR. Bibliography 1983–1985. Acta Hydrophysica, 31 (Heft 3/4), 153–163 (Berlin)
154 LAMPE, R. (1988). Morphodynamisch-lithologische Kennzeichnung und Kartierung ausgewählter Schorrebereiche der inneren Seegewässer der DDR (Dissertation B). Greifswald.
155 LAMPE, R. (1989). Literaturübersicht zum Greifswalder Bodden. Meer und Museum, 5, 99–103.
156 LAMPE, R. (1990). Schrifttum zur Erforschung der Küste der DDR im Zeitraum 1986–1988. Acta Hydrophysica (Berlin).
157 LAMPE,R.,GOMOLKA,A.,LEIPE,T.,SLOBODDA,S.; VOIGTLAND R. (1987). Ergebnisse der Untersuchung von Struktur und Dynamik von Boddenküsten. Wiss. Zeitschr. d. Univ. Greifswald, Math.-Nat. Reihe, 36, 99–112.
158 LANGE, D., & NIEDERMEYER, R.-O. (1985). Zur Untersuchung von Sedimentationsprozessen in der westlichen Ostsee (Mecklenburger Bucht) – Methodik und erste Ergebnisse. Wiss. Zeitschr. d. Univ. Greifswald, Math.-Nat. Reihe, 34 (Heft 4), 72–84.

159 LEUBE, A. (1978). Die slawische Tempelburg Arkona auf Rügen – Erhaltung und Pflege eines bedeutenden Bodendenkmals. In: Archäologische Denkmale und Umweltgestaltung, 211–219. (Berlin).
160 LINDNER, A. (1975). Katalog der submersen Makrophyten in der Boddenkette südlich des Darß und des Zingst unter Berücksichtigung der Autoökologie produktionsbiologisch wichtiger Spezies. Wiss. Zeitschr. d. Univ. Rostock, Math.- Nat. Reihe, 24 (Heft 6), 735–742.
161 LUDWIG, A. O. (1981). Postglazialer Meeresspiegelanstieg und vertikale Krustenbewegungen im Ostseeraum. Zeitschr. Geol. Wiss., 9 (Heft 11), 1265–1269.
162 MATTHÄUS, W. (1978). Grundzüge der Hydrographie der Ostsee. Acta Hydrochim. Hydrobiol., 6 (Heft 1), 3–14.
163 MIEHLKE, O. (1967). Aufgaben und Perspektiven der Küstenforschung in der Deutschen Demokratischen Republik. Acta Hydrophysica, 12, 115–132.
164 MIEHLKE, O. (1969/70). Zur ökonomischen Beurteilung von Hochwasser-Schutzmaßnahmen – Ergebnisse einer geplanten Maßnahme nach dem Kirsten-Verfahren. Acta Hydrophysica, 14 (Heft 1/2), 165–179.
165 MIEHLKE, O. (1981). Wissenschaftliche Aktivitäten der Wasserwirtschaftsdirektion Küste zur Erkundung der Küstenprozesse und zur Vorbereitung von Schutzmaßnahmen. Zeitschr. Geol. Wiss., 9 (Heft 1), 23–27.
166 MÖBUS, G. (1981). Zur Dynamik der Steilküste Hiddensee. Zeitschr. Geol. Wiss., 9, 99–110.
167 MÖBUS, G. (1989). Beziehungen zwischen geologischem Strukturbau und Küstenverlauf der Ostsee im Gebiet der DDR. In: Schriftenreihe Wasser- und Grundbau, 54, 78–89. (Berlin).
168 MONTAG, H. (1966). Recent level dislocations on the southern shore of the Baltic Sea. Annales Academiae Scientiarum Fennicae III, Geologica-Geographica, 90, 291–298 (Helsinki).
169 MONTAG, H. (1967). Bestimmung rezenter Niveauverschiebungen aus langjährigen Wasserstandsbeobachtungen der südlichen Ostseeküste. Arb. Geodät. Inst. Potsdam, Dt. Akademie Wiss., 15, 139 S. (Potsdam).
170 NAUSCH, G., & SCHLUNGBAUM, G. (1982). Sedimentchemische Untersuchungen in den Küstengewässern der DDR. In Teil 14: Zur Beschaffenheit der Sedimentoberflächenschicht des Bodstedter Boddens. Wiss. Zeitschr. d. Univ. Rostock, Math.- Nat. Reihe, 31 (Heft 6), 61–68.
171 NAUSCH, G., & SCHLUNGBAUM, G. (1982). Sedimentchemische Untersuchungen in den Küstengewässern der DDR. In Teil 15: Zur Beschaffenheit der Sedimentoberflächenschicht des Saaler Boddens. Wiss. Zeitschr. d. Univ. Rostock, Math.- Nat. Reihe, 31 (Heft 6), 69–74).
172 NAUSCH, G., & SCHLUNGBAUM, G. (1984). Sedimentchemische Untersuchungen in Küstengewässern der DDR. – Teil 20: Die Sedimente der Darß-Zingster-Boddengewässer – eine zusammende und vergleichende Übersicht. Wiss. Zeitschr. d. Univ. Rostock, Math.-Nat. Reihe, 33 (Heft 6), 59–63.
173 NAUSCH, G., SCHLUNGBAUM, G., & OERTZEN, J. A. v. (1980). Untersuchungen zur Sedimentation in den Darß-Zingster Boddengewässern – ein Beitrag zur Aufstellung einer Energie- und Stoffbilanz im Ökosystem. In Teil 1: Die Bestimmung der Sedimentationsrate und die Erfassung produktionsbiologisch wichtiger Parameter des sedimentierenden Materials. Acta Hydrochim. Hydrobiol., 8 (Heft 1), 59–69.
174 NEHRING, D., & SCHRÖDER, A. (Hrsg.) (1983). German Democratic Republic National Report presented at the XVIII. General Assembly of the IUGG, Hamburg 1983, 24 S. (Hamburg).
175 NEUMANN, G., & BUBLITZ, G. (1969). Seegrunduntersuchungen im westlichen Teil der Oder-Bucht. Beitr. Meereskunde, 24/25, 81–109.
176 NIEDERMEYER, R.-O. (1980). Untersuchungen zur Struktur und Textur rezenter Strandsedimente im Gebiet SE-Rügen (Halbinsel Mönchgut). Zeitschr. Geol. Wiss., 8 (Heft 6), 669–696.
177 NIEDERMEYER, R.-O. (1980). Sedimentmarken an Flachuferküsten der südlichen Ostsee. Hercynia N.F., 17 (Heft 3), 322–332.
178 NIEDERMEYER, R.-O. (1981). Bemerkungen zur Geologie des Flächennaturdenkmals „Lobber Ort" (Halbinsel Mönchgut, SE- Rügen). Naturschutzarbeit in Mecklenburg, 24 (Heft 1), 26–30.
179 NIEDERMEYER, R.-O., KLIEWE, H., & JANKE, W. (1987). Die Ostseeküste zwischen Boltenhagen und Ahlbeck. Greifswald.

180 OTTO, T. (1913). Der Darß und Zingst. 13. Jahresbericht der Geographischen Gesellschaft zu Greifswald, 239–485.
181 PACH, U., & KLENGEL, K. J. (1989). Möglichkeiten erdbautechnischer Maßnahmen an Steilufern zur Einschränkung terrestrischer Abtragungsfaktoren. Schriftenreihe Wasser- und Grundbau, 54, 176–185.
182 PACH, U., & KLENGEL, K. J. (1989). Einige Beispiele internationaler Küstenschutzmaßnahmen. In: Schriftenreihe Wasser- und Grundbau, 54, 168–175.
183 PANKOW, H. (1980). Die benthischen Kieselalgengesellschaften der Boddengewässer des Darß und des Zingst (südl. Ostsee). Wiss. Zeitschr. d. Univ. Rostock, Math.-Nat. Reihe, 29 (Heft 4/5), 131–137.
184 PASKOFF, R. P. (Ed.) (1984). International Geographical Union. Commission on the Coastal Environment, Bibliography 1979–1982, 205 S.
185 PESCHEL, G., & WALTHER, K.-F. (1983). Lithofazielle Charakterisierung des Meeresbodensediments durch Analyse von Schleppgeräuschen. Zeitschr. Angew. Geol., 29 (Heft 1), 38–42.
186 PFEIFER, H. (1972). Schwermineralseifen, Küstendynamik und Sedimenthaushalt sandiger Flachküsten Mecklenburgs. Jahrbuch Geologie, 4, 301–346.
187 PRATJE, O. (1931). Die Sedimente des Kurischen Haffes. (Die Umwelt in den Absätzen eines Strandsees). Fortschr. d. Geol. u. Paläont., 10/30 (Berlin).
188 REINHARD, H. (1953/54). Kliffranddünen und Brandungshöhlen der Insel Hiddensee. Wiss. Zeitschr. d. Univ. Greifswald, Math.-Nat. Reihe, 3, 595–605.
189 REINHARD, H. (1956). Küstenveränderungen und Küstenschutz der Insel Hiddensee. Neuere Arb. z. mecklenb. Küstenforsch., 2 (Berlin).
190 REINICKE, R. (1989). Der Greifswalder Bodden – geographisch-geologischer Überblick, Morphogenese und Küstendynamik. Meer und Museum, 5, 3–9.
191 RICHARDS, H. G., & SHAPIRO, E. A. (1979). Annotated Bibliography of Quaternary Shorelines, Third Supplement 1974–1977. Geo Abstracts Bibliography, No.5 (University of East Anglia, Norwich), 245 S.
192 RICHTER, H.-C. (1989). Einfluß der Material- und Verbandseigenschaften sowie des unterirdischen Wassers auf die Geschiebemergelsteilufer der Ostseeküste. In: Schriftenreihe Wasser- und Grundbau, 54, 92–103 (Berlin).
193 RICHTER, H.-C. (1989). Geotechnische Eigenschaften der Lockergesteine und Lockergesteinsverbände an den Steiluferabschnitten Ahrenshoop – Wustrow und Warnemünde – Nienhagen. In: Schriftenreihe Wasser- und Grundbau, 54, 104–119 (Berlin).
194 RICHTER, H.-C. (1989). Erscheinungsbild, Ursachen sowie mögliche Folgeerscheinungen kliffdynamischer Prozesse an den Steiluferabschnitten des Foschlandes sowie zwischen Warnemünde und Nienhagen. In: Schriftenreihe Wasser- und Grundbau, 54, 104–119 (Berlin).
195 RICHTER, H.-C., & KLENGEL, J. J. (1989). Möglichkeiten erdbau- technischer Maßnahmen an Steilufern zur Einschränkung terrestrischer Abtragungsfaktoren. In: Schriftenreihe Wasser- und Grundbau, 54, 186–195 (Berlin).
196 SÄNGER, R., & HEINRICH, G. (1989). Ingenieurgeologische Interpretation photogrammetrischer Kliffaufnahmen. Schriftenreihe Wasser- und Grundbau, 54, 157–167 (Berlin).
197 SCHLUNGBAUM, G. (1978). Komplexe ökologische Untersuchungen an den Darß-Zingster-Boddengewässern unter besonderer Berücksichtigung des Nährstoffkreislaufs. Geogr. Berichte, 23 (Heft 3), 177–189 (Gotha, Leipzig).
198 SCHLUNGBAUM, G. (1981). Spezielle Untersuchungen zur Beschaffenheit der Sedimentoberflächenschicht des Grabow. Wiss. Zeitschr. d. Univ. Rostock, Math.-Nat. Reihe, 30 (Heft 4/5), 79–91.
199 SCHLUNGBAUM, G. (1982). Sedimentchemische Untersuchungen in den Küstengewässern der DDR. In Teil 11: Phoshatsorptionsgleichgewichte zwischen Sediment und Wasser in flachen eutrophen Küstengewässern. Acta Hydrochim. Hydrobiol., 10 (Heft 2), 135–152.
200 SCHLUNGBAUM, G. (1982). Sedimentchemische Untersuchungen in Küstengewässern der DDR. In Teil 10: Die Rolle der Stoffaustauschprozesse an der Sediment/Wasser-Kontaktzone eutropher Flachgewässer und Möglichkeiten zur Untersuchung am Beispiel des Phosphatkreislaufs – ein Überblick am Beispiel der Darß-Zingster Boddenkette. Acta Hydrochim. Hydrobiol., 10 (Heft 2), 119–134.

201 SCHLUNGBAUM, G.; et.al. (1977). Sedimentchemische Untersuchungen in Küstengewässern der Deutschen Demokratischen Republik. In Teil 1: Zur Methodik der Untersuchungen der chemischen Zusammensetzung von Sedimentoberflächenproben in eutrophierten Küstengewässern, Acta Hydrochim. Hydrobiol., 5 (Heft 2), 123–134.
202 SCHLUNGBAUM, G., KÖHLER, S., & STÖCKER, A. (1980). Untersuchungen zur Variabilität des Sauerstoffhaushaltes in den Darß-Zingster Boddengewässern. Wiss. Zeitschr. d. Univ. Rostock, Math.-Nat. Reihe, 29 (Heft 4/5), 61–63.
203 SCHLUNGBAUM, G., NAUSCH, G., ARLT, G., STOLLE, S., & STELLMACH, C. (1978). Sedimentchemische Untersuchungen in Küstengewässern der DDR. In Teil 7: Spezielle Untersuchungen zur Qualität der Sedimentoberflächenschicht des Barther Boddens, Wissensch. Zeitschr. d. Univ. Rostock, Math.-Nat. Reihe, 27 (Heft 4), 405–416.
204 SCHLUNGBAUM, G., NAUSCH, G., NESSIM, R.B., ARLT, G., & STOLLE, S. (1981). Sedimentchemische Untersuchungen in Küstengewässern der DDR. In Teil 13: Spezielle Untersuchungen zur Beschaffenheit der Sedimentoberflächenschicht des Grabow, Wissensch. Zeitschr. d. Univ. Rostock, Math.-Nat. Reihe, 30 (Heft 4/5), 79–92.
205 SCHMIDT, H. (1957). Morphologische Probleme um den Großen und Kleinen Jasmunder Bodden (Diss.). Greifswald.
206 SCHMIDT, H. (1978). Zur Morphologie und Genese des Stolper Hakens bei Seehof/Westrügen. Wiss. Zeitschr. d. Univ. Greifswald, Math.-Nat. Reihe, 27 (Heft 1/2), 87–90.
207 SCHNESE, W. (1957). Faunistisch-ökologische Untersuchungen über das Zooplankton des Greifswalder Boddens (Dissertation). Greifswald.
208 SCHNESE, W. (1969). Untersuchungen zur produktionsbiologischen Dynamik der Brackwässer um Rügen. Limnologica, 7 (Heft 1), 171–180.
209 SCHNESE, W. (1969). Die Stellung des Greifswalder Boddens im System der angrenzenden Küstengewässer. Wiss. Zeitschr. d. Univ. Greifswald, Math.-Nat.Reihe, 18 (Heft 1/2), 181–187.
210 SCHNESE, W. (1973). Untersuchungen zur Produktionsbiologie des Greifswalder Boddens (südl. Ostsee). In Teil 1: Die Hydrographie – Salzgehalt, Temperatur und Sestongehalt (Ed.). Wiss. Zeitschr. d. Univ. Rostock, Math.-Nat. Reihe, 22 (Heft 6/7), 629–639.
211 SCHOKNECHT, G. (1973). Einige Untersuchungsergebnisse über die Wasserbeschaffenheit des Greifswalder Boddens. Acta Hydrochim. Hydrobiol., 1 (Heft 4), 387–395.
212 SCHOLZ, M. (1988). Bedeutung der Boddenlandschaft für Urlaub und Erholung. Natur und Umwelt, Beitrag Bezirk Rostock (Heft 13), 22–24.
213 SCHÜTZE, H. (1931). Die Haken und Nehrungen der Außenküste von Rügen. Jahrb. Pomm. Geogr. Ges. Greifswald, 49/50 (1. Beiheft).
214 SCHÜTZE, H. (1939 b). Morphologischer Beitrag zur Entstehung des Darß und Zingst. Geol. d. Meere u. Binnengewässer, 3, 173–200.
215 SCHULZ, S. (1969). Benthos und Sediment in der Mecklenburger Bucht. Beitr. Meereskunde, 24/25, 15–35.
216 SCHULZ, W. (1989). Stratigraphie und Lagerungsverhältnisse des Pleistozäns an den Steilufern von Usedom und Mönchgut. Schriftenreihe Wasser- und Grundbau, 54, 90–91.
217 SCHULZ, W.; K. PETERS (1989). Geologische Verhältnisse im Steiluferbereich des Fischlandes sowie zwischen Stoltera und Kühlungsborn. Schriftenreihe Wasser- und Grundbau, 54, 132–148.
218 SCHUMACHER, W. (1985). Strukturelle Sedimentmerkmale als Seespiegelindikatoren. Wiss. Zeitschr. d. Univ. Greifswald, Math.-Nat. Reihe, 34 (Heft 4), 30–32.
219 SCHUMACHER, W. (1989). Modellbetrachtungen zur Mophodynamik im Litoral – dargestellt am Beispiel der Westküste Poel. Schriftenreihe Wasser- und Grundbau, 54, 40–51.
220 SCHWENKE, H. (1969). Meeresbotanische Untersuchungen in der westlichen Ostsee als Beitrag zu einer marinen Vegetationskunde. Internat. Rev. Ges. Hydrobiol., 54 (Heft 1), 35–94.
221 SIEVERT, B. (1980). Bibliographie über Literatur zur „Ozeanologischen Meßtechnik" in der DDR ab 1960. Beitr. Meereskunde, 43, 135–140.
222 SIEVERT, B. (1982). Ergänzung zur Bibliographie über „Ozeanologische Meßtechnik" in der DDR ab 1960. Beitr. Meereskunde, 46, 87–90.

223 SLOBODDA, S. (1985). Zur Struktur und Dynamik von Bodden- Verlandungssäumen an der Ostseeküste der DDR unter besonderer Berücksichtigung der aktuellen Nutzungsverhältnisse und aktueller Umweltbelastung (VII. Internat. Symposium über die Problematik der ökologischen Landschaftsforschung). Bratislava/ Pezinok, 21.–26.10.1985 (Symposiumsband 3).

224 SLOBODDA, S., & VOIGTLAND, R. (1986). Zonierung und Vegetationsformen des Bodden-Röhrichtgürtels der Halbinsel Fahrenkamp. Greifswalder Phys.-Geogr. Studienmaterialien, 3 (Exkursionsführer Raum Barth-Darß-Fischland), 37–42 (Greifswald)

225 SPETHMANN (1912). Meer und Küste von Rügen bis Alsen. Sammlung Meereskunde (Heft 11), Berlin.

226 STACKENBRANDT, W. (1979). Klüftungsverhältnisse im Hochland der Insel Hiddensee. Zeitschr. d. Geolog. Wissensch., 7 (Heft 11), 1285–1290.

227 STELLMACHER, R. (1979). Der mittlere küstennahe Seegang – eine Möglichkeit seiner Langfristregistrierung und ein Versuch seiner Schätzung aus dem Windvektor. Acta Hydrophysica, 24 (Heft 1/2), 109–142.

228 STERR, H. (1988). Das Ostsee-Litoral von Flensburg bis Fehmarnsund. – Formungs- und Entwicklungsdynamik einer Küstenlandschaft. (unveröffentl.) Habil.Schrift, Universität Kiel, 463 S.

229 STIGGE, H.-J. (1989). Der Wasserkörper Bodden und seine Hydrodynamik. Meer und Museum, 5, 10–14.

230 STRIGGOW, K., & SCHEMAINDA, R. (Hrsg.) (1979). German Demoratic Republic National Report presented at the XVII. General Assembly of the IUGG, Canberra 1979.

231 TRAHMS, K.-O., & STOLL, K. (1939). Hydrobiologische und hydrochemische Untersuchungen in den Rügen'schen Boddengewässern während der Jahre 1936 und 1937. Kieler Meeresforschungen, 3 (Heft 1), 61–98.

232 TREMP, D., & WERTZ, G. (1980). Der Verlauf von Hochwasserereignissen in der Boddenkette südlich der Halbinsel Darß/Zingst. Wiss. Zeitschr. d. Univ. Rostock, Math.- Nat. Reihe, 29 (Heft 6), 81–83.

233 TREMP, H.-J. (1977). Ergebnisse von Seegangsmessungen in der ufernahen Flachwasserzone. Beitr. Meereskunde, 39, 97–108.

234 VIETINGHOFF, U., HOLM, P., & SCHNESE, W. (1975). Ein mathematisches Modell für den Zentralteil eines flachen, eutrophen Brackwasser-Boddens. Wiss. Zeitschr. d. Univ. Rostock, Math.-Nat. Reihe, 24 (Heft 6), 759–765.

235 VOIGT, B. (1988). Aspekte der volkswirtschaftlichen Nutzung der Boddenlandschaft und Erfordernisse ihres Schutzes und ihrer Pflege. Natur und Umwelt, Beitr. Bezirk Rostock (Heft 13), 13–19.

236 VOIGT, T. (1989). Überwachung der Küstendynamik mit Fernerkundungstechnologie. In: Schriftenreihe Wasser- und Grundbau, 54, 168–175.

237 VOIGTLAND, R. (1983). Wasserchemismus und Biomasseproduktion in Schilfröhrichten und deren Beeinflussung durch Grund- und Boddenwässer. Wiss. Zeitschr. d. Univ. Greifswald, Math.-Nat. Reihe, 32 (Heft 1/2), 113–120.

238 VOIGTLAND, R. (1984). Biologische und hydrochemische Stoffhaushaltsuntersuchungen in Schilfverlandungszonen (Dissertation A). Greifswald.

239 VOLLBRECHT, K. (1953). Zur Küstendynamik gezeitenfreier Meere. Freiberger Forschungshefte R. C, 5, 47–57.

240 WAGNER, D., & SCHÖNFELDT, H. J. (1982). Beitrag zur Analyse des ufernahen Strömungsfeldes der Ostsee mit Hilfe der Zerlegung des Strömungsvektors in empirische Orthogonalvektoren. Gerlands Beitr. Geophysik, 91 (Heft 3), 234–244.

241 WAGNER, H. (1989). Steinschüttungen im Seebau. Schriftenreihe Wasser- und Grundbau, 54, 222–232.

242 WEHNER, K. (1989). Ein Beitrag zur Sedimentdynamik im Bereich der Sandriffe auf der Schorre der südwestlichen Ostsee. Schriftenreihe Wasser- und Grundbau, 54, 52–61.

243 WEISS, D. (1979). Über einige neuere Arbeiten des Küsten- und Hochwasserschutzes an der Ostseeküste der DDR. Wiss. Zeitschr. d. Univ. Dresden, 28 (Heft 6), 1547–1551.

244 WEISS, D. (1981). Probleme der Belastung und der bautechnischen Sicherung der Küstenabschnitte Kühlungsborn und Dranske. Zeitschr. Geol. Wiss., 9 (Heft 1), 73–85 (Berlin).
245 WEISS, D. (1989). Sicherungsmaßnahmen an Flach- und Steilküsten der DDR-Ostseeküste und ihre Wirkungen. Schriftenreihe Wasser- und Grundbau, 54, 196–213.
246 WEISS, D. (1990). Seebau und Küstenschutz (Taschenbuch Verkehrs- und Tiefbau, Bd.4). Berlin, „Wassertechnik" Verlag Bauwesen.
247 WEISS, D., & JÄGER, B. (1983). Das Küstenschutzsystem aus T- Buhnen und einem Natursteinwellenbrecher bei Dranske/Rügen. Beitr. Meereskunde, 49, 99–137.
248 WEISS, D., & WAGNER, H. (1975). Lösungsmöglichkeiten für Küsten- und Hochwasserschutzaufgaben an der Ostseeküste der DDR. Wasserwirtschaft – Wassertechnik, 25 (Heft 1), 4–8.
249 WEISS, D., & WIEMER, R. (1981). Entwicklungsstand des technischen Küstenschutzes an der Ostseeküste der DDR. Seewirtschaft, 13 (Heft 6), 297–302.
250 WESTPHAL, C. (1981). Die geographischen Dissertations- und Habilitationsschriften an der Universität Greifswald. Wiss. Zeitschr. d. Univ. Greifswald, Math.-Nat. Reihe, 30 (Heft 1), 69–74.
251 WINN, K., AVERDIECK, F.R., & ERLENKEUSER, H. (1983). Beitrag zur geologischen Entwicklung der westlichen Mecklenburger Bucht (westliche Ostsee) im Spät- und Postglazial. Senckenbergiana Maritima, 15, 167–197.
252 WITT, W. (1962). Die Geomorphologie der Küstengebiete der Ostsee von Schleswig-Holstein bis Pommern. Erdkunde, 16, 205–215.
253 Wasserwirtschaftsdirektion (WWD) der DDR (1990). Schutz der Ostsee. Ziel der Umweltpolitik in der Deutschen Demokratischen Republik. Berlin, 34 S.

Specific coastal bibliographies

BENCARD, J., BRAUCKHOFF, K., & HOEG, S. (1969). Das Schrifttum auf dem Gebiete der Küstenforschung in der Deutschen Demokratischen Republik im Zeitraum 1963–1967. Acta Hydrophysica, 13 (Heft 3), 121–136 (Berlin, Akademie-Verlag).
BIRR, H.-D. (1968). Über die hydrographischen Verhältnisse des Strelasundes unter besonderer Berücksichtigung von Wasserstand, Strömung und Salzgehalt. Geogr. Ber., 46, 33–50.
CORRENS, M., KNOLL, B., & GURWELL, B. R. (1980). Schrifttum zur Erforschung der Küste der DDR im Zeitraum 1973–1977. Acta Hydrophysica, 25 (Heft 4), 333–349 (Berlin, Akademie-Verlag).
CORRENS, M., & SCHALLREUTER, R. (1974). Schrifttum zur Küstenforschung in der Deutschen Demokratischen Republik im Zeitraum 1968–1972. Acta Hydrophysica, 19 (Heft 1), 29–48 (Berlin, Akademie-Verlag).
GRIESSEIER, H., & HOEG, S. (1963/64). Das Schrifttum auf dem Gebiete der Küstenforschung in der DDR im Zeitraum 1959–1962. Acta Hydrophysica, 8, 83–96 (Berlin, Akademie-Verlag).
KLIEWE, H. (1988). DDR-Schrifttum für den Zeitraum 1983–1986 zur geowissenschaftlichen Erforschung der Küste und ihrer Umwelt. Petermanns Geogr. Mitt., 132 (Heft 1), 35–38.
KLIEWE, H., & KNOLL, B. (1987). DDR-Schrifttum für den Zeitraum 1979–1982 zur geowissenschaftlichen Erforschung der Küste und ihrer Umwelt. Petermanns Geogr. Mitt., 131 (Heft 4), 259–262.
LAMPE, R. (1986). Schrifttum zur Erforschung der Küste der DDR im Zeitraum 1978–1982. Acta Hydrophysica, 30 (Heft 4), 213–229.
LAMPE, R. (1987). Coastal Research in the GDR. Bibliography 1983–1985. Acta Hydrophysica, 31 (Heft 3/4), 153–163 (Berlin).
LAMPE, R. (1989). Literaturübersicht zum Greifswalder Bodden. Meer und Museum, 5, 99–103.
LAMPE, R. (1990). Schrifttum zur Erforschung der Küste der DDR im Zeitraum 1986–1988. Acta Hydrophysica (Berlin)
PASKOFF, R. P. (Ed.) (1984). International Geographical Union (Commission on the Coastal Environment, Bibliography 1979–1982). 205 S.

RICHARDS, H. G., & SHAPIRO, E. A. (1979). Annotated Bibliography of Quaternary Shorelines, Third Supplement 1974–1977. Geo Abstracts Bibliography, No.5 (University of East Anglia, Norwich), 245 S.

SIEVERT, B. (1980). Bibliographie über Literatur zur „Ozeanologischen Meßtechnik" in der DDR ab 1960. Beitr. Meereskunde, 43, 135–140.

WITT, W. (1962). Die Geomorphologie der Küstengebiete der Ostsee von Schleswig-Holstein bis Pommern. Erdkunde, 16, 205–215.

AUTORENVERZEICHNIS

Prof. Dr. Wolfgang Andres, Fachbereich Geographie der Philipps-Universität Marburg, Deutschhausstraße 10, D-3550 Marburg/Lahn

Prof. Dr. Hans-Dietrich Birr, Ernst-Moritz-Arndt-Universität, Sektion Geographie, Ludwig-Jahn-Straße 16, O-2200 Greifswald

Carl Engelbrecht, Lehrstuhl für Physische Geographie, Universität Augsburg, Universitätsstraße 10, D-8900 Augsburg

Dr. Birger Gurwell, Water Resources Division, Coastal Branch, Mühlenstraße 3, O-2530 Warnemünde (Germany)

Margarita Gutman, Technische Universität Berlin, Institut für Geographie, Budapester Straße 44/46, D-1000 Berlin 30

Jacobus L.A. Hofstede, Technische Universität Berlin, Institut für Geographie, Budapester Straße 44/46, D-1000 Berlin 30

Prof. Dr. Dieter Kelletat, Institut für Geographie im FB 9, Universität-GHS Essen, Postfach 103 764, 4300 Essen 1

Oberassistent Dr. Christoph Preu, Lehrstuhl für Physische Geographie, Universität Augsburg, Universitätsstraße 10, D-8900 Augsburg

Dr. Ludwig Scharmann, Geographisches Institut der Universität Hannover, Schneiderberg 50, D-3000 Hannover 1

Dr. Volkmar Schuba, Falkenstraße 27, D-4006 Erkrath

Priv.-Doz. Dr. Horst Sterr, Geographisches Institut der Christian-Albrechts-Universität zu Kiel, Ludewig-Meyn-Straße 14, D-2300 Kiel 1

Prof. Dr. Dieter Uthoff, Geographisches Institut der Johannes Gutenberg-Universität Mainz, Saarstraße 21, D-6500 Mainz

Prof. Dr. Gerd Wenzens, Geographisches Institut der Heinrich-Heine-Universität Düsseldorf, Universitätsstraße 1, D-4000 Düsseldorf

Dr. Jürgen Wunderlich, Fachbereich Geographie der Philipps-Universität Marburg, Deutschhausstraße 1, D-3550 Marburg/Lahn

Adresse der Herausgeber:

Privatdozent Dr. Helmut Brückner, Hochschuldozent Dr. Ulrich Radtke, Geographisches Institut, der Heinrich-Heine-Universität Düsseldorf, Universitätsstraße 1, D-4000 Düsseldorf 1